Edward Shorter

Die Geburt der modernen Familie

Deutsch von
Gustav Kilpper

Rowohlt

Die Originalausgabe erschien 1975 unter dem Titel
The Making of the Modern Family
im Verlag Basic Books, Inc., New York

Schutzumschlag- und Einbandentwurf
von Werner Rebhuhn

1. Auflage August 1977
© Rowohlt Verlag GmbH, Reinbek bei Hamburg, 1977
The Making of the Modern Family
Copyright © 1975 by Basic Books, Inc., New York
Alle deutschen Rechte vorbehalten
Gesamtherstellung Clausen & Bosse, Leck/Schleswig
Printed in Germany
ISBN 3 498 06122 4

In Erinnerung an meine Großeltern
Edward und Sadie Lee Caperton

Inhalt

Vorwort   11
Einleitung: *Was hier zur Diskussion steht*   15

1. Kapitel
*Privatleben und öffentliches Leben in der traditionellen
Gesellschaft*   37
    Die Mitglieder des Haushalts   37
    Die Intimsphäre in der Hausgemeinschaft   55
    Öffentliche Kontrollen   61

2. Kapitel
Mann und Frau in der traditionellen Gesellschaft   72
    Das Gefühlsleben der Eheleute   74
    Die Geschlechterrollen   84

3. Kapitel
Die beiden sexuellen Revolutionen   99
    Das Anwachsen der Unehelichkeit   100
    Ist Sex die Wurzel des Übels?   106
    Waren jemals junge Leute vor der Ehe keusch?   119
    Die zweite sexuelle Revolution   130

4. Kapitel
Romanzen und Romantik   145
    Werben und Freien nach alter Sitte: Wie man sich traf
    und kennenlernte   147

Verstand und Gefühl beim Werben nach alter Sitte 164
Die Verwandlung des Werbens 175
Das Werben in der Welt von heute 189

5. Kapitel
Mutter und Kind 196
　Das Desinteresse in der alten Zeit 197
　Lohnammen und stillende Mütter 203
　Verbesserungen in der Kinderpflege 229
　Das Nachlassen der Kindersterblichkeit 229

6. Kapitel
Der Aufstieg der Kleinfamilie 235
　Die althergebrachte Ordnung: Die Familie entläßt
　ihre Kinder 236
　Die althergebrachte Ordnung: Geburt, Ehe und Tod im
　Rahmen der Familie und in der weiteren sozialen
　Umgebung 243
　Die althergebrachte Ordnung: Eingriffe der Gemeinde
　in die Familiensphäre 249
　Die Zunahme der Häuslichkeit 258
　Der Kreis der Verwandten, die weitere soziale
　Umgebung und die große Verwandlung 266
Postskriptum: Gestaltwandel des Geschlechtslebens in der Ehe 278

7. Kapitel
Die Suche nach den Ursachen 289

8. Kapitel
Auf dem Weg zur postmodernen Familie 304

Notiz zur Textgestaltung der deutschen Ausgabe 317

Namenregister 365

Die Geburt
der modernen
Familie

Vorwort

Die Idee zu diesem Buch kam mir, als ich eines Morgens mit Chuck Tilly und Ann Finlayson am Frühstückstisch saß. Um wirklich in den Griff zu bekommen, wie der soziale Wandel das Leben der Menschen verändere, hatte Chuck gesagt, brauche man eine allgemeine Geschichte der Familie. Die Idee faszinierte mich, aber ich war mir darüber im klaren, daß das Thema gewisse Gefahren barg, die ich umgehen wollte, wenn ich den Versuch unternahm. Ich wollte keine Chronik des Hofklatsches schreiben und sie als Geschichte der Familie ausgeben, und ich wollte ebensowenig ein Buch über jene fünf Prozent der Bevölkerung schreiben, die gewöhnlich einen Alleinanspruch auf unsere historische Aufmerksamkeit erheben. Ich war fest zu dem Versuch entschlossen herauszufinden, wie es um die repräsentative Erfahrung des Durchschnittsmenschen stand, zu erkunden, was im Verlauf der vergangenen drei Jahrhunderte das Typische im Leben ganz gewöhnlicher Männer und Frauen gewesen war. Überdies wollte ich mich nicht damit begnügen, Beispiele zusammenzutragen, die sich dann durchaus als völlig untypisch erweisen konnten; ich wollte vielmehr in der Lage sein, die verschiedenen Punkte zum Thema «Familiengeschichte» zu «beweisen», soweit sich Dinge, die sich in der Sphäre des Intimlebens abspielen, überhaupt beweisen lassen.

Fünf Jahre zuvor wäre ein so ehrgeiziger Plan noch zum Scheitern verurteilt gewesen. Erst die «neue Sozialgeschichte» der sechziger und siebziger Jahre hat uns gelehrt, wie man systematisch etwas über das Leben der einfachen Menschen der Vergangenheit in Erfahrung bringt. In staubigen Provinzarchiven wurden Kirchenbücher durchgearbeitet, Hebelisten wurden in Computer eingespeichert, und mit größter Sorgfalt wurde der Stammbaum jedes einzelnen Dorfbewohners rekonstruiert. Durch solche Arbeiten wurde das Rohmaterial für das vorliegende Buch überhaupt erst verfügbar gemacht. Die Anmerkungen am Ende des Bandes verdeutlichen, daß ein großer Teil der Belege, die hier verarbeitet werden konnten, im Verlauf der letzten zehn Jahre zusammengetragen wurden.

Es versteht sich von selbst, daß ich weitgehend auf meine eigenen Nachforschungen zurückgegriffen habe. Und hätte ich mich, als ich mich 1966 durch die bayerischen Staatsarchive hindurcharbeitete, nicht gefragt, warum sich all diese Regierungsbeamten unentwegt über «Unsittlichkeit» erregten, ich wäre vielleicht nie darauf verfallen, der Frage nachzugehen, wie sich die sexuelle Erfahrung durchschnittlicher Männer und Frauen über die Jahre gewandelt hat. In den sechziger Jahren jedoch gingen auch viele andere Gelehrte solchen Fragen nach. Und überall dort, wo es um längere Perioden in der Geschichte Gesamteuropas und Nordamerikas ging, konnte ich auf ihrer Arbeit aufbauen.

Ich komme nur deshalb auf die Geschichte dieses Buches zu sprechen, weil ich dem Leser verdeutlichen möchte, wieviel Bescheidenheit hinsichtlich seines Inhalts am Platze ist. Hier geht es um das Privatleben anonymer, gewöhnlicher Menschen. Viele von ihnen konnten kaum lesen. Keiner schrieb Bücher über das, was er tat oder fühlte. Die Rekonstruktion des Protokolls der Familienerfahrung dieser Menschen muß zwangsläufig eine gewagte Angelegenheit sein. Nur sehr wenig ist sicher, und die Zeugnisse, weit davon entfernt, meine Behauptungen in Bezug auf Empfindungen und Gemütsbewegungen unangreifbar zu machen, sind kärglich genug. Gleichwohl ist das, was hier vorgeführt wird, alles, was wir fürs erste über die Geschichte der Durchschnittsfamilie wissen – über die Geschichte der Erfahrung der typischen Frau oder des repräsentativen Säuglings im Gegensatz zu den Kindern von Königen und den Ehefrauen von Bankiers. Ich bin überzeugt, daß meine Argumente zur Entwicklung der romantischen Liebe, der familiären Häuslichkeit und der mütterlichen Zärtlichkeit – die den Kern dieses Buches ausmachen – richtig sind. Aber ich will, daß der Leser weiß, wie breit die Kluft ist, die sich zwischen zaghafter Hypothese und absoluter Gewißheit auftut.

Einigen Personen bin ich zu besonderem Dank verpflichtet. Da ist zunächst Martin Kessler vom Verlag Basic Books, der mich Dinge über die Sprache lehrte, die ich längst hätte wissen sollen, und der mir klarmachte, daß in der Statistik viele Wege nach Rom führen. John Demos verdanke ich eine Reihe von wertvollen Anregungen, und mein Freund und Kollege Michael Marrus erörterte mit mir einen frühen Entwurf der Arbeit. Der Canada Council unterstützte mich bei einem Teil der Forschungen finanziell. Und Cecile Sydney schrieb das Manuskript auf der Schreibmaschine.

Nicht zuletzt möchte ich Linda McQuaig danken, deren Fragen mich immer wieder zwangen, an meine Schreibmaschine zurückzukehren, bis ich die Dinge zumindest halbwegs im Griff hatte.

Einleitung

Was hier
zur Diskussion
steht

Wir können uns die Familie in der traditionellen Gesellschaft als ein Schiff vorstellen, das an seinem Liegeplatz fest vertäut ist. Über die Seitenwände laufen dicke Trossen nach unten und machen den Rumpf am Dock fest. Das Schiff steuert nirgendwohin; es ist ein Teil der Hafenanlagen.

In der schlimmen alten Zeit – sagen wir im sechzehnten und siebzehnten Jahrhundert – war auch die Familie fest eingebettet in eine größere Gesellschaftsordnung. Zum einen war sie mit der sie umgebenden Sippe verbunden, einem Netz von Tanten und Onkeln, Vettern und Basen, mit denen die soziale Landschaft übersät war. Andere Bande verknüpften sie mit der Gemeinschaft im weiteren Sinne, wobei große Löcher im Schutzschild der Privatsphäre dafür sorgten, daß andere Menschen ungehindert in den Haushalt vordringen und – wenn nötig – die Ordnung aufrechterhalten konnten. Und endlich gab es noch jene Bindungen, die diese elementare Familie mit vergangenen und künftigen Generationen zusammenschloß. Die angestammten Traditionen und Verhaltensweisen waren den Menschen in ihrem Alltag stets gegenwärtig. Da sie wußten, daß der Zweck ihres Lebens darin bestand, die kommenden Generationen zu lehren, alles genauso zu tun, wie es die Generationen der Vergangenheit getan hatten, verfügten sie über eindeutige Regeln, nach denen die Beziehungen innerhalb der Familie geformt und durch die entschieden wurde, was wesentlich war und was nicht.

Auf ihrer Reise in die moderne Welt hat die Familie all diese Bindungen aufgegeben. Sie hat sich von der sie umgebenden Gemeinschaft getrennt und hohe Mauern um ihre Privatsphäre errichtet. Sie hat sich ihrer Verbindungen zu den entfernten Mitgliedern der Sippe entledigt und sogar ihre Beziehung zu den nahen Verwandten von Grund auf verändert. Und sie hat einen Trennungsstrich gezogen zwischen sich und jener Kette der Generationen, die sie mit der Vergangenheit und Zukunft verband: wenn einst die Menschen Fragen wie «Wer bin ich» beantworten konnten, indem sie auf jene wiesen, die vor ihnen gegangen waren und die nach ihnen kommen würden, so sähe die Antwort im zwanzigsten Jahrhundert anders aus.

Auf diese Weise ist die Familie in der modernen Zeit auf die hohe See hinausgetrieben, und die Bilderwelt, die sich um das Phänomen der Reise rankt, begann zum festen Bestandteil des Vokabulars der Gesellschaftsanalytiker zu werden. Waren die Winde immer so rauh gewesen wie jetzt? Waren die Strömungen immer so mächtig, war die Familie immer so unfähig gewesen, einen eigenen Kurs zu steuern? War die Hand des Kapitäns unsicher, oder war es möglich, daß das kleine Schiff von Mächten wie dem Kapitalismus, dem anonymen Stadtleben und den großen Strömungen des Rationalismus und des Säkularismus, denen es hilflos ausgeliefert war, in seinem Kurs bestimmt wurde? Vor allem aber fragten sich die Gelehrten, wie es möglich gewesen war, daß sich die Familie aus der Vertäuung am traditionellen Dock lösen konnte.

Seit vielen Jahren vertreten manche die Ansicht, umherstreifende Horden von «Massenmenschen», die auf die Plünderung der überkommenen Ordnung aus gewesen seien, hätten die Trossen gekappt. Andere dagegen sagen, die Flutwellen, die den Hafen heimgesucht hätten, seien unwiderstehlich geworden und die Trossen seien unter ihrer nackten Wucht zerrissen. Ich selber vertrete in diesem Buch den Standpunkt, daß es die Besatzung des Schiffes war – Vater und Mutter mitsamt den Kindern –, die dafür sorgte, daß die einsame Reise beginnen konnte, indem sie vergnügt zu den Sägen griff und die Taue durchschnitt.

Das wirft eine Reihe von Fragen auf. Warum beschloß die Familie, die Taue zu kappen, durch die sie in der sozialen Ordnung ihrer Umwelt gehalten wurde? Warum zog sie sich aus dem Gewebe der Wechselbeziehungen in die kleine Gemeinschaft zurück, in der sie nun lebte? Wie kam es dazu, daß sie die Freundschaft zu den engsten Verwandten dem ständigen Austausch mit den konzentrischen Kreisen der Onkel und Tanten, der Nachbarn und der *peer groups* (der Gruppen der Altersgenossen) vorzog, die, wie wir sehen werden, dafür sorgten, daß laufend Menschen ihrer häuslichen Umgebung entzogen wurden?

Warum beschloß die Familie, die Kette der Generationen zu durchschneiden, bei der Ausgestaltung ihres Lebens nicht länger den Sitten und Bräuchen zu folgen, nicht mehr ihren Nachwuchs dazu zu erziehen, daß er das Erbe der Väter wahrte? Und warum schließlich entschieden ihre Mitglieder, daß es Werte im Leben gab, die wichtiger waren als die familiären?

Das Buch wird keine endgültigen Antworten auf diese Fragen bieten. Sein Anspruch ist bescheidener: Es will unter den vielen Faktoren, die es zu beleuchten gilt, bevor verständlich werden kann, warum sich die Familie gewandelt hat, den entscheidenden Faktor des Gefühls herausstellen. Ich bin der Ansicht, daß eine Woge des Gefühls in drei verschiedenen Bereichen zur Überwindung der traditionellen Familie beigetragen hat:

Die Brautwerbung. Die romantische Liebe brachte das Paar ohne Berücksichtigung materieller Gesichtspunkte zusammen. Besitz und Herkunft traten gegenüber dem persönlichen Glück und der selbständigen Entwicklung des einzelnen als Kriterien bei der Wahl des Ehepartners zurück.

Die Mutter-Kind-Beziehung. Während ein Rest von Liebe zwischen Mutter und Kind als Produkt einer biologischen Verbindung zu allen Zeiten bestand, hat sich der Stellenwert geändert, den das Kind in der rationalen Wertskala der Mutter einnimmt. In der traditionellen Gesellschaft war die Mutter bereit, einer Vielzahl von Erwägungen – von denen die meisten mit dem verzweifelten Existenzkampf in Zusammenhang standen – einen höheren Stellenwert beizumessen als dem Wohlergehen des Kindes. In der modernen Gesellschaft hingegen rückt das Kind an die erste Stelle; die mütterliche Liebe sorgte dafür, daß nichts über das Wohlergehen des Kindes ging.

Die Grenzlinie zwischen dem Privatleben und dem öffentlichen Leben. In der schlimmen alten Zeit hatte die Hülle, die die Familie umgab, zahlreiche Löcher, durch die Menschen von außen ungehindert eindringen und sich beobachtend und mahnend im Haushalt bewegen konnten. Gleichzeitig gewährleisteten diese Löcher, daß auch Mitglieder der Familie sich aus dem Haushalt entfernen konnten, wenn sie das Gefühl hatten, mit ihren *peer groups* emotional mehr gemeinsam zu haben als mit den Angehörigen der Familie. Mit anderen Worten, die traditionelle Familie war weit mehr eine Produktions- und Reproduktionseinheit als eine gefühlsmäßige Einheit. Sie war ein Mechanismus zur Übertragung von Besitz und Stellung von Generation zu Genera-

17

tion. Die Generationenfolge war wichtig, das Zusammensein um den Mittagstisch war es nicht.

Dann wurden die Prioritäten umgekehrt. Die Verbindungen zur Außenwelt wurden geschwächt und die Bindungen zwischen den Mitgliedern der Familie verstärkt. Ein Schutzschild der Privatheit wurde errichtet, der die Intimität des Haushalts vor fremden Eindringlingen schützen sollte. Und im Schutz der Häuslichkeit wurde die moderne Kernfamilie geboren. Auf diese Weise begann Gefühl in einer Reihe von familiären Beziehungen eine große Rolle zu spielen. Zuneigung, Liebe und Sympathie traten an die Stelle «zweckgerichteter» Erwägungen, wo es darum ging, das Verhältnis der einzelnen Familienmitglieder zueinander zu regeln. Ehepartner und Kinder wurden nicht mehr an dem gemessen, was sie repräsentierten oder tun konnten, sondern an dem, was sie waren. Mit dieser Tatsache ist das Wesen des «Gefühls» umrissen.

Ob dieses Aufwallen des Gefühls die Ursache oder die Folge eines Wandels in der Beziehung der Familie zu ihrer Umwelt war, ist eine der großen, unbeantworteten Fragen dieses Buchs. Erschütterten die schweren Schockwellen der «Modernisierung» die stabile Gemeinschaftsstruktur, in der die traditionelle Familie ruhte? Oder beeinflußten diese massiven gesellschaftlichen Veränderungen zunächst die Denkweise der einzelnen Familienmitglieder und veranlaßten sie, einander in die Arme zu schließen und die nicht zur engeren Familie Gehörenden als Störenfriede vom Haushalt fernzuhalten? Was war zuerst da beim Eintausch der Treue zur *peer group* gegen die emotionale Vertrautheit, die Henne oder das Ei?

Wenn meine Vorstellungen über den Umschwung des Gefühls richtig sind, werden verschiedene Aspekte des Familienlebens von heute in einem etwas anderen Lichte als bisher erscheinen. So werden zum Beispiel einige vieldiskutierte «Kürzliche Veränderungen in der Familie» in den Hintergrund treten. Gibt es beispielsweise ein wachsendes Kommunikationsdefizit zwischen den Ehepartnern? Keineswegs. Nie gab es mehr Offenheit im Austausch zwischen Ehemann und Ehefrau als in der romantischen Liebe des neunzehnten Jahrhunderts. Als das, was ich «Häuslichkeit» nenne, vor hundert Jahren den Stellenwert erhielt, den es heute hat, wurde ein spontaner Austausch zwischen den Ehepartnern möglich. Und solange die romantische Liebe – wie noch heute – der Kitt ist, der die Eheleute verbindet, wird sich an der Art des ehelichen Dialogs nichts ändern. Was auch immer die Probleme sein mögen, mit denen Vater, Mutter und die Kinder heutzutage zu kämpfen haben: irgendeine «neue» Art von Kommunikationsschwierigkeiten gehört nicht dazu.

Und die neue Befreiung der Frauen – hat sie dazu beigetragen, daß Unruhe in der zeitgenössischen Familie entstand? Wenn auch die Situation der Frauen ohne Zweifel in einem tiefgreifenden Wandel begriffen ist, so bin ich doch keineswegs überzeugt, daß sich dadurch viel an der Wahrscheinlichkeit geändert hat, daß sich Menschen auch künftig zu Paaren zusammenfinden werden. Frauen drängen mit einer Intensität in die Arbeitswelt, wie sie seit dem Entstehen der Heimarbeit während der ersten industriellen Revolution im achtzehnten Jahrhundert nicht zu beobachten war. Der damit verbundene neue Zugang zu wirtschaftlichen Quellen hat eindeutig die Machtverhältnisse innerhalb der Famiilie verändert, da die Frau heute über mehr finanzielle Mittel verfügt als je zuvor. Unklar ist indessen, wie – wenn überhaupt – diese neue wirtschaftliche Rolle zu einer Entwicklung beigetragen hat, die Journalisten mit dem Stichwort «Zusammenbruch der Familie» zu umschreiben pflegen.

In diesem Buch wird die Ansicht vertreten, daß die Umgestaltung der Familie, die sich derzeit vollzieht, durch zwei Hauptkomponenten gekennzeichnet ist: eine dem Paar innewohnende Instabilität und ein Verlust an elterlicher Autorität gegenüber den heranwachsenden Kindern. Wie wir sehen werden, gehört zu den großen Überraschungen, die die Entwicklung zur Moderne für das Familienleben gebracht hat, eine rapide wachsende Scheidungsrate. Vieles spricht dafür, daß jede vierte Ehe, die gegenwärtig in Nordamerika geschlossen wird, mit einer Scheidung endet (in West- und Nordeuropa jede sechste oder siebente), während es in der traditionellen Gesellschaft eine Scheidung praktisch überhaupt nicht gab. Diese neue Instabilität ist darauf zurückzuführen, daß als Band zwischen Mann und Frau an die Stelle des Besitzes zunächst das Gefühl und dann die Sexualität trat. Sie hängt überdies damit zusammen, daß parallel zu dieser Entwicklung das Band zerschnitten wurde, das die traditionelle Familie mit der Gemeinschaft, der Verwandtschaft und den Vorfahren verknüpfte. Früher dienten die Erwartungen, die diese Institutionen in sie setzten, dazu, die Partner ihr Leben lang zusammenzuhalten. Und mochten sie dabei auch vielleicht (oder beinahe mit Sicherheit) nicht glücklich sein, so waren sie auf diese Weise doch fest in eine soziale Ordnung integriert. Dann aber setzte das Paar seinen Beziehungen zu diesen Außengruppen ein Ende und schlenderte Hand in Hand in die Dämmerung hinein.

Leider haben emotionale Zuneigung und romantische Liebe ihre Quellen im Unbewußten, und Unvorhersagbarkeit und Flüchtigkeit gehören zum Wesen der Kreatur. An einem Tag spürt man eine tiefe Zuneigung zu jemandem, am nächsten Tag nicht. So ist es nun einmal; das Problem ist nur, daß sich die Familie auflöst, wenn die wahre Liebe dahin ist, sofern diese wahre Liebe der einzige Kitt ist, der das Ehepaar zusammenhält. Zugegeben, jene, die sich nach einer solchen Auflösung der Ehe wieder fangen, finden rasch einen neuen Partner und heiraten wieder. Unsere Vorstellung von der Ehe als dem idealen Rahmen für heterosexuelle Beziehungen ist keineswegs erschüttert. Aber die Veränderungen im Verhältnis der Familie zur sie umgebenden Gemeinschaft hat einige recht dramatische Folgen im Hinblick auf die Stabilität der Ehe gehabt. Das ist der eine Teil der Krise im zeitgenössischen Familienleben, der uns vielleicht ein wenig deutlicher werden wird.

Der andere Teil ist das Abhandenkommen der Mehrzahl jener sozialen Kontrollen, die das Ehepaar früher seinen Kindern gegenüber ausübte. Sie verschwanden ganz einfach in den sechziger und siebziger Jahren des zwanzigsten Jahrhunderts, und zwar nicht nur in Nordamerika, sondern – wie die Soziologen (gewöhnlich die letzten, denen neue Trends bewußt werden) gerade eben zu entdecken beginnen – genauso in Großbritannien, Frankreich, Deutschland, Skandinavien und in anderen Ecken der westlichen Industriegesellschaft. Warum es dazu kam, ist eine vieldiskutierte Frage. Aber wenn dies Buch überhaupt irgendeinen Beitrag leisten kann, dann liegt er in der Begründung der These, daß der Stammbaum – die Kette der Generationen, von der die Kernfamilien einst ein Teil waren – aufgehört hat, Unsterblichkeit zu verleihen. In der Vergangenheit erfuhren die Menschen, wer sie waren und wo ihr Platz in der ewigen Ordnung der Dinge war, indem sie auf die Folge der Generationen zurückschauten, die vor ihnen gewesen waren – eine Folge von Generationen, die sich von ihnen aus in eine Zukunft hinein erstrecken würde, von der man nur sagen konnte, daß sie vermutlich wie die Gegenwart sein würde. Der Mensch in der traditionellen Gesellschaft war letztlich nur deshalb in der Lage, dem Tod so gelassen entgegenzusehen, weil er wußte, daß sein Name und die Erinnerung an seine Person in seiner Familie fortleben würden.

Heutzutage führen andere Wege als der der Familiengeschichte zur Unsterblichkeit; vielleicht auch kümmern sich die Menschen überhaupt weniger um die Nachwelt. In jedem Fall haben wir das Interesse daran verloren, mit Hilfe der Familientradition den Tod gleichsam hinters Licht zu führen, und wir haben die Verbindungen abgebrochen, die eine Generation mit der nächsten verknüpfen. Den Jugendlichen wird heute schon früh bewußt, daß sie keine Glieder in einer Familienkette sind, die sich durch die Zeitalter hindurchzieht. Wer sie sind und was sie werden, ist (so glauben sie zumindest) unabhängig davon, wer ihre Eltern sind. Und sie selbst sind für die Zukunft ihrer Kinder nur insofern verantwortlich, als sie dafür zu sorgen haben, daß diese Kinder ihr Erwachsenenleben mit geraden Zähnen beginnen. Die Kette der Generationen dient nicht mehr als moralische Richtschnur für die Jugendlichen, und damit bricht die moralische Autorität der Eltern gegenüber ihren heranwachsenden Kindern zusammen.

Heute sind es andere Faktoren, die die Jugendlichen sozialisieren und kontrollieren. Die Kontinuität zwischen den Generationen zerbricht. Keinerlei äußere Institutionen dringen in die Intimität des Ehepaares ein, und Männer und Frauen kommen zusammen und trennen sich voneinander wie Güterwagen auf einem Rangierbahnhof. Wenn die These dieses Buches richtig ist, dann ist dies die Krise der postmodernen Familie.

Die Schwierigkeit für den, der eine Geschichte der Familie schreiben will, besteht darin, daß die Hauptgestalten, die Millionen von anonymen Männern und Frauen, die die Welt des Alltags bevölkerten, stumm sind. Anders als die geschwätzigen Aristokratenfrauen und die Romanschreiber aus der Rue St.-Honoré, denen die Sozialgeschichtler so viel verdanken, haben diese Menschen ihre verborgenen Gedanken nicht zu Papier gebracht. Auch zeigten sie sich den schreibkundigen Beobachtern an der Peripherie ihrer Welt gegenüber nicht sonderlich mitteilsam. Und was ihre Gefühle betraf, so hüllten sie sich selbst ihren Ehepartnern und Kindern gegenüber in Schweigen, und die Idee, diese Gefühle für die Nachwelt zu protokollieren, kam ihnen schon gar nicht.

Aber das Kernstück einer Geschichte der Familie ist gerade diese Chronik der Gefühle. Die Strukturen, die das Leben einer Familie kennzeichnen, sind noch einigermaßen sichtbar: die Zahl der zum Haushalt gehörenden Menschen; ihre Beziehungen zueinander; Geburt, Tod, Heirat. Aber jede Struktur läßt eine Vielzahl von Gefühlskonstellationen zu, und da die Krise der Gegenwartsfamilie eine emotionale Krise – der Zuneigung und Ablehnung – ist, hat der Familiengeschichtler die Pflicht, die Geschichte der Gefühle zu skizzieren.

Eine solche Geschichte läßt sich am einfachsten erzählen, indem man Anekdoten aus literarischen Quellen aneinanderreiht und berichtet, was zum Beispiel Balzacs Personen über die Schwangerschaften der Nachbarstöchter in Paris sagen oder was Thomas Manns Gestalten über die lähmende Autorität ihrer Väter in Lübeck zu erzählen wissen. Aber nicht immer stammen die hübschen kleinen Geschichten von Romanschreibern. Sozialhistoriker lieben es, in Briefsammlungen, Tagebüchern und Memoiren herumzustöbern. Man wählt hier eine amüsante Geschichte über die Mätresse des Bankiers X, dort eine Geschichte über die Trauer der Kanzlergattin beim Tode ihres Ehemannes, und schon hat man eine Sozialgeschichte der Familie: Liebe, Tod und Sexualität aus Quellen, die wohlgeordnet in den Regalen der Bibliothek stehen. Und dazu macht das Ganze noch Spaß. Historiker, selbst zumeist gebildete Leute, weiden sich an den literarischen Artefakten der Vergangenheit. Man kombiniert den abendlichen Zeitvertreib des Memoirenlesens mit der Vorbereitung einer Geschichte der Familie. Kann man sich eine unterhaltsamere Beschäftigung vorstellen?

Zwei gravierende Nachteile hat diese Arbeitsmethode. Zum einen sind «literarische Quellen» (zu denen ich nicht nur Romane zähle, sondern die ganze Skala der Produkte aus kultivierter Feder) weitgehend das Werk des gehobenen Bürgertums und der Aristokratie. Was für Menschen sind es schließlich, die sich gern in Liebesbriefen offenbaren, Romane schreiben oder Memoiren zu Papier bringen, wenn nicht die Angehörigen einer winzig kleinen Elite an der Spitze der sozialen Hierarchie? Die belletristische Literatur und die Tagebücher und Briefe, die in ihrem Dunstkreis entstehen, repräsentieren die Erfahrung von vielleicht fünf Prozent der Bevölkerung.

Der weitaus größte Teil der Texte über persönliche Erfahrungen stammt von Leuten, die sehr wenig gemein hatten mit den Schichten, denen unser Interesse gilt – den übrigen 95 Prozent der Bevölkerung nämlich. Und wenn auch die Bankiersgattinnen oder Salonlöwen, denen unsere Bibliotheksregale so viel verdanken, eine oberflächliche Bekanntschaft mit der unteren Gesellschaftsschicht verband – die sich darin äußerte, daß man den Milchmann am Morgen grüßte oder vielleicht einmal spät nachts im Café mit dem Kutscher plauderte –, so galt doch das, was sie über Kindererziehung, Gattenwahl und häusliche Neigungen zu sagen hatten, letztlich nur für ihre eigenen Kreise. Die Kluft zwischen dem gehobenen Bürgertum und der Erfahrung der unteren Gesellschaftsschicht war in der Vergangenheit ungeheuer groß. Das erste, was daher gegen die Verwendung von Anekdoten solcher Art als Basis für die Familiengeschichtsschreibung spricht, ist die Tatsache, daß diese Anekdoten unweigerlich durch das Klassenvorurteil geprägt sind.

Das zweite, was dagegen spricht, ist der Umstand, daß sich schwer bestimmen läßt, inwieweit derlei Anekdoten repräsentativ sind. Nehmen wir an, wir hätten eine der seltenen Autobiographien aus der Arbeiterklasse in der Hand oder eine Sammlung von Liebesbriefen aus dem Volke. Wie sollen wir wissen, ob das, was sie über Masturbation oder Händehalten berichten, typisch ist? Folgt aus der Tatsache, daß ein bäuerliches Paar herzliche Grüße austauschte, notwendig, daß es alle übrigen bäuerlichen Paare genauso hielten? Hier haben wir es mit dem alten Irrtum der Verwechslung von Illustration und Verifikation zu tun. Die Veranschaulichung eines allgemeinen Gesichtspunktes durch ein Beispiel ist etwas ganz anderes, als die Gültigkeit einer Verallgemeinerung zu behaupten.

Der Leser wird diesen Standpunkt teilen. Wir wollen die historische Erfahrung der gewöhnlichen Menschen ans Licht bringen und nicht die der oberen Zehntausend. Wir wollen zentrale Tendenzen und repräsentative Verhaltensweisen belegen, anstatt aus dem Umstand, daß ein ländliches Paar nachweislich mit verschränkten kleinen Fingern spazierenging, den Schluß zu ziehen, «Bauern zeigten einander ihre Zuneigung, indem sie mit dem kleinen Finger den kleinen Finger des andern faßten». Und wir wollen schließlich Menschen aus Fleisch und Blut dabei beobachten, wie sie sich im täglichen Leben verhielten, anstatt uns durch einen Nebel von Zahlen zu tasten (denn man kann dem gewöhnlichen Volk immer mit statistischen Methoden und Mittelwerten nachspüren). Wir können viel über die Einstellung der Ehepaare zum Problem der Geburtenkontrolle – einem entscheidenden Problem in der Familiengeschichte – herausfinden, indem wir in Erfahrung bringen, wie viele Kinder sie hatten und in welchen Zeitabständen diese Kinder zur Welt kamen. Aber solche Nachforschungen ergeben nicht nur eine tödlich langweilige Lektüre, sie überlassen es auch der Phantasie, was diese Männer und Frauen füreinander *fühlten*, wenn sie all ihre Kinder zeugten – und was sie für die Kinder empfanden.

Aus diesem Grunde versuchte ich, einen Kompromiß zu finden zwischen der Enge der quantitativen Analyse und den vielleicht atypischen Beschreibungen konkreter Orte zu bestimmten Zeiten. Ich versuchte, ein paar kluge Beobachter – fast schon *per definitionem* Angehörige des gehobenen Bürgertums – ausfindig zu machen, die für die Nachwelt Berichte nicht über sich selbst, sondern über das Leben anderer bewahrten, Beobachter, die dem Volk nahe standen, aber nicht zu ihm gehörten.

Wer konnte mit den Erfahrungen des einfachen Volkes vertraut gewesen sein und gleichzeitig über die Fähigkeit verfügt haben, zu Papier zu bringen, was er sah? Drei Arten von Beobachtern kamen in Frage: Ärzte, die in den betreffenden Gemeinden praktizierten, kleine Beamte und jene Sorte altertümlicher Gelehrter, die die Franzosen so hübsch als «*les érudits locaux*» bezeichnen. Jede dieser Gruppen hat ihre Vor- und Nachteile.

Die Ärzte des späten achtzehnten und frühen neunzehnten Jahrhunderts beschrieben häufig ihre kleinen Gemeinden in sogenannten «medizinischen Topographien». Dabei handelt es sich um eine literarische Gattung, die 1778 von der Pariser Medizinischen Akademie als Appell an die Adresse der Ärzte in der französischen Provinz ins Leben gerufen wurde und bis ins späte neunzehnte Jahrhundert hinein weiterlebte. Ärzte in ganz Europa machten es den Franzosen nach. In der medizinischen Topographie beschrieb der in einem Dorf oder einer kleinen Stadt praktizierende Arzt nicht nur die Krankheiten, an denen seine Patienten litten, und die Risiken für die Gesundheit, die die jeweilige Umwelt mit sich brachte, sondern häufig auch das soziale Leben der Patienten: die Situation der Frauen, die örtlichen Entbindungspraktiken, Ursachen für einen alarmierenden Anstieg der Zahl unehelicher Geburten oder andere wertvolle Details aus dem sozialen Leben, die er im Verlauf seiner täglichen Krankenbesuche erfuhr. Und in jenen Tagen machten die Ärzte weit mehr Hausbesuche als heute. Da sie oft zum Teil von der Regierung honoriert wurden, behandelten sie Menschen aller sozialen Schichten. Auf diese Weise können uns die medizinischen Topographien und die medizinische Literatur, die mit ihnen erschien, wertvolle Hinweise auf den sozialen Hintergrund der Krankheiten geben – Hinweise, auf die wir verzichten müssen, seit die Medizinschriftsteller sich in Klinik und Labor verschanzt haben. Das Problem mit den Ärzten indessen ist, daß sie all jenen, die weniger aufgeklärt waren als sie selber, Unwissenheit und Aberglauben unterstellen. Weit mehr gebildet als alle anderen, die auch aus dem bürgerlichen Froschteich stammen, deuten sie die abweichenden kulturellen Normen der Bauern und Handwerker der jeweiligen Gegend als Kulturlosigkeit. Können sich Männer und Frauen, die so eng mit ihren Tieren zusammen leben, in ihren Gefühlen und Empfindungen nennenswert von diesen Tieren unterscheiden? Es ist eine mühevolle Arbeit, die Wirklichkeit einer traditionellen Volkskultur, deren Würde auf einer Erfahrung basiert, die in Hunderten von Jahren angesammelt wurde, von den aufgeklärten, urbanen, rationalistischen Vorurteilen der Ärzte zu befreien.

Behördenberichte und «statistische» Beschreibungen aus der Feder von kleinen Beamten sind eine zweite Quelle. Die «kameralistischen» Beamten in Europa des achtzehnten und neunzehnten Jahrhunderts waren erstaunlich wißbegierig, wo es um das Privatleben der Menschen ging. Und der Staat griff damals häufig in persönliche Bereiche ein, aus denen er sich heute weitgehend zurückgezogen hat: Er kümmerte sich um die Bestrafung unehelicher Schwangerschaften, um die Organisation der Tätigkeit der bezahlten Ammen und die Vergabe von Heiratsgenehmigungen. Aber auch sonst waren die kleinen Beamten recht gut informiert über das, was in ihrem Amtsbereich vorging; denn sie entschieden, wer Anspruch auf Armenfürsorge hatte, ihnen oblag die Aufrechterhaltung der Ordnung bei den zahlreichen Dorffesten, und dann und wann mußten sie auch bei einem lärmigen Haberfeldtreiben dazwischenfahren. Gleichwohl kann man sich vorstellen, was für ein Gesicht die Leute aufsetzten, wenn *monsieur le sous-préfet* auf der Bildfläche erschien. Der große Nachteil der Belege aus den Akten der Behörden besteht darin, daß der Beobachter im allgemeinen wahrscheinlich kaum in der Lage war, bis an den Kern des Lebens des einfachen Volkes vorzudringen. Wenn die Bauern unterwürfig, dumm und gebeugt von der Last der Jahrhunderte wirkten, dann bedeutet dies nicht notwendig, daß sie es auch wirklich waren. Es ist vielmehr keineswegs auszuschließen, daß sie sich nur so gaben, weil sie nicht wollten, daß ihre Steuern erhöht oder ihre ältesten Söhne zum Militärdienst eingezogen wurden. Im weiteren Verlauf werden wir uns bemühen, sorgfältig zu unterscheiden zwischen der Verachtung der Beamtenschaft für die untere Gesellschaftsschicht und den Versuchen ebenderselben, die Beamtenschaft zu manipulieren.

Die letzte Quelle ist die reichste und für den unvorsichtigen Forscher zugleich die explosivste: das von den Altertumsforschern und Volkskundlern aufbereitete Material. In jeder Kleinstadt und jedem Dorf saß eine des Schreibens mächtige Standesperson – der Landedelmann, der Pfarrer oder Priester, der Lehrer, der Grundbesitzer, der einst in Marseille die Elementarschule besucht hatte. Und genauso sicher, wie einer von ihnen den Chronisten des Wetters spielte und Woche für Woche sorgfältig Luftdruck und Temperatur notierte, gab es stets einen anderen, der die örtlichen Volksbräuche aufzeichnete. Seit dem Anfang des neunzehnten Jahrhunderts produzierten sie eine wahre Flut von kleinen «Memoiren» und «Aufzeichnungen». Diese Berichte von Methoden der Brautwerbung und von Erntefesten erschienen zum Teil als Privatdrucke, zum Teil wurden sie von Druckereien in der Hauptstadt der Region auf den Markt gebracht. Nicht selten wurden die Berichte eines Altertumsforschers über örtliche Volksweisheiten, Volkstänze oder «gesellige» Bräuche als Abhandlungen für die regionalen wissenschaftlichen Gesellschaften verfaßt. Gegen Ende des neunzehnten Jahrhunderts rissen dann die professionellen Volkskundler die Rolle der selbsternannten Altertumsforscher an sich. Von nun an verfaßten die lokalen Altertumsforscher keine zwar primitiven, aber gleichwohl nützlichen Berichte über die Ethnologie des Dorfes mehr, sondern beschränkten sich auf das leere Katalogisieren von Formen. Im zwanzigsten Jahrhundert erfahren wir von den professionellen Volkskundlern nicht, ob die Paare in den Pausen zwischen den Tänzen beieinanderblieben, sondern welche Farbe die Bänder hatten, mit denen die Korngarben zur Erntezeit gebunden wurden.

Im Gegensatz zu den beiden zuerst genannten Quellen liefern die Altertumskundler weitschweifige Berichte über Dinge, die für den Familiengeschichtler von großem Interesse sind. So erfahren wir zum Beispiel, auf welche Weise einzelne Familien an dem jährlichen Zyklus der Dorffeste teilnahmen oder in welchem Maße die Paarebildung von der Gruppe überwacht wurde. Ein anderer Unterschied ergibt sich daraus, daß die Altertumsforscher in der Regel von Nostalgie geplagt waren, sich nach einer Welt zurücksehnten, die sie verloren hatten, und dazu neigten, überall Zusammenbruch und Auflösung zu wittern. Die Folge war, daß sie jede Veränderung in Dingen wie dem sexuellen Verhalten dem «moralischen Niedergang» in die Schuhe schoben und Wandlungen im Verhalten der Jugendlichen als Ausdruck eines allgemeinen «Zusammenbruchs der väterlichen Autorität» betrachteten.

Der augenfälligste Mangel, den die Berichte dieser Männer als Grundlage für das Studium des Wandels im Laufe der Zeit aufweisen, ist, daß sie davon ausgehen, daß es von den Tagen der Druiden bis zu den Lebzeiten ihrer Väter keinen historischen Wandel gab, und daß dann plötzlich der «große Niedergang des Brauchtums» einsetzte.

Bei näherem Hinsehen zeigt sich, daß sie im Grunde recht hatten. In der zweiten Hälfte des neunzehnten Jahrhunderts, zu der Zeit also, da die meisten von ihnen schrieben, geriet die traditionelle Gesellschaft in das Räderwerk der Modernisierung. Ihr Gefühl des Zusammenbruchs und der Auflösung war deshalb nicht ausschließlich das Produkt jener ewigen Versuchung des Menschen, die Jahre der Kindheit als eine zarte Idylle zu betrachten, die durch die gerechte Autorität eines weisen Vaters garantiert wird, und im Gegensatz dazu das Erwachsenenleben als eine gestaltlose Weite zu sehen, in der Unsicherheit und Angst herrschen. Gewiß mag auch diese Betrachtungsweise eine Rolle gespielt haben, aber fest steht zugleich, daß sich ein echter Wandel in der Struktur der realen Welt vollzog. Entscheidend ist, daß wir die geschichtlichen Trends vom achtzehnten Jahrhundert bis in unsere Tage verfolgen wollen. Und bei diesem Vorhaben wird uns die Vorstellung einer Lokalkultur, die seit undenklichen Zeiten stabil war und durch den katastrophalen Zusammenprall mit der Moderne ihr jähes Ende fand, wenig nützen.

Da jede dieser drei Quellen einen Zeitraum von hundert Jahren oder mehr umfaßt, können wir sie als Basis für eine Analyse des Wandels benutzen. Das Sammeln der Zeugnisse von Ärzten, Beamten und Altertumsforschern aus verschiedenen Perioden sollte uns in die Lage versetzen, historische Entwicklungen zu verfolgen. Es liegt auf der Hand, daß diese Berichte keine genauen quantitativen Meßwerte liefern können. Ich gehe davon aus, daß die Vorurteile und Vorlieben der Autoren selbst von einer Ära zur nächsten verhältnismäßig konstant blieben. Wäre dies nicht der Fall, so würden wir keine Belege für den Wandel selbst, sondern höchstens Belege für die sich wandelnde Einstellung zu «x» oder «y» erhalten. Solche Zeugnisse eignen sich schlecht als Grundlage zur Herausarbeitung der Unterschiede zwischen verschiedenen Regionen, und noch weniger sind sie dort von Nutzen, wo es um die feinen Nuancen innerhalb der einzelnen Perioden geht. Dennoch dürften uns die langen Reihen von medizinischen Topographien, *statistiques locales*» und Geschichten über «mein Dorf» in die Lage versetzen, in groben Zügen die Entwicklung der

Familie vom frühen achtzehnten Jahrhundert, wo mein Interesse beginnt, bis zu den Jahren zwischen den beiden Weltkriegen nachzuzeichnen – bis zu einem Zeitpunkt also, da die zeitgenössischen Überblicke über die gesellschaftliche Situation einsetzen.

Noch eine Bemerkung zu den Zeugnissen, die in diesem Buch herangezogen werden, scheint am Platz. Die Argumente, die ich vorbringe, zielen auf die westliche Gesellschaft als ganze ab. Jedes Dorf in jeder Provinz in jedem Land hat früher oder später den langen Weg zur gefühlsbestimmten Familie hin zurückgelegt; denn die Wandlungen im privaten Bereich, die durch den Prozeß der Modernisierung begünstigt werden, sind ihrem Wesen nach überall gleich. Was ich also zum Übergang vom instrumentalen zum emotionalen Verhalten, zum Rückzug der Kernfamilie aus der sie umgebenden Gemeinschaft zu sagen habe, dürfte für alle Regionen seine Gültigkeit haben. Bei intensiven Nachforschungen werden die Historiker (wenn ich recht habe) diese tiefgreifenden Veränderungen in Nordschweden ebenso feststellen wie in Süditalien, in den östlichen Marken Preußens ebenso wie in den westlichen Marschen Frankreichs. Selbst in den Vereinigten Staaten dürften sie gewisse Verschiebungen ausmachen, obgleich es sich dabei – da die Neue Welt weitgehend «von Geburt» modern ist – um weniger gravierende Akzentverlagerungen handeln wird. Alles in allem wird man feststellen können, daß das Vordringen des Gefühls und die Abtrennung der Familie von der Gemeinschaft für die gesamte westliche Gesellschaft charakteristisch sind, wenn sich auch eine gewisse zeitliche Staffelung und beträchtliche regionale Unterschiede nicht leugnen lassen.

Leider bezieht sich das gesicherte Primärmaterial, das ich vorlegen kann, hauptsächlich auf Frankreich und gelegentlich auf bestimmte Teile Deutschlands und Skandinaviens. Und nicht einmal das ganze Frankreich, Bayern oder Ostgotland ist einbezogen, sondern nur das Frankreich der Bauern und Besitzbürger gegen Ende des achtzehnten Jahrhunderts und das Bayern, wie es um die Mitte des neunzehnten Jahrhunderts durch die Brille des Beamtentums gesehen wurde. Diese Beschränkung liegt in der Natur der Sache. Ein einzelner Forscher kann nur einen kleinen Ausschnitt seines Gebietes beackern und muß endlose Weiten unerforscht lassen.

Zwei Umstände lassen mich zu der Annahme kommen, daß meine Befunde in Frankreich und Deutschland typisch sind für den gesamten Westen: die Übereinstimmungen zwischen meinen eigenen Entdekkungen und den Ergebnissen anderer Forscher, die vor mir in ganz anderen Teilen der westlichen Welt ähnliche Untersuchungen durchgeführt haben, und die Ähnlichkeiten in den Trends, die aus statistischen Erhebungen ablesbar sind. Amtliche Daten über das Heiratsalter oder die Kindersterblichkeit – um nur zwei Beispiele für jene Art von Statistiken herauszugreifen, die uns im weiteren Verlauf noch beschäftigen werden – stehen für viele Regionen und lange Zeitspannen zur Verfügung. Wenn die quantitativen Daten für diese zahlreichen geographischen Bereiche so aussehen, wie das qualitative, beschreibende Material vermuten läßt, kann der Forscher den Schluß wagen, daß seine Beobachtungen repräsentativ für viele Gegenden sind. Natürlich ist es voreilig von mir zu schließen, daß sie für alle Regionen repräsentativ sind, aber ich glaube, es trifft zu.

Gewisse Begriffe, die in diesem Buch verwendet werden, bedürfen einiger klärender Worte. Es sind Begriffe wie «romantische Liebe», «traditionelle Gesellschaft» und «moderne Gesellschaft».

Romantische Liebe definiere ich als die Fähigkeit zu Spontaneität und Einfühlungsvermögen in einer erotischen Beziehung. Spontaneität ist wichtig, weil sie die Zurückweisung traditioneller, von der Gemeinschaft auferlegter Formen im Bereich der zwischenmenschlichen Beziehungen bedeutet. Für das Paar ist die romantische Liebe ein Mittel zur Selbsterforschung und Selbstverwirklichung. Und bei dieser Suche nach dem Innen gibt es keine Wegweiser. Das Paar genießt gemeinsam die Erforschung der eigenen Komplexität. Daher scheinen alle Dinge, die sie erleben, alle Gesten, die sie austauschen, und alle Formen der Zärtlichkeit, die sie entwickeln, spontan aus ihnen hervorzuquellen. Natürlich bietet die Kultur, die sie umgibt, eine Reihe von «Modellen» zum Ausdruck der Empfindung, und in Wahrheit erfindet das Paar sehr wenig. Aber es ist sich dessen nicht bewußt. Es bemerkt nicht, daß die Figuren, die es tanzt, bereits von zahllosen Paaren vor ihm getanzt wurden, und glaubt deshalb, daß es spontan handelt. Ganz anders verhielt sich das Paar in der alten Zeit, als, wie wir noch sehen werden, die Sitte den Dialog vorschrieb und das Paar Formen folgte, die ein zeitloses Drehbuch seit Ewigkeiten vorzeichnete.

Das Einfühlungsvermögen, die Fähigkeit also, sich in einen anderen Menschen hineinzuversetzen, ist in diesem Zusammenhang von Bedeutung, da es das Zusammenbrechen der Geschlechterrollen repräsentiert. Begriffe wie «Sympathie», «Verständnis», «Kommunikation», Bilder des Aufgehens im anderen, Blicke, Hände, die einander halten –

all das gehört in den Bereich der Einfühlung. Ein wichtiger Aspekt der romantischen Liebe in der westlichen Gesellschaft der vergangenen zweihundert Jahre ist der Abbruch der gefühlsmäßigen Isolation des einzelnen und der Zusammenschluß der Seelen. Eine der Folgen eines solchen intensiven Gefühlsaustausches ist der Abbau der strengen Trennung der Geschlechterrollen. Er ist die Voraussetzung für die Begegnung auf der Ebene des Gefühls. Ohne ihn wären die Menschen in den Käfigen eingeschlossen geblieben, die ihre Geschlechterrollen um sie her errichtet hatten.

Natürlich werden die Geschlechterrollen niemals völlig überwunden. Unsere Erziehung nach einem System, in dem die strikte Unterscheidung der Rolle der beiden Geschlechter soziale Stabilität gewährleistet, prägt uns zu sehr, als daß dies möglich wäre. Historisch gesehen jedoch sind an die Stelle der rigorosen Abgrenzung der Geschlechterrollen gegeneinander weit weniger starre Formen getreten, innerhalb deren Männer und Frauen sich definieren können. Es ist das Einfühlungsvermögen, das diese Flexibilität in die Struktur des Gefühlslebens gebracht hat.

Einfühlung und Spontaneität mögen in sehr verschiedenen menschlichen Beziehungen ihre Rolle spielen. Aber nur in der erotischen Beziehung werden sie zur romantischen Liebe. Die Begegnung der Körper ist letztlich das Forum, auf dem die Begegnung der romantischen Geister stattfindet. Und aus diesem Grunde werden wir in diesem Buch der Sexualität besondere Aufmerksamkeit schenken. Die Sexualität kann verschiedenen Zwecken dienen: Dient sie der Erlangung eines höheren, nicht-sexuellen Zieles, so bezeichne ich sie als «instrumentelle Sexualität»; bezieht sie sich dagegen auf das innere Suchen, spreche ich von «affektiver Sexualität». Ohne allzuviel von meinen Ergebnissen vorwegzunehmen, sei schon an dieser Stelle darauf hingewiesen, daß die instrumentelle Art des sexuellen Verhaltens im prämodernen Europa vorherrschte. Die affektive Sexualität hingegen trat in der modernen Zeit in den Vordergrund. In der ersten Revolution der vorehelichen Sexualität, zu der es im späten achtzehnten Jahrhundert kam, war die affektive Sexualität verknüpft mit der romantischen Liebe. In der zweiten sexuellen Revolution in den sechziger Jahren unseres Jahrhunderts ging sie Hand in Hand mit einer hedonistischen Lebensweise. Wie es zu alledem kam, wird uns zu einem späteren Zeitpunkt beschäftigen.

Schließlich haben wir in diesem Bereich der Emotionen noch das

Gefühl zu nennen. In Anbetracht der Tatsache, daß die Geschichte der modernen Familie in so hohem Maße von dem Graben geprägt ist, den das Gefühl zwischen der Familie und der Gemeinschaft entstehen ließ, muß sichergestellt sein, daß wir es erkennen, wo immer wir ihm begegnen. Gefühl definiere ich als die Bereitschaft, die Akzente im eigenen Leben so zu verlagern, daß die gefühlsmäßige Beziehung zu anderen Menschen den höchsten Stellenwert erhält und die traditionelleren weiter unten auf der Wertskala angesiedelt werden. Das Gefühl bewirkt die Neuordnung der Prioritäten auf drei Gebieten:

1. Partnerwahl. Das Gefühl macht das persönliche Glück zum wichtigsten Ziel bei der Wahl des Partners, weit vor traditionellen Kriterien wie Familieninteresse und Größe der Mitgift. Diese Neuordnung der Prioritäten ist nichts anderes als «romantische Liebe», ein besonderer Aspekt der allgemeinen Kategorie «Gefühl».

2. Mutter-Kind-Beziehung. Das Gefühl macht das Wohlergehen des Kindes in den Augen der Mutter zum wichtigsten aller Ziele und veranlaßt sie, ihren traditionellen Beitrag zur wirtschaftlichen Situation der Familie, der in Dingen wie Feldarbeit oder Arbeit am Webstuhl bestand, einzuschränken. Gefühl artikuliert sich hier als «Mutterliebe».

3. Der Haushalt. Im Verlauf der Entwicklung zur Moderne beschließt die Familie, die intensiven Beziehungen zu der Gemeinschaft, in der sie lebt, abzubrechen, und zahlt dafür den angemessenen Preis (keine gemeinsamen Feste mehr und so weiter), genau wie die beiden anderen Kategorien des Gefühls ihren Preis forderten. Gefühl im Haushalt bedeutet, daß Privatheit und Intimität den Sieg über die traditionelle Verwobenheit mit dem Leben anderer davontragen. Von der Außenwelt durch geschlossene Fensterläden abgeschirmt, spinnen sich die Mitglieder der Familie in ein Netz des Gefühls ein – eine Situation, die die Franzosen mit dem Ausdruck *chacun chez soi* und wir mit dem Begriff «Häuslichkeit» umschreiben.

Durch die Definition des Gefühls als Neuordnung von Prioritäten ergibt sich die Möglichkeit der praktischen Anwendung, dem sogenannten Operationalisieren eines sonst abstrakten Begriffs. Wenn wir jungen Männern begegnen, die auf eine fette Mitgift verzichten, um die Dame ihres Herzens heiraten zu können, dann wissen wir, daß wir es mit romantischer Liebe zu tun haben. Wenn wir Müttern begegnen, die die vielfältigen gewerblichen Arbeiten aufgeben, die sie einst zu Hause verrichteten, oder die vom Feld nach Hause kommen, um ihren

Kindern die Brust zu geben, anstatt das Säugen bezahlten Ammen zu überlassen, dann erkennen wir, daß mütterliche Zuneigung am Werke ist. Und wenn wir sehen, wie sich *peer groups* auflösen, die ein so fester Bestandteil der traditionellen Welt waren, wenn wir einzelnen Familienmitgliedern begegnen, die dem traditionellen Gemeinschaftsleben entsagen, das sich vor ihrer Haustür abspielte, um nur noch bei den Menschen zu sein, mit denen sie ein Gefühl der Liebe verbindet, dann wissen wir, das ist Häuslichkeit.

An der Art, wie ich in diesem Buch die Begriffe «traditionell» und «modern» verwende, werden zwei Typen von Lesern Anstoß nehmen: diejenigen, die glauben, daß im Intimleben alles mehr oder weniger unverändert geblieben ist und daß demzufolge die große Umwandlung der Familie nie stattgefunden hat; und diejenigen, die davon überzeugt sind, daß sich das familiäre Leben zwar verändert, jedoch in großen Zyklen – im Wechsel von, sagen wir, Unterdrückung und Befreiung. Unter diesem Gesichtspunkt lassen sich Zeiträume im sechzehnten Jahrhundert aufzeigen, die «moderner» waren als das neunzehnte Jahrhundert, und Zeiträume im zwölfen Jahrhundert, in denen es freier zuging als im zwanzigsten Jahrhundert.

Ich möchte keinen Zweifel darüber aufkommen lassen, wie ich diese Begriffe definiere. «Traditionell» bezeichnet eine *Weise* des Verhaltens, die sich weitgehend mit einer bestimmten Zeit*periode* deckt. Traditionell orientierte Menschen, so würde ich sagen, sind bereit, ihre persönlichen Ziele und Wünsche den Ansprüchen der Gemeinschaft, deren Teil sie sind, unterzuordnen. Bei modernen Menschen hingegen siegt der Wunsch, frei zu sein, über die Forderung der Gemeinschaft nach Gehorsam und Anpassung. Der Unterschied zwischen einer kleinen traditionellen Gemeinschaft und einer großen modernen Gesellschaft liegt, wie Georg Simmel treffend gesagt hat, darin, daß die Menschen der traditionellen Gemeinschaft trotz aller besonderen, voneinander abweichenden persönlichen Umstände, die sie zu trennen scheinen, im wesentlichen vereint sind, während die Menschen der modernen Gesellschaft trotz aller vereinigenden Züge, die sie gleichartig zu machen scheinen, im Grunde isoliert sind. Sowenig sich diese Typologie auf die Länder der Dritten Welt anwenden läßt – das primitive Bali ist etwas ganz anderes als das «traditionelle» Oberösterreich –, so brauchbar ist sie meiner Ansicht nach für die Länder des Westens.

Menschen in traditionellen Familien sind bereit, auf die Erfüllung persönlicher Wünsche zu verzichten. Sie sind bereit, erst spät zu heiraten oder der Ehe sogar ganz zu entsagen, damit der Bauernhof unter der Führung des Erstgeborenen gedeihen kann; sie sind bereit, das Verlangen nach ein wenig Privatheit, das in ihrer Brust schlummert, zu überwinden und zum Freudenfeuer an Johannis zu gehen; sie beschließen, gegen die Müdigkeit, die sie am Abend überkommt, anzukämpfen, um ihre Hüte für die Hochzeit der Nachbarstochter mit Bändern zu schmücken. Und sie sind bereit, auf die ganze Skala der psychosexuellen Befriedigungen zu verzichten, die uns unsere Handbücher der Sozialarbeit garantieren, um die «Ehre» der Familie nicht zu beflecken.

In der modernen Gesellschaft dagegen hat die Selbstverwirklichung des einzelnen Vorrang vor der Stabilität der Gemeinschaft. Karriere und Glück der einzelnen Mitglieder der Familie tragen den Sieg über die Fortsetzung der Familientradition davon. Die Abkapselung, die die romantische Liebe fordert, damit das Ich der beiden Partner sich entwickeln kann, vertreibt die Menge von den Festen der Gemeinschaft. Und die Mode funktioniert den Hochzeitshut, der ursprünglich ein handgemachtes Bekenntnis zur kollektiven Solidarität war, zu einem schauerlichen Putz von Leuten um, die entschlossen sind, einander auszustechen oder wenigstens nicht ausgestochen zu werden. Und was das Recht auf sexuelle Befriedigung betrifft – nun ja, wir alle haben von den Schrecken der «Verdrängung» gehört.

Ein spöttischer Unterton schleicht sich in diese Zeilen ein. Wie lächerlich kommen wir uns vor, genau wie die Bewohner der Welt, die uns verlorengegangen ist, sich gelegentlich lächerlich vorkamen! Trotzdem wäre es absurd, wenn ich den Anschein erweckte, als lehnte ich unsere Welt ab, mit der ich so sehr verwachsen bin. Die Sache ist weniger kompliziert: In der Frühphase des modernen Europa schlug das Pendel zwischen den Polen des Individualismus und der kollektiven Pflicht zum Kollektiven, in unserer Zeit dagegen zum Egoismus hin aus. In beiden Welten bewegt sich eine Minderheit auf Zehenspitzen durch das ganze Spektrum. Die allgemeine Tendenz jedoch – das typische Verhalten des Durchschnittsmenschen – ging in der traditionellen Welt in die eine Richtung und geht in der modernen Gesellschaft in die andere.

Der «traditionelle» Hang zur Gemeinschaftssolidarität war verknüpft mit einer ganz bestimmten Geisteshaltung. Erstens wurde die Autorität der freien, individuellen Wahl vorgezogen. Innerhalb des Haushalts bedeutete dies die Herrschaft des Patriarchen über die übrige Familie. Wenn dieses Buch eines verdeutlichen wird, so dies, daß sich junge Menschen in Partner- und Berufswahl dem Willen ihrer Eltern beugten und daß Ehefrauen in den meisten Fällen das taten, was ihre Männer für richtig hielten. Daneben beeinflußten weniger unmittelbare Formen der Autorität das Intimleben wie etwa die Donnerwetter, die Stadtväter gegen die «Unmoral» entfachen konnten, oder die Rügen die örtliche Jugendgruppen Frauen erteilten, die ihre Männer verprügelt hatten.

Zweitens wurde den Sitten und Bräuchen der Vorrang vor Spontaneität und Kreativität eingeräumt. Die kleinen Gemeinschaften, ob es sich nun um die Zunft, die Sippe oder das Dorf im ganzen handelte, erkannten richtig, daß ein Zuviel an Neuerungen ihr Totengeläut sein konnte; deshalb bestanden sie darauf, daß die hergebrachten Formen der Brautwerbung, der Heilung von Kindern, die von Koliken geplagt wurden, und der Organisation des Jahrmarktes so weit beibehalten wurden, daß sie keiner vergaß. Diesem Festhalten an der Tradition in kulturellen Dingen, diesem Beharren darauf, daß die zwischenmenschlichen Beziehungen, die von einer unendlichen Vielfalt sein können, in bestimmte, immer gleichbleibende Formen gepreßt wurden, verdanken wir ein nützliches Etikett für die gesamte Gesellschaftsordnung: das Etikett «traditionell».

Und schließlich gab es ein beständiges Mißtrauen gegenüber der Sexualität. Völlig zu Recht erkannten diese Menschen, daß jenes Etwas, das spätere Generationen Libido nennen sollten, genügend Dynamit enthielt, um ihre stabile kleine Welt in die Luft zu sprengen. Begann das Herz erst einmal zu sprechen, dann war damit zu rechnen, daß es oft Befehle gab, die ganz und gar nicht in Einklang standen mit den rationalen Prinzipien des Familieninteresses und des materiellen Überlebens, auf die die kleine Gemeinschaft aufgebaut war. «Heirate die Frau, die du liebst», mochte das Herz sagen, «wenn es auch gegen den Willen deiner Eltern ist». Die traditionelle Ordnung hätte solche Mesalliancen überleben können, wenn auch diese Art der Partnerwahl im großen Stil zu einer einschneidenden Neuverteilung des Besitzes geführt hätte. Was diese Ordnung nicht überleben konnte, war das Beharren des Herzens auf Intimität und das Streben nach einer Privatsphäre und Isolierung, das daraus folgte. Aus diesem Grunde kämpfte die traditionelle Welt für die lebenslange Monogamie und für die Herrschaft der rationalen Kalkulation des objektiven Familieninteresses über die sexuelle Leidenschaft, die als irrationales Element gefürchtet wurde und von der jeder wußte, daß sie unmittelbar unter der Oberfläche lauerte.

Es ist denkbar, daß das europäische Dorfleben von allem Anfang an oder zumindest seit der Zeit, als die Franken zur Ruhe kamen, durch diese Züge gekennzeichnet war. Neue Forschungen zur Geschichte des Mittelalters scheinen mir jedoch dafür zu sprechen, daß es richtiger ist, die drei Jahrhunderte zwischen Reformation und Französischer Revolution mit dem Etikett «traditonell» zu versehen. Im dreizehnten Jahrhundert war alles in Bewegung: Es herrschte allgemeiner Wohlstand, und die Bevölkerungszahl schnellte sprunghaft in die Höhe; die volkstümliche Kultur gedieh in einem Maße, daß die Forscher sie erst jetzt allmählich voll erfassen. Im späten Mittelalter setzte dann eine lange Periode der Regression ein (aus Gründen, die viel zu kompliziert sind, als daß sie in diesem kurzen Buch dargestellt werden könnten), und eine Phase des wirtschaftlichen, demographischen und kulturellen Abbaus begann, die bis ins frühe neunzehnte Jahrhundert hinein andauern sollte. Diese Epoche des Niedergangs und der Stagnation im Bereich des westlichen Lebens ist es, die man als «traditionell» bezeichnen kann. In dieser Epoche wurden die allgemeinen Werte und kulturellen Normen festgelegt, die auf Volkskundler der späteren Zeit wirkten, als gingen sie auf die Tage der Druiden zurück.

Modernisierung bedeutete die Auflösung dieser festgefügten, starren Ordnung. Es gibt Forscher, die der Ansicht sind, daß die großen sozialen Veränderungen des neunzehnten und zwanzigsten Jahrhunderts einfach alles auseinanderrissen und die Fetzen richtungslos in einer Welt ohne Werte dahintreiben ließen. Die Mehrzahl der Autoren, denen wir unsere Zeugnisse zur Familiengeschichte verdanken, vertritt diesen Standpunkt, aber ich teile ihn nicht. Andere sind der Auffassung, daß an die Stelle der traditionellen Wertordnung eine moderne trat, die nicht weniger bindend ist und das Verhalten nicht weniger zwingend bestimmt. Der Inhalt dieser modernen Werte ist sehr verschieden und stellt die Individualität über die Treue zur Gemeinschaft und die Selbstverwirklichung über die Gruppensolidarität. Aber alle Spieler kennen die Regeln und halten sich daran.

Wo diese neuen Regeln zum erstenmal aufgestellt wurden, ist unklar. Meiner Ansicht nach traten sie zunächst als Subkultur der Unterdrückten in Erscheinung, als ein neuer Verhaltenskodex, der jene Angehörigen der unteren Gesellschaftsschicht verband, die aus ihrer traditionellen Umgebung herausgerissen und in den Strudel der Marktwirtschaft gestürzt worden waren. Viele amerikanische Beobachter meinen, diese neuen Werte seien besonders deutlich in der Neuen Welt zutage getreten, und ein kurzer Blick auf das Intimleben in den Kolonien scheint diese Ansicht zu bestätigen. Aber wo immer auch ihr Ursprung liegen mag: Tatsache ist, daß die Wertordnung, die konservative Sozialkritiker als «Egoismus» verdammten, im Verlauf des neunzehnten Jahrhunderts Eroberung auf Eroberung machte; und wenngleich viele *Formen* der Kultur an der Schwelle des zwanzigsten Jahrhunderts immer noch «traditionell» zu sein schienen – die Bauersfrau stand nach wie vor während der Mahlzeit hinter dem Stuhl ihres Mannes –, modernisierte sich ihr *Inhalt* von Grund auf.

Dies alles ereignete sich natürlich nicht überall gleichzeitig: Südengland begann sich zwei Jahrhunderte früher zur modernen Welt hin zu entwickeln als das Innere der Bretagne, um nur zwei extreme Fälle zu nennen. Aber früher oder später fand der Große Wandel überall statt. Wie das geschah, berichtet dieses Buch.

1. Kapitel

Privatleben
und öffentliches Leben
in der tradionellen
Gesellschaft

Einer der Gründe, warum das Familienleben im traditionellen Europa so grundverschieden von dem unsrigen war, lag in dem besonderen Charakter seiner Familienstruktur. Die Struktur des Haushalts, die Größe der häuslichen Gruppe, die Gelegenheiten, innerhalb der Gemeinschaft zusammenzutreffen, die Vorwände, den Nachbarn zu beobachten – all das war anders als in unserer heutigen Umwelt. Natürlich formen solche Dinge nicht an sich schon die Einstellung der Menschen, aber sie schaffen – und begrenzen – die Möglichkeiten, zusammenzutreffen und Gefühle auszudrücken. Das Leben in einem Appartement im einundzwanzigsten Stock in New York, von dem aus man den East River überblickt, unterscheidet sich von dem häuslichen Leben über einer Gerberwerkstatt im Memmingen des achtzehnten Jahrhunderts, zum Teil deswegen, weil das eine gegen die Außenwelt abgeschottet ist, während das andere an vielen Stellen von ihr durchlöchert ist. Aber die beiden Lebensumstände sind auch deshalb so verschieden, weil die gesamte Kultur, in die die Swinger der East Side von Manhattan sozialisiert wurden, radikal von der Welt, die wir verloren haben, verschieden ist. Aber was war nun dieser traditionelle Rahmen?

Die Mitglieder des Haushalts

Man kann nicht einfach von «Familien in der traditionellen Gesellschaft» als einer undifferenzierten Abstraktion sprechen, da Haushaltformen zwischen Land und Stadt und zwischen dem Mittelstand und der unteren Schicht stark variierten. Wendet man diese Zweiteilung in städtisch-ländlich und besitzend-besitzlos auf eine gegebene Bevölkerung an, so teilt man sie in vier Teile: das städtische Kleinbürgertum, die städtische Arbeiterschaft, das Großbauerntum und die Schicht der ländlichen Kleinbauern. Ob man in der Stadt oder auf dem Land wohnte, bestimmte, zumindest teilweise, wie man in seinen vier Wänden lebte; und ebenso: ob man ein Haus besaß – Bauernhaus oder Stadthaus – oder nur ein oder zwei Zimmer gemietet hatte, beeinflußte den häuslichen Lebensstil. Die unabhängigen städtischen Handwerker unterschieden sich ebenso von den Handwerksburschen, Wasserträgern und Straßenhändlern in den Städten, wie sich beide Gruppen wiederum in ihrem häuslichen Leben von der Bauernschaft oder den «Sternguckhäuslern» – Kleinbauern, die so genannt wurden, weil sie die Sterne durch Löcher in ihren Dächern sehen konnten – unterschieden. Jede dieser Gruppen hatte eigene Haushaltformen und erlebte wahrscheinlich verschiedene Formen des Bedrängtseins und der Schwierigkeiten.

Ein grundlegender Faktor des Haushaltlebens ist, wieviel Menschen dort zusammen leben. Die Welt der Kinder, die Erfahrungen des Ehepaares, das Leben am Frühstückstisch – diese Aspekte der Häuslichkeit sind verschieden, je nachdem, ob der Haushalt nur aus den Eltern und ihren Kindern besteht, oder ob auch Dienstboten und Kostgänger sowie Kinder aus einer früheren Ehe und die Großeltern mit dazugehören. Im traditionellen Europa waren die Haushalte etwas größer und sicher vielfältiger – im Sinne des Zusammenlebens von mehr als nur einem Ehepaar – als die modernen Haushalte. Und gerade diese Unterschiedlichkeit in der Zusammensetzung der häuslichen Gruppe verlieh der traditionellen Familie zum Teil ihre Einzigartigkeit.

Sehen wir uns zuerst die Städte an. Hier treten scharfe Unterschiede in Größe und Zusammensetzung von Haushalten je nach Einkommen und sozialem Status auf. Je höher das Einkommen oder je gehobener die soziale Schicht, desto größer und vielfältiger der Haushalt. Armut und Lohnarbeit bedeuteten, daß wenige Kinder mit den Eltern zusammen wohnten und daß es keine zahlenmäßig große Verwandtschaft gab. Dienstboten gab es kaum, weil Arbeiter sich keine Hausangestellten leisten konnten, und, da sie keine eigenen Werkstätten oder Läden betrieben, auch keine angestellten Mitarbeiter (Lehrburschen oder Gesellen) brauchten, die sie bei ihren Geschäften unterstützt hätten. Andererseits hatten die unabhängigen Geschäftsinhaber genug Raum, um Verwandte zu beherbergen und, was noch wichtiger war, die Mittel, ihnen Arbeit zu geben. Dieser Mittelstand hatte auch mehr Kinder, die zu Hause wohnten, und brauchte überdies im Haus wohnende Hilfskräfte – nicht um sich morgens den Kaffee bringen zu lassen, sondern sie halfen im Laden oder an dem großen Webstuhl, der mitten im Wohnzimmer stand.

Im Bezirk Popincourt in Paris hatten zum Beispiel ums Jahr 1795 Tagelöhner durchschnittlich etwa 1,8 im Hause wohnende Kinder, Kleinladenbesitzer 2,4. In den Städten dauerten im neunzehnten Jahrhundert diese Klassenunterschiede an, wobei ein Drittel der Großhändler mindestens 3 Kinder bei sich zu Hause hatte, jedoch nur ein Achtel der Arbeiter dieselbe Anzahl. Im frühen modernen Florenz war im allgemeinen der Haushalt um so größer, je reicher man war; die Armen hatten durchschnittlich nur 2,5 Personen im Haus, die Reichen 5 oder 6. Und war man ein Handwerker in einer bedeutenden Gilde, so hatte man mehr Personen im Haushalt (durchschnittlich 5,5), als wenn man ein ungelernter Arbeiter war (3,7).[1]

Andere Städte des Kontinents weisen ähnliche Verhältnisse auf. In Straßburg finden wir mittelständische Haushalte mit durchschnittlich 5,1 Bewohnern, Haushalte der unteren Schicht mit 3,8. Dasselbe gilt für die kleine Stadt Husum in Schleswig nahe der dänischen Grenze und für Bewohner von Zürich im achtzehnten Jahrhundert. Alle diese bürgerlichen Haushalte waren größer, zum Teil, weil der Mittelstand mehr Dienstboten und Hilfskräfte in der Familie beschäftigte, zum Teil, weil bei ihnen mehr Kinder zu Hause wohnten.[2]

Weil ich davon überzeugt bin, daß die nordamerikanische Gesellschaft ausgewachsen als moderne Gesellschaft dem Haupte des Zeus entsprungen ist, zittern meine Finger ein wenig, wenn sie das Salem in Massachusetts von etwa 1790 in ein Kapitel über die traditionelle Gesellschaft verweisen. Aber in Salem, das durch zahlreiche Hexenprozesse, kaum ein Jahrhundert zuvor, zu einer makabren Berühmtheit gelangte, herrschten dieselben Verhältnisse wie in Europa: je höher der gesellschaftliche Status des Haushaltsvorstands war, desto größer war die häusliche Gruppe. Bei Kaufleuten war der Durchschnitt 9,8 Personen pro Familie, bei Zimmermannsmeistern 6,7 und bei Arbeitern 5,4. Der Mittelstand von Salem stellte mehr Gehilfen und Lehrlinge an als die untere Schicht; auch war seine Fruchtbarkeit höher; bei Kaufleuten und Handwerkern betrug sie im Durchschnitt 5,9 Geburten pro erste Ehe; bei Arbeitern 4,6.[3]

Wir könnten viele andere Orte anführen, wie zum Beispiel das industrielle Nottingham – wo bei den Arbeitern, obwohl sie etwas größere

Familien hatten, die Haushalte kleiner als die des Bürgertums waren.[4] Aber es steht fest, daß in den traditionellen Städten das «mittelständische» Leben ein großes Gedränge von Menschen bedeutete. Erst als die Modernisierung wirklich die traditionellen Strukturen aufgelöst hatte und eine Vielzahl neuer Städte, voll von Menschen mit modernen Berufen, entstanden war, bedeutete «bürgerlich» kleine Familien und Intimität im Haushalt. Ein Beispiel für diesen Wandel: Michael Anderson machte die Beobachtung, daß in der Fabrikstadt Preston mitten im Industriegebiet von Lancashire um 1850 praktisch keine Angestellten- oder gewerbetreibende Familie das Haus mit einer anderen Familie teilte oder Mieter und Verwandte bei sich wohnen hatte. Andererseits findet man bei Familien von Fabrikarbeitern, Handwerkern und Hilfsarbeitern, besonders bei jenen mit keinem oder nur einem Kind, oft Mieter und Verwandte. Und innerhalb dieser Arbeiterklasse war es üblich, das Haus mit anderen zu teilen.[5]

Was das ländliche vom städtischen Leben unterschied, war weniger die Größe des Haushalts als vielmehr seine Vielschichtigkeit. Im Bauernhaus waren normalerweise mehr Generationen vertreten als in den Haushalten der Stadt (zum mindesten habe ich diesen Eindruck, denn vor 1850 vergleicht praktisch keine Untersuchung die Zahl der Generationen in städtischen Haushalten mit den ländlichen). Aber für das ländliche Leben sind Verwandte wie unverheiratete Brüder und Schwestern – für die es kein Land gab – sowie die alt gewordenen Großeltern charakteristisch.

In vielen Gebieten des Kontinents konnte gewöhnlich das bäuerlich väterliche Erbteil nicht aufgeteilt werden; es wurde, zumindest in der Praxis, auch dann nicht geteilt, wenn das gesetzlich erlaubt war. Von einem vielfach aufgesplitterten Besitz konnte eine Familie nicht mehr leben, und allein die Möglichkeit war eines jener Schreckgespenster, die durch die ländliche Gesellschaft spukten. So wurde, wenn immer das möglich war – zum Beispiel in Österreich –, das Land einem einzigen Kind, gewöhnlich dem ältesten Sohn, vermacht, oder in manchen Gebieten auch dem jüngsten, damit der Vater erst so spät wie möglich die Zügel der nächsten Generation übergeben mußte. Andere Kinder erhielten nur Geldzahlungen und das Recht, im Haus der Familie zu wohnen, wenn sie unverheiratet blieben.

Wer wohnte im typischen Bauernhaus? Zunächst einmal das ländliche Ehepaar. Das waren Groß- oder Kleinbauern, aber fast nie verheiratete Dienstboten, und zwar aus dem guten Grund, weil man ein

Stück Land und eine Wohnstatt haben mußte, um heiraten zu können. Nach der Heirat in seinen späten Zwanzigerjahren konnte das Paar auf ein gemeinsames Leben von vielleicht fünf oder zehn Jahren vorausschauen, bevor der Tod einen von ihnen hinwegraffte.[6] Witwer heirateten dann schnell wieder, Witwen etwas weniger rasch. Für unser augenblickliches Vorhaben bedeuten diese häufigen durch den Tod bestimmten Auflösungen einer Ehe, daß recht oft eine Heirat nicht die erste eines der Partner war und daß einige Kinder im Haushalt aus früheren Ehen stammten.[7]

Es waren in Wirklichkeit wenig Kinder im Hause, selten irgendwann mehr als zwei bis drei. In Anbetracht der großen Fruchtbarkeit im traditionellen Europa mögen diese geringen Zahlen überraschen. Wenn die Frauen im Durchschnitt in den fruchtbaren Jahren zehn- bis zwanzigmal schwanger werden konnten, wie kam es dann, daß tatsächlich nur ein paar Kinder da waren? Es gibt zwei hauptsächliche Gründe dafür – zunächst einmal der frühe Tod. In der modernen Welt ist der Tod im Kindesalter selten (seltener allerdings in Europa als in den Vereinigten Staaten). Der Verlust eines Kindes ist eine fast unglaubliche Katastrophe, und zwar eine, die gewöhnlich jemand anderem passiert, den wir nur flüchtig kennen. Es ist daher schwierig für uns, die verheerenden Ziffern der Kindersterblichkeit zu begreifen, die einst an der Tagesordnung waren. Im achtzehnten Jahrhundert mußte damit gerechnet werden, daß von drei Kindern eines im ersten Lebensjahr starb und daß nur eines von zweien das einundzwanzigste Lebensjahr erreichte. Das und die größere Wahrscheinlichkeit, daß eine schwangere Frau eine Fehlgeburt hatte, ist schuld an den «fehlenden» Kindern: Sie waren entweder im Mutterleib, bei der Entbindung oder im Kindesalter gestorben.

Ein zweiter Grund, der die Kinder von ihren Familien trennte, war ihr früher Einritt in die Arbeitswelt. In dem von Armut heimgesuchten westlichen Frankreich verließ die Nachkommenschaft der Kleinbauern schon mit sieben oder acht Jahren das Elternhaus, «um als Dienstboten, Schafhirten, Kuhhirten, als Truthahnhüter eines Bauern oder Lehrling eines Handwerkers zu arbeiten». Im Languedoc leisteten bereits neunjährige Kinder produktive Heimarbeit und hatten mit zehn oder elf «schon Praxis als Lakaien oder Dienstboten». Sogar in England, wo praktisch alle Kinder unter zehn Jahren in jeder beliebigen Gemeinschaft zu Hause bei ihren Eltern oder dem Vormund waren, setzte danach die große Loslösung ein.[8] Zuerst gingen die männlichen

Kinder der Armen fort, weil das Stückchen Land des Kleinbauern ihre Arbeitskraft nicht benötigte und in der Nähe keine Arbeitsmöglichkeit greifbar war, die ihnen eine ganztägige Arbeit geboten hätte, bei der sie zu Hause hätten wohnen können. Es war üblich, daß sie sich bei einem Bauern mit einem großen Hof in der Nachbarschaft verdingten und später vielleicht die Gemeinschaft um saftigerer Weiden willen ganz verließen. Dann nahmen vielleicht auch die Söhne der reichen Bauern Abschied, gingen aber nicht weit und auch nicht unbedingt für immer – sondern eher so wie die Söhne flämischer Bauern, die von ihren Vätern für ein bis zwei Jahre auf die Höfe in die benachbarten Provinzen Artois und Picardie geschickt wurden, um etwas Französisch und vielleicht auch ein wenig von der Welt zu lernen.[9]

Die Töchter der Kleinbauern wurden zwar im allgemeinen wie ihre Brüder früh in eine Stellung geschickt, aber diejenigen wohlhabender Familien blieben eher zu Hause. Bis zu ihrer Verheiratung konnten sie sich im Haushalt nützlich machen, sei es durch Spinnen, Klöppeln oder Buttermachen. Anders als ihre Brüder waren sie «verderbliche Ware»; das heißt, außerhalb des Hauses konnte es zu irgendeiner sexuellen Begegnung kommen, die die Ehre der Familie auf Generationen hinaus befleckt hätte.

Roger Schofield hat über die Chancen geschrieben, die Jugendliche in der englischen Gemeinde Cardington in Bedfordshire um 1782 hatten, zu Hause zu bleiben. Ein typischer Cardington-Junge blieb gewöhnlich bis zu seinem neunten Geburtstag bei seinen Eltern und ging vermutlich zur Schule, bis er elf Jahre alt war. Zwischen zehn und vierzehn war seine Chance, eine Stellung zu erhalten, eins zu vier, und sie stieg dann zwischen dem fünfzehnten und neunzehnten Lebensjahr auf vier zu eins an. Die Wahrscheinlichkeit, daß er als Zwanzigjähriger entweder noch in einer Stellung oder schon verheiratet war, betrug sechs bis sieben zu eins; Ende der Zwanzig war er fast sicher verheiratet. In dieser Gemeinde gab es nur einen einzigen Burschen, «den dritten der vier Söhne eines Zimmermanns und selbst Zimmermann, der nach seiner Verheiratung noch bei den Eltern wohnte.» Bei den Mädchen in Cardington verlief das Leben im Haushalt nach einem anderen Modell. Die Chance einer Schulbildung betrug bei ihnen nur eins zu drei. Wenige verließen das Heim vor dem fünfzehnten Lebensjahr. Und im Alter zwischen fünfzehn und neunzehn, wenn drei Viertel der Jungen schon fortgegangen waren, traf das nur auf ein Viertel der Mädchen zu. Die meisten verließen die elterliche Wohnung nur am Arm ihrer Ehemänner und hatten nie unmittelbar mit Lohnarbeit Bekanntschaft gemacht.[10]

Bei den Kindern des Pfarrers und Bauern Ralph Josselin in der kleinen Gemeinde Earls Colne in Essex im siebzehnten Jahrhundert war es etwas anders. Hier gingen die Mädchen früher als die Jungen fort und nahmen im allgemeinen Stellungen an:[11]

Name	Datum des Wegzugs	Alter in Jahren und Monaten	Ort und Beschäftigung
Thomas	25. Mai 1659	15,5	London, Lehrling
Jane	21. April 1656	10,6	Colchester, Erziehung
John	9. Januar 1667	15,4	London, Lehrling
Anne	24. Juni 1668	14,0	London, Dienstmädchen
Mary	2. Februar 1668	10,0	White Colne, Erziehung
Elizabeth	23. April 1674	13,9	Bury St. Edmunds, Erziehung
Rebecka	17. April 1677	13,5	London, Dienstmädchen

Aber von Bedeutung ist, daß sogar bei dieser gebildeten Familie des Mittelstands Kinder beiden Geschlechts in früher Jugend fortgingen, und zwar in verschiedene Bereiche der sozialen Skala.

Aber von diesen beiden Gemeinden, Cardington und Earls Colne, erfahren wir nicht die ganze Geschichte. In den armen Gegenden von Frankreich und in den ländlichen Industriegebieten Mitteleuropas verließen die jungen Burschen das Heim sogar vor dem zehnten Lebensjahr, um in einem nahe gelegenen Haushalt beim Spinnen oder Weben zu helfen[12], während die Kinder in den großen Höfen von Südosteuropa möglicherweise überhaupt nicht fortgingen und entweder unverheiratet blieben oder ihre Bräute in den größeren Haushalt einbrachten. Aber wenn wir den Idealtyp des Haushalts im traditionellen Europa demjenigen des zwanzigsten Jahrhunderts gegenüberstellen, springt ins Auge, daß die Jugendlichen früher mit sehr viel geringerer Wahrscheinlichkeit als heute zu Hause geblieben sind.

Es gab auch Dienstboten im Haushalt. Sie aßen mit am Familientisch. In ärmeren Behausungen schliefen sie neben der Familie auf Strohmatratzen vor dem Herd oder – im Winter – mit allen anderen im

Kuhstall. Es handelte sich dabei um die Kinder der Nachbarn; in manchen Fällen wurden sie gegen die eigenen Kinder ausgetauscht, hin und wieder aber benötigte ein Großbauer einfach mehr Arbeitskräfte, als die eigene Familie bereitstellen konnte. Obwohl der Dienstherr dem Gesinde gegenüber eine beträchtliche Verantwortung hatte, brauchte er den Dienstmädchen zu ihrer Heirat keine Mitgift zu geben, noch mußte er den männlichen Dienstboten einen Teil des Familienerbes abtreten. Die typische Familie hatte einen oder zwei solcher Dienstboten, die für ein ganzes Jahr eingestellt wurden. Sie bekamen die vollen zwölf Monate hindurch Kost und Logis, wirklich dringend gebraucht wurden sie aber nur von Juli bis Oktober in der Zeit der Hauptarbeit auf dem Feld. Die Modernisierung ersetzte schließlich diese Mitglieder des Haushalts, für die der Dienstherr das ganze Jahr hindurch verantwortlich war, ob er sie nun brauchte oder nicht, durch Lohnarbeiter, die tageweise für spezielle Aufgaben eingestellt wurden.

Die letzte Gruppe, die zum Haushalt gehörte, war die der Verwandten der Familie. Die großen Verschiedenheiten, die hier anzutreffen sind, zwingen uns schon gleich zu Beginn, auf den «idealen» Typ zu verzichten und zwischen den einzelnen Ländern zu unterscheiden.

Es gab drei Arten von verwandtschaftlicher Zugehörigkeit zur häuslichen Gruppe:

Erstens die reine Gattenfamilie, mit der keine anderen Verwandten zusammen lebten.

Zweitens die sogenannte Stammfamilie, die aus Mutter, Vater und Kindern sowie einem Großelternpaar bestand. Für das Zustandekommen einer Stammfamilie waren Kinder nicht einmal notwendig – lediglich ein jüngeres und ein älteres Paar, die unmittelbar miteinander verwandt waren und unter demselben Dach oder auf dem gleichen Besitz wohnten.

Drittens der große, vielschichtige Familienhaushalt, der sich sowohl «horizontal» auf die Brüder und Schwestern von Mann und Frau ausdehnte als auch «vertikal» eine dritte Generation von Großeltern einschloß. Obwohl die Stammfamilie ein «vielschichtiger Familienhaushalt» im technischen Sinne war – weil sie zwei Gattenfamilien unter demselben Dach vereinte –, unterscheidet sich diese dritte Konstellation durch die Anwesenheit von mehreren verwandten Ehepaaren derselben Generation – zum Beispiel verheiratete Brüder, die miteinander unter der patriarchalischen Herrschaft ihres Vaters lebten.

Man kann sich natürlich auch noch andere Familientypen vorstellen:

die «erweiterte Familie», wo eine einzelne Gattenfamilie mit unverheirateten Verwandten zusammen wohnt; den Einpersonenhaushalt; oder die wilde Ehe, wo ein Paar unverheiratet zusammen lebt. Aber im Kontext der Geschichte des Westens sind die drei angeführten Typen die interessantesten. Zu beachten ist auch, daß Dienstboten, Waisen und Kinder aus früheren Ehen vermutlich in allen drei Konstellationen zu finden waren. [13]

Das erste Modell war also die verwandtschaftslose Gattenfamilie. In früheren Publikationen über die Geschichte der Familie hatten die Soziologen die schlechte Eigenschaft, zu unterstellen, daß Familien vor der industriellen Revolution in Sippen organisiert oder zumindest stark «erweitert» waren. Weil jeder Historiker, der auch nur flüchtig mit der Sozialgeschichte Europas vertraut ist, sofort den Irrtum einer solchen Vermutung feststellen kann, entstand in den sechziger Jahren des zwanzigsten Jahrhunderts eine revisionistische Reaktion: Die Kernfamilie wurde immer wieder in der Geschichte mit lautem Entdeckungsgeschrei «ausgegraben». Wie es den Revisionisten oft passiert, gaben sich diese Autoren alle erdenkliche Mühe, die konventionelle Weisheit umzustoßen; anstatt einfach die Phantasien der Soziologen über Sippen und wuchernde Patriarchate zu korrigieren, verkündeten sie nun, daß fast immer und überall die Gattenfamilie – Mutter, Vater, Kinder und Dienstboten – vorgeherrscht hätte. So erschufen die Revisionisten eine eigene kleine Phantasievorstellung: die Kernfamilie als historische Konstante. [14]

Natürlich gab es viele Familien ohne Verwandtschaft: oft stellten sie sogar die Mehrheit der Haushalte dar. Um aber eine Vorstellung von den typischen Erfahrungen einer Durchschnittsperson zu bekommen, müssen wir fragen, in welcher Art von Haushalt ein Kind am wahrscheinlichsten den Sozialisationsprozeß erlebte: im erweiterten Stamm- oder im Kernhaushalt? Die Wahrscheinlichkeit war groß, daß in besser gestellten Haushalten im Gegensatz zu den ärmeren, und in Osteuropa im Gegensatz zu Westeuropa, das Kind in einem Haushalt aufwuchs, der neben Mutter und Vater auch viele Verwandte umfaßte.

Nordamerika und die Britischen Inseln waren die hauptsächlichste Bastion der verwandtenlosen häuslichen Einheit. Im kolonialen Neuengland zum Beispiel waren die Haushalte im allgemeinen recht groß, aber mehr wegen der Zahl der Kinder als wegen der mitwohnenden Verwandten. David Flaherty nimmt den typischen Familienumfang in

Massachusetts Bay und Rhode Island um 1700 mit durchschnittlich 5,8 an. Die zusätzlichen Hausbewohner, und dazu verschiedene Dienstboten und Mieter, vergrößerten die durchschnittliche Haushaltsgröße um ungefähr eine weitere Person. Ein Drittel aller Wohnstätten hatte Dienstboten; ein Drittel aller Häuser wurde mit anderen Leuten geteilt.[15] Peter Laslett hat nachgewiesen, daß in englischen Haushalten Onkel und Tanten praktisch ganz fehlten und Großeltern nur selten dort lebten.[16] Es ist möglich, daß die Angelsachsen lieber in einem Nachbarschaftsverhältnis mit ihren Verwandten wohnten als im gleichen Haushalt; es gibt im traditionellen England Anzeichen dafür, daß es im Familienleben eine wichtige Rolle spielte, nahe beieinander zu wohnen.[17] Im kolonialen Neuengland jedenfalls ließen sich viele miteinander verwandte Siedler in engster räumlicher Nachbarschaft nieder.[18] Aber keinesfalls dürfen wir behaupten, daß erweiterte Familien – Gattenfamilien mit anderen mitwohnenden Verwandten – im ländlichen Leben vor dem neunzehnten Jahrhundert von Bedeutung waren. Paradoxerweise erhöhte die niedrigere Sterblichkeit im Zuge der Modernisierung die Wahrscheinlichkeit, daß Großeltern wenigstens so lange am Leben blieben, daß sie noch bei ihren Kindern wohnen konnten.

Gattenfamilien *ohne* Verwandte gab es auch im ländlichen Europa ziemlich häufig. In den Viehzuchtgebieten der Niederlande zum Beispiel wohnten die Großeltern selten bei dem Bauern und seiner Frau. In norwegischen Dörfern wohnte nur etwa ein Fünftel der Verwandten zusammen mit dem Großbauern, und bei den Kleinbauern war der Prozentsatz sogar noch niedriger. In einem großen Teil von Niederösterreich und in mindestens zwei gut dokumentierten Dörfern im Land Salzburg waren Haushalte mit drei Generationen ungewöhnlich. Während es nicht selten vorkam, daß ein älteres Paar (oder sein überlebender Teil) unter demselben Dach wohnte wie ein jüngeres Bauernpaar, war das ältere Paar meist nicht mehr am Leben, wenn die Kinder des jüngeren Paars zur Welt kamen. (In diesen Gegenden von Österreich warteten die Väter lange, bis sie sich aufs Altenteil zurückzogen, weil der Besitz zwei Paare nur schwer ernähren konnte.) In dem Bauerndorf Isbergues in der französischen Provinz Artois bestand nur eine Wahrscheinlichkeit von eins zu sechs, daß in irgendeinem Haushalt zu irgendeiner Zeit Großeltern oder andere Verwandte lebten. Dasselbe Verhältnis galt für die Gemeinde Montplaisant in Perigord um die Mitte des siebzehnten Jahrhunderts.[19] Aber wir müssen immerhin die Möglichkeit in Betracht ziehen, daß in solchen Gemeinden in vielen

Haushalten irgendwann doch mehrere Generationen zusammen lebten, daß aber der Tod die Großeltern dahingerafft hatte, bevor der Beamte der Volkszählung den Haushalt erfassen konnte. So erscheinen sie in den Zählungslisten als Einzelfamilien, während sie in Wirlichkeit jahrelang Stammfamilien gewesen waren.[20]

In vielen anderen Gegenden West- und Mitteleuropas war dagegen die Stammfamilie üblich und die verwandtenlose Familie eine Ausnahme. Frédéric Le Play, ein französischer Soziologe des neunzehnten Jahrhunderts, prägte den Begriff *famille souche* als Bezeichnung von Familien, die einen Bauernhof über lange Zeiten hinweg ungeteilt von einer Generation an die andere weitergaben.[21] Der erbende Sohn führte seine Braut unmittelbar in den Haushalt der Eltern und übernahm bei seiner Heirat entweder die Führung des Besitzes oder lebte mit seiner neuen Familie dem Vater untergeordnet. (Die anderen Söhne erhielten natürlich kein Land und heirateten möglicherweise überhaupt nicht.)

Betrachten wir nun das Problem des alternden Großbauern. Sein hauptsächlichstes Lebensziel war, das Land, das er von seinen Vorfahren geerbt hatte – ungeschmälert und womöglich sogar vermehrt –, der nächsten Generation weiterzuvermachen. Er wußte, daß sein Sohn ihn höchstwahrscheinlich nicht gut behandeln würde, sobald er einmal die Führung aus der Hand gegeben hatte, und so zögerte er dies so lange wie möglich hinaus. Aber wenn der Vater zu lange wartete, konnte der Sohn (nun ein erwachsener Mann, Ende zwanzig oder Anfang dreißig) rachsüchtig gegenüber den Eltern werden, wenn sie sich schließlich zurückzogen. Und noch wichtiger: Ein Bauer, der die Zügel über seine besten Mannesjahre hinaus in der Hand behielt, konnte vielleicht dem Besitz durch Vernachlässigung der Feldarbeit Schaden zufügen und damit der Nachkommenschaft ein geringeres Erbe hinterlassen. Im schlimmsten Fall, wenn die Wartezeit unabsehbar erschien, mußte man damit rechnen, daß der Sohn auf und davon ging. Für den alten Bauern war es also ein schwieriges moralisches und materielles Kalkül, wenn es um die Übergabe des Hofs an die nächste Generation ging.

Hatte der Sohn einmal das Eigentumsrecht, so war er verpflichtet, seine zurückgezogenen Eltern zu unterstützen, ihnen ein kleines Stück Land zuzuteilen, wo sie eigene Kartoffeln und Flachs anbauen konnten, ihnen jedes Jahr ein halbes geschlachtetes Schwein zur Verfügung zu stellen, ihnen Weiderechte für ihre eigene Kuh einzuräumen und sie mit all den übrigen Kleinigkeiten zu versehen, die die alten Leute zum

Lebensunterhalt brauchten. Die Eltern wohnten ganz nahe, vielleicht in einem Anbau, einem Häuschen in der Nähe oder sogar in einem separaten Zimmer im Haupthaus.

Entsprechend der hohen Sterblichkeitsziffer hatte dieses alternde Bauernpaar wahrscheinlich nicht nur einen einzigen Sohn ; der Tod eines Einzelkindes hätte den Stamm unbarmherzig ausgerottet. Wenn aber der älteste Sohn überlebte, konnten die anderen Geschwister keinen Anspruch auf das Land erheben. Wie wurde dann für sie gesorgt? Die übliche Regelung bestand darin, sie bar auszuzahlen; freilich nicht einen gleichen Anteil am Marktwert des Hofs, aber oft doch so viel, daß der erbende Sohn sich verschulden mußte. Der älteste Sohn mußte ihnen auf jeden Fall das Recht zubilligen, auf Lebzeiten im Haupthaus zu wohnen – vorausgesetzt sie blieben unverheiratet und waren arbeitswillig. Die Töchter wurden auf ähnliche Weise ausbezahlt, zu einem Teil in Form einer Mitgift, wenn sie heirateten, und zu einem späteren Teil vielleicht dann, wenn der Besitz übergeben wurde oder beim Tod des Vaters.[22] Alle diese Zahlungen stellten eine schwere Belastung dar.

So war die emotionale Situation der Stammfamilie aus verschiedenen Gründen – die bloße Zahl der im Haushalt lebenden Personen, der Zwang, Tag für Tag am Frühstückstisch jemand zu sehen, der nicht zur unmittelbaren Familie gehörte, die sexuellen Rivalitäten – verschieden von derjenigen der «Kernfamilie». In der Praxis bedeuteten drei Generationen, daß der alte Vater beim Dreschen neben dem verheirateten Sohn arbeitete und die alte Mutter zusammen mit der Schwiegertochter beim abendlichen Spinnen saß. Vermutlich wurden die Kinder des Sohnes von der Großmutter ebenso wie von der eigenen Mutter erzogen. Der Umgang zwischen Mann und Frau war höchstwahrscheinlich anders als bei der verwandtenlosen Gattenfamilie, denn sogar die «Intimität» des familiären Abendbrottischs war gestört durch die Anwesenheit des älteren Paares, das die Vorgänge ganz genau beobachtete (ganz zu schweigen vom stillen Starren der Landarbeiter).[23] Ich sage «vermutlich» zu alldem, weil wir tatsächlich wenig über das emotionale Klima wissen, das in solchen Stammfamilien geherrscht hat. Aber wenn die ganze Frage überhaupt zu großen Investitionen an Forschungsaufwand berechtigt, dann aus dem folgenden Grund: Die Situation im Haushalt beeinflußte das Denken und Handeln der Menschen.

Was wissen wir wirklich über diese Stammfamilie? Ein paar Beispiele mögen zur Klarheit beitragen. Im österreichischen Waldviertel, wo im achtzehnten Jahrhundert Stammfamilien die Norm waren, verkauften die Bauern sogar den Hof an den erbenden Sohn und staffelten die Zahlungen, um sie zu einer Leibrente für sich zu machen.

«Als sich zum Beispiel Joseph und Anna Maria Pichler im Oktober 1784 entschlossen, sich zurückzuziehen, setzten sie einen Vertrag mit ihrem Sohn Johann und seiner Braut Gertraud auf, wodurch sie ihnen ihr Haus und ihre Felder für 100 Gulden verkauften. Joseph zog 20 Gulden als Heiratsgabe für seinen Sohn vom Preis ab und verlangte, daß der Rest in Raten von 20 Gulden an jedem Michaelis, dem 29. September, bezahlt würde. Als Ruhestandsabfindung behielten sie sich das Recht vor, für den Rest ihres Lebens mietfrei im ‹Stübl› wohnen zu dürfen, sowie die Benutzung eines kleinen Wiesenstücks und eines Teils des Gartens, um Kohl und Kartoffeln anzubauen, und schließlich die jährliche Lieferung von sieben Scheffeln Weizen, 32 Bündeln Heu und zwei Stapeln Holz.»

Lutz Berkner, von dem obige Schilderung stammt, hat diese Bevölkerung eingehend studiert, und er vermutet, daß es bei diesen Familien «ernste psychologische Spannungen» gegeben haben müsse – das junge Paar ungeduldig, die Herrschaft zu übernehmen, das ältere besorgt um die Sicherheit seines Lebensabends. Ein Volkslied aus dem Waldviertel vom Anfang des zwanzigsten Jahrhunderts, das Berkner zitiert, gibt darüber Aufschluß:

> Voda, wann gibst ma denn's Hoamatl,
> Voda, wann loßt ma's vaschreibn?
> s' Dirndl ist gwoxn wia's Groamatl,
> Lede wülls a nimmer bleibn.

> Voda, wann gibst ma denn's Hoamatl,
> Voda, wann gibst ma denn's Haus,
> Wann gehst denn amol in dein Stüberl ein,
> Und grobst da bra Eräpfoln aus?[24]

In anderen Gegenden Europas traf die Stammfamilie andere Vorkehrungen für die Übergabe des Hofs. In Frankreich war es nach der Revolution nicht üblich, den Besitz an den Sohn zu verkaufen. Statt dessen bestimmte eine gesetzliche Regelung die verschiedenen Anteile der Kinder. Das älteste erhielt das Recht, die Heimstätte zu bewirtschaften und für die Eltern zu sorgen; oder der Älteste brachte seine Braut in den väterlichen Haushalt, während die Eltern die rechtliche Leitung des Hofs bis zum Tode des Vaters behielten. Abel Hugo, Victor Hugos Bruder, beschreibt, wie es in dem (klassischen Stammfamilien-)Departement Corrèze im frühen neunzehnten Jahrhundert vor sich ging:

«In den meisten wohlhabenden Bauernfamilien nimmt das älteste der männlichen Kinder oder auch der weiblichen, wenn keine Söhne da sind, im voraus ein Viertel der Erbschaft und erhält dann von dem, was übrigbleibt, einen weiteren Anteil in gleicher Höhe wie die anderen Erben. Zusätzlich hat er das Recht, wenn er heiratet, mit Frau und Kindern auf Kosten der anderen im Stammhaus bis zu dem Augenblick zu wohnen, da ihm durch den Tod des Vaters der größte Anteil zufällt. Deshalb findet man eine große Zahl von Familien aus dem Limousin, die durch Prozesse verbittert und durch Haß gespalten sind. Die Geschwister betrachten ihren ältesten Bruder als *natürlichen* Feind. Und auf diese Feindschaft zwischen Brüdern folgt die entsprechende Feindschaft ihrer Kinder. So geht der Familiensinn verloren.»[25]

Wie zahlreich waren diese Stammfamilien, verglichen mit der Zwei-Generationen-Variante? Erst wenn ein engmaschiges Netz von Forschungen über Europa gelegt worden ist, können wir darüber sichere Aussagen machen. Aber in Deutschland südlich der Mainlinie und in Frankreich südlich der Loire scheinen sie die Regel gewesen zu sein. Alain Collomp entdeckte, daß es in der oberen Provence im achtzehnten Jahrhundert selten vorkam, daß der verheiratete Sohn nicht bei seinen Eltern wohnte, wenn sie noch am Leben waren. Aber die Eltern behielten die wirtschaftlichen Zügel in der Hand; der Vater hatte sogar die Kontrolle über die Mitgift seiner Schwiegertochter. Erst der Tod des Vaters gewährte dem verheirateten Sohn die wirtschaftliche Unabhängigkeit und den anderen Geschwistern ihre Anteile. Bis dahin lebten buchstäblich mehrere verschiedene Gattenfamilien «aus demselben Topf, unter demselben Dach». Raymond Noel fand Berichte über viele erweiterte Familien (*familles élargies*) oder Drei-Generationen-Familien in Mostuejouls, einem anderen Dorf in Südfrankreich, wo beinahe die Hälfte aller Haushalte zwei oder mehr Gattenfamilien aufwiesen (und in denjenigen, wo das nicht der Fall war, waren viele Eltern vermutlich früh gestorben).[26]

Ich verzichte darauf, weitere lokale Studien anzuführen, die auch auf zahlreiche Drei-Generationen-Haushalte hinweisen, ob nun das ältere Paar tatsächlich den Besitz an das jüngere Paar verkaufte (nach dem Waldviertel-Modell) oder die Kontrolle nicht aus der Hand gab. Wichtig ist, daß die Kinder in Mittel- und Westeuropa gewöhnlich engen Kontakt mit ihren Großeltern hatten und daß Eltern mindestens einige Jahre mit den Großeltern zu ringen hatten, bevor der Tod die Struktur des Haushalts radikal vereinfachte.[27]

Die dritte hauptsächliche häusliche Ordnung war die große erweiterte – vielschichtige – Familie von Osteuropa, die in Jugoslawien *Zadruga* und in Kurland an der baltischen Küste *Gesind* genannt wurde. Die serbische Zadruga ist westlichen Lesern wahrscheinlich vertrauter: Haushalte, die drei oder vier Gattenfamilien umfaßten und von einem Patriarchen verwaltet wurden, wobei die ganze Arbeit gemeinsam geleistet wurde und alle Gewinne der Gruppe kollektiv zugute kamen. Zadrugas konnten Gemeinschaften verheirateter Brüder sein oder auch drei Generationen derselben Familie mit Nebenlinien von Onkeln, Tanten und verheirateten Brüdern und Schwestern umfassen. Eine typische Zadruga konnte zehn bis dreißig Personen zählen, wobei die Paare getrennt in ihren eigenen Wohnungen schliefen, aber zusammen am gemeinsamen Tisch aßen. Wenn dann aber die Enkel des Patriarchen allmählich heranwuchsen, spalteten sie sich ab, um ihre eigenen Zadrugas zu bilden, indem sie die Erbschaft, die sie von ihren Vätern erhielten, zur Grundlage machten. Die Zadruga hatte also einen eigenen Lebenszyklus, der sich selten über mehr als drei Generationen erstreckte und kaum eine große Vielfalt von Verwandtschaftsbanden aufwies.[28]*

Die leibeigene Bauernschaft der russischen Provinz Kurland hatte Wohnverhältnisse, die denjenigen der Zadruga ähnlich waren; aber der Bauer, der «Wirt», erhielt nur die Erzeugnisse des Landes, das dem Magnaten gehörte, und seine Kinder konnten keine automatischen Erbrechte geltend machen. In diesem baltischen Gesind heirateten die Besitzlosen, die ohne Grund und Boden waren, zogen in den Haushalt

---

* Ich habe von der Zadruga als Teil der «traditionellen» Gesellschaft gesprochen, obwohl es sie auch heute noch in Jugoslawien gibt. In Klammern möchte ich hinzufügen, daß immer mehr Jugoslawen sich seit dem Zweiten Weltkrieg ihrem Zugriff entzogen haben. Der Rückgang der Fruchtbarkeit und die Abwanderung junger Söhne in die Städte haben die Zahl der brüderlichen Zadrugas verringert; und auch wenn die zunehmende Lebenserwartung die Zahl der Drei- und Vier-Generationen-Haushalte vermehrt hat, führt die Revolution des Lebensstils, die sogar bis in diese Ecke der Welt vorgedrungen ist, einzelne Menschen von ihren väterlichen Wohnstätten fort, sobald sie herangewachsen sind (S. Halpern und Anderson, Anm. 28).

des Bauern, um dort zu leben und zu arbeiten, und erhielten von ihm einen Barlohn. Andrejs Plakans, dem wir eine ausgezeichnete Studie über dieses wenig bekannte Gebiet verdanken, beschreibt die dortige Raumverteilung:[29]

«... nur die Hälfte des Hauptgebäudes wurde (als ständiger Wohnraum der Menschen – die Leute schliefen im Sommer in Nebengebäuden) benutzt, die andere Hälfte war eine Kombination aus Lagerraum und Backstube. Die bewohnte Hälfte enthielt einen großen Gemeinschaftsraum als Mittelpunkt der täglichen Arbeiten der Hofbewohner und diente gleichzeitig als ihre hauptsächliche Schlafgelegenheit. Vom Gemeinschaftsraum öffneten sich Türen zum viel kleineren Wirtszimmer, das vom Oberhaupt und seiner Frau bewohnt war, und manchmal zu einem weiteren kleinen Raum, der Verwandten des Oberhaupts oder älteren Knechten vorbehalten war. Privatleben war im Haupthaus offenbar ein Vorrecht des höheren Ranges oder Dienstalters. Keine besondere Wohnstatt, kein Haus oder Zimmer war für die im Ruhestand lebenden Eltern des Oberhaupts bereitgestellt... Die Wohneinrichtungen waren in hohem Maße anpassungsfähig. Die Leute schliefen, wo gerade Platz war, auf Strohsäcken auf dem Boden oder in richtigen Betten, manchmal mehr als eine Person pro Bett, auf der Steinbank hinter dem Ofen, der am Tag geheizt wurde, oder auf dem Fußboden. Kleinkinder blieben in der Wiege oder im Bett der Mutter, während ältere Kinder mit allen anderen im Gemeinschaftsraum schliefen. Die Zubereitung des Essens fand an einer einzigen Stelle statt. Das Essen mußte der Reihe nach eingenommen werden, zuerst kamen die Erwachsenen, dann die Kinder. Absonderung als festes Anrecht von einzelnen oder der Gattenfamilien war offenbar eine Ausnahme.»

Die durchschnittliche Zahl der Menschen, die auf einem solchen Bauernhof wohnten, war vierzehn: die Familie des Wirts, bestehend aus dem Ehepaar und vielleicht drei Kindern, dann drei bis vier Verwandte des Wirts und möglicherweise ihre Ehefrauen und Kinder, und dazu eine vielfältige Gruppe von nicht zur Familie gehörenden Personen, wie Knechten und Mägden, Hirten, nicht verwandten Paaren, Waisen und Pflegekindern.[30] Diese großen Haushalte umfaßten also mehrere eheliche Gemeinschaften.

Mit unseren modernen Vorstellungen sind wir kaum in der Lage, das Leben in den Zadrugas ganz zu erfassen: Schwägerinnen, die am gleichen Spültisch stehen und sich nicht gegenseitig die Haare ausreißen, nur weil sie verwandt sind; Mütter und Schwiegertöchter, die sich aus sexueller Rivalität um die Männer gegenseitig an die Gurgel gehen – möglicherweise auch umgekehrt.[31] Aber das baltische Gesind, bei dem die Paare nur durch die Bande des Bargelds miteinander verknüpft waren und die im gleichen stickigen Raum wohnten und schliefen – das ist eben ein anderes Blatt.

Die Haushaltformen waren von Schicht zu Schicht unterschiedlich, wobei die wohlhabenderen Bauern auch die größeren Hausgemeinschaften unterhielten. In dem bayerischen Dorf Neudroschenfeld zum Beispiel hatten verheiratete Hausbesitzer um das Jahr 1836 durchschnittlich 2,6 Kinder, die auch bei ihnen wohnten, während verheiratete Pächter nur 1,5 hatten.[32] Dieselbe Struktur zeigte sich auch in den norwegischen Gemeinden des neunzehnten Jahrhunderts, die Michael Drake untersuchte: Begüterte Bauern hatten durchschnittlich zwischen 5,4 und 7,7 Personen im Haushalt, während Kleinbauern nur auf einen Durchschnitt von 3,0 bis 4,8 kamen. Dieser Unterschied erklärt sich aus dem größeren Familienumfang bei den Begüterten, der größeren Anzahl von Landarbeitern und übriger Verwandtschaft, für die die Großbauern, aber nicht die Kleinbauern Platz hatten.[33] Die gleichen Unterschiede aus ungefähr denselben Gründen konnte man 1851 in der Gemeinde Cardington in Bedfordshire antreffen: 6,4 Personen im durchschnittlichen Bauernhaushalt, 4,9 im durchschnittlichen Arbeiterhaushalt; 3,5 mitwohnende Kinder beim Großbauern, 2,8 beim Arbeiter, und so weiter.[34] In dem Dorf Sennely im französischen Departement Loiret umfaßten die Haushalte der Armen im achtzehnten Jahrhundert gerade das Ehepaar und einige kleine Kinder. Die Haushalte der reicheren Landpächter brachten es möglicherweise auf ein Dutzend Angehörige: das Ehepaar und zwei bis drei ihrer Kinder, drei bis vier Hausangestellte und Landarbeiter und ein bis zwei Waisen, deren Vormund der Landpächter war, dazu vielleicht ein jüngeres Paar (den erbenden Sohn und seine Frau); aber das junge Paar mußte selten länger als ein bis zwei Jahre warten, bis das ältere Paar starb, wodurch dann aus einer Stammfamilie eine Kernfamilie wurde.[35]

Wir haben größere Kinderzahlen als bei der unteren Schicht sowohl bei der städtischen wie bei der ländlichen Mittelschicht angetroffen. Kommt das nicht einfach daher, daß die Kindersterblichkeit bei der niedrigeren Gesellschaftsschicht höher war, die sich ja sonst wie die Kaninchen vermehrte? Die Antwort ist, schlicht gesagt, nein. Die Kindersterblichkeit war zwar bei den Besitzlosen höher, aber andererseits hatten die Begüterten *mehr* Kinder. Bei den lokalen Untersuchungen, die im Anhang I (separat lieferbar; vgl. Hinweis auf Seite 317) aufgeführt sind und Angaben über die Fruchtbarkeit nach sozialer Schicht, Beruf oder Einkommenshöhe machen, zeigen nur zwei Untersuchungsergebnisse (wobei die Angaben dazu auch noch besonders unsicher sind) höhere Geburtenziffern bei den Armen. In denjenigen deutschen und französischen Gemeinden, wo die Angaben durch genaue «Familienrekonstruktionen» auf breiter statistischer Basis genommen wurden, weist die besitzende Schicht eine höhere Fruchtbarkeit auf; bei drei Studien gibt es überhaupt keine Unterschiede zwischen Armen und Reichen.

Begüterte Familien waren aus vielen Gründen fruchtbarer und hatten eine größere Nachkommenschaft als Leute von niedrigem Stand. Vielleicht waren die Voraussetzungen für eine Schwangerschaft besser, oder sie waren sexuell aktiver und praktizierten Empfängnisverhütung weniger oft und wirksam, oder es gab weniger Fehlgeburten bei ihnen. Für mein Gefühl waren die größere Wahrscheinlichkeit einer Schwangerschaft und die niedrigere Zahl von Fehlgeburten die Hauptfaktoren. Man muß ernstlich bezweifeln, daß die verheiratete Mittelschicht häufigeren ehelichen Verkehr hatte als die niedrigen Schichten. Und was die Verhütung angeht, so praktizierte die Mittelschicht sie fast sicher zuverlässiger und regelmäßiger als die niedrigen Schichten (siehe Anhang I). Wenn diese Mütter des Mittelstands mehr Kinder um sich herum hatten, dann im Grunde deswegen, weil sie besser ernährt waren als die Frauen der unteren Schichten und daher gesünder waren: ihre bessere körperliche Verfassung machte es wahrscheinlicher, daß sie schwanger wurden und keine Fehlgeburten hatten.

Als wesentlichen Punkt dieses Schwalls von statistischen Daten müssen wir festhalten, daß Haushalte in früheren Zeiten sehr komplexe Strukturen aufwiesen. Eine viel größere Anzahl von Menschen in der unmittelbaren Umgebung beobachtete oder störte damals das Intimleben als in unserer Zeit. Wer das bezweifelt, sollte die Art von Menschen, die in den kleinen, vom Staat subventionierten Appartements wohnen, mit denen die Region von Paris heute übersät ist, mit Haus Nummer 32 in dem bayerischen Dorf Neudroschenfeld im Jahr 1836 vergleichen, wo folgende Personen wohnten:

Georg Hermsdörfer, dreiundsechzig Jahre alt und noch Maurergeselle, «gänzlich unfähig zu arbeiten», mit seinen beiden Kindern; er war der Hausbesitzer.

Georg Frühaber, ein zweiunddreißig Jahre alter Landarbeiter, mit seiner Frau und einem Kind.

Margarethe Hermsdörfer, wahrscheinlich Georgs unverheiratete Schwester, sechzig Jahre alt.

Muh Lauterbauch, vierunddreißig Jahre alt, verheiratet, ein bei den Eltern wohnendes Kind, ein Landarbeiter, der ein halbes Tagwerk Land besaß.

In diesem großen Bauernhaus wohnten also zwei Gattenfamilien, die zwei Frauen und zwei Kinder, eine einzelne Frau, ihren verwitweten Bruder und seine beiden Kinder umfaßten. Jede kleine Kerneinheit hatte vermutlich ihren eigenen Lebensraum. Aber die Kindererziehung oder Besprechungen mit der Ehefrau über Geldausgaben mußten in diesem großen Bauernhaus sehr verschieden von denen in der Welt von beispielsweise Sarcelles, einem Vorort im Norden von Paris, im zwanzigsten Jahrhundert gewesen sein.[36]

Die Intimsphäre in der Hausgemeinschaft

Ein wichtiger historischer Aspekt der Haushaltstruktur ist der Spielraum, den sie für das sexuelle Intimleben und die emotionalen Vertrautheiten ließ. Als allgemeine Faustregel für den untersuchten Zeitraum gilt, daß die Gelegenheiten für sexuelle Intimitäten geringer wurden, wenn man die soziale Stufenleiter hinunterstieg und wenn man von West nach Ost reiste. Ein reiches Ehepaar konnte sich leichter aus seiner unmittelbaren Umgebung zurückziehen als ein armes Paar – obwohl es vor dem siebzehnten Jahrhundert schwer nachzuweisen ist, ob Paare jeder Art, wohlhabend oder arm, überhaupt daran dachten, die Möglichkeit wahrzunehmen, die die Struktur ihrer Wohnstatt bot, um sich abzusondern. Die Paare in Nordamerika und England hatten mehr Zugang zu privatem Raum als Paare irgendwo in Mitteleuropa.

Untersuchen wir zunächst die territorialen Variationen von möglichen Privatsphären. Vor 1850 war es bei der unteren Schicht in Frankreich und Deutschland höchst wahrscheinlich, daß alle Familienmitglieder im gleichen Raum schliefen, daß mindestens eine nicht unmittelbar zur Familie gehörende Person diesen Schlafraum mit den anderen teilte und daß außerdem in diesem Raum alle anderen Tätigkeiten der Familie stattfanden. Solche Wohnungen waren entweder Bauernhäuser, in denen nur ein einziger Raum für das Wohnen zur Verfügung stand – der Rest wurde für Geräte, zur Lagerung und als Unterkünfte für die Tiere benützt –, oder Mehrfamilienhäuser, in denen die meisten Mieter sich mit nur einem Raum, zu dem manchmal noch eine kleine Küche hinzukam, begnügen mußten.

Hier die Beschreibung eines typischen Bauernhauses im Spessart:[37]

«Wo auch immer man hingeht, trifft man auf verhältnismäßig kleine Häuser, bestehend aus einem einzigen Aufenthaltsraum mit einer Nebenkammer und einer kleinen Küche. Man steigt Steinstufen zu einem winzigen Eingang hinauf, hinter dem direkt die Küche liegt und auf einer oder beiden Seiten Wohnraum; oben ist eine Bodenkammer als Lagerraum... In einer solchen Wohnung leben fast immer Familien mit zahlreicher Nachkommenschaft. Manchmal leben mehrere Generationen zusammen, manchmal auch mehrere nicht miteinander verwandte Familien. Besonders häufig in diesen Räumen sind entfernte Verwandte mit ihren Kindern. Die wenigen Betten des Haushalts, die immer sehr schmutzig und manchmal massig und schwer sind, finden sich sowohl im Hauptraum wie auch in der dunklen, übelriechenden Nebenkammer, so daß gewöhnlich zwei bis drei Personen, sogar verschiedenen Geschlechts, im gleichen Bett schlafen.»

Wenig, was in diesen Bauernhäusern passierte, geschah «unter vier Augen». Aber wenn beengtes Wohnen dem verheirateten Paar die Gelegenheit zur unbeobachteten Intimität nahm, so brachte es auch die Unverheirateten in engen körperlichen Kontakt – mit dem entgegengesetzten Resultat. So schlimm war es mit der Überfüllung häuslichen Raums geworden, berichtete 1839 die Provinzregierung von Würzburg, daß «der Lohnarbeiter und der Sohn des Bauern oft im gleichen Raum und im gleichen Bett wie die Tochter des Bauern und die Magd schlafen». Die Folge waren uneheliche Kinder.

Die Überbelegung der Wohnungen war in der ländlichen Schweiz sogar noch schlimmer, besonders dort, wo die Bevölkerung entsprechend den häuslichen Arbeitsmöglichkeiten im achtzehnten Jahrhundert angewachsen war. Ein Autor fordert seine Leser auf, sich einen kleinen Raum mit einem Ofen und Fenstern, zusammenklappbaren Tischen in zwei Ecken und zwei weiteren Tischen an der gegenüberliegenden Wand vorzustellen, so daß jedes der *vier Paare*, die diesen Raum bewohnten, wenigstens seinen eigenen Tisch hatte. «Hinzu kommen, wie ich mit eigenen Augen gesehen habe, zwei bis drei Kinder pro Paar. Was für ein Geschrei, was für ein Lärm...!»[38]

Aber Stadtbewohnern ging es in Mitteleuropa nicht viel besser. Sozialstatistiker des neunzehnten Jahrhunderts sammelten Daten, um die große Überbevölkerung zu beweisen, die die Verstädterung verursacht hatte. Aber ihre Zahlen zeigten auch, wie ungewöhnlich es war, einen Schlafraum für das Ehepaar von der übrigen Wohnung abzutrennen. Um 1880 – vor dieser Zeit sind keine Angaben vorhanden – wohnten 23 Prozent der Bevölkerung von Frankfurt am Main in Haushalten mit nur einem Raum, 28 Prozent in Hamburg, 49 Prozent in Berlin, 55 Prozent in Dresden, 62 Prozent in Breslau und 70 Prozent in Chemnitz.[39] Aber auch früher muß, wie alle Beschreibungen bezeugen, das Gedränge nicht geringer gewesen sein. 1801 führte der Hamburger Arzt Rambach die schwache Gesundheit und reizbare Veranlagung der unteren Gesellschaftsschicht dieser Stadt darauf zurück, daß mehrere Familien in Einzimmerwohnungen zusammengepfercht waren. Auch das Kleinbürgertum der deutschen Kleinstädte des achtzehnten Jahrhunderts, das in besseren Wohnungen untergebracht war, die normalerweise aus zwei Zimmern und einer Küche bestanden, konnte nachts durch die dünnen Wände und engen Korridore mit anhören, wie die jungen Paare sexuell miteinander verkehrten.[40]

In Skandinavien gewährte eine merkwürdige Variante der oben geschilderten Wohnverhältnisse den heranwachsenden Mädchen eine gewisse Privatsphäre, während sie dem Rest der Familie versagt blieb. Im Sommer schliefen die Töchter der Großbauern öfter in außerhalb gelegenen Kuhställen und Kornspeichern als im Haupthaus. Der wirtschaftliche Grund für diese Absonderung war, daß die Mädchen sich um die Milch kümmern mußten. Der gesellschaftliche Grund war indessen, es jungen Männern zu ermöglichen, ihrer Liebsten den Hof zu machen, ohne nachts die übrige Familie zu stören. Im Winter schliefen die Mädchen bei den Kühen im Stall oder auf dem Dachboden des großen Hauses, wo die Freier ihnen ebenfalls den Hof machen konnten, ohne die ganze Familie aufzuwecken. In einem späteren Kapitel werden wir auf diese Arten der Brautwerbung zurückkommen.[41]

In Frankreich fehlten sogar diese Voraussetzungen für eine Privatsphäre der Jugendlichen. Französische Landarbeiter schliefen zwar das ganze Jahr in den Ställen, aber die Familie des Bauern aß, vergnügte sich, zeugte und schlief immer in dem gleichen Raum, allenfalls in zweien. Für die einfachen Landleute im Bezirk Bourbon-Lancy wurden drei bis vier Betten in einer Reihe aufgestellt, entweder ohne jegliche Trennung oder mit einem armseligen Vorhang dazwischen, während die Wiegen der Kinder darum herum standen. In den ärmeren Gegenden von Westfrankreich mußte sehr häufig ein einziges Bett das Gewicht der ganzen Familie tragen, wobei die Strohmatratze auf einem hölzernen Block lag und mit einigen Federbetten bedeckt war. Wenn ein Familienmitglied krank wurde, teilte es weiterhin das Bett mit den anderen.[42]

Auch in den französischen Städten hatten die unteren Schichten keine besseren Wohnverhältnisse. Die kleinen Handwerker in Lyon im achtzehnten Jahrhundert hatten gewöhnlich nur einen großen Raum – Weber hatten manchmal einen zweiten für den Webstuhl –, in dem sie wohnten und arbeiteten. Nachts wurde der Raum durch Bretterwände unterteilt. Bei mehr als der Hälfte dieser Familien wohnten außerdem Außenstehende, wie zum Beispiel Weberlehrlinge oder Dienstmädchen aus der Provinz. Im achtzehnten Jahrhundert war es in Paris nicht anders. Heterogene Haushalte drängten sich in einem Raum zusammen, der nicht nach Funktionen aufgeteilt war.[43] Für eine Nation, in der die eheliche Intimsphäre und die Absonderung des *chacun chez soi* von der Außenwelt geradezu pathologische Proportionen annehmen sollte, waren diese Wohnverhältnisse noch ganz «traditionell».

In England und dem kolonialen Amerika war es dagegen anders; hier war der häusliche Lebensraum nach Funktionen aufgeteilt, und die sexuelle Intimsphäre war wohl für die Mehrheit des einfachen Volkes gesichert. Während der Umbau der Wohnungen im ländlichen Frankreich – mit dem Ersatz von Stein durch Holz und der Einfügung eines zweiten Stockwerkes mit Schlafzimmern in den vorher ungegliederten Raum – erst im neunzehnten Jahrhundert seinen Anfang nahm, war der Umbau im ländlichen England schon drei Jahrhunderte früher im Gang. W. G. Hoskins schreibt den Wandel im Lebensraum dem neuerwachten Wunsch nach einem Privatleben und dem Umstand zu, daß jetzt Heizkohle und Fensterglas zur Verfügung standen. Aus beidem ergaben sich «mehr Räume, die spezieller Benutzung dienten: So gibt es nun im Haus des elisabethanischen kleinen Landedelmanns (dem Äquivalent des reichen französischen Bauern) die Küche, die Speisekammer, die gute Stube, zwei bis drei separate Schlafzimmer, die Mädchenkammer und außerdem die geschrumpfte mittelalterliche Halle, die jetzt vieler ihrer Funktionen beraubt war; um all dies in einem Haus von bescheidener Größe unterbringen zu können, haben wir zwei

Stockwerke statt einem.»[44] Freilich waren das reiche Bauern, aber schon im sechzehnten und siebzehnten Jahrhundert ging die Tendenz auch bei den Landarbeitern zu Wohnverhältnissen mit mehr Möglichkeiten, sich von der Gemeinschaft zurückzuziehen. Zwischen 1560 und 1640 stieg die Zahl der Arbeiterhäuser mit drei oder mehr Zimmern von 56 auf 79 Prozent.[45]

Vielleicht als Spiegelbild der englischen Herkunft ihrer Architekten waren die kolonialen amerikanischen Heimstätten Inseln häuslicher Intimität. Nach kontinentalen Maßstäben von Anfang an geräumig und spezialisiert, wurden sie mit den Jahren größer und in sich noch weiter unterteilt. Während im späten siebzehnten Jahrhundert die durchschnittliche ländliche Wohnstatt in Suffolk County in Massachusetts 4,3 Zimmer hatte, waren es ein Jahrhundert später 6,0. Feste Wände ersetzten nun Stoffdecken bei der Unterteilung des Schlafraums. Zur Zeit des amerikanischen Unabhängigkeitskrieges konnten die Siedler, Männer wie Frauen, in weit größerem Ausmaß als irgendwo im Westen ein Sexual- und Gefühlsleben führen, das nicht von Außenstehenden überwacht wurde.[46] Aber sagen wir lieber: beinahe. Für Ann Leonard aus Boston, die 1743 ihren Ehemann verklagte, weil «er sie schlug und liederliche Weiber aushielt», war die architektonische Isolierung der Kernfamilie nicht ganz vollkommen. Ihre Nachbarn, John und Rebecca Milliken, sagten beim Prozeß aus:

F.: «Wissen Sie etwas davon, daß besagter Henry seine Frau schlug und prügelte?»

A. (John Milliken): «Der besagte Henry hatte Läden an seinen Fenstern angebracht, aber ich hörte oft Streitereien und danach Geräusche, die mir vorkamen, als werde jemand gegen die Wand gestoßen...»

F.: «Was wissen Sie davon, daß er oft lasterhafte Frauen mit in sein Haus genommen hat?»

A. (Rebecca Milliken): «Ich habe bei dem besagten Henry mehrere Frauen von schlechtem Ruf gesehen... und zwar zu später Nachtstunde – aber der besagte Henry machte die Läden zu und machte gar keinen Lärm mehr, damit man ihn nicht hören und sehen konnte, wie ich ganz gewiß glaube.»[47]

Die Möglichkeit, ein Privatleben zu führen, nahm von West nach Ost und allein die Vorstellung davon von den höheren zu den unteren Schichten ab. Die Reichen waren die ersten, die den undifferenzierten Lebensraum des Mittelalters in getrennte Räume mit verschiedenen

Funktionen aufteilten. Sie trennten die Küche von der Spülküche ab und verwiesen die Unterhaltung der Familie in den Salon und ihre Mahlzeiten in das Speisezimmer. Es war zuerst bei den Reichen zu erwarten, daß die Dame im Salon empfing und nicht in ihrem Schlafzimmer, daß Ehemänner sich zum Lesen in eigene Studierzimmer zurückzogen und daß beide Geschlechter private Schlafräume hatten, in denen unabhängig voneinander amouröse Abenteuer stattfinden konnten.[48] Die Reichen, jene winzige Handvoll an der Spitze der sozialen Pyramide, interessieren uns hier nicht. Aber im frühen neunzehnten Jahrhundert äffte die untere Mittelschicht diese Spezialisierung des Raums nach, wobei Pariser Krämer sich in Studierzimmer zurückzogen, in denen es keine Bücher gab[49], und englische Bauern getrennt von ihren Landarbeitern und Dienstboten aßen. In den fünfstöckigen Häusern von Paris hatte der Handwerksmeister, der den zweiten Stock bewohnte, zum Essen und Schlafen verschiedene Räume. Aber seinen Angestellten, die in den oberen Stockwerken wohnten, mußte jeweils ein Raum allen Zwecken dienen.

Zum Teil spiegelte natürlich dieser Klassenunterschied in der Aufteilung und Benutzung des Raumes nur die Tatsache wider, daß die Reichen ohnehin mehr Raum hatten als die Armen – man kann Behausungen, die von Anfang an winzig sind, nicht noch weiter aufteilen. Aber es war doch auch eine Angelegenheit des Wollens. Wie wir im 6. Kapitel sehen werden, begann die Veränderung innerhalb der Häuslichkeit bei den oberen Ständen und breitete sich erst verhältnismäßig spät auf die ärmeren Leute aus. Eine Absonderung der Gattenfamilie von den Dienstboten erforderte zum Beispiel Korridore, damit die abendliche Ruhe nicht ständig von den Angestellten gestört wurde, die vom vorderen Teil des Hauses nach hinten gingen. (Im Mittelalter mußte man durch jeden Raum marschieren, weil es keinen mittleren Korridor gab.)[50] Intimitäten zwischen dem Ehepaar erforderten ein Schlafzimmer, in dem nur es selbst schlief und in dem andere dem Ausdruck zarter Gefühle nicht mit offenem Mund zuschauten. Ein Aspekt im Umschwung der Gefühle hing also von einem Wandel in der häuslichen Architektur ab. Aber die Woge des Gefühls hatte ihren Ursprung auch bei der unteren Schicht – zum Beispiel das Eindringen der Romantik in die Brautwerbung – ohne daß eine Veränderung in der traditionellen Anordnung des Raums stattfand.

Öffentliche Kontrollen

Die Hauptthese dieses Buches ist, daß die Geschichte der Familie gleichbedeutend mit der Geschichte einer Veränderung der Beziehungen zwischen der Kernfamilie und der sie umgebenden Gemeinschaft ist. Dazu müssen wir also einen Blick auf die traditionelle Gemeinschaft oder zumindest auf jene ihrer Merkmale, die für das Familienleben von Bedeutung sind, werfen.

Im traditionellen Europa lebten die meisten Menschen recht eng zusammengepfercht in Dörfern oder Weilern und viel weniger in den einzelstehenden Bauernhöfen, die so charakteristisch für das ländliche Nordamerika sind. Im südöstlichen Iowa konnte ein Bauernjunge leicht einen ganzen Tag verbringen, ohne mit irgend jemand außer seiner unmittelbaren Familie und vielleicht einem Lohnarbeiter zu sprechen. Und wie wir aus einer reichen Tradition der amerikanischen Literatur und Volkskultur wissen, war dieser Teil des Landes keine Ausnahme; Bauernburschen aus Manitoba und Mississippi konnten dieselben Erfahrungen machen. In fast ganz Europa wäre das undenkbar gewesen. Die ländliche Bevölkerung drängte sich in Siedlungen zusammen, und das Leben spielte sich, wie man im Schtetl (jiddischer Ausdruck für Kleinstadt) sagte, unter Menschen ab.

Aber in den Gegenden, wo die Bevölkerung eng beisammen wohnte, waren die Beziehungen zwischen Familie und Gemeinschaft anders als in den Regionen, wo die Bevölkerung ziemlich weit verstreut lebte. Dichte Besiedlung findet man im binnenländischen Südfrankreich, an der französischen Mittelmeerküste, in Westdeutschland und Süditalien. Streuung in Weiler und einzelstehende Bauernhöfe trifft man andererseits in West- und Mittelfrankreich, Flandern und Nordwestdeutschland, in den Alpenländern und einem großen Teil von Südosteuropa. In Nordostdeutschland sind «Straßendörfer» charakteristisch, wo die aneinander angrenzenden Häuser sich entlang der Straße erstrecken, anstatt sich als Haufendorf zu gruppieren. Im Süden von Schweden, Norwegen und Finnland waren «Kern»-Siedlungen üblich. In Nordskandinavien lagen die Siedlungen verstreut.[51] Generationen von Gelehrten haben über die verschiedenen Wirkungen auf das soziale und kulturelle Leben nachgedacht, die diese Siedlungsformen ausgeübt haben. Man darf wohl behaupten, daß die Enge, in der die Häuser beieinander standen, auf zweierlei Weise von Bedeutung war. Erstens, und höchst einleuchtend, war allein schon das Ausmaß der gegenseitigen Überwachung in dichtbesiedelten Gemeinschaften größer, und zwar aus dem einfachen Grund, daß Menschen, die nahe beieinander wohnen, viele Gelegenheiten haben, einander mit Auge und Ohr zu beobachten. Die ganze Gemeinschaft weiß, daß Marie-Claude eines Abends sehr spät mit Jean-Pierre heimkam, weil alle Hunde bellten, als sie vorbeischlenderten – und alle Familienväter aus dem Bett sprangen, um aus dem Fenster hinauszuschauen. Bei Roussillon in der Vaucluse – wo die Mehrzahl der bäuerlichen Bevölkerung eng gedrängt in verhältnismäßig großen Dörfern wohnte – bellten vielleicht zehn Hunde; bei Remiremont in den Vogesen, wo die Bauernhöfe vereinzelt lagen oder in kleinen Gruppen zusammen standen, hätten wohl nur zwei Hunde das mitternächtliche Paar beschnüffelt. Es ist also offensichtlich, daß Verschiedenheiten innerhalb der Siedlungsformen im Familienleben sichtbar werden.

Zum anderen, und das ist in diesem Zusammenhang interessanter, bestimmte die Anordnung der Häuser, wie stark die Kontrolle war, die die Gemeinschaft auf den einzelnen ausübte. Wo die Häuser eng beieinander standen, herrschte gewöhnlich ein *open-field system*, das eine kollektive Bestellung der Felder durch die Dorfgemeinschaft bedeutete. Beim open-field system waren dem einzelnen weite Bereiche an Entscheidungen entzogen und in die Hände des Kollektivs gelegt: was mußte wann gesät werden, das Datum des Erntebeginns, Vorkehrungen für das Weiden der Viehherde, die manchmal im Kollektivbesitz war, und so weiter. Wo andererseits der einzelne Besitz selbständig und von den anderen durch Hecken getrennt war, war der landwirtschaftliche Individualismus stärker vertreten. Da die strategischen Entschlüsse des Bauern nur ihn selbst betrafen, brauchte er mit niemand anderem in der Gemeinschaft zu diskutieren oder zusammenzuarbeiten.

Es scheint, daß dort, wo die Dorfgemeinschaft eine Kontrolle über den Anbau der Feldfrüchte und den Viehbestand ausübte, sich diese Kontrolle leicht auch auf andere, nicht landwirtschaftliche Lebensbereiche wie Abwanderung, Moral und den jährlichen Zyklus der Feste ausdehnte. In den europäischen Regionen mit Kerndörfern wurden viele Daseinsaspekte, die gar nichts mit dem Säen und dem Ernten der Feldfrüchte zu tun hatten, von der Gemeinschaft als ganzer und nicht durch individuelle Wahl geregelt. In Gebieten mit verstreut liegenden Siedlungen war der Zugriff der Gemeinschaft weniger stark.[52]

Was für Beweise gibt es dafür, daß diese Behauptungen über die Beziehungen zwischen Siedlungsformen und soziokulturellen Strukturen stimmen? Weil Sozialhistoriker und Ethnologen fast ausschließlich über einzelne Regionen oder Sprachgruppen gearbeitet haben, sind für eine ganze Nation gültige Angaben über das Haberfeldtreiben oder den Druck der Gemeinschaft auf angebliche Verführer ebenso selten wie Beweise dafür, daß die Seele ihren Sitz in der Zirbeldrüse hat. Haberfeldtreiben war ein Volksgericht gegen mißliebige Angehörige einer Dorfgemeinschaft, wobei nachts vermummte Personen, die sogenannten Haberer, dem Übeltäter Katzenmusik brachten, eine Strafpredigt hielten und ihn oftmals verprügelten. Es gibt viele Spekulationen über dieses Thema, meistens als Diskussionen zwischen nationalistischen deutschen und französischen Kulturgeographen, aber nur wenig solide Informationen. Nach Meinung eines Historikers war der Zwang zu vorehelicher Keuschheit in den traditionellen französischen Dörfern stärker als in den Weilern.[53] Und aus meiner eigenen vergleichenden Arbeit über das Haberfeldtreiben habe ich den starken Eindruck, daß die Toleranz der Gemeinschaft gegenüber all dem Tumult, den solche Demonstrationen mit sich brachten, im Kerndorf größer war als in den zerstreuten Weilern Euopas.[54] Die verschiedenen traditionellen Freudenfeuer – in Frankreich wichtige Gelegenheiten zur Überwachung der Brautwerbung durch die Gemeinschaft – waren häufiger in den dichtbesiedelten Gebieten des Nordens und Ostens als in den Gegenden mit verstreut liegenden Gehöften wie in der Bretagne und im Westen.[55] Schließlich sehen wir in jenen Gebieten Europas, wo das Bettfreien, eine damals übliche Form der Brautwerbung, bei der die Partner angekleidet im gleichen Bett lagen, überhaupt anzutreffen ist, wie die Hand der Gemeinschaft sexuelle Regelwidrigkeiten zu verhindern wußte. Wo die Siedlungen weit verstreut lagen, mußte sich die lokale Jugend *formelle* Organisationen schaffen, um die Bettfreier zu überwachen; wo die Siedlungen sich konzentrierten, waren solche Organisationen unnötig, und die Jugendlichen gingen einzeln zum nächtlichen Bettfreier, weil die Gemeinschaft als ganze auch *informell* in der Lage war, die Vorgänge zu überwachen.[56] So beeinflußte die Nähe, in die die Familien zueinander gedrängt wurden, auf verschiedene Weise den Charakter ihrer Beziehungen zur umgebenden Gemeinschaft.

Ein weiteres Kennzeichen des traditionellen Gemeinschaftslebens war seine Stabilität. Le Plays organische Metapher – die Stammfamilie, die tief im Boden Frankreichs wurzelt – war das Produkt einer konservativen Romantik. Aber sie ist dennoch auf Grund einer gewissen Realität entstanden. England war offenbar eine Ausnahme. Die Größe Londons übte an sich schon einen Sog aus und brachte damit die Bevölkerung des Königreichs in einige Bewegung. Außerdem war ein großer Teil der Anbaufläche in der Hand von Pachtbauern, und die sind von Berufs wegen mal hier, mal da. Daher war die Wahrscheinlichkeit, daß der für damalige Zeiten typische Engländer nicht an seinem Geburtsort, sondern irgendwo anders starb, ziemlich groß.[57] Aber auf dem Kontinent blieb die große Mehrheit der Bevölkerung fest an Ort und Stelle. Wenn Bauern auch aus Gründen der Blutsverwandtschaft oder des Besitzes außerhalb ihres Geburtsdorfs nach Ehepartnern suchen mußten, so waren es doch keine großen Entfernungen; und Bauern, die die Wohnstätte ihrer Eltern verließen, entfernten sich selten mehr als ein paar Kilometer, bevor sie sich niederließen.[58] Natürlich gab es spezielle nomadische Bevölkerungsgruppen, Menschen, die den größten Teil des Jahres auf Frankreichs Straßen zubrachten, als Hausierer lebten oder nach Bauarbeiten Ausschau hielten. Aber es gibt keinen Beweis dafür, daß ihre Haushalte im ganzen weniger stabil gewesen sind als irgendwelche andere. Es gab Leute, die in die große Stadt zogen, auf der Suche nach Arbeit und einer Chance, sich einen Spargroschen zurückzulegen, mit dem sie dann später heimkehren und sich ein Stück Land kaufen konnten. Überlieferungen aus dem Volk berichten von anderen, die in der Jugend nach Lyon oder Paris gegangen waren und an ihrem Lebensabend in die hochgelegenen Dörfer des Var zurückkehrten, um das Ende ihrer Tage auf der Veranda in der Sonne zu verbringen.[59]

Diese starke Stabilität hatte mehrere Konsequenzen für das Familienleben, einige liegen klar zutage, andere weniger. Ganz sicher verhält man sich in der Gegenwart von Menschen, die man sein ganzes Leben lang kennt, deren Eltern mit den eigenen verbunden waren und mit deren Kindern die eigenen wahrscheinlich aufwachsen werden, anders als gegenüber Menschen, die man erst seit drei Monaten kennt, die vorher nie etwas von einem gehört haben, nicht wissen, woher man kommt, und die drei Monate später nie wieder einen Blick auf einen verschwenden werden. Das Netz von Regeln, das alte Bekanntschaften verbindet, ist viel komplexer und differenzierter als jenes, das relativ Fremde zusammenbringt, die auf eine vorwiegend sachliche Weise miteinander verkehren. Unter einander vertrauten Menschen ist der private Bereich sehr eingeschränkt und die Einwirkung der Öffentlichkeit stark erweitert – mit allem, was das für das Tun und Lassen bedeutet. Für alte Bekanntschaften («Freunde» wäre genau das falsche Wort für einen großen Teil der europäischen Dorfbevölkerung mit ihren Haßgefühlen und Rivalitäten) waren die nicht formulierten Konventionen sogar noch zwingender als die formulierten, so zahlreich waren die Drohungen gegen das Ansehen des einzelnen und so vielfältig die Möglichkeiten, seine Stellung in der Gemeinschaft zu gefährden. Der gute Name einer Familie setzte sich aus so vielen nur verschwommen sichtbaren Gründen zusammen – dazu zählten nicht nur Reichtum oder die politische Position, sondern auch Sauberkeit, Redlichkeit und solche Eigenschaften wie bei offiziellen Anlässen gut angezogen zu sein und den Haushalt ordentlich zu führen.[60] Die Ursachen und Anlässe für Statuseinbuße waren nicht auf die geringe Anzahl von Umständen beschränkt, die heute eine Familie absinken lassen – eine Freiheitsstrafe, ein Bankrott, lautstarke Familienkräche bei offener Haustür –, sondern lauerten in den hintersten Winkeln und dunkelsten Ecken des täglichen Lebens: Wie wurden die Kinder zur Schule geschickt (erst gegen Ende des achtzehnten Jahrhunderts)? Wie ansehnlich war die Bettwäsche, die man jedes Frühjahr in dem großen gemeinsamen Waschbottich kochte? Ließ der Mann sich etwa lumpen, oder zückte er bereitwillig die Geldkatze und gab für alle Burschen im Wirtshaus eine Runde aus? Für Menschen, die sich seit langem kannten, waren solche Dinge von großer Bedeutung. Und die Tyrannei der prüfenden Blicke der Dorfgemeinschaft war so groß, daß das Innenleben einer Familie für die alles überragende Aufgabe mobilisiert wurde, ein Gesicht herzurichten, um den Gesichtern in der umgebenden Gemeinschaft begegnen zu können. Wenn die Menschen sich nur kurze Zeit kennen oder wenn große Teile familiären Privatlebens sich außerhalb der Einflußnahme durch die Gemeinschaft befinden, werden solche Kleinigkeiten unbedeutend. Aber die innere Stabilität der europäischen Bauerndörfer drückte dem Innenleben ihrer Familien ihren Stempel auf.

Diese Stabilität des Dorfes trug dazu bei, das System der Volkskultur zu erhalten. Um die ungeschriebenen Regeln eines komplexen sozialen Systems, voll von informellem Kontakt von Mensch zu Mensch, zu kennen, muß man eine lange Zeit dazugehören. Es ist von Nutzen, an einem Ort geboren zu sein und seine Normen verinnerlicht zu haben wie Kinder, die einen solchen Prozeß beim Heranwachsen erfahren. Es ist wesentlich, einige Zeit inmitten einer kleinen Gemeinschaft verbracht zu haben, denn man wird sonst als Außenseiter an den Rand gedrängt. Auch heute noch nennen in Frankreich Familien jeden einen «Fremden», der nicht mindestens eine oder zwei Generationen im Dorf war.[61] Ein ständiges Herumziehen über weite Entfernungen macht es unmöglich, die Dorfregeln zu erlernen. Wenn große Teile der Bevölkerung von einem Distrikt zum anderen ziehen, werden die früher gültigen, ungeschriebenen Regeln für das Verhalten von vielen nie erlernt und werden ungebräuchlich. Sie werden von formellen Regeln ersetzt, wie sie im Preußischen Allgemeinen Landrecht oder dem französischen Code Napoléon festgelegt sind, und werden nicht durch die öffentliche Meinung, sondern von Friedensrichtern und der Polizei durchgesetzt.

In allen den für sozialen Interaktionen verbleibenden Nischen, die bisher durch ein Netz von Traditionen geschützt waren, bestehen nun keinerlei Regelungen mehr. Wie wir sehen werden, zieht sich die Familie des neunzehnten Jahrhunderts von diesen zahlreichen geselligen Kontakten in ihr privates Nest zurück. Ob es aber die Zunahme der Bevölkerungsbewegungen war, die dieses informelle Netz von Regeln zerstörte, oder ob der Aufbruch in die Moderne zeitlich mit dieser Auflösung zusammenfiel, ist eine Frage, auf die ich zunächst nicht eingehen möchte.

Schließlich noch ein Punkt: Wenn diese kleinen Gemeinschaften stabil waren, so nicht einfach deswegen, weil der Druck von außen fehlte. Städte und Dörfer konnten bis zu einem gewissen Grad Kräfte abwehren, die auf sie eindrangen. Die Gemeindebehörden hatten genügend gesetzliche Macht, Bevölkerungsverschiebungen in Grenzen zu halten, den Zuzug von Auswärtigen zu kontrollieren und die ärgste Armut zu mildern, die sonst die Einheimischen in die Ferne treiben würde. Französische Gemeinden besaßen zwar relativ wenige derartige Kontrollen, aber mitteleuropäischen Behörden stand eine Vielzahl solcher Möglichkeiten zur Verfügung. Dorfgemeinderäte hatten das Recht, Fremde, die Land kaufen wollten, abzuweisen, sofern ein einheimischer Käufer gefunden werden konnte – und die Nachbarn mußten die Ansiedlung des «Ausländers» genehmigen.[62] In den Städten war das Recht, Handwerker zuzulassen, den Gilden und Zünften entweder unmittelbar übertragen, oder sie kontrollierten es indirekt über ihre Vertreter im Stadtrat.

Niedergelassene Handwerker machten jede Anstrengung, um Auswärtige auszuschließen und die einheimischen Söhne zu begünstigen – das mußte August Watter, ein Schneider aus Lauba in Sachsen, 1837 er-

fahren, als er in Lindau um die Erlaubnis nachsuchte, seinen Beruf ausüben zu dürfen. Städtische Beamte hatten diesen «Ausländer» abgewiesen, aber königliche Beamte aus der Provinzverwaltung stießen auf
Watters Antrag diese Entscheidung um. Lindau focht die Entscheidung der Provinzbehörden mit dem Argument an, daß «bei der Überfüllung im Schneiderberuf Watter nur auf Kosten älterer Meister, die
dadurch in Armut gestürzt würden, Erfolg haben könnte. Zwei dieser
Männer, gesund, aber zu alt, um den Beruf zu wechseln, müßten
schon kärgliche Unterstützung beziehen, seitdem Watters Zulassung
ausgesprochen wurde.» Eine Untersuchung der Provinzbehörden ergab jedoch, daß der wirkliche Grund für Watters Ablehnung Lindaus
Absicht war zu warten, bis einige einheimische Schneidergesellen, die
damals im Rahmen ihrer Wanderjahre auf Reisen waren, zurückkehren
und selbst die Zulassung erhalten konnten.[63] Wenn man den Fall Watter mit einem Dutzend (oder in ganz Deutschland mit Zehntausend)
multipliziert, bekommt man einen Begriff davon, was für eine Macht
diese lokalen Behörden hatten, um ihre wirtschaftliche und demographische Stabilität zu schützen.

Jede Gesellschaft trifft Vorkehrungen, um sicherzustellen, daß das
private Verhalten in Einklang mit der öffentlichen Moral steht. So ist es
nicht überraschend, daß traditionelle europäische Gemeinschaften
Dinge wie eheliche Sexualität oder das Zustandekommen der Ehe regelten. Was aber überrascht, ist, bis zu welchem Grad diese Dinge der
informellen Regelung durch die öffentliche Meinung entzogen und der
öffentlichen Politik unterworfen wurden. Was der heutigen Freizügigkeit ebenfalls fremd erscheinen mag, ist das Ausmaß, in dem die
Menschen bereit waren, sich solchen Kontrollen zu unterwerfen. Traditionelle europäische Gemeinschaften besaßen natürlich ein ganzes
Arsenal informeller Druckmittel auf die private Moral; diese werden
wir später noch untersuchen. Hier wollen wir uns mit der formellen
Regelung des Intimlebens durch die Gemeindebehörden beschäftigen.

In keinem Land war die kollektive Moral angesichts individueller
Abweichungen völlig hilflos, aber fraglos erreichte die gesetzliche Autorität der Gemeinschaft ihren Höhepunkt in Mitteleuropa. Während
präzise Vorkehrungen von Ort zu Ort sehr verschieden waren, waren
einige Arten von «Unzuchtstrafen» (Bußen und Bestrafungen, die von
den Stadtvätern oder einem Feudalgericht gegen Frauen, die außereh-
lich schwanger geworden waren, verhängt wurden) praktisch allge-

mein üblich. Theoretisch konnten alle unverheirateten Frauen, die Geschlechtsverkehr hatten, strafrechtlich verfolgt werden, aber in der Praxis wurden nur diejenigen bestraft, deren sexuelle Beziehungen durch eine Schwangerschaft bestätigt wurden. Sowohl die katholische wie auch die protestantische Kirche bemühten sich eifrig, die gesetzlichen Sanktionen der Öffentlichkeit durch ihre eigenen Kirchenstrafen zu bekräftigen: Für schwangere Bräute gab es keine weiße Ehrenkrone, dafür aber demütigende Schelte am Sonntagvormittag von der Kanzel herunter und ähnliches. In einigen bayerischen Landkreisen mußten Frauen, die unverheiratet schwanger wurden, vierzehn Tage lang «eine hölzerne Vorrichtung in Form einer Fidel» herumtragen, wenn sie sich nicht davon loskauften.[64] Ein Edikt Heinrichs II. von Frankreich aus dem Jahr 1556 zwang die Frauen, voreheliche Schwangerschaften einem Gerichtsbeamten zu melden – hauptsächlich um die Gefahr des Kindesmords zu verringern, aber diese Suche nach der Vaterschaft war gleichzeitig eine Schranke gegen leichtfertige sexuelle Abenteuer.[65] Außerdem haben solche Kontrollen ihre Grenzen; ab Mitte des achtzehnten Jahrhunderts neigten junge Frauen immer mehr dazu, ihre persönlichen Pläne und Absichten zu verfolgen und die gesetzlichen Konsequenzen in den Wind zu schlagen. Aber lange Zeit hindurch trug diese kollektive sexuelle Repression dazu bei, daß die unverheirateten Frauen keusch blieben.

Mitteleuropäische Regierungen erließen Dienstbotenordnungen. Diese definierten die Pflichten und Rechte von Dienstboten und Landarbeitern gegenüber ihren Herren und erlaubten es übereifrigen Beamten, Freizeitbetätigungen, Kleidung und persönliche Ausgaben zu kontrollieren. Gleichermaßen waren oft die Löhne von Dienstboten und Arbeitern geregelt, und zwar auf einem absichtlich niedrigen Niveau, weil man davon ausging, daß schlecht bezahlte Arbeiter nicht genug Geld übrig hätten, um sich verderblichen «Luxus» zu leisten. Lokale Beamte konnten auch Tanzen und langes nächtliches Aufbleiben beschränken, was beides als Anreiz zu vorehelicher Sexualität gefährlich war. Außerdem waren ja auch Dienstboten und Arbeiter, die nicht genug geschlafen hatten, am nächsten Tag unbrauchbar.[66]

Weitere soziale Institutionen und Organe standen den Stadtvätern in ihrem Kampf gegen die Unmoral bei. Ein zentraler Begriff der Gilden und Zünfte war die «Ehrbarkeit», womit zuallererst die sexuelle Moral gemeint war. Und da besonders die deutschen Zünfte mit allen Arten öffentlicher Gewalt ausgestattet waren, traten sie in der Gemeinschaft als mächtige Verfechter von Recht und Sitte auf. Die Zünfte bestanden nicht nur darauf, daß ein Mann selbst nicht illegitim war (oder vor der Heirat gezeugt worden war), sondern daß auch seine Eltern ehrbar geboren worden waren. Diese Voraussetzung wurde aber nicht gleichmäßig auf jedermann angewendet. Das war tatsächlich eine Seite des Problems: Man konnte Leuten, die man kannte, Verzeihung gewähren. Aber auf das Erfordernis der Legitimität berief man sich oft gegenüber Männern, die von außerhalb der Gemeinschaft kamen.[67]

Die Gemeinschaftsgesetze berührten auch an weniger offenkundigen Punkten das Intimleben der Familie. Vor der Mitte des neunzehnten Jahrhunderts konnten europäische Städte Auswärtigen verbieten, ihren Wohnsitz aufzuschlagen, wenn ihnen irgend etwas moralisch Fragwürdiges anhing. Ein «guter Ruf» bedeutete, sich moralisch so zweifelhafter Unternehmungen wie privaten Tanzens oder nachts späten Heimkommens zu enthalten; es bedeutete auch, daß man nicht als Ehebrecher oder Hurenbock bekannt war. Die Stadt Amberg zum Beispiel versuchte, einen gewissen Leonhard Tafelmaier, einen Tagelöhner von Unteramersricht, daran zu hindern, Einwohner der Stadt zu werden, weil sein Charakter angeblich schlecht war. Wir wissen von dieser ganz unbedeutenden Episode nur deswegen, weil die Entscheidung des Stadtrats durch die Intervention einer höheren Stelle umgestoßen wurde, und zwar unter anderem mit der Begründung, daß Tafelmaier mit seiner Braut erst zusammengezogen sei, *nachdem* er seinen Antrag eingereicht hatte.[68]

Von allen öffentlichen Eingriffen in das Intimleben der Familie war der radikalste jedoch die Macht der Gemeinschaft, Ehen zu verhindern. Während dieses Vorrecht seine größte Bedeutung erst im frühen neunzehnten Jahrhundert in Ländern wie Bayern erreichte, gab es in den meisten anderen Gebieten schon lange Einschränkungen gegen unerwünschte Verbindungen. Die Einsparung von Mitteln für die Armenfürsorge der Gemeinde war der letzte Grund für solche Schranken, denn die Stadtväter hielten es für besser, wenn in schlechten Zeiten die Paare als einzelne Unterstützung durch die Öffentlichkeit suchten und nicht noch obendrein für eine zahlreiche Nachkommenschaft. Die Behörden wogen also bei jedem zukünftigen Ehepaar das mögliche Risiko einer Verarmung ab, wobei sie sich im Prinzip von höheren Kriterien leiten ließen, in der Praxis aber mehr von dem guten Grundsatz, nur Menschen hereinzulassen, deren Familien man kannte, und diejenigen draußen zu halten, wo das nicht der Fall war. Wenn Ehrbarkeit, Fleiß und wirtschaftliche Aussichten des Paares als unzureichend betrachtet wurden, brachte das Veto der Gemeinschaft seine Verbindung zu Fall. Ein Fall in Bayern zeigt, was für eine Bedeutung diese Macht im Leben des einfachen Volkes hatte. Ein alter Mann sprach im Jahr 1840 bei einem Beamten voller Verzweiflung vor, weil sein einziges Kind unehelich schwanger geworden war. Der Verführer hatte sich bereit erklärt, das Mädchen zu heiraten; aber die Gemeinde hatte ihr Vetorecht ausgeübt und alle Hoffnungen zunichte gemacht. Der alte Mann bekam einen Anfall, als er hörte, daß der Beamte nichts tun konnte, und fing an, sich die Haare auszureißen und mit dem Kopf gegen die Wand zu schlagen. Er starb kurze Zeit später «durch den Schock der Unehre».[69]

Man braucht nicht zu betonen, daß alle solche Machtbefugnisse im öffentlichen Recht unserer Zeit unzulässig sind. Jede Regierung, die es sich anmaßen würde, sich in das geheiligte Naturrecht der Ehe einzumischen, die sexuell Unbesonnenen zu maßregeln oder die allgemeine moralische Rechtschaffenheit einzelner Familienväter zu beurteilen, würde bald durch die aufgebrachten Bürger des Landes gestürzt. Diese Dinge sind natürlich auch heute noch einer informellen Regelung durch die Gemeinschaft unterworfen, aber sie sind nicht mehr Gegenstand der Gesetzgebung und des öffentlichen Rechts. Das resultiert aus der grundlegend anderen Stellung, die die Familie im zwanzigsten Jahrhundert gegenüber der Gemeinschaft einnimmt als im achtzehnten. Heutzutage ist die Trennungslinie zwischen der privaten und der öffentlichen Sphäre klar gezogen, und Versuche, sie zu verwischen, werden als Verstoß gegen die bürgerlichen Freiheiten angesehen. In der traditionellen Gesellschaft griffen die Gemeinschaft und die Familie an vielen Kreuzungspunkten ineinander, und ein Netz von Regeln war nötig, um die Stabilität von beiden sicherzustellen.

Die Umwelt, in der die traditionelle Familie lebte und mit der sie sich konfrontiert sah, verstand es, jedes aufkeimende Bedürfnis nach Intimität im Ansatz zu ersticken. Zu viele neugierige Gesichter drängten sich in das Intimleben; zu viele heterogene Elemente durchzogen den Haushalt. Die informelle Überwachung durch die Gemeinschaft war als Folge der Raumverhältnisse allgegenwärtig, und die formellen Beschränkungen, die die Obrigkeit dem Gefühl und den Neigungen auferlegte, waren zu mächtig, um enge emotionale Bindungen aufkommen zu lassen. Die Entwicklung des modernen Paares machte eine Auflösung dieses intensiven kollektiven Lebens erforderlich. Die Schichten von Generationen innerhalb eines Haushalts mußten sich auflösen, Nichtfamilienmitglieder auf Armeslänge entfernt und die durch das Gefühl verbundene Einheit umstrukturiert werden, kleiner und mit geringerem Altersunterschied. Und das Paar mußte genügend Selbständigkeit erhalten, um sein Schicksal selbst zu bestimmen, jenes Stimmengewirr auszuschalten, das verlangte, daß die Stimme des Herzens nicht beachtet wurde. Bevor wir verstehen, wie sich das moderne Paar entwickelte, müssen wir jedoch eine gewisse Vorstellung von den Beziehungen zwischen Mann und Frau innerhalb dieses traditionellen Rahmens gewinnen.

2. Kapitel

Mann und Frau
in der traditionellen
Gesellschaft

Alexandre Bouët macht uns in seiner klassischen Beschreibung der bäuerlichen Gesellschaft im frühen neunzehnten Jahrhundert darauf aufmerksam, daß etwas Ungewöhnliches vorgehe. Der Ehemann hatte in dieser Region in jeder Hinsicht das Sagen. Seine Frau hatte nichts zu bestimmen. «Meistens weiß sie nicht einmal, wieviel Geld im Hause ist. Und wenn es ihr gestattet ist, etwas zu kaufen oder zu verkaufen, so muß sie genaue Rechenschaft darüber ablegen. Sie muß nicht nur ihren Mann am Tisch, ohne selbst sitzen zu dürfen, bedienen und ihn mit Respekt anreden, als ob er eine übergeordnete Person sei, sondern sie ist sogar auch für ihre Söhne und die männlichen Landarbeiter nur die oberste der Dienstboten.» Und warum stand zur Erntezeit der Mann müßig daneben, während seine Frau das Heu auf den Wagen hinaufhob und aufhäufte? Deshalb, erklärt Bouët, weil der Mann, wenn er hinaufklettern würde, herunterfallen und einen «bedauerlichen Unfall» erleiden könnte. Wenn die Frau herunterstürzte, «würde es wenig ausmachen».[1]

Wir müssen uns fragen, was für emotionale Beziehungen in diesen frostigen Bauernhäusern und dumpfen Hütten herrschten. Wie vertrugen sich Ehemänner und ihre Frauen, umgeben von mürrischen Dienstboten und unordentlichen Kindern, wirklich? Waren sie vielleicht ein glückliches Ehepaar, Pächter eines kleinen Grundbesitzes, das mit fröhlichem Pfeifen seinen Arbeiten nachging und dann voller gegenseitiger Zuneigung mit Freunden um das abendliche Feuer saß? Oder sollten wir sie uns eher wie jene schwedischen Bauernpaare vorstellen, bei denen «der Mann vorangeht und die Frau ihm in einem gewissen Abstand folgt? So breit der Weg auch sein mag, die Frau geht nicht neben, sondern hinter ihrem Mann. So geht auch ein fünfzehnjähriger

Dienerbursche vor einem Dienstmädchen, auch wenn dieses schon dreißig ist, und geht auch vor der Bauerntochter selbst. Ja, man kann sogar die Frau des Bauern hinter dem Burschen antreffen.»[2]

In diesem Kapitel werde ich zeigen, daß die Heirat beim einfachen Volk in früheren Jahrhunderten normalerweise keine Neigungsehe war, sondern durch Besitz- und Abstammungsgründe zusammengehalten wurde. Die emotionale Erstarrung sicherte die Vorkehrungen zur Erhaltung der Familie ab, indem sie das Risiko eines spontanen, unmittelbar menschlichen Austauschs zwischen Mann und Frau auf das absolute Mindestmaß reduzierte; und gleichzeitig wurde diese emotionale Erstarrung und Isolierung durch eine strikte Abgrenzung der Arbeitsteilung und der Rolle der Geschlechter vervollständigt. Während das moderne Paar übersprudelt von ausdrucksvollem Verhalten, Händefassen, In-die-Augen-Schauen, wenn es auf die Suche nach der gemeinsamen Innenwelt geht, waren dem traditionellen Ehemann und seiner Frau sehr enge Grenzen gesetzt: «Ich werde meine Rolle spielen, du die deine, wir werden beide den Erwartungen der Gemeinschaft entsprechen, und *voilà*, unser Leben wird sich ohne Unordnung entfalten.« Es wäre ihnen nie eingefallen zu fragen, ob sie glücklich sind.

Hier muß ich ein Geständnis machen. Während ich des höheren Zweckes dieses Buches wegen behaupten werde, daß dieser Mangel an Liebe für die meisten Paare in der traditionellen Gesellschaft (außer natürlich der Handvoll im Großbürgertum und beim Adel) charakteristisch war, kann ich meinen Standpunkt nur für eine verhältnismäßig kleine Gruppe eines Landes während einer relativ kurzen Zeitspanne dokumentieren: nämlich das landbesitzende Bauerntum in Frankreich während der Jahre 1750 bis 1850. Und diese Dokumentation wird einem kaum hörbaren Klopfen ähnlicher sein als dem Einhämmern unwiderlegbarer Daten. Das liegt in der Natur der Dinge, denn wir wollen ja das Intimleben einer nur halb gebildeten Bevölkerung von vor zwei Jahrhunderten nachprüfen, die nicht darüber sprach, was sie tat, und von der die gebildeten Schichten, auf deren Zeugnis wir uns verlassen müssen, nur ganz vage Vorstellungen hatten. Auf den folgenden Seiten will ich das Bestmögliche tun: Ich werde einiges von dem zur Verfügung stehenden Beweismaterial über die alltäglichen Beziehungen zwischen Männern und ihren Frauen in Frankreich präsentieren und darlegen – mit noch unzureichenderem Material –, daß vermutlich in anderen Ländern ähnliche Verhältnisse vorlagen, sowie den Leser an meine Überzeugung erinnern, daß dieser Mangel an Gefühlsausdruck bei den französischen Bauern durchaus typisch für die traditionelle Gesellschaft war.

Das Gefühlsleben der Eheleute

Dr. Brieude gibt mit seiner Beschreibung des Lebenszyklus der Bauernfamilie in der Haute Auvergne im achtzehnten Jahrhundert den Grundton an: «Unsere jungen Bauernburschen, die darauf vertrauen, daß ihre Kraft und ihr Fleiß sie durchbringen werden, nehmen sich eine Ehefrau, um ihre sexuellen Bedürfnisse zu befriedigen. Aber das kühle Klima und das Ignorieren von Verhütungsmaßnahmen bescheren ihnen alsbald eine zahlreiche Familie. Sobald sie Angehörige der Gemeinschaft sind, werden ihnen Steuern aufgebürdet. Als junge Männer waren sie reich, als verheiratete arm, weil sie nach Bezahlung der Steuern eine Frau und die Kinder zu ernähren und zu bekleiden haben. Die Kinder siechen aus Mangel an Brot dahin; die Frau duldet still; der Ehemann, der so vielen Anforderungen nicht gewachsen ist, verfällt in Melancholie und Apathie. Man muß diese Ursachen der Landflucht gesehen haben, um sie zu verstehen.»[3] Nach der Meinung dieses intelligenten jungen Arztes des achtzehnten Jahrhunderts, der sich in seiner provinziellen Isolierung nach den Lichtern der Großstadt sehnte (so sagt er), rührte die Lieblosigkeit unter der Landbevölkerung von der erdrückenden Bürde des täglichen Lebens, von der Verrohung durch den Zwang der Verhältnisse.

Aber die systematische Unterdrückung der Frau durch den Bauern, die wir fast überall antreffen, hatte sicher tiefere Wurzeln als bloß die Not. Die Bretonen zum Beispiel, über die Abel Hugo schreibt, lebten nicht am Rand des Existenzminimums, aber von einer intimen Gefühlswelt konnte bei diesen Paaren kaum die Rede sein: «Die Ehefrauen sind die obersten Dienstboten im Haushalt: Sie pflügen den Boden, besorgen das Haus und essen nach dem Ehemann, der sie nur in barschem, knappem Ton, ja sogar mit einer gewissen Verachtung anredet. Wenn das Pferd und die Ehefrau gleichzeitig krank werden, eilt der niederbretonische Bauer zum Schmied, um dem Tier zu helfen, und überläßt der Natur die Heilung seiner Frau.»[4] Aber auch die Paare im Bourbonnais in der Mitte des französischen Sechsecks waren offenbar nicht glücklicher. Obwohl sein Zeugnis aus späterer Zeit stammt, wollen wir doch hören, was Dr. Bernard-Langlois zu sagen hat: «Es gibt hier glückliche Ehen. Aber für eine allzu große Zahl ist der Ehestand nur ein Joch ohne jeden Austausch von Freundlichkeiten, ohne Aufmerksamkeit oder Zärtlichkeit. Und es hat hier in jüngster Zeit böse Trennungen, höchst bedauerliche häusliche Streitigkeiten gegeben.»[5] Die Zeitgenossen berichten also weder von romantischer Liebe bei diesen Bauern – darauf müssen wir bis in eine viel spätere Zeit warten – noch von dem Gefühl für das Recht auf Intimität, die bei den städtischen Paaren des Mittelstands schon vorhanden war und die wir später als «Häuslichkeit» antreffen werden. Auf dem Bauernhof verkehrten Mann und Frau in stiller Feindschaft und Zurückgezogenheit.

Aber, mag der Leser einwenden, diese Leute wurden doch sicher durch den Tod erschüttert. Konnte nicht der Tod des Partners diese gefühllose Fassade niederreißen, um so vertraute moderne Gefühle wie Trauer und Verlassenheit zum Durchbruch kommen zu lassen? Gelegentlich konnte der Verlust des Partners tatsächlich den Schutzschild der Unbewegtheit erschüttern. Dr. Maret erzählt die folgende Geschichte:[6]

«Im Jahr 1760 wurde ich in das Dorf Ruffey – im Departement Côte d'Or – geschickt. Ein bösartiges, ekelhaftes Fieber war dort epidemisch aufgetreten. Bei meinen Krankenbesuchen brachte man mich zu einer Frau von vielleicht dreißig, deren Mann erst wenige Tage vorher gestorben war. Sie war von derselben Krankheit befallen worden. Ich war in der Begleitung des Dorfpfarrers und eines Wundarztes, aber unsere Ankunft schien die Frau kaum zu interessieren; sie bewahrte tiefstes Stillschweigen. Ich näherte mich ihr, fragte sie, versuchte ihr Mut zuzusprechen... Schließlich gab sie meiner Beharrlichkeit nach, drehte sich um und sagte in einem Ton, der mir geradezu das Herz brach: ‹Ich danke Euch gütigst, aber ich möchte Eure Medizin nicht. Mein Mann ist tot. Wir waren arm, aber wir hatten uns sehr lieb.› Danach sprach sie zu keiner Seele mehr, nahm weder Nahrung noch Medizin und starb an einem Morgen, sechs Tage nach dem Tod ihres Mannes.»

Aber ein so tief empfundener Verlust war nicht typisch. Die Aussicht auf den Tod erweckte offenbar keine tieferen Gefühle zwischen Eheleuten. Bei der Landbevölkerung im Osten von Paris, in Seine-et-Marne, wurden in einem Testament selten besondere Bestimmungen für den Ehegatten festgelegt.[7] Viel fester als gefühlsmäßige verbanden wirtschaftliche Gesichtspunkte das bäuerliche Paar. Wurde die

Frau krank, sparte ihr Mann gewöhnlich die Ausgaben für den Arzt, obwohl er bereit war, «Gold über den Tierarzt zu schütten», der kam, um nach einer kranken Kuh oder einem Bullen zu sehen.[8] Der Grund für dieses Verhalten lag darin, daß eine Kuh viel wertvoller war als eine Frau. Die Präfektur der Charente berichtet: «Der Verlust eines Stalltiers bekümmert den Bauern mehr als der Verlust seiner Frau. Das erste kann man nur durch Geld ersetzen; die zweite aber mit einer anderen Frau, die etwas Geld und Mobiliar mitbringt und die, anstatt den Haushalt ärmer zu machen, seinen Wohlstand vermehrt.»[9] Und wenn der Bauer schließlich den Arzt rief, weil ein Familienmitglied im Sterben lag, spielte sich wahrscheinlich das folgende Drama ab:[10]

«Der Bauer ist mehr an seiner Kuh interessiert als an seiner Frau; er könnte seine Kuh für ein paar glänzende Dukaten – *belles pistoles* – verkaufen. Aber bei seinem alten Vater oder seiner armen kranken Mutter wartet er ab; er rechnet; er fürchtet Ausgaben. Sie haben ihre Jahre gehabt, sagt er, wenn der Tod seine Ankunft hinauszögert; dann gibt er dem Drängen der Nachbarn und den Ermahnungen des Pfarrers nach; er geht in die Stadt, um den Arzt zu holen; aber dieser Besuch wird der einzige sein; niemand berichtet dem Arzt auch nur über den Fortgang der Krankheit. Wenn er ein Kind verliert, drückt der Bauer seinen Kummer in Zahlen über die entstandenen Ausgaben aus: ‹Es würde nichts bedeuten›, sagte ein Vater, den ich über den Verlust seines Sohnes trösten wollte, ‹wenn ich nur die Kosten der Krankheit bezahlen müßte, aber Herr Doktor, im letzten Jahr mußte ich 1700 Franc für seinen Ersatzmann beim Militärdienst auslegen! Das ist es, was schmerzt und noch lange schmerzen wird.»

In einer Studie über Anjou im achtzehnten Jahrhundert stellt François Lebrun die Trauer der Männer der höheren Schichten über den Verlust ihrer Frauen der Gleichgültigkeit der Männer aus dem Volk gegenüber, die nicht das geringste am Tierarzt sparen würden, um kranken Viehbestand zu retten, «aber bei den Frauen ist es anders, heute eine verloren, morgen eine andere gefunden».[11]

Die Dauerhaftigkeit der Liebe des Bauern zu seinem Besitz und die Flüchtigkeit seiner Zuneigung zu menschlichem Leben enthüllt sich in vielen Sprichwörtern:[12]

«Reich ist der Mann, dessen Frau tot und dessen Pferd am Leben ist» (Bretagne).

«Die Trauer um die verstorbene Frau dauert bis zur Haustür» (Gascogne).

«Zwei schöne Tage hat der Mann auf Erden: wenn er seine Frau nimmt und wenn er sie begräbt» (Anjou).

Es ist eine der kleinen Ironien der Demographie, daß diese bäuerlichen Ehemänner, die ihre Kühe mehr schätzen als ihre Frauen, voraussichtlich die ersten waren, die starben, da die Sterbeziffern der Männer über vierzig beträchtlich höher waren als die der Frauen. Bei der Trauer zahlten die Witwen mit gleicher Münze heim, wenigstens nach dem Bericht eines Beobachters in der Provence im achtzehnten Jahrhundert: «Wenn eine Frau gerade ihren Ehemann verloren hat, stößt sie (bei der Trauerwache), vorausgesetzt, jemand kommt vorbei, Klagerufe aus, die Steine zum Weinen bringen könnten. Sie muß die Rolle der Frau spielen, *qui avait de l'amour*. Sie schlägt mit dem Kopf gegen die Wand und unterläßt nichts, um alle und jeden von der Unendlichkeit ihrer Trauer zu überzeugen; Tränen und Verrenkungen hören sofort auf, wenn niemand da ist, beginnen aber wieder, sobald der nächste kommt.»[13]

Die Rituale des täglichen Lebens sanktionierten die Unterordnung der Frau unter ihren Mann. Wir können zum Beispiel etwas über tiefere Formen der Wechselbeziehung erfahren, wenn wir beobachten, wie sich die Leute bei Tisch verhalten. Bei den Bauern des traditionellen Frankreichs nahm die Frau die Mahlzeiten nicht zusammen mit ihrem Mann ein. Sie stand neben ihm und bediente ihn und aß erst selbst, wenn er fertig war. Im Departement Deux-Sevres waren die Frauen mehr die obersten Dienstboten (*premières servantes*) als Gefährten (*compagnons*) ihrer Männer. Man muß beachten, daß dieser Bericht von subalternen Beamten des Mittelstands verfaßt wurde, denen allein der Gedanke überhaupt nur kommen konnte, daß die Frau ihrem Ehemann eine Gefährtin sein könnte. «Bevor sie es wagen kann, sich an den Tisch zu setzen, muß er es ihr erlauben.»[14] Es kam aber häufiger vor, daß die Bauersfrau überhaupt nicht am Tisch aß, wie im Departement Ain: «Zu den Mahlzeiten setzen sich die Herrin des Hauses, ihre Töchter und die Dienstmädchen nie und bleiben ständig auf den Beinen, den Kochlöffel in der Hand, um dafür zu sorgen, daß jede Person bedient wird, während der Herr und alle seine Landarbeiter bis zu den kleinen Hütejungen das Essen herunterschlingen.»[15]

Diese Bräuche hatten eine tiefere Bedeutung: Sie waren ritualisierte Zeichen der Unterordnung der Frau unter ihren Ehemann. Das entging den Zeitgenossen nicht. Dr. D. Monnier erklärt, nachdem er festgestellt hatte, daß im Jura die Frauen selten mit den Männern am Tisch saßen – nie, wenn Fremde anwesend waren –, daß «im allgemeinen die Bauern über das schöne Geschlecht anders denken als gebildete Leute; sie betrachten sie in gewissem Sinn als den unvollkommenen Teil der menschlichen Rasse, was so weit geht, daß sie sich entschuldigen, wenn sie von Frauen sprechen. Mehr als einmal habe ich Leute, wenn sie von Frauen sprachen, sagen hören: ‹Ich bitte um Verzeihung› (*sauf votre respect*).»[16] Das einzige andere Thema, bei dem die Bauern ihre Gesprächspartner aus dem Mittelstand um Nachsicht baten, waren die Hoftiere!

Und wenn wir einen Blick in die häusliche Atmosphäre der Leute tun, indem wir feststellen, wie sie sich nannten und wie sie genannt werden wollen, steht das bäuerliche Frankreich nicht gerade als Bollwerk der Kameradschaftsehe da. Ein Beispiel aus der Gebirgsgemeinde Saint-Romain-en-Gal – im Departement Rhône im Südosten Frankreichs –: «Die Frauen haben einen gewissen Respekt vor ihren Männern. Sie nennen sie *notre homme, notre maître, notre gros*, duzen sie nie und bleiben beim Essen hinter ihnen stehen.»[17] Andere Zeugnisse sind sich einig über die Seltenheit des Duzens bei den Bauern, so daß sogar Frauen, die vorher ihren Liebsten mit dem familiären «*tu*» angeredet haben, am Hochzeitstag zu dem höflichen «*vous*» übergehen.[18]

Aber diese Art von Ethnologie stößt bald an ihre Grenzen. Wir können nicht in Erfahrung bringen, ob diese Bauernpaare sich am abendlichen Kaminfeuer die Hände hielten, ob sie sich zärtlich liebkosten, wenn der Abendwind von den Alpen herabwehte, oder ob sie sich an der gegenseitigen Entdeckung ihrer Verschiedenheiten erfreuten – eben das, was man an Ungezwungenheit und Einfühlungsvermögen von der romantischen Liebe erwarten würde. Aber es ist unwahrscheinlich. Die emotionale Distanz, die das Paar trennt, erscheint unüberbrückbar, und wenn mehr als nur ein paar wenige den eisernen Zellen entrinnen konnten, die ihre soziale und sexuelle Rolle ihnen aufzwang, dann berichten unsere Quellen nichts darüber.

Die Schattierungen dieser ehelichen Lieblosigkeit mögen zwischen den sozialen Schichten und vielleicht zwischen Stadt und Land variiert haben, aber die grundlegenden Züge des Gefühlslebens des Paares blieben in den Jahren vor 1800 konstant. Das «traditionelle» Verhalten herrschte zu jener Zeit zweifellos praktisch bei allen, außer dem gehobenen Mittelstand und den Intellektuellen, vor. Das geringe historische Material, das in diesem Zusammenhang über Stadtbewohner verfügbar ist, läßt vermuten, daß für diese dasselbe galt. Über das Bürgertum in den Kleinstädten der Haute Auvergne sagte Dr. Brieude, daß die provinzielle Gesellschaft Nachteile hatte: das Fehlen von Kunst und Wissenschaft, die kümmerliche Situation des Handels, die Mittelmäßigkeit des privaten Vermögens. «Auf Schritt und Tritt in Geldverlegenheiten, starren die Provinzler auf den Lebensstandard ihres Nachbarn; sie sind neidisch, feindselig und gehässig, was zu ständigen Fehden und ruinösen Prozessen führt... Es überrascht deshalb kaum, daß das Leben in Bitterkeit verbracht wird, da die Leute damit beschäftigt sind, anderen Böses anzutun oder deren Angriffe abzuwehren. Die Freundschaft, jene köstliche Empfindung, ist kaum bekannt. In diesen Kleinstädten gibt es nur Konventionsehen; niemand würdigt, daß das wahre Glück darin besteht, andere glücklich zu machen, die uns immer in gleicher Münze heimzahlen.»[19]

In Frankreichs großen Städten blieb bei den bürgerlichen Ehepaaren alles gedämpfte, kühle Formalität. Jener keineswegs typische Ehemann aus Lyon, der seinen ganzen Besitz «meinem liebsten Weib, dem Gegenstand meiner zartesten Liebe, dem ich das Glück meines Lebens verdanke», vermachte, war kein gebürtiger Lyoner.[20] Und Louis-Sebastian Merciers beißende Bemerkungen über Ehepaare, die sich in der Öffentlichkeit strahlend anlächelten, aber privat wochenlang nicht miteinander sprachen, sind zwar auf den gehobenen Mittelstand gemünzt, galten aber zweifellos auch für das Kleinbürgertum.[21] Die große Woge des Gefühls ergreift zuerst die Städte und den Mittelstand und erst später die Landbevölkerung und die untere Schicht. Vor dieser ein Jahrhundert währenden Entfaltung waren offensichtlich in ganz Frankreich die Beziehungen durch Lieblosigkeit gekennzeichnet.

Vielleicht ist dieser Mangel an Liebe in der Ehe spezifisch französisch. Wie wir noch sehen werden, weichen die Franzosen in manchen wichtigen Aspekten von der europäischen Familiennorm ab; vielleicht gilt dasselbe für ihren Mangel an ehelicher Romantik. Aber das Beweismaterial, auf das wir uns für den Rest von Europa stützen, ist so mager, daß eine klare Antwort tollkühn wäre. Das bißchen Wissen jedoch, das uns über die traditionelle Familie anderswo zur Verfügung steht, läßt vermuten, daß Frankreich doch eher typisch als außergewöhnlich ist und daß Lieblosigkeit überall ein gemeinsamer Zug in den Ehen der Kleinbürger und Bauern war.

Im Jahr 1748 machte die kleine Wochenzeitung der preußischen Kleinstadt Halle den Versuch einer statistisch anmutenden Schätzung:

Kaum zehn Ehen von tausend seien glücklich, während in allen anderen «die Gatten ihre Wahl verfluchten und beklagten». Die Zahl selbst ist natürlich Phantasie. Aber die Tendenz, auf die der hallische «Gesellige» aufmerksam machte, war wahrscheinlich richtig.[22] Mehr Vertrauen können wir Helmut Möllers kürzlicher Studie über das deutsche Kleinbürgertum entgegenbringen, die auf einer erschöpfenden Auswertung der literarischen und ethnographischen Quellen aus dem achtzehnten und frühen neunzehnten Jahrhundert beruht. Vor 1820 konnte Möller kaum einen Hinweis auf Romantik in den Ehen dieser Gesellschaftsschicht entdecken. In der vorangegangenen Epoche traf er nur auf Väter, die emotional von ihren Frauen und der übrigen Familie isoliert waren – Männer, die brutal und tyrannisch waren, besessen von äußeren Formen, prüde und mit der wachsenden Abnahme ihrer Macht über die Gesellen, die scharenweise aus der Wohnung des Meisters auszogen, unglaublich autoritär.[23]

Das heißt nicht, daß die kleinbürgerlichen Ehemänner alle Bestien gewesen und ihre Frauen brutal behandelt worden wären, sondern eher, daß jeder einem genau festgelegten Rollenverhalten zu folgten hatte. Wenn einer der Partner versagte, fehlte die Zuneigung in der Ehe, die eine Verständigung und einen Kompromiß erlaubt hätte. So erlebten es Georg Zöll, ein Müller aus der bayerischen Gemeinde Zolling, und seine Frau Theresa. Zölls Vater hatte ihm anscheinend das Müllerhandwerk nie richtig beigebracht, und schließlich verschärften Hochwasser und militärische Feldzüge die Probleme, die durch die grundlegende Unzulänglichkeit des Mannes entstanden waren. Seine Frau war andererseits eine schlechte Hausfrau und Köchin und für Zöll bei seiner Arbeit nutzlos. Der Leser mag dies mit einem spöttischen Lächeln lesen, aber man darf nicht vergessen, daß genau das die Eigenschaften waren, derentwegen die Frauen geheiratet wurden – das waren ihre Rollen. Anscheinend ging es von Anfang an mit den beiden nicht sehr gut. 1750, zehn Jahre nach der Heirat, beklagte sich Theresas aufgebrachter Vater bei dem örtlichen Bischof über das empörende Verhalten seines Schwiegersohns: Er schlafe bis in den Vormittag hinein, er sei zu oft im Wirtshaus, sei faul und vernachlässige seine Arbeit. Das Gericht in Freising versuchte den Fall zu entscheiden. Zeugen wurden aufgerufen:

– Georg Krazer gab zu, daß der Müller anfangs schlecht gearbeitet habe, daß er sich aber im Laufe der Jahre bedeutend gebessert habe und daß der Fehler bei Theresa liege, «die immer an ihm herumgenörgelt hätte, obwohl es mit ihr selbst als Hausfrau nicht weit her gewesen sei».

– Sebastian Veichtner, der Gehilfe des Müllers, berichtete, wie Theresa eines Tages am Mittagstisch angefangen hätte, ihren Mann zu beschimpfen, «daß er nichts anderes tue als essen und trinken. Wenn ihm wirklich daran gelegen sei weiterzukommen, so hätte er längst das Pferd in Gang gebracht». Wenn sie nicht aufhörte, gab ihr der Müller ein paar «nicht allzu kräftige Ohrfeigen, die die Dinge nur noch schlimmer machten. Dann raste der Müller aus der Küche und holte ein Scheit Brennholz, um sie damit zu schlagen. Die anderen Männer am Tisch hielten ihn jedoch rechtzeitig fest, und die Frau konnte davonlaufen.

– Veith Saufüßl bezeugte, daß die Frau nie mit Zöll zusammen aß, «und da sie nie ein freundliches Wort für ihn hatte, ist es ganz klar, daß sie ihn nicht mochte».

– Maria Widenmayr, die früher Dienstmädchen bei dem Müller war, erzählte dem Gericht, wie die Frau immer gleich nörgelte, wenn der Müller vom Wirtshaus zurückkam, «woraufhin er ihr gewöhnlich ein paar Ohrfeigen gab». Außerdem kochte die Frau für sich bessere Gerichte als für ihren Mann und betrachtete sich ihm ganz allgemein als überlegen. Wäre das nicht gewesen, bemerkte die Frau, so hätte Friede im Haus geherrscht.

In unserer modernen Welt sind unsere Sympathien im Fall des Müllers vielleicht geteilt. Das Gericht verurteilte ihn zu einer kurzen Gefängnisstrafe, nicht weil er seine Frau schlug oder gelegentlich betrunken nach Hause kam, sondern weil er unregelmäßig zur Messe ging und, da er oft weg war, die Führung seines Haushalts seinen Dienstboten überlassen hatte. In der gesellschaftlichen Wertskala, die im achtzehnten Jahrhundert in Deutschland galt, waren das die Hauptvergehen. Daß Männer ihre Frauen verprügelten und sie an getrennten Tischen aßen, war in den Augen des Gerichts normal. (Was die Dorfbewohner anging, so fanden sie, daß Theresa ihre häusliche Rolle nicht ausfüllte.) Von Liebe, Zärtlichkeit und Zuneigung wurde kein Wort gesprochen. Der Fall zog sich über dreißig Jahre lang hin, wobei Georg die meiste Zeit zu Hause bei seiner Frau wohnte. Und sogar ihr Tod im Alter von fünfzig Jahren beendete den Kriegszustand nicht, denn Georg versuchte zunächst, seine dreiundzwanzig Jahre alte Tochter Katharina daran zu hindern, die Leitung der Mühle zu übernehmen (die das Gericht ihm abgesprochen hatte), und zwar mit der Begründung, daß sie ihrer Mutter zu ähnlich sei![24] Was bei den Bürgern von Zolling zählte, war nicht die Qualität des Intimlebens des Ehepaares – daß sie nicht zusammen aßen, in Verbindung mit regelmäßiger körperlicher Mißhandlung, muß dieses einigermaßen eingeschränkt haben –, sondern wie gut das Paar die Aufgaben erfüllte, die ihnen das Leben auferlegt hatte. Wichtig waren die gesellschaftlichen Normen, die das Handeln bestimmten: Getreide zu mahlen, den Besitz auf ordnungsgemäße Weise von Generation zu Generation weiterzuvererben, die Familienmitglieder ausreichend zu ernähren und zu bekleiden, damit sie nicht der übrigen Gemeinschaft zur Last fielen. *Das* war es, was Heirat für die Leute von Zolling bedeutete; sie war nicht dazu da, das persönliche Glück zu bringen.

Für England fehlen im allgemeinen ins einzelne gehende Studien, und es besteht noch nicht einmal Übereinstimmung zwischen der Handvoll Wissenschaftler, von denen man annehmen könnte, daß sie gewisse Vorstellungen von diesem Thema haben. Peter Laslett bezieht sich in einer einfühlsamen Rekonstruktion der dörflichen Gemeinschaft auf die Zeit, «wo das ganze Leben in der Familie abrollte, in einem Kreis von geliebten, vertrauten Gesichtern, von bekannten und geschätzten Gegenständen...»; aber mehr will er nicht sagen.[25] Alan Macfarlane, der das Tagebuch des Pastors Ralph Josselin aus dem siebzehnten Jahrhundert analysierte, weist auf eine «Beziehung mit vereinten Rollen» hin, die als ein «emotionaler Gewinn» bezeichnet werden könnte, aber er gibt zu, daß er als Beweismittel für diese Schlußfolgerung wenig mehr als das lange Zusammenwohnen des Paares anführen kann. (Es war die Rede von körperlicher Anziehung am Anfang, aber mehr im Rahmen der Brautwerbung als in der Ehe.)[26] Eine andere Seite der englischen Medaille, die die These stützt, die ich über die Lieblosigkeit aufstellen möchte, findet sich in Frank Huggetts Porträt des Familienlebens eines viktorianischen Landarbeiters. Es ist zwar für meine These ein peinlich spätes Porträt und auch noch halb Phantasie, aber eindrucksvoll wegen der großen Kenntnis des Autors über die alltäglichen Kleinigkeiten des Lebens. Hier wird die Frau des Arbeiters Strudwick gegen Ende eines typischen Abends gezeigt, während Herr Strudwick noch in der Kneipe sitzt:[27]

«Inzwischen hatte Frau Strudwick, nun wieder zu Hause, abgespült und die Kinder ins Bett gebracht. Sie saß zusammengekauert vor der spärlichen Glut des heruntergebrannten Feuers und beendete die Arbeit an den letzten Handschuhen beim sprühenden Licht eines Kerzenstummels. Um 9 Uhr stand sie auf, um ins Bett zu gehen, und schlief sofort ein. Etwas später wachte sie durch den Lärm auf, den ihr Mann machte, als er die Treppe herauftrampelte. Er torkelte, als er das Zimmer betrat, und stieß an einen Stuhl. Sie zischte ihn an, ruhig zu sein und hörte, wie er sich auszog. Er stieg ins Bett und rollte sich zusammen, um warm zu werden. Bald hörte sie nur noch das tiefe Atmen ihres Mannes in der Dunkelheit.

Plötzlich vernahm man vom Dorf her ein großes Getöse von Kesseln und Pfannen, die mit Stöcken geschlagen wurden, und viel Geschrei... Ein paar Männer des Dorfes spielten John Ford die ‹Katzenmusik›, weil er seiner Frau wieder ein blaues Auge geschlagen hatte. Er verdiente es. Frau Strudwick lächelte vor sich hin, drehte sich um und schlief wieder ein.»

Die Szene mit Herrn Strudwick, der betrunken heimkommt und seine Frau aufweckt, könnte sich auch 1954 in einem Schlafzimmer auf Long Island abgespielt haben, aber nicht mit dem Haberfeldtreiben im Hintergrund. Wenn wir uns die englische ländliche Gesellschaft, auch noch in der Mitte des neunzehnten Jahrhunderts, genauer besehen, kommt sie einem nicht ganz so vertraut vor.

Aber die Puritaner in der Neuen Welt sind einem heutigen Betrachter schon eher vertraut. Im achtzehnten Jahrhundert in die Kolonien zu kommen brachte etwas mit sich, das dem Familienleben eine neue Qualität verlieh. Vielleicht schob die Leichtigkeit, mit der man Land in Besitz nehmen konnte, die ganze Psychologie des «Interesses» beim Zustandekommen von Verbindungen zur Seite.[28] Möglicherweise büßten aber auch die weit auseinanderliegenden, ruhelosen Gemeinschaften der Neuen Welt die Fähigkeit ein, den Individuen, die in erster Linie frei sein wollten, eine Kollektivmoral aufzuerlegen. Vielleicht hing es auch mit dem Schock der Auswanderung zusammen... Jedenfalls nahmen Hinweise auf eine romantische Liebe als eine aktive Kraft im Leben des Ehepaares bei den Puritanern ihren Anfang und hörten danach nicht mehr auf. John Demos hält es für unmöglich, etwas Endgültiges über Kameradschaftsehe in der Plymouth-Kolonie zu sagen, spricht aber trotzdem – und überzeugend – vom «Instinkt der Liebe». Edmund Morgan muß immer wieder das Wort «Liebe» verwenden, wenn er die Siedlung Massachusetts Bay beschreibt, und zwar eher als *Folge* denn als Grund einer Heirat.[29] Und wer versucht ist, ein solches eheliches Gefühl für ein besonderes Produkt des Puritanismus zu halten, der lese den folgenden Abschnitt aus einem Brief des (vermutlich) anglikanischen Theodorick Bland an seine Frau, den er schrieb, als er fern seiner Heimat Virginia im Dienst des Generals Washington stand:[30]

«Schreibe mir, meine Liebe, um Gottes willen nur über Dich selbst, oder zumindest erschöpfe dieses liebe, immer liebe Thema, bevor Du zu einem anderen übergehst; erzähle mir, wie Du zu Bett gehst, wie Du aufstehst, wann Du frühstückst, zu Mittag und zu Abend ißt, wann Du Besuche machst... Fürchte nichts, meine Patsy – ja, ‹Du wirst wieder die Lippen Deines Mannes spüren, die voll sind von Liebe und herzlicher Wärme›. Der Himmel kann niemals die Absicht haben, zwei zu trennen, die sich so lieben; und wenn er es doch tut, wann werden wir uns im Himmel treffen?»

Die Geschlechterrollen

Im Gegensatz zu der strikten Trennung der Rollen der Geschlechter bei der Arbeit in der traditionellen Gesellschaft führt in der modernen Welt das Einfühlungsvermögen zu einer Verwischung der Grenzen: Sich in die Lage eines anderen versetzen zu können verstärkt die Bereitschaft, an den Aufgaben dieser Person teilzunehmen. Für das traditionelle Paar waren die Rollen der Geschlechter absolut bindend, und die Gemeinschaft strafte jene mit Spott und Hohn, die versuchten, sie zu überwinden. Hierzu berichtet uns Dr. Perron aus der Franche-Comté, der Freigrafschaft Burgund: «Die öffentliche Meinung verbietet es dem Mann, die Kühe zu melken, Wasser zu holen, das Geschirr abzuwaschen... Man würde ihn verspotten, ihn einen *quenillot*, einen *fouille au pot*, einen *coquefredouille* nennen, und er würde sich sogar bei den Frauen selbst lächerlich machen.»[31] Heute vermischen sich die Rollen der Geschlechter und nähern sich der Austauschbarkeit. Was diese Situation zustande brachte, war «eine Übereinstimmung im sexuellen und gefühlsmäßigen Austausch», wie ein Anthropologe es nennt.[32] Um diesen Austausch verstehen zu können, müssen wir zunächst untersuchen, wie die Rollen und Arbeitsbereiche in der Vergangenheit getrennt waren.

Eine der Hauptfragen, die aus einem neuen geschichtlichen Bewußtsein über die Frauen entstanden sind, will wissen, wieviel Macht

Frauen in der Vergangenheit hatten.[33] Am wirkungsvollsten wäre die Antwort: Null, und die Geschichte der Frau wäre nichts als finsterste Unterdrückung. Aber in Wirklichkeit stellt sich heraus, daß die Frauen *innerhalb ihres besonderen Bereichs* allmächtig waren. Eine wasserdichte Trennung der Rollen und Aufgaben der Geschlechter bedeutete, daß die Hausfrau ihr kleines Reich verwalten konnte, wie sie es für richtig hielt; und wenn sie den sich einmischenden Ehemann nicht zurechtwies, taten es Freunde und Nachbarn. Andererseits ist heute die individuelle «Macht» der Frau erheblich geringer, weil sie alle ihre traditionellen Herrschaftsbereiche mit dem Mann teilen muß. In der Kameradschaftsehe besprechen sich Mann und Frau über alles nur Denkbare und arbeiten zusammen, wobei die Autonomie der jeweiligen Bereiche immer weiter eingeschränkt wird. Aber das bedeutet natürlich nicht, daß die Kontrolle der Frau über gesellschaftliche, familiäre oder persönliche Hilfsquellen mit der Modernisierung geringer geworden wäre.

Das Problem ist jedoch komplizierter. Anstatt unbestimmt nach der «Macht» der Frauen in der traditionellen Gesellschaft zu fragen, sollten wir untersuchen, welche spezifischen Bereiche ihnen unterstellt waren, um erst dann danach zu fragen, wie weit die Kontrolle, die sie darüber ausübten, auch die ihnen aufgezwungenen Geschlechterrollen veränderte. Wir sollten fragen, wie die unumstrittene Gewalt der Frau über die Interna des Haushalts (wenn überhaupt) Gebiete wie die Sexualität, wo sie direkt mit ihrem Mann zu tun hatte, berührte. Ich werde die Behauptung aufstellen, daß die Kontrolle der Frau über bestimmte häusliche Bereiche, die von der Wirtschaft als ganzer isoliert waren, sie nicht aus den untergeordneten sozialen *Rollen* befreite. Erst der direkte Zugang zu der Marktwirtschaft konnte sie letztlich von dieser Art der Unterordnung durch eine bestimmte Rolle befreien.

Was genau war die Arbeit der Frau in traditionellen Zeiten? Die tägliche Routine einer typischen baskischen Bauersfrau gibt uns ein anschauliches Bild. Sie stand um 5 Uhr auf, im Sommer mit der Sonne, im Winter bei pechschwarzer Finsternis. Erst nachdem sie in der Küche Feuer gemacht hatte, standen die Männer auf – die Lohnarbeiter wohnten mit im Haushalt. Sie servierte den Männern die Frühstückssuppe, bevor sie hinaus aufs Feld gingen. Dann mußte sie die Kinder wecken, waschen, füttern und anziehen, um sie dann zur Schule zu schicken. Dann kam das Bettenmachen, Ausfegen und Aufräumen an die Reihe. Als nächstes holte sie aus dem Garten Gemüse für das Mittagessen, wusch und schälte es und stellte die Sachen zum Kochen auf den Herd. Die Männer kehrten zurück, und sie servierte ihnen das Mittagessen, wobei sie hinter dem Stuhl des Ehemanns stand, wenn sie nicht auftrug. Danach aß sie selbst, entweder sitzend am Herd oder stehend mit dem Teller auf dem Kaminsims. Und wir haben nun erst die Hälfte des Tageslaufs erreicht, denn am Nachmittag war diese Bauersfrau draußen auf dem Feld, und am Abend spann sie bei der Lampe. Sie ging gegen 11 Uhr abends zu Bett, kurz nach ihrem Mann.[34]

Entsprechend hatte die baskische Bauersfrau bei der Aufteilung der finanziellen Verantwortung bestimmte, genau definierte Aufgaben. Während der Mann Kauf und Verkauf des Viehs besorgte, kümmerte sich die Frau um die Milch- und Geflügelprodukte. Und was noch wichtiger war, «die Frauen haben den Schlüssel zum Kornspeicher, wobei sie oft ihr Privileg mißbrauchen; sie stibitzen vom Vorrat, um sich beim Händler Süßigkeiten oder Tuch zu kaufen. Wehe der Hausherrin, die es sich angewöhnt hat, Weizen zu stehlen! Sie stachelt ihre Phantasie an und kauft auf Kredit. Sie macht Schulden und ruiniert die Familie.»

Interessanterweise besprachen sich die Eheleute über größere wirtschaftliche Entscheidungen. «Der Mann befragt seine Frau beim Kaufen und Verkaufen. Er holt ihre Zustimmung zu allen geschäftlichen Dingen ein. Bevor er eine Entscheidung trifft, bittet er sie um ihren Rat.» Aber es stellt sich heraus, daß all diese scheinbar moderne Harmonie davon herrührt, daß die Frau wahrscheinlich die Besitzerin des Hofs war. Im Baskenland konnte eine Tochter erben, wenn sie die Älteste war – und ihr Mann nahm, wenigstens im Mittelalter, *ihren* Namen an! In Frankreich scheint die Kontrolle über größere Entscheidungen zwischen den Eheleuten weniger gut verteilt gewesen zu sein.[35]

Die beste Dokumentation über dieses Thema stammt zufällig aus Frankreich, während das baskische Beispiel einige allgemeine Züge der auf dem Land bestehenden Arbeitsteilung zwischen den Geschlechtern beleuchtet. Bauersfrauen betätigten sich sowohl auf dem Feld als auch im Haus; die Sphären von Männern und Frauen überschnitten sich keineswegs (die Frau, zum Beispiel, aß nach dem Mann bei den Mahlzeiten, anstatt vor ihm, und das Aufstehen und Zubettgehen vollzog sich in einem verschiedenen Rhythmus); außerdem war die Kontrolle über die Mittel genau aufgeteilt: Der Mann war Herr über diese, die Frau über jene. Die folgenden Tabelle stellt die normale Arbeitsteilung dar, wie sie dort im allgemeinen zwischen Mann und Frau bestand, und unterscheidet zwischen Arbeiten innerhalb und außerhalb des Hofes.

Arbeitsteilung nach Geschlechtern im ländlichen traditionellen französischen Haushalt

	Arbeit der Frau	Arbeit des Mannes
Im Haus	Kindererziehung	Ofenanzünden
	Kochen	Hofabrechnung
	Putzen	
	Haushaltabrechnung	
	Heimarbeit	
	für die Industrie	
Außerhalb des Hauses	Holzsammeln	Weinvorrat
	Wasserholen	Viehfüttern (verschieden)
	Gemüsegarten	Viehverkauf
	Sorge um Geflügel und Milchwirtschaft	Sorge um landwirtschaftliche Geräte
	Verkauf von Geflügel- und Milchprodukten	Umgraben
	Schweinefett	Pflügen
	Heu wenden	Mähen
	Jäten	Schweineschlachten

Anmerkung: Diese Tabelle beruht auf Beobachtungen, die aus vielen verschiedenen Quellen stammen. Von besonderem Interesse sind dabei: d'Abbadie d'Arrast, Mme Charles, *Causeries sur le pays basque: la femme et l'enfant* (Paris 1909), Seite 50–56 und passim; Louis Caradec, *Topographie médico-hygiénique du département du Finistère* (Brest 1860), Seite 67 (der Autor war ein Arzt); Deribier-du-Châtelet, *Dictionnaire statistique ou histoire... du département du Cantal*, 5 vols. (1852–57), vol. II (1853), Seite 132–133; Guy Thuillier, *Pour une histoire des travaux ménagers en Nivernais au XIXe siècle*, Revue d'histoire économique et sociale, 50 (1972), Seite 238–264, esp. 239–240; und Henriette Dussourd, *Au même pot et au même feu: étude sur les communautés familiales agricoles du Centre de la France* (Moulins: Pottier, 1962), Seite 4–39.

So oblagen also den französischen Bauersfrauen im Haus Kindererziehung, Kochen und der gesamte Hausputz. Der Leser möge aber bedenken, daß es in diesen Bauerhöfen mit ihren strohgedeckten Dächern und den Lehmböden verhältnismäßig wenig zu putzen gab, und zwar einfach deshalb, weil alles sowieso immer schmutzig war und man zum Hausputz selbst wenig tun konnte, außer Bodenbeläge anzubringen, die Wände und Decken neu zu bauen und zu verputzen, die Tiere draußen zu halten, den Stall von den Wohnräumen zu trennen, und so weiter. Saubermachen bedeutete also für die traditionelle Bauersfrau keineswegs all das Bodenwachsen, Abstauben und Spinnwebenentfernen wie in den sicherheitsverschlossenen, solide gebauten bürgerlichen Heimen. Was das Putzen anging, so erforderte im allgemeinen nur die Wäsche viel Zeit, aber die gewaltigen Waschtage des bäuerlichen Frankreich mit großen Kochkesseln und Lauge fanden nur ein paarmal im Jahr statt.

Auch die Kindererziehung bedarf der Differenzierung. Wenn auch die Sorge um die Kleinkinder und die Erziehung der größeren Kinder tatsächlich Frauenarbeit war, mußte diese Arbeit in den großen bäuerlichen Haushalten nicht unbedingt der Mutter zufallen. Wohnte noch eine Großmutter mit im Haushalt, wurde sie mit der Sorge für die Kleinkinder betraut. In den großen Mehrfamilienhaushalten in Mittelfrankreich (*communautés familiales*) spezialisierte sich eine Frau auf die Kindererziehung und stellte damit die anderen für die Feldarbeit frei.[36] So türmte sich also nur das Kochen als eine erhebliche Bürde vor der durchschnittlichen Frau auf. Aber das war dann auch strikt ihr Bereich. Hätten Männer jemals eine Schürze angezogen, wären sie Opfer des Haberfeldtreibens geworden.

Ein großer Teil der Frauenarbeit wurde von der Heimarbeit in Anspruch genommen, der sich die Frauen tagsüber widmeten, wenn der Winter sie vom Feld fernhielt. Über das ganze Jahr hinweg fand diese Arbeit sonst abends statt, ausgenommen waren die Zeiten großer Erschöpfung auf dem Höhepunkt der Ernte. Spinnen, Stricken, Handschuhenähen und Spitzenklöppeln, Tätigkeiten, die zu Hause ausgeführt wurden, waren strikte Frauenarbeiten. In einer Chronik der *veillées*, die ich durchsah, fand ich Männer, die Heimarbeiten ausführten. Wenn Männer sich überhaupt abends zu etwas aufrafften, dann zum Anfertigen von Seilen oder zum Reparieren von Werkzeug. Außerdem war es allein Sache der Frauen, das Garn für die Kleidung der Familie zu bereiten: Das umfaßte das Trocknen, Hecheln und Sortieren des

Flachses, um daraus Zwirn für Kinderkleidung und Haushaltleinen zu erhalten, und das Kämmen, Streichen und Spinnen der Wolle. Diese selbstgemachten Garne und Zwirne gab man dann den Webern und Schneidern, damit sie Hemden, Mützen und Bettücher daraus machten. Oder sie wurden manchmal auch zu Hause gewebt und genäht, es sei denn, die Finger der Bauersfrau waren so steif und geschwollen, daß sie nicht mehr nähen, stricken und stopfen konnte.

Die Frauen hatten auch außerhalb des Hauses eine ganze Reihe von Pflichten. Alles, was im Hof des Bauernhauses vor sich ging, fiel in ihren Zuständigkeitsbereich: das Tränken der Schweine, wenn sie nicht frei herumliefen; das Füttern der Hühner und Einsammeln der Eier (wenn die Familie Geflügel hielt); das Melken der Kühe und die Herstellung von Butter und Käse in den Gebieten, wo das keine spezialisierte Tätigkeit war. Das Sammeln von Brennholz war gleichfalls eine Pflicht der Frau. Der Umfang der Feldarbeit, zu der die Frau herangezogen wurde, hing von der Art der Landwirtschaft ab. Wenn der Boden bebaut wurde, übernahmen die Männer den Hauptteil des Umgrabens und Pflügens, weil sie stärker waren. Aber andere Arbeiten wie Unkrautjäten und Hacken oder, wo Wein angebaut wurde, im Frühsommer die jungen Reben zu schneiden, konnten von Frauen ausgeführt werden. Wo Viehzucht vorherrschte, gab es draußen wenig Arbeit für die Frau – ausgenommen vielleicht, daß das junge Mädchen Schafe hütete –, und dann arbeitete sie hauptsächlich im Haus und den Ställen, machte Käse oder lud Heu auf.[37] Obwohl die Zeit der Erntearbeiten die Trennung der Geschlechter ein wenig abbaute, blieb doch das Wenden des Heus und Strohstapeln Frauenarbeit, und das Mähen war Männersache. Im Departement Lot-et-Garonne zum Beispiel sind es «die Frauen, die auf den Wagen steigen und die schwere Arbeit machen, die Strohballen mit der Heugabel hinunterwerfen, während der Bauer nur vor der Mannschaft steht und zusieht; er ist da, um Anordnungen zu geben...»[38]

Die Liste der Arbeiten für Männer ist viel kürzer als die der Frauen. Tatsächlich hatten die Männer mehr freie Zeit. Die täglichen Routinearbeiten der Männer boten zumindest die Möglichkeit, mehrmals in der Woche in die Kneipe zu gehen, obwohl das nicht alle Männer taten. Im Gegensatz dazu fanden Beobachter, daß die Frauen so überhäuft mit Arbeit waren, daß praktisch keine freie Zeit blieb – daher kommt es, daß Gelegenheiten zu Geselligkeit für die Frauen gleichzeitig mit Arbeit verbunden waren. Aber wir dürfen nicht vergessen, daß die den

Männern zufallenden Arbeiten zermürbende körperliche Anstrengungen waren, die sie schon mit vierzig physisch ausgezehrt hatten. Im Hause hatte der Mann praktisch nichts zu tun – außer vielleicht das Feuer anzuzünden, wenn die Häuser glücklicherweise einen Backofen besaßen. Außerhalb des Hauses fielen ihm einige Nebenarbeiten zu, wie das Schlachten der Schweine oder die Beschaffung und Lagerung des Weines. Vor dem neunzehnten Jahrhundert waren jedoch außer den Weinhändlern nur wenige Bauern so gut gestellt, daß sie sich ständig Wein zu Tisch leisten konnten. Die Arbeit der Frau war, Pasteten zu machen und die Lämmer zu schlachten. Für die Männer gab es noch die Sorge um die Ackergeräte, einschließlich der Reparaturen von Spaten, Rechen, Eggen und den übrigen einfachen Geräten, mit denen der Boden bearbeitet wurde. Aber ihre hauptsächlichen Arbeiten waren Säen, Umgraben, Pflügen und Ernten. Das war das Kernstück des bäuerlichen Tages.

Die Kühe zum Markt zu bringen und Pferde zu kaufen und zu tauschen war Sache des Mannes, ebenso wie der Verkauf von Getreide, und mit diesen Erträgen bezahlte er die Verbindlichkeiten der Familie: Steuern und Pachten. Sogar auf dem Marktplatz bestand noch diese Trennung der Geschlechter: Der Viehmarkt befand sich auf einem Teil des Dorfplatzes, und nur die Männer versammelten sich hier; der Gänsemarkt war am anderen Ende des Platzes, und dort drängten sich nur Frauen und Kinder.[39] Die Einkünfte aus jedem Markttag wurden innerhalb des Haushalts je nach den Pflichten der Geschlechter aufgeteilt; Mißerfolg eines Partners brachte diesem bittere Vorwürfe ein.[40]

Frankreich ist ein Land endloser regionaler Verschiedenheiten. Die breiten Pinselstriche, die ich hier gezogen habe, müßten sicher von einer Gegend zur anderen modifiziert werden. Das Hauptergebnis ist, daß die Bauersfrau in ihrem Haushalt eine beträchtliche Autorität besaß. So wie für die häusliche Gewalt das Modell «getrennt, aber gleich» heute in Serbien gilt, regierten Frauen im traditionellen Frankreich über genau definierte Lebensbereiche.[41] Aber weil die Bereiche der Frau weitgehend dem Kontakt mit der Marktwirtschaft der Außenwelt entzogen waren, hatte sie wenig Einfluß auf ihren Mann. Sie brachte neues Besitztum und persönliche Fertigkeiten in den Haushalt ein. Die Rollen, die sie in Beziehung zu ihm und zur Außenwelt spielen mußte, waren alle untergeordnet, und die Selbständigkeit, deren sie sich im häuslichen Bereich erfreute, nützte ihr wenig. Nur wenn Frauen in unmittelbaren Kontakt mit der Marktwirtschaft kamen – durch die Heimarbeit und später durch Fabrikarbeit – bekamen sie ein Instrumentarium in die Hände, mit dem sie sich zum Teil aus diesen untergeordneten Rollen befreien konnten. Aber das eilt unserer Geschichte voraus. Zunächst müssen wir ein Profil der verschiedenen Rollen zeichnen, die Mann und Frau in der traditionellen Gesellschaft übernehmen mußten.

Die Rollen der Frau waren alle untergeordnet. Sie spielte nicht nur Rollen, um sich von ihrem Mann zu unterscheiden. Das würde nicht unbedingt ein emotionales Gleichgewicht ausschalten. In verschiedenen wichtigen Bereichen erwartete man von ihr, *zweitrangig* zu sein.

Innerhalb der Beziehungen nach außen zum Beispiel mußte der Ehemann die aktive Rolle spielen, die Ehefrau die passive. Überall, wo das Leben des Haushalts mit der Umwelt in Berührung kam (mit den üblichen Ausnahmen wie dem Verkauf von Eiern), durfte die Frau keinerlei Initiative ergreifen. Nur dem Mann oblagen die Verhandlungen mit Staatsbeamten oder dem Pachtherrn und die Abwehr äußerer Drohungen gegen die Interessen der Familie von irgendwelcher Seite.[42] Frauen, die ihre passiven Rollen aufgaben, um solche Initiativen zu ergreifen, wurden entsprechend dem Prinzip der «Verantwortungsunfähigkeit der Frau» herablassend als Minderjährige angesehen. Während einer Dürre in der französischen Region Vivarais zum Beispiel bewarf die Frau eines Müllers eine Gruppe von Arbeitern, die den Bach aufstauen wollten, mit Steinen. Obwohl sie dem Gericht sagte, sie hätte «allein und spontan» gehandelt, sagten Zeugen aus, ihr Mann hätte ihr aus der Nähe die ganze Zeit Anweisungen gegeben. Dieser hatte gehofft, er würde, wenn er seine Frau vorschickte, einer Strafverfolgung entgehen, «denn die Schuld einer Frau ist die einer Minderjährigen und veranlaßt das Gericht, nur eine Bestrafung wegen verursachter Schäden auszusprechen, ohne einen Akt der Gewalt oder der Vorsätzlichkeit zu bestrafen».[43]

Ich möchte den «Hausarrest» dieser Bauersfrauen nicht übertreiben. Der jährliche Zyklus der Feste und Rituale bot ihnen zahlreiche Gelegenheiten, mit anderen Menschen in Berührung zu kommen. Aber die Frauen wagten sich nur bei bestimmten Anlässen wie beim Wasserholen und Brennholzsammeln oder zum Besuch der Messe und feierlichen Gelegenheiten wie dem Johannisfeuer oder Jahrmarkt über die Grenzen des Hofes hinaus. Sie entschlossen sich nicht willkürlich oder impulsiv dazu, «auszugehen»; sie verließen das Haus nicht einfach nur wegen der Geselligkeit. Aber die Männer taten es. Sie ergriffen jede Gelegenheit, in die Kneipe oder ins Café zu gehen und dort herumzusitzen und zu trinken und mit Freunden zu plaudern.

Eine Menge Sprichwörter über Frauen und die Außenwelt verleihen dieser weiblichen Passivität und männlichen Dynamik Ausdruck:[44]

«Die Frauen gehören ins Haus wie die Hunde, die Männer auf die Straße wie die Katzen» (Gascogne).

«Eine Frau, die zum Fenster hinaussieht und herumrennt, ist keine gute Hausfrau» (Gascogne).

«Weder die Frau noch das Schwein dürfen das Haus verlassen» (Dauphiné).

Diese Passivität der Frau in den Beziehungen nach außen war in eine noch größere Passivität in ihren Beziehungen zu den Männern im allgemeinen verwoben. In dem Augenblick, wo sie einen Lebensbereich außerhalb ihres Haushalts betrat, hörte sie auf, sich an den Ereignissen zu beteiligen. Was ihr Verhältnis zu Männern anging, so nahm sie keinen Einfluß darauf, daß etwas geschah; es geschah etwas mit ihr. Diese Lektion über die Beziehungen zwischen den Geschlechtern erhielt sie schon als Braut. Hier eine kleine Szene, wo die Braut im Departement Mayenne am Hochzeitstag abgeholt wird: «Begleitet von seinem Vater, kommt der Bräutigam bei Sonnenaufgang, um das Mädchen abzuholen; dabei trifft er sie unweigerlich in Arbeitskleidung und beschäftigt mit häuslichen Pflichten an. ‹Hast du uns denn nicht erwartet?› fragt er. ‹Wie hätte ich denn wissen können, ob du es dir nicht anders überlegt hast›, erwidert das junge Mädchen bescheiden und macht sich erst dann für die Hochzeit zurecht.»[45] Sogar noch vor dem Hochzeitstag denkt kein anderer Junge daran, sich einem Mädchen zu nähern, das sich schon ein anderer erwählt hat, und man mußte sich die Erlaubnis für einen Tanz nicht bei dem Mädchen selbst, sondern bei seinem Freund holen.[46]

Im Haushalt zeigte sich die Auffassung, daß der Mann denkt und die Frau lenkt, auf verschiedene Weise. Hier einige Sprichwörter:[47]

«Der Hut befiehlt der Haube» (Bretagne).

«Wenn die Frau Herr im Haus ist, regiert der Teufel» (Provence).

Mancherorts war es für die Bauersfrau ungehörig, den männlichen Arbeitern Anweisungen zu geben – eine merkwürdige, vorkapitalistische Auffassung, daß die Autorität des Geschlechts mehr wog als die wirtschaftliche Autorität.[48] Schließlich wollen wir als Ausnahmen, die

die allgemeine Regel der Passivität bestätigen, die wenigen rituellen Gelegenheiten erwähnen, wo die Frauen das Recht hatten, die Männer herumzukommandieren. Am Agatha-Tag (am 5. Februar) mußten in der Champagne «die Männer kochen und den Haushalt führen. Nach der Messe läuteten die Frauen, und besonders die jungverheirateten, die Mittagsglocken und zogen dann ins Café. Am Nachmittag und Abend spielten sie Karten (*Lu*) im Haus einer der Frauen und beschäftigten sich so mit männlichen Vergnügungen.»[49] An anderen Orten war im ganzen Monat Mai in der Rolle der Geschlechter der Spieß umgedreht, und die Frauen rächten sich an Frauenprüglern und ähnlichem.[50] Aber das waren nur kleine Lichtblicke in der sonst schwarzen Nacht weiblicher häuslicher Passivität. Das war das Los der Frau.

Selbstverleugnung und Aufopferung der Person für die Familie waren eine weitere spezifisch weibliche Rolle. Von Frauen des Bürgertums erwartete man, daß sie auf die Verschönerung ihres Körpers verzichteten, auf das Trachten nach eleganten Kleidern oder andere eitle, «egoistische» Ablenkungen, die sie daran gehindert hätten, sich dem *maison* mit totaler Hingabe zu widmen. Die Welt des deutschen Mittelstands war voll von Ausdrücken wie *Treue, Häuslichkeit* und *Zurückgezogenheit*, die alle gleichbedeutend sind mit ausgesprochen weiblicher Verantwortlichkeit gegenüber anderen. Diese Loyalität galt nicht unbedingt den Kindern der Frau, wie der moderne Begriff weiblicher Selbstverleugnung später fordern sollte, sondern dem Haushalt im allgemeinen. Kleinbürgerliches Mißtrauen gegen weibliche Schönheit und Putzsucht, zum Beispiel, kann man dieser Selbstverleugnung zugrunde legen.[51]

Man könnte einwenden, daß eine solche Selbstverleugnung nicht nur von der Frau, sondern von allen in der Dorfgemeinschaft erwartet wurde, die den Egoismus auf der sozialen Ebene ebenso fürchtete wie die Pest auf der biologischen und daher ähnliche Schritte unternahm, um den Ansteckungsherd zu isolieren. Aber die betrüblich magere Dokumentation über die kollektive Mentalität deutet doch darauf hin, daß man von der Frau mehr Verzicht erwartete als vom Mann. Die Männer hatten schließlich zahlreiche kleine, von der Gesellschaft gebilligte Vergnügungen: das Kartenspiel mit den Burschen in der Bar; sexuelle Vergnügungen in den Betten der Dienstmädchen, wenn diese bürgerlichen Ehemänner als Verhütungsmaßnahme gerade Enthaltsamkeit von ihren Frauen übten. Man ist in Verlegenheit, wenn man in der Welt der Frauen für diese üblichen männlichen Freuden Entsprechendes aufzeigen will. Die kleinen genießerischen Abwechslungen, die auf diese rituelle Weise die Woche des Mannes verzierten, fehlen in der Welt der Frau. Der Gedanke, daß anderen mit ihrem Opfer gedient war, mußte genügen.

Schließlich sah man die Aufgabe der Frau im Geschlechtsleben und der Fortpflanzung: auf Verlangen mit dem Mann zu schlafen und Kinder bis zu der von der Gemeinschaft gesetzten Norm in die Welt zu setzen.[52] Aber ist das nicht der Gang der Dinge, wie die Natur es will, könnte der Leser fragen. Schließlich sind nur die Frauen biologisch dazu ausgestattet, Kinder zu gebären; die Behauptung, daß das Gebären zu ihren speziellen Aufgaben gehöre, ist zwar wahr, aber nicht erstaunlich. Die wirklich interessanten Probleme sind dabei erstens, ob die Rolle der Fortpflanzung von der der Erotik losgelöst war – das heißt, ob von der Frau erwartet wurde, ihrem Mann ein Geschlechtsleben *unabhängig* vom Kinderkriegen zu bieten –, und zweitens, ob Männer sich ihren Frauen gegenüber erkenntlich zu zeigen hatten, indem sie ihnen beim Geschlechtsverkehr zum Orgasmus verhalfen. Solche Fragen sind von Bedeutung; denn wenn es sich herausstellen sollte, daß die Männer sich für eine sexuelle Befriedigung ihrer Frauen verantwortlich fühlten – das heißt, wenn Männer der Meinung waren, daß das Vergnügen am Geschlechtsverkehr eigentlich gegenseitig sein sollte –, dann würde meine Ansicht über die große emotionale Distanz zwischen Männern und Frauen in der traditionellen Gesellschaft schon auf dieser grundlegenden Ebene in Frage gestellt. Umgekehrt, wenn die Männer die eigene sexuelle Befriedigung nur als eine der vielen Pflichten ihrer Frauen ansahen, während sie selbst keinerlei Gegenleistung schuldeten, dann würde doch offenbar, daß die ganze Dimension der Wechselseitigkeit und des gegenseitigen Austauschs, die bei der Kameradschaftsehe so wichtig sind, gefehlt hat.

Auf die erste Frage, ob in der schlimmen alten Zeit Sexualität nicht nur der Fortpflanzung diente, sondern auch gleichzeitig als Bedürfnisbefriedigung wichtig war, werden wir im 6. Kapitel zurückkommen. Hier wollen wir kurz die Frage behandeln, ob es im erotischen Bereich eine Gegenseitigkeit in der bäuerlichen Ehe gab. Das Problem, dem wir gewöhnlich begegnen, wenn wir irgendeine Behauptung über das Intimleben vergangener Zeiten «beweisen» wollen, und das schon immer enorm ist, ist fast unlösbar bei diesem besonderen Bereich der sexuellen Beziehungen zwischen Ehemann und Ehefrau. Aus dieser weitverstreuten ländlichen Bevölkerung, die in manchen Dingen so homogen und so verschieden in anderen ist, besitzen wir nur Blitzlichter von diesem unzugänglichen Thema – nur Leuchtpunkte, um die Dunkelheit, die über dem Intimleben dieser Zeit liegt, zu erhellen. Natürlich waren viele Leute, die nicht wußten, wovon sie sprachen, schnell bei der Hand, wenn es galt, über die bäuerliche Sexualität Phrasen zu dreschen: zum Beispiel Restif de la Bretonne.[53] Aber einen gebildeten Autor zu finden, der wirklich etwas wußte, ist eine andere Sache. Der Arzt von Puy-en-Velay – im Departement Haute-Loire, der diese Aufzeichnung im Jahre 1777 machte, war offenbar einigermaßen vertraut mit seinen ländlichen Patienten:[54]

«Wenn der Bauer am Abend aufgerieben von Müdigkeit und Elend nach Hause zurückkehrt, denkt er nur an das Essen, das vor ihm steht und gewöhnlich nicht übermäßig reichlich ist. Dringend benötigte Ruhe verdrängt die Lust an den sexuellen Freuden, die ihn keineswegs erfrischen würden. Die Frau andererseits ist erschöpft von den Sorgen und Mühen des Tages und schläft nach einer einfachen Mahlzeit, von der der Säugling das Nahrhafteste bekommt, an der Seite ihres Mannes ein, anstatt in seinen Armen. Ich kann mit Sicherheit behaupten, daß sich ihre Umarmungen (womit er den Geschlechtsverkehr meint) auf das Natürliche, das ihren wirklichen Bedürfnissen entspricht, beschränken.»

Dr. Balme schrieb, um ängstliche Mütter darüber zu beruhigen, daß die Bauersfrauen, denen sie ihre kleinen Kinder als Säuglinge anvertrauten, kaum durch erotische Phantasien aufgeregt wurden. Die Zeitgenossen damals fürchteten nämlich, daß die Erregung, die das Vor- und Nachspiel beim Geschlechtsverkehr begleitete, der Milch der Amme schaden könnte, aber – so sagt der gute Doktor – davon könne bei der Landbevölkerung keine Rede sein.

Ähnlich mechanisch und beiläufig war der Geschlechtsverkehr bei den verheirateten Kleinbürgern in Deutschland, wenn man Helmut Möllers Quellen Vertrauen schenken darf. Er schreibt von dem «niedrigen Niveau der männlichen erotischen Leistung» und erzählt die Geschichte vom Schneider Händler, der weder «Zuneigung noch Liebe zu der älteren Frau empfand, die ihm als Frau aufgezwungen worden war», der aber trotzdem in vierzehn Jahren zehn Kinder von ihr hatte. Man kann sich die Qualität ihrer sexuellen Beziehungen vorstellen, insbesondere Herrn Händlers Ansichten über «die Freuden der Geschlechtlichkeit».[55]

Auch gab es, wenn wir der dreizehnjährigen ländlichen Erfahrung eines deutschen Pastors trauen dürfen, unter den Bauern nicht einmal bei der Masturbation eine Gegenseitigkeit. «Wenn Ehepaare im Streit miteinander liegen, wirft die Frau dem Mann oft vor, daß er nicht mit ihr schlafe, aber doch von ihr erwarte, daß sie...» (Lücke im Originaltext).[56]

Die Bauern und Kleinbürger betrachteten tatsächlich ihre Frauen als Baby-Maschinen und behandelten sie wie irgendeine andere Maschine: mechanisch und ohne Liebe. Die Sexualität der Frau diente nur der Produktion einer standardisierten Ware – in diesem Fall nicht Geräte, sondern männliche Erben. Das war auch genau das Bild, das ein anderer Autor gebrauchte, als er die bäuerlichen Maurer im Departement Creuse beschrieb: «In ihrem überheblichen Egoismus sehen die Männer in ihren Frauen *une machine à enfantement*, unwürdig sorglicher Behandlung, ein minderwertiges Wesen, das keiner Entwicklung fähig ist.»[57]

Die offensichtliche Gleichgültigkeit, mit der die Männer Geschlechtskrankheiten an ihre Frauen weitergaben, bestätigt die Indifferenz gegenüber der gefühlsmäßigen Seite der Sexualität. Gegen Ende des achtzehnten Jahrhunderts scheint es in Frankreich eine erhebliche Zunahme der Syphilis auf dem Land gegeben zu haben. Zum Teil war dies die Folge vorbeiziehender Armeen, deren Soldaten einfältige Bauernmädchen infizierten, von erkrankten Säuglingen, die ihre Ammen ansteckten, und von Prostituierten, die Soldaten infizierten, die dann wieder ihre Liebsten ansteckten – kurz, die üblichen Ursachen. Aber ein wesentliches zusätzliches Element waren offenbar die Männer, die von Saisonarbeiten zurückkehrten und an ihre Frauen das weitergaben, was sie von den Dirnen der großen Städte erhalten hatten. Die Seeleute von St. Malo zum Beispiel sollen die Geschlechtskrankheiten, die sie sich im Ausland geholt hatten, an ihre Frauen weitergegeben haben. M. Mallet de la Brossière meinte, daß diese Erscheinung zunehme.[58] Die Königliche Gesellschaft für Medizin verbreitete 1788 die folgende Information an die Landärzte:

«Obwohl bisher auf dem Land unbekannt, sind Geschlechtskrankheiten in letzter Zeit an einigen Orten ziemlich häufig geworden, eine Folge der (sexuellen) Bedürfnisse von Arbeitern und besonders Maurern, die sich während der Sommermonate zur Arbeit in der Pariser Bauindustrie verpflichten. Diese Unbesonnenen und Unglücklichen finden so viele verlockende Gelegenheiten zu sexueller Befriedigung, daß sie schwach werden und sich die Krankheit zuziehen. Dann geben

96

sie sie, sobald sie heimkommen, an ihre Frauen weiter, entweder weil sie in Unkenntnis über ihren wirklichen Zustand sind oder weil ihnen eine flüchtige Behandlung durch einen Scharlatan ein Gefühl der Sicherheit gibt, das genauso gefährlich ist wie die Krankheit selbst.»[59]

Dr. Brieude berichtet 1787 von der Haute Auvergne, daß Geschlechtskrankheiten auf dem Land trotz der fortdauernden Sexualmoral «üblich» würden. Ehemänner, die anderswo Saisonarbeiten ausführten, seien schuld. «Unsere fleißigen Auvergnaten, die von so kräftiger Gesundheit sind, befriedigen ihre sexuellen Bedürfnisse ohne jedes Risiko im Schoß ihrer Familie. Aber wenn sie fern der Heimat sind, gewinnt die Lust die Überhand, und Gelegenheiten gibt es genug. Diese Bequemlichkeit vergiftet sie. Sind sie wieder zurück bei ihren Frauen, so leben diese Männer wieder anständig, weil sie keinen Antrieb mehr spüren, fremd zu gehen. Aber auf die Frauen hat sich der Krankheitskeim übertragen.»[60]

Und gut sechzig Jahre später, als man meinen sollte, die Leute hätten es begriffen, war es noch immer so. Nach dem Bericht zweier Straßburger Ärzte von 1864 «waren die schlimmsten Fälle – von Geschlechtskrankheiten – jene Frauen, die sich freiwillig ins Krankenhaus begaben. Es sind gewöhnlich Bauersfrauen, die von ihren Männern angesteckt wurden und in Unkenntnis über den Charakter ihrer Krankheit waren; da sie es nicht wagten, sich einem Arzt anzuvertrauen, konnte die Krankheit Wurzeln schlagen.»[61]

Wir sehen also das Schauspiel, wie Männer, die einen Teil des Jahres mit Landwirtschaft verbringen und einen Teil auswärts arbeiten, bei der Heimkehr ihren Frauen die Syphilis anhängen. Was ging wohl in ihren Köpfen vor? War es vielleicht echte Unwissenheit, der falsche Glaube, daß die Krankheit nicht ansteckend war? Die Kenntnis der Männer des einfachen Volkes über die Natur der Infektion bei Geschlechtskrankheiten war genug entwickelt (siehe den erheblichen Umsatz an Kondomen, besonders zur Verhütung von Geschlechtskrankheiten), daß wirkliche Unwissenheit unwahrscheinlich ist. Sicher, der ganze Umfang der Krankheit war noch nicht völlig durchschaut, und die Menschen erkannten nicht, welche Beziehung zwischen der tertiären Syphilis und den ersten Symptomen bestand. Aber jeder, der sich die Krankheit zuzog, erkannte, daß er vor einem ernsten medizinischen Problem stand, etwas gravierender als ein einfacher Fall von Dermatose. Trotz dieses Wissens infizierten die Männer weiterhin ihre Frauen. Wir können daraus nur schließen, daß Frauen für sie eine sexuelle Annehmlichkeit waren, und falls sich, wenn ihre Frauen ihre «ehelichen Pflichten» erfüllten, daraus gewisse unangenehme Folgen ergaben, «um so schlimmer für sie».

Diese bruchstückhaften Informationen über die ländliche Sexualität fügen sich in das Mosaik des Schweigens und der Lieblosigkeit zwischen Mann und Frau. Jeder hatte seine Pflichten in seiner Welt zu erfüllen, und jeder wurde von der Gemeinschaft danach beurteilt, wie gut diese ihm zugeteilten Verpflichtungen erfüllt wurden. Jeder mußte gegenüber dem anderen Geschlecht seine Rolle spielen: Die Männer mußten tyrannisch, in ihrer patriarchalischen Autorität einschüchternd, selbstsüchtig, brutal und unsentimental sein; die Frauen loyal, bescheiden und unterwürfig. Sowohl diese extreme Trennung der Aufgaben und Arbeiten als auch die emotionale Ungleichheit der Geschlechterrollen geben uns das Recht, von einer unüberbrückbaren Gefühlsdistanz beim Ehepaar zu sprechen.

3. Kapitel

Die beiden sexuellen Revolutionen

Am Ende des achtzehnten Jahrhunderts begannen junge Menschen bei der Wahl ihrer Ehepartner viel mehr auf ihre Gefühle zu achten als auf äußerliche Gesichtspunkte wie Besitz und elterliche Wünsche. Sie gingen nun eher mit denen, die sie liebten, als mit denen, die ihre Eltern für die geeignetsten hielten. In den fünfziger und sechziger Jahren unseres Jahrhunderts fingen Menschen aller Altersklassen – aber besonders Jugendliche – an, den Gefühlsballast aus der romantischen Erfahrung abzustreifen, um an den wahren sexuellen Kern heranzukommen, denn sie hielten die Erotik für das Kostbarste, was menschliche Beziehungen zu bieten hatten, und waren ungeduldig über die Verzögerungen, die das Gefühl einst auferlegte. Diese beiden historischen Sinnesänderungen waren massiv und folgenschwer genug für die übrige soziale Ordnung, um als revolutionär gelten zu können. Und deswegen nannte ich dieses Kapitel «Die beiden sexuellen Revolutionen».

Nach einem so aufregenden Anfang wird der Leser, wie ich fürchte, das Folgende eher langweilig finden. Das Problem eines solchen Buches ist nicht, großartige Behauptungen aufzustellen, sondern sie zu *beweisen*. Betrachten wir den Begriff »sexuelle Revolutionen». Viele glauben, daß sich auf dem Gebiet der Sexualität nichts wirklich ändert. Wer hat nun recht? Bei der Spielart von Geschichte, die ich vorziehe, bedeutet «Beweis» Zahlen – das heißt Daten über die repräsentative Erfahrung der durchschnittlichen Person: Wie viele taten was und wann? Um also nachzuweisen, daß Veränderungen im sexuellen Verhalten tatsächlich real sind, müssen wir große Mengen von Zahlen anhäufen – über Illegitimität, d. h. uneheliche Geburten, über Frauen, die vor der Heirat schwanger werden, darüber, wie viele sexuelle Partner junge Mädchen haben, und so weiter.

Das sexuelle Verhalten der Menschen vor der Heirat ist von zentraler Bedeutung für die Geschichte der Familie. Die erotischen Gefühle, die während der Brautwerbung sicherlich heftiger waren als in der darauffolgenden Ehe, veränderten sich in der Beziehung des reifen Paares. Außerdem waren die libidinösen Bedürfnisse der einzelnen mitverantwortlich für ein Auseinanderbrechen der Generationsfolge innerhalb der Familie.

Hier muß der Leser einen kleinen Glaubenssprung machen, denn das folgende Material betrifft nur die voreheliche Sexualität. Und wenn Menschen sich wirklich vor der Heirat in allen möglichen Betten herumtrieben, bedeutet das natürlich nicht unbedingt, daß sie damit auch ihre persönliche Hierarchie der Werte und Prioritäten umgestoßen hätten. Sie konnten noch immer den traditionellen Vorstellungen über die Partnerwahl verhaftet sein, während sie gleichzeitig voreheliche sexuelle Beziehungen hatten. Ich glaube jedoch nicht, daß das tatsächlich so war. In diesem Kapitel wollen wir uns damit begnügen, Daten über den Geschlechtsverkehr, über sexuelle Aktivitäten überhaupt bei Unverheirateten zusammenzutragen. Wenn wir diese Pflichtübung hinter uns haben, können wir uns im nächsten Kapitel jenen Herzensangelegenheiten zuwenden, die zahlenmäßig weniger leicht zu erfassen sind.

Das Anwachsen der Unehelichkeit

Der wichtigste Aspekt in der Geschichte der Brautwerbung in den letzten zwei Jahrhunderten ist die gewaltige Zunahme der vorehelichen sexuellen Betätigung. Vor 1800 war es unwahrscheinlich, daß die typische junge Frau, bevor die Verlobung besiegelt war und vermutlich auch nicht als Braut, Geschlechtsverkehr mit ihrem Partner hatte. Aber nach 1800 stieg der Prozentsatz von jungen Frauen, die mit ihren Freunden oder Verlobten schliefen, stetig an, bis er in unserer Zeit die Mehrheit wurde. Und in jüngster Zeit gibt es sehr viel mehr junge Mädchen, die nicht verlobt sind und trotzdem schon Geschlechtsverkehr haben.

Illegitimität und voreheliche Schwangerschaften vermitteln uns die verläßlichsten Daten, um die Häufigkeit des Geschlechtsverkehrs vor der Ehe zu bestimmen. Natürlich bringen nicht alle Frauen, die vor der Heirat sexuell aktiv sind, Kinder zur Welt. Einige praktizieren Verhütung – zumindest in der Weise, daß man wie in der Vendée in Frankreich sagt: «Paß auf!», bevor es beim Partner zur Ejakulation kommt. Andere setzen eine Abtreibung durch oder rufen eine Fehlgeburt hervor, und wieder andere sind noch nicht vollständig fruchtbar. Aber wenn wir annehmen, daß solche Faktoren mehr oder weniger gleich bleiben, besteht zumindest eine generelle Übereinstimmung zwischen der Häufigkeit des Geschlechtsverkehrs bei unverheirateten Frauen und der Quote ihrer Schwangerschaften. Vorausgesetzt, daß die anderen «störenden» Variablen (wie zum Beispiel Verhütung) unverändert bleiben, müßten wir von einer langfristigen Zunahme vorehelicher Schwangerschaften auf eine entsprechende Zunahme der sexuellen Aktivität vor der Ehe schließen können. Das ist wenigstens die Annahme, auf der die Abbildung beruht, in der die durchgezogene Linie die außerhalb der Ehe empfangenen Kinder (uneheliche Geburten und «legitime» Kinder, die innerhalb von acht Monaten nach der Heirat geboren wurden) darstellt und die gestrichelte Linie die vermutliche Häufigkeit des vorehelichen Geschlechtsverkehrs. Der Punkt, wo die beiden Linien auseinandergehen, ist derjenige, wo sich das Sexualverhalten drastisch verändert – das heißt, wo unverheiratete Paare anfangen, Verhütung zu praktizieren.

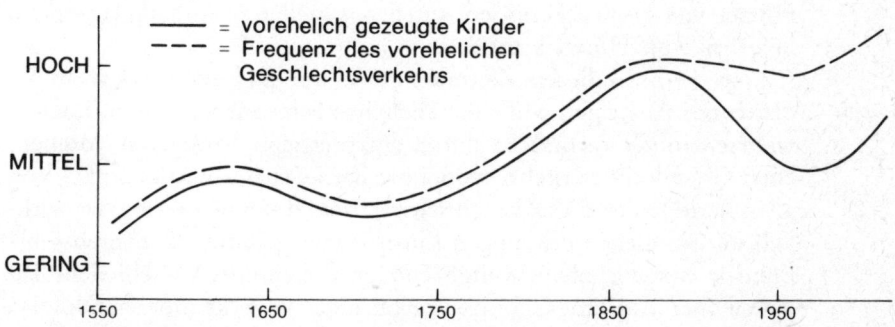

Eine Warnung: es gibt einiges, worüber die Abbildung *nichts* sagt. Sie sagt zum Beispiel nicht, daß jede Gemeinde oder Region in Westeuropa und Nordamerika dieselbe Entwicklung durchmachte, mit identischen Zeitpunkten bei den Veränderungen und ähnlichen Sprüngen

bei den Zunahmen. Sie sagt nicht, daß es in Belgien den gleichen Anstieg der unehelichen Geburten im späten sechzehnten Jahrhundert
gab wie in Frankreich, oder nach dem Zweiten Weltkrieg die gleiche
Zunahme des vorehelichen Verkehrs wie in England. Wir kennen den
Stand der Illegitimität in Belgien im sechzehnten Jahrhundert nicht.
Und nach dem Zweiten Weltkrieg scheint die sexuelle Aktivität bei der
unverheirateten belgischen Bevölkerung nichts Ähnliches wie die Zunahme jenseits des Kanals erlebt zu haben. Die Abbildung vereinheitlicht also die weit auseinandergehenden Erfahrungen verschiedener
Regionen und Länder und erfüllt den Leser mit der falschen Zuver-
sicht, daß für viele Teile von Westeuropa solide Informationen vorhanden seien, wobei tatsächlich wenig bekannt ist. Andererseits ist es möglich, durchschnittliche oder «repräsentative» Entwicklungen in jenen
Gebieten, wo Daten existieren, aufzuzeigen und auch die primären
Tendenzen von Bewegungen, die von einem Ort zum anderen heftig
divergieren. Man muß bedenken: primäre Tendenzen gab es wirklich:
Wenn die unehelichen Geburten zwischen 1750 und 1820 in dreißig lokalen Distrikten zunahmen und nur in vier abnahmen, sind wir berechtigt zu sagen: «Im Durchschnitt stieg die Illegitimität an…» Aber der
Historiker will auch wissen, wie es mit diesen vier Dörfern war, und
die Abbildung erleichtert es, *diese* zu vergessen.

Allgemein gesprochen, können wir die Geschichte der vorehelichen
Sexualität in Westeuropa und Nordamerika in die nachstehend angeführten vier großen Perioden einteilen. Quellen in Anhang II (separat
lieferbar, vgl. Hinweis auf Seite   ).

1550–1650. In diesem Zeitraum gab es nur ein kurzes, relativ unbe-
deutendes Ansteigen von außerehelichen Schwangerschaften, höchstwahrscheinlich verursacht durch entsprechend häufigeren voreh, eli-
chen Geschlechtsverkehr, wobei die Kurve später wieder sinkt. Von
allen Perioden ist diese die am schwächsten dokumentierte; was wirklich im Intimleben der jungen Europäer im späten sechzehnten Jahrhundert vorging, bleibt weitgehend ein Geheimnis. Verschiedene Tabellen über illegitime Geburten zeigen einen unverkennbaren Gipfel in
den neunziger Jahren dieses Jahrhunderts, besonders in England.[1] Es
gibt Beweise, daß die voreheliche Schwangerschaft die gleiche Auf-
und-ab-Entwicklung nahm. Nichts deutet darauf hin, daß mehr Geschlechtsverkehr diese Zunahme verursachte. Wir besitzen weder qualitative Zeugnisse (außer den üblichen Klagen, daß die Jugend immer
«unmoralischer» werde) noch genug Daten über «störende» Variablen

wie Fötussterblichkeit oder Gesundheit der Frau – Fruchtbarkeit –, um durch einen Prozeß der Eliminierung auf den Geschlechtsverkehr schließen zu können. Was die folgenden Jahre angeht, so ist das siebzehnte Jahrhundert der Gegenreformation und des Puritanismus so tief als eine Zeit der sexuellen Repression in unserem Bewußtsein verwurzelt, daß ich ihm hier, als die wahrscheinliche Erklärung für den festgestellten Rückgang zwischen 1600 und 1650, respektvoll zunicke.

1750–1850. Es gab einen gewaltigen Anstieg der Illegitimität und vorehelichen Schwangerschaft in den Jahren der französischen und der industriellen Revolution. Im späten achtzehnten Jahrhundert begann die Zahl der außerehelichen Schwangerschaften in praktisch jeder Gemeinde, über die wir etwas wissen, raketengleich in die Höhe zu schießen, wobei sie oft das Drei- oder Vierfache des vorhergehenden Niveaus erreichte. In allen Fällen, vom tiefsten Massachusetts bis zum oberbayerischen Alpenvorland nahm die Zahl der vor der Heirat gezeugten Kinder deutlich zu. Ja, das ist eines der zentralen Phänomene der modernen Demographiegeschichte.[2] Ich möchte sogleich die Vermutung anstellen, daß dieser gewaltige Anstieg teilweise einen Rückgang der Abtreibung und eine Besserung der Gesundheit und damit der Fortpflanzungsfähigkeit der Frau widerspiegelt. In erster Linie jedoch war es die Folge zunehmender sexueller Aktivität.

Gegen die Mitte des neunzehnten Jahrhunderts war dann eine Obergrenze erreicht; sowohl die außerehelichen Geburten als auch die vorehelichen Schwangerschaften pendelten sich auf dem höheren Niveau ein oder nahmen sogar langsam wieder etwas ab. Die Bühne stand bereit für die dritte Periode.

1850–1940. Während dieser Periode sank die Quote der außerehelichen Empfängnisse – zumindest derjenigen, die zu unehelichen Geburten führten; die Fälle, wo die Frau vor der Geburt des Kindes heiratete, nahmen viel weniger schnell ab, wenn überhaupt.[3] In einigen Ländern begann dieser Trend gegen die Mitte des neunzehnten Jahrhunderts, in anderen erst an seinem Ende. Dieser jähe Abfall illegitimer Schwangerschaften erstreckte sich auf praktisch jede Provinz in allen Ländern Europas, außer Bulgarien. (Was in Bulgarien vor sich ging, weiß niemand.) Die unehelichen Geburten gingen genauso in Kanada und in den Vereinigten Staaten zurück.

Nahmen die vorehelichen Schwangerschaften ab, weil die Menschen in diesen Jahren weniger oft Geschlechtsverkehr vor der Ehe hatten (viktorianische Repression) oder weil unverheiratete Paare nun Verhütung praktizierten? Während viele Gelehrte die erstere Erklärung vorziehen, läßt mich die gleichzeitige Abnahme der *ehelichen* Fruchtbarkeit vermuten, daß es die letztere war.[4] Wenn die Menschen immer weniger Kinder in ihren Ehen hatten, dann wahrscheinlich nicht, weil sie weniger oft den Geschlechtsverkehr ausübten, sondern weil sie Geburtenkontrolle praktizierten. Der gleichzeitige Rückgang der ehelichen und der unehelichen Fruchtbarkeit legt die Vermutung nahe, daß die Verhütung auch den Rückgang der unehelichen Empfängnisse verursachte.

Es gibt kein verläßliches Material über den tatsächlichen Umfang der vorehelichen sexuellen Aktivität vor dem Ersten Weltkrieg; moralische Klagen hatten sich allmählich als verläßlicher Nachweis für Verhaltensformen selbst in Mißkredit gebracht, und Untersuchungsergebnisse waren noch nicht gesammelt worden. Ich bin aber überzeugt, daß die Flut von Literatur über die herrschende Sexualmoral, die sich in der Mitte des neunzehnten Jahrhunderts über die Frau ergoß, nur von einer ganz kleinen Elite an der Spitze der sozialen Ordnung geschrieben und gelesen wurde und daß solche Doktrinen für das Leben der Millionen anonymer Frauen der volkstümlichen Schichten ohne Bedeutung waren. Außerdem kennen wir keine sozialen oder wirtschaftlichen Vorgänge in dieser Zeit, die die Neigung unverheirateter Frauen zum Geschlechtsverkehr vermindert hätten. Ganz im Gegenteil, wie wir sehen werden.[5]

1955–1970. Nachdem die unehelichen Schwangerschaften während der großen Depression ihren Tiefpunkt erreicht hatten, schnellten sie nach dem Zweiten Weltkrieg wieder in die Höhe. Die Quoten sowohl der Illegitimität als auch der vorehelichen Schwangerschaften kletterten nach 1945 in den angelsächsischen und skandinavischen Ländern hauptsächlich als Folge der größeren Fruchtbarkeit, die ihrerseits von der besseren Ernährung herrührte, in die Höhe.[6] Erst in den späten fünfziger Jahren unseres Jahrhunderts sollten sich die sexuellen Verhaltensweisen bei den Unverheirateten ändern. In den sechziger und frühen siebziger Jahren stieg der Anteil der jungen Frauen, die Geschlechtsverkehr vor der Ehe praktizierten, bedeutend an. Da sie jung waren, wendeten viele keine Verhütungsmittel an und wurden schwanger. In zunehmendem Maße verlobten sie sich nicht mit den Männern, mit denen sie schliefen. Und mit der Zeit breiteten sich diese neuen Verhaltensweisen auf jüngere Altersgruppen aus und schlossen auch Teenager ein.

Es ist eine Ironie, daß außereheliche Schwangerschaften gerade dann zahlenmäßig in die Höhe schnellten, als wirklich erfolgreiche Verhütungsmittel verfügbar wurden. Man bedenke, in welchem Ausmaß die zunehmende Verhütungspraxis die wirklichen Proportionen der zweiten sexuellen Revolution verschleierte! Im Sinne eines «quantitativen Verhaltens» war es tatsächlich eine Revolution. Im späten achtzehnten Jahrhundert hatte eine erste voreheliche sexuelle Revolution stattgefunden; in den sechziger Jahren unseres Jahrhunderts machte eine zweite Revolution den vorehelichen Geschlechtsverkehr zu einem Teil der typischen Erfahrung der durchschnittlichen Person.

Zusammenfassend kann man sagen, daß der Verlauf der vorehelichen Schwangerschaften seit 1550 auf zwei verschiedene Weisen interpretiert werden kann. Die Schule der «großen Amplituden» sagt, daß sich die Sexualität in langen Zyklen bewegt. Die Schule der «linearen Zunahme» sieht die Veränderungen im Intimleben wesentlich als Folgeerscheinungen eines nicht umkehrbaren Wandels in der Geschichte des westlichen Menschen: nämlich der «Modernisierung».[7] Ich gehöre der zweiten Schule an.

Berichte über eine hohe Rate der Illegitimität im Mittelalter scheinen in Verbindung mit dem «Pendelausschlag» im späten sechzehnten Jahrhundert die Interpretation der großen Amplituden zu unterstützen, die die Ansicht vertritt, daß das sexuelle Verhalten des Menschen, wie so vieles andere, sich in großen historischen Zyklen bewegt. Im einen Jahrhundert bewegt sich die Amplitude in Richtung auf den Liberalismus, im nächsten tendiert sie zum sexuellen Konservativismus. So war's immer; so wird's immer sein. Ich habe meine Zweifel an dieser Meinung. Zunächst einmal muß man die mittelalterliche «Illegitimität» im Rahmen einer Definition der Heirat betrachten, die sehr verschieden von der unsrigen ist. In den Augen der mittelalterlichen Gesellschaft wurde ein Paar, das sich verlobte, ohne sich der Formalität einer legalen Zeremonie zu unterziehen, von der Umwelt trotzdem als verheiratet angesehen, auch wenn die Nachkommenschaft als illegitim bezeichnet wurde. Eine strikte Unterscheidung zwischen Heirat und verlobung wurde erst während der Reformation von der protestantischen Kirche, die kämpferisch wachsam gegen «Unmoral» war, und der katholischen Kirche, die verzweifelt bemüht war, die Ehesakramente zu vervollständigen, festgelegt.[8] Deshalb bekommt der Begriff der «Illegitimität» erst nach der Reformation eine größere kulturelle Bedeutung. Und die «Pendelausschläge» von 1590 – der zweite Faktor, auf

dem die Interpretation der großen Amplituden beruht – ist so überschattet von den darauf folgenden Zunahmen, daß sie zu einer unbedeutenden, vielleicht sogar nur lokalen Fluktuation wird, anstatt zu einer massiven Umwälzung in den vorehelichen Praktiken der einfachen
Menschen Westeuropas.

Ich möchte lieber den riesigen Anstieg bei den außerehelichen
Schwangerschaften im späten achtzehnten Jahrhundert als das wichtigste Phänomen ansehen, das der Erklärung bedarf. Es veränderte das
Leben von mehr Menschen als jede Fluktuation beim vorehelichen Geschlechtsverkehr vorher oder seither (wenigstens vor den sechziger Jahren unseres Jahrhunderts). Und es stimmt vollkommen mit einem weiteren Begriff des sozialen Wandels überein, den ich hier anführe: daß es
irgendwann einmal so etwas gab wie die traditionelle Gesellschaft, die
verhältnismäßig unverändert eine Anzahl von Jahrhunderten überdauerte, die aber schließlich von etwas anderem, das wir die «moderne Gesellschaft» nennen, zerstört und ersetzt wurde. Ich sehe unsere eigene
moderne Zeit als völlig verschieden von dieser Welt, die wir verloren haben, besonders in allem, was das Intimleben berührt, und ich
glaube, daß dieser gewaltige einstmalige Wandel im vorehelichen
sexuellen Verhalten ein Teil des Übergangs von der einen Welt zur anderen ist.

Ist Sex die Wurzel des Übels?

Konzentrieren wir uns nun auf die Periode der großen Zunahme der Illegitimität, 1750–1850. Mit welcher Begründung dürfen wir schließen,
daß eine Zunahme der außerehelichen Sexualität diese Explosion der
Illegitimität hervorbrachte? Nehmen wir an, daß Zahlen für unehli-
che Geburten von Anfang an verfügbar seien (was nicht der Fall ist)
und daß die Bereitschaft der durchschnittlichen unverheirateten Frau,
Kinder zu bekommen, größer wurde (Siehe Anhang II – separat lieferbar; vgl. Hinweis auf Seite 317 – über technische Probleme der Messun-
gen.) Wären wir dann berechtigt, aus einem solchen Anstieg automatisch einen entsprechenden Anstieg der sexuellen Aktivität abzuleiten?
In einem Wort: nein. Andere Variablen können «störend dazuge-
kommen» sein, um die Zahl der unehelichen Geburten je tausend unverheiratete Frauen zu erhöhen; diese müssen wir ausschalten, bevor
wir mit Recht schließen können, daß Veränderungen in der Quote der

Illegitimität auch Veränderungen im sexuellen Verhalten bedeuten. Sieben verschiedene Thesen sollen nun folgen:

1. Wenn die Quote der Illegitimität anstieg, konnte dies bedeuten, daß eine größere Zahl unverheirateter Frauen fruchtbar waren, wodurch die Wahrscheinlichkeit, daß der Geschlechtsverkehr zur Empfängnis führte, anstieg. Da gibt es nun zwei Möglichkeiten: a) das durchschnittliche Alter, indem die weiblichen Jugendlichen ihre erste Menstruation erlebten, war gesunken, und gleichzeitig hatte sich damit die Zahl der geschlechtsreifen Frauen erhöht oder b) eine Verbesserung der Ernährung steigerte durchweg die Fruchtbarkeit der Frauen. Ich glaube, wir können die erste Möglichkeit ausschalten, einfach weil unverheiratete Frauen gewöhnlich erst lange nach der Pubertät Geschlechtsverkehr hatten.[9] Das typische französische oder deutsche Mädchen hatte in der Mitte des achtzehnten Jahrhunderts mit etwa sechzehn oder siebzehn Jahren seine erste Menstruation; aber das Durchschnittsalter bei der Geburt des ersten unehelichen Kindes war Mitte Zwanzig.[10] Es vergingen also mindestens fünf, wahrscheinlich sogar zehn Jahre zwischen der Zeit, wo ein Mädchen schwanger werden konnte, und der, wo es tatsächlich schwanger wurde.

Wir müssen die zweite Möglichkeit – eine allgemeine Steigerung der Fruchtbarkeit – ernster nehmen. Die Fähigkeit zur Empfängnis ist abhängig von der Ernährung und der allgemeinen körperlichen Verfassung, und das ändert sich offenbar im Lauf der Zeit. In den Vereinigten Staaten scheint die Fruchtbarkeit der Frauen – soweit man so etwas an der Zahl der verheirateten Frauen, die bis zum Alter von fünfundvierzig kinderlos bleiben, messen kann – im späten neunzehnten und frühen zwanzigsten Jahrhundert abgenommen zu haben, stieg dann aber wieder nach dem Zweiten Weltkrieg.[11] Aber wie es sich mit der Fruchtbarkeit im *achtzehnten* Jahrhundert verhalten hat und ob in Europa die Wahrscheinlichkeit, daß der Geschlechtsverkehr zu einer Schwangerschaft führte, zunahm, bleibt ein dunkles Rätsel.

Aber es gibt Lichtblicke. Die Beendigung der schrecklichen Hungersnöte des siebzehnten Jahrhunderts stellte die Regelmäßigkeit der Ovulationszyklen der Frau wieder her, was ihre Befähigung zur Empfängnis verbesserte.[12] Zwar diskutieren die Historiker heftig darüber, was mit dem Lebensstandard des einfachen Volkes im achtzehnten Jahrhundert passierte, aber im Falle von Frankreich ist wohl die vernünftigste Auffassung, daß er sich ein wenig gehoben hat. Wenn das stimmt, so dürfen wir eine gleichzeitige Verbesserung der Fruchtbarkeit der durchschnittlichen Frau erwarten.

Aber wieviel machten diese schwer erfaßbaren Trends innerhalb der allgemeinen physiologischen Konstitution des Menschen für die Explosion der Illegitimität aus? Angesichts allein des Umfangs, indem die Zahl der unehelichen Kinder zunahm, zögere ich, der Fähigkeit zur Empfängnis eine strategische Bedeutung zuzumessen. Es ist kaum glaubhaft zu behaupten, daß alle diese Frauen seit undenklichen Zeiten ein aktives Geschlechtsleben führten, aber nur einfach deswegen nicht schwanger wurden, weil sie von so schwacher Gesundheit waren.

2. Die Quote der Illegitimität konnte möglicherweise zunehmen, weil die Paare die Verhütung weniger wirksam oder überhaupt nicht praktizierten. Wenn das richtig ist, gab es keinen Anstieg des Geschlechtsverkehrs vor der Ehe; statt dessen hätten genau die gleichen Menschen, die vorher Verhütungsmaßnahmen erfolgreich angewendet hatten, diese Praktiken jetzt einfach aufgegeben. Ich finde das höchst unwahrscheinlich. Es ist nicht einzusehen, daß die Jungen und Unverheirateten Verhütung praktiziert hätten, wenn verheiratete Paare das nachweislich nicht taten. Wir wissen allgemein, daß die Verhütung ihren Anfang bei älteren verheirateten Paaren nimmt; sie wird dann von jüngeren Menschen übernommen.[13] Und wir wissen, daß systematische Verhütung erst spät im neunzehnten Jahrhundert, nachdem sie zunächst von den Verheirateten akzeptiert wurde, die Zahl der unehelichen Kinder vermindert hat. Es erscheint daher logischerweise unwahrscheinlich, daß junge Leute ums Jahr 1700 die einzigen in der ganzen Bevölkerung waren, die Verhütungsmittel wirksam anwendeten. Wahrscheinlicher ist es, daß niemand es tat, außer den Prostituierten und den Adeligen. (Man muß sich auch fragen, warum diese vermutlich «malthusianischen» Jugendlichen die finsteren Künste der Verhütung, die sie außerhalb der Ehe praktizierten, nicht in diese mit hineinnahmen.) Und es ist auch nicht einleuchtend, daß eine Generation von Jugendlichen ihr Wissen über Verhütungsmaßnahmen nicht an die folgende Generation weitergegeben haben sollte. Nehmen wir an – obwohl das offenkundig nicht zutrifft –, daß vor 1750 junge Hirtenmädchen weit draußen in den Bergen normalerweise vor der Ehe Geschlechtsverkehr hatten. Warum sollte dann die nächste Generation von Hirtenmädchen plötzlich keine Verhütungsmittel mehr angewendet haben wie ihre Vorgängerinnen und somit schwanger geworden sein?

Schließlich erwähnen die beschreibenden Quellen fast nie eine Verhütung vor der Ehe, obwohl sie ab und zu auf ihre Anwendung innerhalb der Ehe anspielen. Von den Texten, die ich eingesehen habe, bestätigen nur die Beamten der Präfektur von Gers eine Verhütungspraxis bei den Unverheirateten um 1800, und auch nur mit den Worten «es kommt in den großen sündigen Städten vor, nicht bei uns». Der nächste Hinweis kommt von Dr. Baudouin, der kurz vor dem Ersten Weltkrieg seine Meinung ausdrückte, daß junge Leute in Westfrankreich erst in den vorangegangenen zwanzig Jahren vor der Ehe damit angefangen hätten, wobei die Mädchen ihre Liebhaber ermahnten, «aufzupassen, was du tust» (*faire attention*), und ihren Orgasmus «*extra muros*» stattfinden zu lassen.[14]

Es ist also weniger eine Verschiebung in der Verhütungspraxis als vielmehr eine Veränderung in der sexuellen Aktivität, die die Explosion der Illegitimität verursachte. Sogar heute noch, in unserer aufgeklärten Zeit, ist die Jugend atemberaubend naiv hinsichtlich der Verhütung von Schwangerschaften.[15] Wieviel mehr war das der Fall vor zweihundert Jahren, als alle diese unwissenden jungen Mädchen mit ihren Freunden schliefen und eine Welle von vorehelichen Schwangerschaften über Europa und Nordamerika hinwegrollte.

3. Wenn die Quote der Illegitimität anstieg, so konnte dies sein, weil es weniger *unwillkürliche* Fehlgeburten gab als vorher. Wenn mehr voreheliche Schwangerschaften ausgetragen wurden, hätte die Illegitimität zugenommen, ohne daß irgendeine Veränderung im Geschlechtsverkehr stattgefunden hätte. Wir können diese Möglichkeit nicht von vornherein ausschalten. Sogar bei unserer heutigen gesunden Bevölkerung kann man als allgemeine Regel sagen, daß auf alle hundert Lebendgeburten bei unverheirateten Frauen zusätzlich siebzigmal die Leibesfrucht zugrunde geht. Die Ziffer ist bei ledigen schwarzen Frauen höher, wo es mehr unwillkürliche Totgeburten gibt als Lebendgeburten.[16] So hat also schon eine geringe Veränderung bei den Totgeborenen einen beträchtlichen Einfluß auf die illegitime Fruchtbarkeit.

Fehlgeburten muß es bei den Unverheirateten im traditionellen Europa in gewaltiger Zahl gegeben haben. Die Ärzte jener Zeit kannten das Problem, unterschätzten es aber wahrscheinlich. Bei den 8700 Schwangerschaften, die von Frauen berichtet werden, die 1845–1846 im Entbindungskrankenhaus von Manchester beobachtet wurden, gab es 14 Prozent Fehlgeburten.[17] In Rouen im achtzehnten Jahrhundert «gibt es eine Anzahl von unfruchtbaren Frauen, nicht von Natur aus, sondern wegen Krankheiten; Abtreibungen und Fehlgeburten sind häufig».[18] Aber wie veränderten sich diese Zahlen im Lauf der Zeit, wenn überhaupt? Lassen wir es dabei bewenden: Wenn die lokalen Studien anfangen, wesentliche Verbesserungen im Lebensstandard dieser Bevölkerung vor, sagen wir, 1820 zu dokumentieren – und besonders, wenn die Dokumente auf eine bessere Ernährung und damit körperliche Verfassung hindeuten –, muß ich zugeben, daß ein guter Teil der Explosion der Illegitimität in Wirklichkeit eine Explosion der Fruchtbarkeit gewesen sein kann. Aber soviel ich weiß, hat bisher nur ein Autor diese Meinung geäußert.[19] In keiner Gemeinde des Kontinents konnten wir feststellen, daß sich die körperliche Verfassung der Durchschnittsperson vor der Mitte des neunzehnten Jahrhunderts deutlich verbessert hätte. Deshalb kann der Schluß, daß die Zahl der Aborte sich vor dieser Zeit nicht wesentlich geändert hat, seine Gültigkeit behalten.

4. Wenn die Quote der Illegitimität anstieg, so konnte die Ursache dafür sein, daß weniger Frauen *absichtlich* abtrieben. Hier steht uns nun der Hauptkonkurrent meiner Erklärung der vermehrten sexuellen Aktivität gegenüber. Der Rückgang der unehelichen Geburten im späten neunzehnten Jahrhundert war ziemlich sicher die Folge von mehr Abtreibungen.[20] Könnte nicht vielleicht der frühere Anstieg der Illegitimität auf einen Rückgang der Abtreibungen zurückgeführt werden? Möglicherweise. Wie man sich vorstellen kann, sind Angaben über Abtreibungen für diese geschichtlichen Perioden selten und unzuverlässig. Wir müssen uns auf ein paar vage Spekulationen beschränken. Unterscheiden wir zunächst einmal zwischen dem achtzehnten und dem neunzehnten Jahrhundert.

Achtzehntes Jahrhundert. Auf Grund von kirchlichen Quellen hat Jean-Louis Flandrin vermutet, daß die Zahl der Abtreibungen bei unverheirateten Frauen abgenommen haben kann. In den damals gegründeten Findelhäusern sieht er eine Alternative für voreheliche schwanger gewordene Frauen zu den Gefahren einer Abtreibung oder dem Greuel der Kindestötung.[21] Mehrere mitteleuropäische Autoren dieser Zeit glaubten auch, daß die Abschaffung der «Unzucht»-Strafen gegen Ende des Jahrhunderts das Auftreten von Abtreibung und Kindestötung reduzierten.[22] Es gibt also Anzeichen dafür, daß die Zahl der Abtreibungen bei den Unverheirateten während des achtzehnten Jahrhunderts leicht zurückgegangen ist. Jedenfalls gibt es meines Wissens keine Klagen über eine Zunahme.

Neunzehntes Jahrhundert. Die Abtreibung hat bei Unverheirateten offenbar im ganzen Jahrhundert eine bedeutende Zunahme erfahren. In Frankreich gibt es dafür Zeugnisse. So sagte Dr. Coutèle, der 1809 über seine Praxis in Albi im Departement Tarn schrieb, daß alle Hebammen darüber klagten, wie leer ihre Wochenbetthäuser geworden seien, «obwohl Schwangerschaften wegen der absinkenden Moral immer zahlreicher werden. Schwangere Frauen kommen einfach nicht; es finden keine Entbindungen statt, so populär sind die Abtreiber geworden und so zahlreich ihre Eingriffe.» Damals führte der Doktor eine Mini-Untersuchung durch. «Eine Anzahl junger Leute aus der Umgebung, die beim letzten *carnaval* zum Arbeiterinnentanz (*bal de grisettes*) zusammengekommen waren, gaben die Zahl derjenigen, die schwanger geworden waren, mit vierundzwanzig an. Sie sagten mir, daß nur sechs von ihnen die Frucht ausgetragen hätten.»[23] Dr. Bérenguier, der fast fünfzig Jahre später die Zustände in der nahe gelegenen Gemeinde Rabastens beobachtete, sagte, daß Abtreibungen immer noch zunähmen – nach seiner Meinung eine Folge der Abschaffung der Drehlade des Hospitals, in der bisher Mütter ihre unerwünschten Kinder hatten aussetzen können, ohne kontrolliert zu werden.[24] Der Inspektor für Kinderfürsorge im Pas-de-Calais beklagte sich 1873 über die Zunahme sehr vorzeitiger Totgeburten bei den Unverheirateten, und er brachte diese Quelle der «Entvölkerung» mit den unmoralischen jungen Mädchen in Verbindung, die Fehlgeburten herbeiführen, wenn sie die Schwangerschaft nicht gänzlich unterdrücken.[25]

Als das neunzehnte Jahrhundert zu Ende ging, begannen die Abtreiber Annoncen in die Zeitungen zu setzen, in denen sie ihre Dienste anboten, die vermutlich sehr gesucht waren. Eine große Pariser Tageszeitung trompetete: «Zahlungsaufschub, Zahlung nach Erfolg, in allen Fällen Erfolgsgarantie. Wenden Sie sich an...» In den Berliner Zeitungen verkrochen sich die Abtreiber hinter scheinmedizinischen Titeln: «Mesmerianerin Frau Keyser, Wartburgstraße 1» oder «Fußpflegespezialistin Amalie Zimmermann, Feilnerstraße 6».[26]

Auch noch im zwanzigsten Jahrhundert beklagten sich die Ärzte über die Abtreibung. In den ländlichen Gebieten von Seine-Inférieure waren die unverheirateten Mütter bereit, ihre Kinder zur Welt zu bringen, ließen sie aber dann in den ersten paar Tagen ihres Lebens umkommen; in den Städten «töten Frauen, anstatt sterben zu lassen; anstatt das Kind zur Welt kommen zu lassen, versucht man, alle Spuren zu verwischen...» Dieser Beobachter glaubte, daß sich die Abtreibungen seit dem Weltkrieg verdoppelt hätten.[27]

Diese Chronik kann genauso für die anderen europäischen Länder und für Nordamerika gelten – wo auch gegen Ende des Jahrhunderts eine Abtreibungswelle stattgefunden hat.[28] Für den vorhergehenden Teil des Jahrhunderts ergeben die bruchstückhaften Zeugnisse kaum eine Handvoll Rauch. Aber ich habe keine Hinweise darauf entdeckt, daß die Abtreibungen nach 1800 *abgenommen* hätten. Es gibt keine Gewähr für die Hypothese, daß ein Rückgang der Abtreibungen eine vermeintliche Zunahme der Illegitimität von 1800 bis 1850 hervorgerufen hätte.

5. Wenn die Illegitimität anstieg, dann möglicherweise, weil weniger schwangere Frauen heirateten, bevor das Kind geboren wurde – ein Wandel also in den Sitten der Brautwerbung? Auch diese Möglichkeit ist ein starker Konkurrent, denn dort, wo die Illegitimität anstieg und die vorehelichen Schwangerschaften abnahmen (oder umgekehrt) handelt es sich offensichtlich um wenig mehr als eine Änderung in der Haltung gegenüber der «Rettung der Ehre» der vorehelich schwanger Gewordenen. Die Zahl der schwangeren Frauen, denen es gelang, zu heiraten, bevor das Kind geboren wurde, steigt an, diejenige, wo Frauen erst danach (wenn überhaupt) heirateten, sinkt; aber die Gesamtzahl der vor der Heirat sexuell aktiven Frauen bleibt konstant. Wenn das oft vorkäme, wäre die Variable des Geschlechtsverkehrs als Erklärung für die Explosion der Illegitimität ernstlich in Frage gestellt.

Aber es kam nicht oft vor. Bei der Mehrzahl der lokalen Studien, wo die beiden Zahlenreihen (Quote der Illegitimität und Prozentzahl der Erstgeborenen, die innerhalb von acht Monaten nach der Heirat zur Welt kamen) gleichzeitig zur Verfügung stehen, steigen sie miteinander an.[29] Mehr verlobte, wie auch unverlobte Frauen wurden vor der Heirat schwanger – wobei wir bei den einen die Verlobung nur annehmen, da die ehrenrettende Heirat so rasch folgte. Eine Änderung bei der Trennungslinie zwischen verlobten und nichtverlobten Gruppen oder eine Änderung in der Meinung des Volkes über die «Sündhaftigkeit» der Geburt eines Kindes außerhalb der Ehe war also nicht schuld an dem gewaltigen Anwachsen der Illegitimität, obwohl es solche Änderungen auch gegeben haben mag.

6. Konnte die Quote der Illegitimität ansteigen, weil die Zahl der illegitimen Totgeburten rückläufig geworden war? Totgeborene Kinder fanden im allgemeinen nicht den Weg in die Kirchenbücher, wenig-

stens nicht in Frankreich und in England. Gibt es weniger Totgeburten, so werden mehr uneheliche Kinder registriert (wobei die Zahl der außerehelichen Schwangerschaften jedoch konstant bleibt). Hier ist der Zeitpunkt, an dem es in Europa zu einem größeren Rückgang der Totgeburten kommt, entscheidend. Zu einem Zeitpunkt, der in der zweiten Hälfte des neunzehnten Jahrhunderts liegt, sinkt überall die Zahl der Totgeburten sowohl bei den legitimen als auch den illegitimen Entbindungen. Konnte dieser Rückgang so früh begonnen haben, daß er die Zunahme der Illegitimität erklärt?

Nach den Erfahrungen in Deutschland glaube ich das nicht. Deutsche und skandinavische Lokalbehörden registrierten fleißig die Totgeburten vor 1800, und es gibt mehrere langfristige Statistiken. Bei allen *steigt* die Zahl der Totgeburten: in Stuttgart zwischen 1700 und 1811, in Königsberg zwischen 1769 und 1802, in Breslau zwischen 1687 und 1727, in Berlin zwischen 1746 und 1792 und in ganz Schweden zwischen 1751 und 1900 (wenn dort auch eine Verbesserung bei der Geburtenregistrierung teilweise einen Einfluß darauf hatte).[30] Weil diese Geburten in den deutschen Zahlen für die Illegitimität schon enthalten sind, werden sie als Störfaktor eliminiert. *Wenn* Totgeburten auch in Frankreich und England anstiegen, was wir nicht wissen, weil solche Geburten nicht oft registriert wurden, so hätten sie den wahren Umfang der Explosion der Illegitimität eher verschleiert als vergrößert.

Ein letztes Wort über Totgeburten. Viele zeitgenössische Autoren hatten den Verdacht, daß Kinder, die scheinbar aus natürlichen Gründen tot geboren wurden, in Wirklichkeit Opfer einer Kindestötung oder Abtreibung gewesen seien. Diese Möglichkeit ist interessant als solides statistisches Mittel zum Verständnis eines schattenhaften Phänomens. Aber der bedeutendste Forscher auf diesem Gebiet im neunzehnten Jahrhundert, Bernard-Benoît Remacle, meint, daß die meisten Totgeburten auch wirklich solche waren: Fötusse, die ein Opfer der Natur und nicht einer zynischen oder verzweifelten Mutter waren.[31] Nach dieser Auffassung wären die beträchtlich höheren Zahlen der Totgeburten bei unehelichen als bei ehelichen Kindern der geringeren vorgeburtlichen Pflege oder unzureichenden Entbindungsmaßnahmen zuzuschreiben und nicht böser Absicht.

7. Konnte es einen Anstieg der Illegitimität geben, weil die offiziellen Geburtenregistrierungen verbessert wurden und Kinder, die der Pastor oder Bürgermeister vorher nicht registriert hatten, jetzt auch er-

faßt wurden? Aus Gründen, die zu technisch und zu langweilig sind, um sie hier darzulegen, möchte ich annehmen, daß die Antwort nein ist.[32] Solche Erklärungen wenden sich an die Furchtsamen, die ungern glauben, daß sich im Intimleben irgend etwas Wichtiges ändert; aber derartige Verbesserungen bei der Registrierung, wie sie sicher vorkamen, konnten kaum ein Phänomen von dieser Größenordnung verursacht haben.

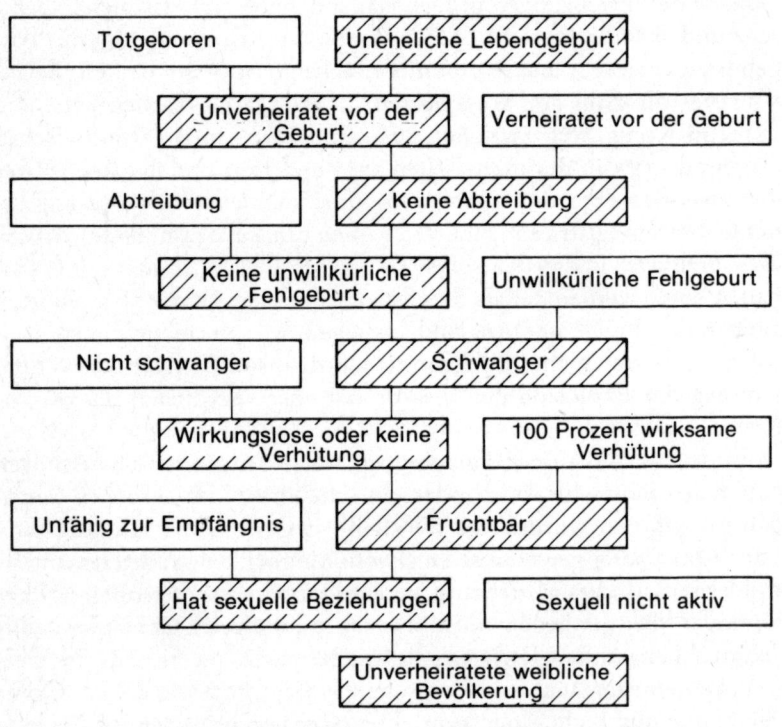

Aus: Phillips Cutright: "Illegitimacy, Myths, Causes, and Cures," *Familie Planning Perspectives*, 3 (Januar 1971): 27.

Die Abbildung gibt den Gedankengang wieder, mit dem ich den Leser auf den vorhergehenden Seiten vertraut gemacht habe. Sie zeigt die systematische Eliminierung der anderen «störenden» Variablen, die ein Ansteigen der Quote der Illegitimität verursacht haben könnten. Aber wie viele möglicherweise entscheidende Variablen bleiben Fragezeichen! Die logische Kette, an deren Ende die sexuelle Revolution steht, ist wirklich brüchig. Gibt es keinen anderen Beweis als diese demographische Exegese?

Zufällig gibt es einiges zusätzliches Beweismaterial, das den schon durch diesen Prozeß der Elimination vermuteten Schluß bestätigt, daß nämlich eine Zunahme der sexuellen Aktivität vor der Ehe die Explosion der Illegitimität und der vorehelichen Schwangerschaft verursacht hat.

Dieses Beweismaterial ist wie Nitroglyzerin. Geht man unvorsichtig damit um, explodiert es einem mitten ins Gesicht. Überall und zu allen Zeiten haben sich die Menschen über die «Unmoral» beklagt. Zu einem Teil drücken sie damit aus, daß die harten Realitäten ihres Erwachsenenlebens schlecht zu den unschuldigen Erinnerungen, die sie sich von ihrer Kindheit bewahrt haben, passen. Das heißt, der Übergang von kindlicher Naivität zu einem an ihrer Umwelt orientierten Realitätsdenken in ihrem eigenen Lebenslauf verwandelt sich in ihrem Geist zu einem Wandel im Verhalten der wirklichen Welt: Wo die Menschen im allgemeinen moralisch und ehrenwert waren, sind sie nun Schlangen der Verderbtheit geworden. Und dann gibt es schmutzige alte Männer und hysterische alte Jungfern, aber auch reife Autoren aller Schattierungen und Arten, die die Phantasien, die durch ihre Köpfe schwirren, als Feststellungen über eine äußere Wirklichkeit zu Papier bringen. Einige dieser schmutzigen alten Männer waren Ärze, kleine Beamte und Altertumsforscher – und ihre Traumbilder tauchen dann zweihundert Jahre später in den Aufzeichnungen eifriger junger amerikanischer Historiker auf, die in der Bibliothèque Nationale nach Beweismaterial für Veränderungen im sexuellen Verhalten wühlen. Was sollen wir mit diesem Problem machen?

Es gibt zwei Strategien, um die Wirkungen der Nostalgie und sexuellen Phantasie zu neutralisieren. Die eine besteht darin, die Auswirkungen einfach zu ignorieren und anzunehmen, daß diese Beobachter, wie zerrissen von Angst und Phantasie sie auch waren, doch den Kontakt mit der äußeren Wirklichkeit nicht ganz verloren hatten. Wenn sie also sagten: «Viel mehr junge Leute tun es heute als zu der Zeit, in der ich aufwuchs», so hat sich vielleicht doch wirklich etwas geändert. Die zweite Strategie ist, anzunehmen, daß ein hintergründiges Gemurmel aus Angst und Furcht vor einer entschleierten Sexualität eine historische Konstante ist und daß wir mit Recht annehmen können, etwas habe sich in der Welt der Wirklichkeit verändert, wenn dieses Gemurmel plötzlich zu einem Schrei anschwillt – woher sonst diese sich immer schneller wiederholenden Klagen? Keine dieser Lösungen ist wirklich gut; aber wenn man mit historischem Material arbeitet, gibt es ja überhaupt keine vollkommenen Lösungen. Immer sind unsere Nasen an das Fenster der Subjektivität unserer Quellen gedrückt; jede uns überlieferte Beschreibung einer äußeren Wirklichkeit ist durch die Phantasie eines Beobachters gekennzeichnet, und Wissenschaftler, die das nicht ertragen können, sollten sich ein anderes Betätigungsfeld suchen.

Tatsächlich erleben wir in den Jahren 1750–1850 ein Crescendo von Klagen über unmoralische sexuelle Betätigung bei der Jugend. Dieses Ausmaß an Klagen war beispiellos seit der Reformation – vor dieser Zeit stockt mein Wissen –, und es wurde erst wieder in den zwanziger Jahren unseres Jahrhunderts erreicht. Ein nüchterner Arzt und ein höherer Beamter nach dem anderen wandten sich von ihrer normalen gewichtigen Sorge um Kinderhygiene oder lokale Selbstverwaltung ab, um sich über den traurigen Stand der Sexualmoral zu äußern. Was ist wohl in ihren Köpfen vorgegangen? Sind alle diese Beobachter einer kollektiven Selbsttäuschung oder einem seit dem fünfzehnten Jahrhundert schlummernden profanen Chiliasmus zum Opfer gefallen? Oder hatten sie doch wirklich, wenn auch auf ihre hochmütige, selbstgerechte Art und Weise, von einer Veränderung in der Struktur des Intimlebens um sie herum Wind bekommen? Ich glaube das letztere.

Nehmen wir einige deutsche Beispiele.[33] Bayerische Beamte wurden im frühen neunzehnten Jahrhundert durch das Tanzen beunruhigt, weil sie meinten, auf dem Heimweg gebe es gewöhnlich einen Aufenthalt zum Geschlechtsverkehr. Frauen kämen ohne Begleitung in die Tanzlokale und warteten dort, bis sie zum Tanz aufgefordert wurden oder einen männlichen Partner gefunden hatten, der sie heimbegleiten konnte; neun Monate später tauchten dann die Früchte dieser zufälligen Paarungen auf.[34] Aber die guten Bayern hatten das Tanzen als Ausrede für den Geschlechtsverkehr nicht nötig, wie Joseph Hazzi um 1800 bei einer Visitationsreise durch Oberbayern herausfand. Im Distrikt Seefeld: «Beide Geschlechter neigen so sehr zur Liederlichkeit, daß man kaum ein zwanzigjähriges Mädchen findet, das nicht schon Mutter wäre.» Im Bezirk Marquartstein fügte sich dieses Interesse für das Sexuelle in eine generelle Aufsässigkeit ein. Das Sprichwort «Wir wollen keine Herren» war populär bei denLeuten, die «begeistert und sehr früh heiraten, Mengen von Kindern hervorbringen, darunter genügend uneheliche, was man viel mehr als etwas Wohltätiges denn als Sünde ansieht».[35] Beamte in Oberfranken bezeugten 1833, daß Gemeinden voll von entjungferten Mädchen üblich sind. «Auf dem Land gilt ein Mädchen, das sich seine Jungfräulichkeit bis zum Alter von zwanzig Jahren bewahrt hat, als Ausnahme und wird deswegen von ihren Altersgenossen nicht höher geschätzt.»[36] In Unterfranken hatten 1839 sogar die «Mittelschichten» in ländlichen Gebieten und ganz gewiß die Arbeiter in den Städten sich dafür entschieden, «daß die natürliche Befriedigung des Geschlechtstriebs weder gesetzlich verboten noch moralisch sehr tadelnswert ist».[37] Bis 1854 war dann der voreheliche Geschlechtsverkehr anscheinend so alltäglich geworden, daß die Provinzbehörden die Hände rangen: «Jedesmal, wenn ledige Jungen und Mädchen zum Tanzen oder sonst einer öffentlichen Lustbarkeit gehen, endet das Unternehmen im Bett. An Orten, wo männliche und weibliche Dienstboten nebeneinander arbeiten, ist der Geschlechtsverkehr ein tägliches Phänomen; und der Kreis Altötting berichtet, daß es überhaupt nicht als sündig angesehen wird, vor der Ehe Kinder hervorgebracht zu haben.»[38] Das sind Tröpfchen in einem reißenden Strom. Gelehrte Beobachter in Süddeutschland in der ersten Hälfte des neunzehnten Jahrhunderts waren erschüttert von einem Geschehen, das sie für eine sexuelle Revolution hielten, zuerst bei der Jugend der unteren Stände und schließlich auch bei ihrer eigenen.

In Frankreich war es dieselbe Geschichte.[39] Um einen Geschmack solcher Gesellschaftskritik zu vermitteln, lassen wir hier den blumigen Dr. Louis Lépecq de la Cloture auf einer medizinischen Reise durch den Distrikt Caux in der Normandie im späten achtzehnten Jahrhundert zu Wort kommen. Obwohl die Schönheit der Frauen zwar durch Zahnlücken und übermäßig starke Schenkel etwas beeinträchtigt war, «gibt die Natur – den jungen Frauen des Distrikts – einen Geschmack an der Eitelkeit und einen Hang zur Romantik, eine doppelte Anziehung für das Laster, das immer auf der Lauer liegt, um die Schwächung der Integrität der einheimischen Moral zu rechtfertigen. Nimmt man dazu ihren Ruf, gut auszusehen, diesen verhängnisvollen Stein des Anstoßes, dann ist man gezwungen, den Distrikt Caux unter die großen Städte einzureihen.»[40] (Mit anderen Worten, Eva bietet Adam den Apfel an.) Aber Dr. Lépecq war kein Dummkopf. Seine Beobachtungen über die örtlichen Hygieneverhältnisse gehören zu den Standardquellen der französischen Sozialgeschichte; und die Illegitimität stieg in der Normandie in diesen Jahren rasch an. Der Historiker fragt sich, was ging wirklich vor?

Ein anderes kleines Mosaiksteinchen: Warum, so fragte sich Dr. Hécart in Valenciennes, ist der Besuch des Festes der hl. Katharina (am 25. November) in den vergangenen Jahren so zurückgegangen? Das Fest war früher eine willkommene Gelegenheit für junge Frauen, sich herauszuputzen und zur Kirche zu gehen, um eine gewaltige, mit Blumen und Bändern geschmückte Wachskerze zu Ehren der reinen Unverheirateten zu entzünden. «Heutzutage nehmen immer weniger daran teil, sei es aus denselben Gründen, die die Familienzusammenkünfte zerstört haben, oder weil die jungen Frauen sich weniger darum kümmern, ihre Schutzheilige zu ehren, oder schließlich weil sie sich in der Kenntnis von Gut und Böse schämen, sich bloßzustellen.»[41]

Ein letztes Beispiel: Was, so überlegt sich der Historiker, konnte den Bürgermeister der Fabrikstadt Amiens 1821 bewogen haben, zu dekretieren, daß «angesichts der Tatsache, daß Mädchen – an den Spinnmaschinen – häufig Jungen als Fadenknüpfer und daß Jungen ihrerseits oft Mädchen zum selben Zweck nehmen, es sehr im Interesse der guten Moral liegt, den Problemen zuvorzukommen, die, insbesondere bei jungen Menschen, aus dem Kontakt der beiden Geschlechter entstehen. Deshalb verordnen wir, daß es sowohl Männern wie Frauen ausdrücklich verboten ist, Hilfskräfte vom anderen Geschlecht zu nehmen.» Der Statistiker Louis René Villermé, der über diese Verordnung berichtet, war gar nicht überrascht, daß in Amiens sowohl bei Jungen wie bei Mädchen der Geschlechtsverkehr häufig im Alter von etwa fünfzehn Jahren begann.[42]

Nun muß man aber im Auge behalten, daß keiner der Franzosen oder Deutschen, deren Beobachtungen ich wiedergegeben habe, damit bezweckte, die Unmoral zu tadeln. Ihre eigentlichen Ziele waren immer nüchtern und realistisch, und diese Bemerkungen darüber, wie oft die Unternehmungen junger Leute im Bett endeten, wurden nur nebenbei gemacht. Diese Männer waren keine schmallippigen Pastoren, die sich danach sehnten, daß Feuer und Schwefel auf Sodom und Gomorrha falle; sie waren keine verrückten Moralisten im Schlupfwinkel von Provinznestern. Trotzdem waren sie davon überzeugt, daß junge Leute häufiger als früher vorehelichen Geschlechtsverkehr hatten. Ich meine, wir müssen ihrem Zeugnis Glauben schenken – und nicht nur dem ihrigen, sondern auch der gewaltigen vergleichbaren Literatur, die man in Nord- und Westeuropa antrifft.

Meine These einer vorehelichen sexuellen Revolution ruht also auf drei Stützen, jede zwar an sich mager, zusammen aber ausreichend, um der These einen Halt zu geben. 1. Der Beweis der Quote der Illegitimität allein, die ein ziemlich zweideutiger Indikator ist. 2. Der Beweis der vorehelichen Schwangerschaft, der Prozentsatz von Erstgeburten, die innerhalb von acht Monaten nach der Heirat auf die Welt kamen, was an sich wenig mehr anzeigt als das sexuelle Verhalten während der Brautwerbung. 3. Die Aufzeichnungen von Beobachtern aus dem Mittelstand, die den Eindruck hatten, daß die Dünung im Leben des Volkes sich veränderte, deren Zeugnis aber für sich allein vielleicht wenig mehr als die libidinösen Vorurteile der Beobachter selbst widerspiegelt. Zusammen deuten diese drei Indikatoren jedoch auf einen massiven Wandel in der vorehelichen Moral in den Jahren 1750–1850 hin.

Waren jemals junge Leute vor der Ehe keusch?

Wenn die Illegitimität in der traditionellen Gesellschaft nur zwei bis drei Prozent betrug, dann muß man den Schluß ziehen, daß die jungen Leute vor der Ehe oder wenigstens vor der Verlobung keusch blieben. Und weil das durchschnittliche Heiratsalter in den späten Zwanzigern lag – ja wahrscheinlich in den frühen Dreißigern bei den ältesten Söhnen von Großbauern –, müssen wir daraus schließen, daß Männer und Frauen sich zehn bis fünfzehn oder noch mehr Jahre nach der Pubertät des Geschlechtsverkehrs enthielten. Kann das stimmen? fragen sich Menschen von heute. Ist es möglich, sich eine Bevölkerung vorzustellen, deren große Mehrheit noch keinen Geschlechtsverkehr erlebt hatte, bevor ihr Leben zu mehr als der Hälfte vorüber war? Wir hielten doch den Geschlechtstrieb für eine universelle Konstante und die Sexualität zu fast allen Zeiten und an allen Orten für ein ungefähres Spiegelbild von dem, was wir heute wissen! Hält meine Logik stand und hatten unverheiratete Menschen in vergangener Zeit tatsächlich bis zu ihrer späten Heirat keinen Geschlechtsverkehr, müssen wir unser konventionelles Wissen über die sozialen Dimensionen der menschlichen Sexualität in mancher Hinsicht neu formulieren.

Oder doch nicht? Die Erotik umfaßt mehr als gerade nur den genitalen Verkehr zwischen den Geschlechtern. Auch Menschen, die nicht den üblichen Geschlechtsverkehr haben, können doch ein reiches, lustvolles Leben führen. Auch wenn also junge Erwachsene in vergangenen Zeiten keinen Geschlechtsverkehr vor dem Heiratsalter mit zwanzig hatten, fanden sie vielleicht andere Wege, ihre sexuellen Bedürfnisse zu befriedigen und ihren erotischen Phantasien Leben zu verleihen. Jean-Louis Flandrin hat kürzlich behauptet, daß die Jugendlichen im traditionellen Frankreich, die vor der Heirat nicht mit Mädchen schliefen (was er nicht zugeben möchte), masturbierten und homoerotische sexuelle Kontakte verschiedener Art – möglicherweise Sodomie oder auch Affären mit verheirateten Frauen – hatten, um über die langen, brachliegenden Jahre hinwegzukommen. Der Geschlechtstrieb ist für Flandrin eine universelle Konstante. Und wenn die Erotik nicht auf die eine Weise auftaucht, dann auf eine andere.[43]

Wir wollen also einen Augenblick innehalten, um uns diese jungen Bauernburschen von siebzehn bis neunzehn Jahren anzuschauen, die zwar vermutlich über die Tatsachen des Lebens aufgeklärt waren, aber bis zu ihrer Heirat Wartezeiten bis zu zehn Jahren vor sich hatten. Wenn sie mit ihrer Liebsten nicht schliefen, was machten sie dann mit ihr? Und wenn sie nicht einmal eine Liebste hatten (weil ihre Eltern ihnen keine Erlaubnis zu einer Verlobung gegeben hatten), was machten sie dann überhaupt? Ich möchte nur versuchsweise die Behauptung aufstellen, daß Flandrin nicht recht hat, daß vor 1750 das Leben der meisten jungen Leute entschieden unerotisch war und daß es der traditionellen Gesellschaft recht wirksam gelang, den Geschlechtstrieb der Unverheirateten zu unterdrücken (oder zu sublimieren, wenn man es lieber so ausdrücken will).

Es scheint mir unwahrscheinlich, daß zum Beispiel die Masturbation vor der vorehelichen sexuellen Revolution in größerem Maß praktiziert wurde. Flandrin, der sich auf klerikale Quellen stützt, beschwört das Bild einer Nation rasender Masturbierer herauf.[44] Aber aus den medizinischen und ethnographischen Quellen ergibt sich ein anderes Bild: eine ländliche Gesellschaft, die vor der Ehe fast so rein wie Pulverschnee war. Die Grundlage dieser Auffassung ist leider das Argument des Schweigens. Vor 1750 wird die Masturbation in nichtklerikalen Quellen selten erwähnt. Nach dieser Zeit rollt eine Welle der Sorge über «solitäre Praktiken» durch die medizinische und pädagogische Literatur. Sollen wir daraus, daß sich die Ärzte und Lehrer plötzlich so über masturbierende junge Männer und Frauen aufregten, schließen, daß die Jugendlichen die Möglichkeit der Selbstbefriedigung erstmals entdeckten und praktizierten?

Die Proteste in der medizinischen Literatur sind gewiß nicht maßgebend. Die normalen lokalen Ärzte, wenn sie überhaupt von der Masturbation reden, tun es mehr beiläufig, gewöhnlich in verhüllten Anspielungen, die den Leser im Zweifel darüber lassen, was wirklich vorgeht. Was sollen wir zum Beispiel mit Dr. Maret aus Amiens machen, der 1772 eine Zunahme an «verfrühten Vergnügungen» bei Jungen feststellte, «die diejenigen, die sie praktizierten, unfähig machten, jemals der Gesellschaft nützlich zu werden», und ebenso eine Zunahme an «geheimen Wünschen» bei Mädchen, «die sie selbständig zu stillen suchen und dabei nur das Feuer stärker anfachen».[45] Was geschah wohl in Chambéry im achtzehnten Jahrhundert, das den dortigen Arzt veranlaßte, Vorwürfe gegen die Internate zu erheben, die die Masturbation «so häufig bei unserer eigenen Jugend und auch sonst überall gemacht haben»?[46] Die spezielle Literatur über die Schrecken der Masturbation, angefangen mit Simon-André Tissots *Onania* (1758), ist so verrückt, daß sie ihre Verfasser als verläßliche Zeugen für einen Wandel im Lauf der Zeit disqualifiziert. Aber gegenüber dem Schweigen, das vorher herrschte (das englische Pamphlet *Onania*, 1737, war das erste weitverbreitete Traktat), ist die Flut der Literatur des späten achtzehnten Jahrhunderts ein Anzeichen dafür, daß sich irgend etwas in der wirklichen Welt bewegt hat. Es sei denn, wir akzeptieren die Hypothese von einer kollektiven Hysterie in der Phantasie der Ärzte.[47] Interessanter sind die von den verschiedenen Verfassern hervorgehobenen Unterschiede beim Vorkommen der Masturbation. Denn wenn es die «modernen» Bereiche waren, die die Leitlinien für die Erotik der Jugendlichen lieferten, können wir wenigstens ernstlich der Hypothese folgen, daß in dem Maße, wie mehr und mehr Menschen am städtischen Leben teilnahmen und eine höhere Schulbildung genossen, das Vorkommen der Masturbation zunahm. Die Autoren waren überzeugt, daß städtische Jungen früher und häufiger masturbierten als ländliche. «Auf dem Land, wo ich dreizehn Jahre lebte, hörte ich nie von den Eltern und glaubte auch nach eigenen Beobachtungen der Kinder selbst nicht, daß Grund zur Beunruhigung vorliege. Ich habe den Eindruck, daß dieses Laster in den Dörfern äußerst selten ist.» Der anonyme «angesehene Kleriker», dessen Brief Christian Salzmann 1787 veröffentlichte, erklärte, daß die Sitten auf dem Land so rein seien, weil die Bauernjungen so streng erzogen würden, so wenig äßen und «sogar während der Schulzeit» so viel harte Landarbeit leisten müßten und daher Anreiz und Versuchung fast vollständig fehlten.[48] Sogar noch ein Jahrhundert später waren deutsche Beobachter überrascht von dem offensichtlichen Mangel an Interesse an der Selbstbefriedigung bei der Bauernjugend. Ein Arzt im Allgäu nannte sie «äußerst selten. Als ABC-Schütze auf dem Land hörte ich nie ein Wort darüber. Niemand sprach davon, auch nicht die Erwachsenen. Ich erfuhr von dieser Kunst erst, als ich von zu Hause weg zur Schule ging.»[49]

Der Allgäuer Arzt Grassl hat uns einen Schlüssel zu dem zweiten sozialen Unterschied bei der Masturbation gegeben: diejenigen, die die höhere Schule besuchten, im Gegensatz zu denen, die es nicht taten. Durch die Literatur gegen die Masturbation im späten achtzehnten Jahrhundert zieht sich wie ein roter Faden der Hinweis darauf, daß sich das Laster insbesondere bei den Schuljungen ausbreitete. Nach Salzmanns Quellen taten sie es unter ihren langen Mänteln, unter ihren Pulten, hinter den Öfen, auf den Toiletten. In einer Schule gaben von 94 Schülern neunundvierzig zu, daß sie masturbierten, die meisten im Alter zwischen zehn und dreizehn. In anderen Schulen sollen «alle» masturbiert haben, und einige davon seien dem Laster so verfallen gewesen, daß sie sogar mit Tissots Buch in der Hand weitermachten! Schlimmer noch, die Schüler kamen zusammen, um unisono zu masturbieren. «Als ich einmal einen meiner älteren Schulkameraden besuchte, fand ich eine kleine Gruppe seiner Freunde vor, die zusammengekommen waren und deren Unterhaltung sehr bald auf dieses ekelhafte Thema zusteuerte, so wie es gewöhnlich der Fall war. Aber dabei blieb es nicht, sondern nachdem sie ihre Phantasie mit den unanständigsten Bildern und Geschichten angeheizt hatten, fingen sie an, diese unmoralischen Bilder mit wirklichen physischen Empfindungen zu vereinen... Sobald sie meine Unerfahrenheit in diesem Greuel bemerkten und sahen, daß ich zögerte, ihrem gottlosen Beispiel zu folgen, lachten sie mich aus und erklärten mich als unwürdig ihrer Gesellschaft.»[50]

Die Selbstbesudelung raffte sogar tatsächlich selbst die Blüte der Nation hinweg: die Kadetten in den Militärakademien. Dr. Guillaume Daignan berichtete 1786 die folgende Geschichte über einen jungen Mann auf seinem Weg in den Ruin:[51]

«Nachdem er zu einem Onkel, einem Hauptmann in einem Regiment von vier Bataillonen, gekommen war, erwartete man von ihm, daß er den ersten freien Posten annahm. Seine zahlreichen Kameraden nahmen ihn sehr gut auf, und er machte bald alle ihre Streiche nach, die in diesem Beruf nicht immer von Umsicht und Klugheit zeugen. Er war sehr wohlerzogen, höflich und liebenswürdig. Diese guten Eigenschaften, die ihm weibliche Eroberungen leichtgemacht hätten, dienten nur dazu, ihn infolge seines vertrauten Umgangs mit seinen Kameraden immer mehr zu verleiten. Die Reue ließ nicht auf sich warten. Zuerst bekam er heftige Krämpfe, wenn er sich zu derartigen Handlungen erregte – man beachte die Eleganz dieser französischen Berichte im Gegensatz zu ihrer aufreizend indirekten Art –, die er bei seiner ganzen Denkweise eigentlich hätte verabscheuen müssen, wenn er nicht durch das Beispiel der Menge mitgerissen worden wäre... Ich ermahnte ihn, völlig mit dieser abscheulichen Gewohnheit zu brechen, und er versicherte mir, daß er das gern täte, um so mehr, als er sich gar nicht dazu versucht fühlte. Aber er wußte nicht, wie er die Gelegenheiten dazu vermeiden könnte. Da er bisher noch keine besonderen Funktionen zu erfüllen hatte, konnte er sich kaum von seinen Kameraden absondern, ohne aufzufallen. Als ich erfuhr, daß diese Art von Orgien nur abends stattfanden, riet ich ihm, unter dem Vorwand, an Migräne zu leiden, wegzubleiben. Diese Entschuldigung funktionierte eine Zeitlang, aber der Schaden war schon geschehen. Die Krämpfe kamen immer wieder... Und ganz sicher, es stellte sich heraus, daß die Gesundheit des jungen Mannes für immer ruiniert war, ‹ein nervös Heruntergekommener, beraubt der Süßigkeiten des Lebens und des Zaubers der Geselligkeit.»

Die letzte soziale Grenzlinie, über die hinweg die Verbreitung der Masturbation anscheinend verschieden war, war die Gesellschaftsschicht: Die Jugend der Mittelschicht manipulierte sich früher und häufiger als die der unteren Schicht. Während das Phänomen ganz allgemein im Zunehmen begriffen war, waren es besonders die Führer der Welt von morgen, die ihren eigenen Ruin durch Selbstmanipulation herbeiführten, wobei sie oft von Dienstboten in dieser Kunst unterrichtet wurden. Aber was die Jungen der «niedrigen Orden» anging, so wußten sie, auch wenn sie ein wenig grob und undiszipliniert waren, sich dennoch von der Besudelung fernzuhalten, wenn «die Leidenschaft für gewisse Freuden sich in ihrer Brust erhebt und den Weizen von der Spreu scheidet».[52] Was einfach besagen will, daß sich die Wiener Jugendlichen des Mittelstands mit schlüpfrigen Romanen auf ihr Zimmer zurückzogen, während die Burschen der unteren Stände bereits angefangen hatten, ihre eigenen Erfahrungen zu sammeln. Und das ist es, was die Hauptthese dieses Buches uns erwarten läßt.

Die Beweise für eine Zunahme der Masturbation im späten achtzehnten Jahrhundert sind nicht exakt zu widerlegen: Bei Ärzten und Erziehern hatte dieses Thema zu einem Ausbruch von kollektiver Hysterie und zu der Überlegung geführt, daß dieses Phänomen hauptsächlich bei den Städtern, dem Mittelstand und der Jugend der höheren Schulen anzutreffen war, und deshalb in dem Maß zugenommen haben mußte, wie sich diese Gruppen vergrößerten. Aber mehr als das werden wir über diesen besonderen Aspekt des Intimlebens wohl nie erfahren.

Wie war es nun mit dem «Petting»? Auch wenn junge Leute wirklich vor 1750 keinen vorehelichen Geschlechtsverkehr hatten, dann trieben sie es vielleicht auf andere Weise um so heftiger? Oder wurde, wie es bei der Masturbation war, die nichtgenitale sexuelle Betätigung während der Brautwerbung erst im achtzehnten Jarhundert üblich? Für große Teile Europas haben wir auf diese Fragen einfach keine Antwort, aber wenigstens in einem Gebiet – Skandinavien – gestatten uns Informationen über «kollektives» nächtliches Bettfreien, das noch nicht verlobte Paar genau zu beobachten und zu sehen, was es tat. Nächtliches Bettfreien (in Amerika bekannt als «bundling») brachte einen jungen Mann und eine junge Frau in eine intime Situation. Der Historiker muß sich also fragen: Inwieweit nutzte das Paar diese Ungestörtheit für das Liebesspiel, und wie veränderte sich im Lauf der Zeit seine Bereitschaft, die Normen der Gemeinschaft über das Bettfreien zu verletzen?

Zunächst einige Worte darüber, wie das nächtliche Bettfreien in Schweden und Finnland vor sich ging.[53] Am Samstagabend versammelte sich eine Gruppe von Jugendlichen, vielleicht siebzehn bis fünfundzwanzig Jahre alt, auf dem Dorfplatz. Sie tranken ein paar Schnäpse, erzählten sich einige unanständige Witze und brachen dann zusammen auf, um die Runde durch die Häuser der Mädchen zu machen. Wenn sie bei einem abseits gelegenen Lagerraum oder dem Dachboden des Haupthauses ankamen (wo, wie sich der Leser erinnern wird, die Mädchen schliefen), rezitierten sie einige von der Tradition vorgeschriebene «Aufmunterungs»verse, um das Mädchen zu veranlassen, dem Jungen die Tür zu öffnen, den sie dazu ausgewählt hatten, die Nacht mit ihr zu verbringen. Vielleicht verlangte die Sitte aber auch, daß sie allen zusammen aufmachte, um darüber zu verhandeln, wer, wenn überhaupt einer, bei ihr bleiben sollte, während sich die anderen um ihr Bett herumlümmelten. Dann ging die Gruppe, um ein Mitglied ärmer, zum nächsten Haus, wo sie einen weiteren Jungen an dessen Bewohnerin verlor, und immer so weiter, bis alle Teilnehmer in den Häusern der verschiedenen Mädchen untergebracht waren. Dann kam es vor, daß die beiden Jungen, die übriggeblieben waren, die Nacht im Haus des letzten Mädchens auf der Liste verbrachten.

Einmal drinnen, zog der Junge Jacke, Hut und Schuhe aus, bevor er mit dem Mädchen ins Bett ging. Wenn es sein erster Besuch war, verbrachte er die Nacht wahrscheinlich auf der Decke; wenn er das Mädchen gut kannte, schlüpfte er unter die Decke, behielt aber die Socken und ganz bestimmt das Hemd und die Hosen an. Nur wenn das Paar sich informell über eine Verlobung geeinigt hatte, zog er alle Kleider aus und hatte auch Geschlechtsverkehr mit ihr.

Waren die beiden nicht verlobt, war der Spielraum für Intimitäten dementsprechend eingeengt. Sie lagen im Bett, ihr Kopf auf seinem ausgestreckten Arm, oder vielleicht die Arme umeinander geschlungen, aber ohne daß die Haut sich berührte. Die Sitte verlangte, daß er nicht einschlief, und wenn sein Arm es tat, durfte er die Seite mit ihr tauschen, vorausgesetzt, daß der Anstand gewahrt blieb. Dieses Beieinanderliegen war nicht vollständig ohne Erotik, denn die Tradition gestattete, daß sie seinen Nacken küßte oder daß sie vielleicht die Körper aneinander rieben. Aber die Beine der Nichtverlobten durften sich nicht berühren, und unter gar keinen Umständen war der Geschlechtsverkehr erlaubt. Der eigentliche Zweck des Besuchs war nicht Sex, sondern Unterhaltung, die es den Teilnehmern ermöglichte, einen persönlichen Eindruck von einer Anzahl potentieller Partner zu gewinnen.

Für Paare, die sich hinreißen ließen, gab es bestimmte Sanktionen. Wenn die Gruppe zurückkehrte und entdeckte, daß der Junge mehr als erlaubt war ausgezogen hatte, wurde das anstößige Kleidungsstück zur Schau gestellt, und er wurde hinausgejagt. Für Mädchen, die intim wurden oder Geschlechtsverkehr mit mehr als nur einem Jungen hatten, waren die Gruppensanktionen hart: Ausschluß von der nächtlichen Bettwerbung und öffentliche Demütigungen verschiedener Art.

Die Bedeutung des nächtlichen Bettfreiens als eine in der Dorfgemeinschaft festverankerte Einrichtung lag darin, daß es auf der einen

Seite heiratsfähigen jungen Leuten die Freiheit ließ, sich wirklich kennenzulernen, während es auf der anderen Seite die strikte Forderung an sie stellte, die allgemein gültige Sexualmoral nicht zu verletzen. Theoretisch sah an jedem Samstagabend der Saison ein anderer Junge ein anderes Mädchen, bis alle Kandidaten in der Gemeinschaft sich kennengelernt hatten. Mädchen konnten also vierzig bis fünfzig Jungen im Bett gehabt haben, bevor sie sich für einen Ehemann entschieden. Die Gruppe schaffte die organisatorischen Voraussetzungen für die Partnerwahl; die Gruppe überwachte die Vorgänge im Bett, um zu garantieren, daß nicht einzelne von der Leidenschaft fortgerissen wurden und miteinander schliefen, bevor die Eltern das Paar gebilligt hatten oder bevor ein Hof zur Verfügung stand, auf dem sie sich einrichten konnten. Aber wenn ein Paar sich einmal für einander entschieden hatte, war alles erlaubt.[54] Danach machte der junge Mann nur dann nicht in dem Haus seiner Geliebten halt, wenn ihm etwas daran lag, mit der Gruppe zusammen auszugehen. Und er blieb morgens da, um mit den Eltern zu frühstücken, anstatt sich in der Morgendämmerung davonzustehlen. Aber bis die Verlobung besiegelt war, benahm sich das Paar schicklich.

Was in dem System des nächtlichen Bettfreiens an erotischem Kontakt (vor der Verlobung) stattfand, geschah in Gegenwart von anderen. Wenn in Schweden ein Mädchen zögerte, einen Jungen für die Nacht zu akzeptieren, konnte die Gruppe die Arme des Paares aneinanderbinden. (Wenn sich Jungen und Mädchen bei großen Hochzeiten zusammen ins Heu legten, waren immer mehrere Paare auf demselben Dachboden zusammen; ohne verlobt zu sein, schlichen sich die Paare nicht in den Wald hinaus.) Die Anwesenheit einer dritten Person im Schlafzimmer des Mädchens hielt man für ganz willkommen – gewöhnlich einer der Kameraden des Jungen oder die Schwester des Mädchens – weil das Paar ja keine wirkliche Intimsphäre brauchte.

Das war also das traditionelle System des nächtlichen Bettfreiens, wie es in Skandinavien und Teilen von Deutschland vielleicht bis zur Mitte des neunzehnten Jahrhunderts praktiziert wurde:[55] eine Vielzahl von Regeln innerhalb der Gemeinschaft für den Vorgang des Sichkennenlernens; alle Arten von rituellen Sprüchen bei der Annäherung an das Mädchen und dann später beim Heiratsantrag; und rücksichtslose Disziplinierung durch die *peer group* denjenigen gegenüber, die die Regeln verletzten, indem sie auf eigene Faust anbandelten oder es gleichzeitig bei mehreren versuchten. Wenn die Wissenschaftler, die das untersuchten, recht haben, gab es ein absolutes Minimum an aktivem erotischem Kontakt zwischen den Geschlechtern: keine Küsse auf den Mund, kein Reiben der Geschlechtsteile am Körper des anderen und – Gott behüte – keine gegenseitige Masturbation bei den Nichtverlobten.

Mit der Zeit begann dieses System sich aufzulösen; und als es soweit gekommen war, brach eine Flut der verschiedensten erotischen Praktiken über die geschwächte Abwehr der Gemeinschaft herein. In Schweden waren es die Männer bestimmter Gruppen wie die der Holzfäller, die nicht zum System gehörten und es zu Fall brachten, weil sie auf und davon gehen konnten, ohne die Einheimischen, die sie geschwängert hatten, heiraten zu müssen.[56] In Finnland machte das Fahrrad die einzelnen beweglich genug, um aus der Gruppe auszubrechen und den Radius ihrer Brautwerbung auszuweiten.[57] Zweifellos waren auch noch andere Faktoren am Werk. Für unsere Zwecke genügt es jedoch festzustellen, daß die sexuellen Beziehungen ohne feste äußere Bindungen schließlich die leere Schale des alten Systems des nächtlichen Bettfreiens ausfüllten. Der Beweis dafür ist das Anschwellen der Illegitimität gegen Ende des neunzehnten Jahrhunderts überall dort, wo sich dieses Beziehungssystem etablierte.

Bei anderen Arten des Kontaktes zwischen den Geschlechtern in Schweden und Finnland gewann die Erotik ebenfalls die Oberhand. Die finnische Jugend zum Beispiel spielte lange eine große Anzahl von vielfältigen rituellen Spielen, wie Volksstücke, in denen die Rodung des Landes, das Bauen der Boote oder das Einholen des Fischs dargestellt wurden. Unschuldige folkloristische Bräuche... Aber im neunzehnten Jahrhundert wurden diese traditionellen Spiele durch eine Menge sexuell eingefärbter Partnerspiele verdrängt, in denen Paare schließlich unter einer Decke endeten und gegenseitig ihre Körper untersuchten («Doktor, ich habe das...»), die Handflächen gegeneinanderschlugen, Ehe spielten, und so weiter. «Von Sexualität wurde ganz offen gesprochen», wird uns versichert.[58] So wurde schließlich in Finnland die ländliche Brautwerbung sexualisiert, und allen erotischen Impulsen, die das traditionelle System der Brautwerbung so wirksam unterdrückt und kontrolliert hatte, ließ man die Zügel schießen. Aber das vollzog sich erst zu einem weit späteren Zeitpunkt.

Etwas Wichtiges am Rande: Obwohl das Liebesspiel in Skandinavien eine relativ neue Entwicklung war, hat es dort vorehelichen Geschlechtsverkehr seit undenklichen Zeiten gegeben. Das sexuelle Leben eines Paares begann gewöhnlich vor der Heirat. Aber das war der Geschlechtsverkehr zwischen Leuten, die schon verlobt waren, wo es absolut sicher war, daß sie sich heiraten würden, und für die Promiskuität ebenso undenkbar gewesen wäre wie analer Geschlechtsverkehr. In Skandinavien begann die «Ehe» tatsächlich mit der Verlobung, und vor dem siebzehnten Jahrhundert war dem einfachen Volk die Heirat in der Kirche fast völlig gleichgültig. Ich habe aber den Verdacht, daß ein noch relativ unbekannter Historiker es bei der Erforschung der heutigen vorehelichen Sitten in Dänemark zu eilig hatte, als er vom achtzehnten Jahrhundert schrieb: «Junge Leute lebten weiterhin zusammen, wie sie es im Mittelalter getan hatten und auch heute noch tun.»[59] Der Unterschied ist, daß heute Jugendliche wahrscheinlich den Partner ein- oder zweimal vor der Ehe wechseln, schon beträchtliche Zeit vor der Verlobung miteinander schlafen und daß ein größerer Prozentsatz von Paaren vorehelich aktiv ist als in allen vorangegangenen Zeiten. Zu jeder Zeit ist Skandinavien wegen der besonderen Regelung der Verlobungsverhältnisse ganz anders als Frankreich oder Irland. Aber auch in Skandinavien fand die gleiche historische Entwicklung hin zum Liberalismus statt.

Wie ist es nun mit Frankreich, Deutschland und England? Welche Arten von erotischen Kontakten zwischen den Geschlechtern gab es hier vor der Verlobung? Der Vorhang der Unwissenheit lüftet sich für einen Augenblick über Westfrankreich – genauer einer Ecke des Departements Vendée, dem *Marais*, wo zu Beginn des Ersten Weltkriegs ein merkwürdiger erotischer Brauch, die *maraichinage*, zu finden ist, dessen Besonderheit es war, den Zungenkuß oder auch «französischen Kuß» in aller Öffentlichkeit zu vollziehen. Der Terminus technicus für diesen Kontakt ist «intrabuccales Küssen», wobei die Partner sich gegenseitig mit den Zungen berühren oder mit der Zunge im Mund des anderen spielen. Besonders auffällig an diesem Brauch war, sich von dieser Umarmung auch durch die Öffentlichkeit nicht abbringen zu lassen, etwa in den Hinterzimmern der Weinstuben oder auch am Sonntagnachmittag im Gras liegend, artig durch den großen schwarzen Schirm des Mädchens gegen die direkte Beobachtung geschützt. Dr. Marcel Baudouin, von dem alle wichtigen Nachforschungen über diesen Brauch stammen, versichert, daß die jungen Leute oft über die intraosculären Umarmungen hinaus zur gegenseitigen Masturbation gelangten, und zwar mit Hilfe speziell angefertigter Kleidung – Rock- und Hosen-«Taschen» ohne Einsatz und so weiter. War dieses Stadium erreicht, so waren die beiden bereits verlobt. Aber für den Zungenkuß allein war überhaupt keine feste Beziehung nötig, und die Partner konnten beliebig wechseln.

Dieser Bericht bezieht sich auf die *belle époque*, aber Baudouin behauptet, daß der Brauch seit undenklichen Zeiten existiert hätte und sich bis zu der verschollenen Insel Atlantis zurückverfolgen läßt. Wenn er recht hat (!), müßte meine These, daß es unter der miteinander liierten Landjungend keine erotischen Kontakte vor der Verlobung gegeben habe, einen Rückschlag erleiden. Aber Baudouin kann kein Zungenküssen vor 1880 nachweisen, und meine Überzeugung ist, daß wir statt dessen in der *maraichinage* eine lokale Vairante der sexuellen Revolution des neunzehnten Jahrhunderts haben.[60] Die Quote der Illegitimität war in der Vendée am Anfang des Jahrhunderts außerordentlich niedrig, was ich für unvereinbar mit einer so explosiven erotischen Spielform wie dem Zungenkuß halte. Danach, in der Periode von 1876–1896, schnellt die Illegitimität in der Vendée plötzlich in die Höhe, was vermuten läßt, daß erst jetzt die *maraichinage* eine größere Verbreitung fand.[61]

Es gibt einen Ausweg für diejenigen, die auf der Meinung beharren, daß die Jugendlichen in der traditionellen Gesellschaft vor der Ehe nicht keusch blieben: nämlich zu sagen, daß die jungen Männer sich an Prostituierte hielten, insbesondere an eine dörfliche Abart von «losen Frauenzimmern». Standen diesen jungen Burschen wirklich Prostituierte zur Verfügung, um ihre sexuellen Spannungen loszuwerden, ohne die einheimischen Schönheiten zu beflecken? Daß systematische Strafen gegen liederliche Frauen in den örtlichen Bräuchen existierten, läßt vermuten, daß es die Dorfdirne oder die bezahlte oder nichtbezahlte junge Frau, «die es mit allen trieb», tatsächlich gab. Da gab es zum Beispiel den Burschen, der mit Marie Françoise Fourre 1719 in Cambrai ins Café ging. Er sagte, er möchte mit ihr schlafen, aber sie erwiderte, daß sie «einen Mann habe, der sie nachts warm halte». Daraufhin bot er ihr eine Krone (*une pistolle*). Sie lehnte ab. Aber wie hätte ihm dieser Gedanke überhaupt in den Kopf kommen können – ein hübsches Mädchen wie Marie, und so weiter –, wenn der Begriff der Prostitution in der dörflichen Kultur nicht fest verankert gewesen wäre?[62] In badischen Dörfern fand ein loses Frauenzimmer gewöhnlich einen Ballen Stroh zwischen der Tür ihres Hauses und dem Kirchenstuhl des Dorfpfarrers ausgestreut.[63] In der kleinen französischen Stadt Dôle beklagte sich ein Arzt über einen dortigen Jungen, der Prostituierte besuchte, vermutete aber, daß das eine recht neue Erscheinung sei.[64] Es geht aus skandinavischen Berichten über nächtliches Bettfreien nicht hervor, ob die öffentliche Demütigung von Frauen, die es «mit allen trieben», deren Halstuch man zum Beispiel an die Kirchentür nagelte, nur direkt gegen diejenigen gerichtet war, die mit mehr als einem Mann schliefen, oder gegen Halbprofessionelle. (Die lutherische Kirche duldete die echte Prostitution in den Kleinstädten Skandinaviens nicht.) Leider befaßt sich die umfangreiche historische Literatur über die Prostitution hauptsächlich mit den großen Städten und richtet ihr Hauptaugenmerk mehr auf das Milieu der Prostituierten selbst als auf die Zusammensetzung ihrer Kundschaft. Wir wissen natürlich, daß im siebzehnten Jahrhundert in Paris, Grenoble, Berlin und anderen großen Städten eine organisierte Prostitution zu finden war.[65] Aber gab es sie auch im Herzland der traditionellen Gesellschaft, in den Kleinstädten und Dörfern? Die Nacht senkt sich wieder über unser beklagenswert unzureichendes Wissen; aber wenn ich eine Karte der Illegitimität in Europa um 1900 betrachte[66], finde ich die Erklärung, daß deren Quote – in weiten Bereichen des spanischen Binnenlandes und Mittelfrankreichs, in ganz Irland und dem größten Teil der Britischen Inseln – deshalb niedrig war, weil die Jugend sich dort an Prostituierte halten und daher den einheimischen Frauen ihre Unschuld belassen konnte, einfach unwahrscheinlich. Ich glaube, daß die einheimischen jungen Männer selbst lange Zeit sexuell abstinent blieben.

Die zweite sexuelle Revolution

Man muß unbedingt drei Punkte über voreheliche Sexualität im zwanzigsten Jahrhundert im Auge behalten: 1. Vorehelicher Geschlechtsverkehr ist jetzt viel häufiger als in irgendeiner Zeit seit dem Mittelalter. 2. Obwohl die Periode von 1900 bis 1950 im Verhältnis zu vergangenen Jahrhunderten durch und durch «modern» ist, änderte sich in diesen Jahren wenig. 3. Die sechziger und frühen siebziger Jahre bezeugen eine Entwicklung, die gleichbedeutend ist mit einer zweiten vorehelichen Revolution (die erste fand am Ende des achtzehnten Jahrhunderts statt).

Das mag als ein Schock erscheinen. Viele haben alle Perioden vor dem Zweiten Weltkrieg für «traditionell» gehalten. Da das Buch unter anderem darlegen will, daß die wirkliche traditionelle Gesellschaft um 1850 ihr Ende gefunden hat, würden wir gern eine andere Bezeichnung für die Zeit unserer Großväter finden; im sexuellen Verhalten waren sie tatsächlich unseren Vätern sehr ähnlich. Andere haben sich das Vorurteil zurechtgelegt, 1900 als den Anfang vom Ende der westlichen Gesellschaft zu bezeichnen, als den Wendepunkt hin zu dem spektakulären Spenglerschen Untergang von Moral und Werten. Aber dieses Datum ist für den Wandel genauso unzutreffend, weil sich in den sexuellen Beziehungen zwischen jungen Männern und Frauen wenig änderte. Für die Bevölkerung im großen begann das Begräbnis der Keuschheit 1750, nicht 1900. Schließlich sollte eine Gruppe von Beobachtern, die hauptsächlich aus weltklugen Akademikern besteht (wenn es richtig ist, was ich sage), aufhören, die großen Veränderungen im sexuellen Verhalten der Jugendlichen während der sechziger Jahre des zwanzigsten Jahrhunderts als eine optische Illusion oder eine kleine Welle in den Gezeiten der Geschichte abzutun.[67] Im Gegenteil, wir erleben eine Transformation des sexuellen Verhaltens, deren Ausmaße dramatisch sind und deren Auswirkungen noch lange spürbar sein werden.

Was für Beweise gibt es dafür, daß der voreheliche Geschlechtsverkehr in der Zeit von 1900 bis 1950 immer auf dem gleich hohen Niveau blieb? Es gab zum Beispiel wenig Änderung bei den vorehelichen Schwangerschaften – das heißt bei der Zahl der legitimen Kinder, die innerhalb von acht Monaten nach der Heirat geboren wurden. Auch heute noch ist das ein ziemlich empfindlicher Indikator für das Ausmaß des Geschlechtsverkehrs, weil verlobte Frauen (die hier hauptsächlich in Frage kommen) die Verhütung nicht so wirksam praktizieren wie nicht verlobte – die nicht mit einer ehrenrettenden Ehe, um Pannen zu vertuschen, rechnen können. In den Vereinigten Staaten bestand eine siebenprozentige Chance, daß eine verheiratete weiße Frau 1900–1909 schon schwanger war, als sie vor den Altar trat; 1945–1949 war die Chance zehnprozentig – keine große Veränderung.[68] In Schweden war 1911 die Wahrscheinlichkeit eins zu drei, daß eine Frau schon schwanger war, wenn sie heiratete; 1948 hatte sich nichts geändert.[69] Und in den deutschen Industriestädten begann vor dem Ersten Weltkrieg jede dritte, bis hin zu jeder zweiten Ehe mit einer schwangeren Braut. Dreißig Jahre später war das Verhältnis noch gleich.[70] In vielen Fällen war die vorbräutliche Schwangerschaft am Ende des achtzehnten Jahrhunderts höher als in der Mitte des zwanzigsten, weil die

Verhütung außerhalb der Ehe in den dazwischenliegenden Jahren beträchtlich zugenommen hatte.

Man darf nicht vergessen, daß die Illegitimität in den Jahren 1900–1940 in jedem Land jäh abfiel. Eine Gruppe von Soziologen hat diesen Rückgang schon in einer anderen Publikation beschrieben (E. Shorter, J. Knodel und E. van de Walle, *The Decline of Non-Marital Fertility in Europe, 1880–1940.* Population Studies, 25 (1971), Seite 375–393), und ich sehe keine Veranlassung, die Statistiken und Diagramme hier zu wiederholen. Aber nach einer ausgedehnten technischen Analyse, die hier wiederzugeben viel zu ermüdend wäre, schlossen sie, daß die Illegitimität nicht deswegen abnahm, weil der Geschlechtsverkehr nachgelassen hätte, sondern weil die Menschen häufiger Verhütungsmaßnahmen anwandten.[71]

Schließlich wurden eine Anzahl soziologischer Untersuchungen über die Häufigkeit des Geschlechtsverkehrs vor der Ehe für die Zeit von 1900–1950 durchgeführt. Die berühmteste ist die von Kinsey, aber es gibt auch andere. Deuten sie auf eine erhebliche Zunahme des vorehelichen Verkehrs in der ersten Hälfte des Jahrhunderts hin? Die Antwort ist unklar. In den Vereinigten Staaten beleuchten solche Statistiken nur eine ziemlich spezielle Bevölkerungsgruppe: den gebildeten Mittelstand. Und in Frankreich, dem einzigen anderen Land, für das Untersuchungsergebnisse vorliegen, hat eine gewisse Liberalisierung stattgefunden, aber erst in den Jahren nach 1940.

Kinsey sah in den zwanziger Jahren den großen Wendepunkt in den Vereinigten Staaten. Frauen seiner Versuchsreihe, die von 1900 bis 1910 geboren waren und die infolgedessen nach dem Ersten Weltkrieg volljährig wurden, hatten mehr vorehelichen Verkehr als Frauen, die vor 1900 geboren wurden. Er entdeckte jedoch keine späteren Veränderungen beim Ausmaß des vorehelichen Verkehrs. – Bei Männern fand er überhaupt keinen Trend. Nach Kinsey machte Amerika also seine sexuelle Revolution in den goldenen zwanziger Jahren durch und erreichte dann eine hohe, aber dauerhafte Rate.[72]

Der zweite Teil von Kinseys Schlußfolgerung deckt sich mit meiner Analyse; der erste nicht. Die Dinge spielten sich nach den zwanziger Jahren ein, aber sie nahmen ihren Anfang beträchtlich früher, wenn meine Behauptung stimmt. Mängel in der Konstruktion von Kinseys Versuch scheinen die Shorter-Hypothese zu retten. Kinsey stützte sich besonders auf Freiwillige – und welche Art von Menschen beantwortet Fragen wie *diese*, möchte man dazwischenrufen – und überrepräsentierte in seiner Untersuchung den Mittelstand mit Universitätsbildung.[73] Vermutlich hat Kinsey ausgerechnet die letzte soziale Gruppe zu fassen bekommen, die an der Liberalisierung der vorehelichen Moral teilnahm: die Töchter des Bürgertums des amerikanischen mittleren Westens. Wenn Statistiken über Illegitimität und voreheliche Schwangerschaft überhaupt ein Anhaltspunkt für das *volkstümliche* Verhalten sind, dann hatte sich eine Mehrheit der Bevölkerung schon weit vor den zwanziger Jahren auf eine liberalere Gesellschaftsordnung zubewegt, wahrscheinlich zu einem noch nicht näher spezifizierten Zeitpunkt im neunzehnten Jahrhundert.[74] Nach den zwanziger Jahren stagnierten die Zahlen des vorehelichen Verkehrs innerhalb dieser Bevölkerungsschicht, die repräsentiert war durch die Töchter kleiner Geschäftsleute und Versicherungsreisender, wie es zweifellos überall der Fall gewesen ist.[75]

Wenn Kinsey der führende Wissenschaftler war, der einen Wandel im Lauf der Zeit vor 1960 berichtete, so haben eine Anzahl anderer Forscher versucht, ein Bild des sexuellen Verhaltens zu bestimmten Zeiten zu erhalten, indem sie College-Studenten interviewten. Wenn wir diese Serie von «Schnappschüssen» aneinanderreihen, sollten wir Trends erkennen können – allerdings unter der riskanten Annahme, daß die Untersuchungen zuverlässig durchgeführt wurden und die Bevölkerungsgruppen vergleichbar waren. Aber es ergaben sich keine Trends. Von den Studenten mit Koedukation, die ein Wissenschaftler 1929 interviewte, berichteten 11 Prozent, sie seien sexuell aktiv. Von denen, die ein anderer Forscher im gleichen Jahr interviewte, gaben 35 Prozent dasselbe an. Während 47 Prozent von im Jahr 1953 interviewten College- und Oberschulmädchen erklärten, nicht mehr jungfräulich zu sein, sagten nur 14 Prozent der im Jahr 1959 interviewten College-Studentinnen, sie hätten schon «mit einem geschlafen» oder etwas Ähnliches im gleichen Sinne. Diese Musterbevölkerungen – ohne Wert – variierten zu sehr von einem Interview zum nächsten; die Resultate sind schwankend; die Kontrollen über Klasse, Städtertum, Gebiet oder was auch immer sind ungenügend. Die Ergebnisse sind nicht sehr verläßlich, und in keinem Fall deuten sie auf eine Zunahme des vorehelichen Verkehrs sogar bei den Frauen auf der Universität in den dreißiger, vierziger und fünfziger Jahren hin. Sie sagen nichts über die große Masse der anderen, in der wirklichen Welt lebenden Menschen.[76]

Das voreheliche Geschlechtsleben der französischen Frauen veränderte sich im zwanzigsten Jahrhundert rascher als das der amerikanischen Frauen. Hier die Ergebnisse von zwei Befragungen, eine über das sexuelle Verhalten, die andere über voreheliche Schwangerschaften.[77] Die Parallelen sind verblüffend:

Die Zeit, in der die Frauen die Reifezeit erreichten	Hatten Sie Verkehr vor der Ehe? Ja-Antworten in %		Prozent aller Ehen, in denen Kinder innerhalb von sieben Monaten geboren wurden
	IFOP-Umfrage	«Simon»-Umfrage	
1925–29	–	–	12
1930–34	15	} 11	13
1935–39	20		13
1940–44	32		17
1945–49	33	} 33	17
1950–54	38		19
1955–59	37		19
1960–69	–	55	19 (1960–61)

Zwischen 1925 und 1959 sieht man gleichzeitig mit jeder Zunahme bei den Umfrageresultaten des Französischen Instituts für Öffentliche Meinung (IFOP) über die Nichtjungfräulichkeit auch eine Zunahme der vorehelichen Schwangerschaften. Die Zahlen über voreheliche Schwangerschaften von 1960 und 1961 spiegeln jedoch die große Zunahme der sexuellen Aktivität nicht wider, wahrscheinlich weil in dieser Zeit die Verhütung die Verknüpfung von Geschlechtsverkehr und Schwangerschaft durchbrochen hatte. Am interessantesten an der obigen Tabelle ist der gewaltige Sprung beim Geschlechtsverkehr in den sechziger Jahren, wo nun über die Hälfte aller Frauen sexuelle Begegnungen vor der Ehe hatten – eine fünffache Zunahme gegenüber denjenigen, die ihre Zwanzigerjahre in den Jahren der Wirtschaftskrise erlebten.

So vermitteln uns verschiedene Arten von Daten ein vorläufiges Bild vom sexuellen Verhalten der jungen Leute in den ersten fünf Dekaden des zwanzigsten Jahrhunderts. Sie zeigen eine ziemlich hohe Teilnahme am vorehelichen Geschlechtsverkehr schon zu Beginn des

Jahrhunderts, sowie für die Frauen eine langsame Zunahme der Koituserfahrung. Aber erst die sechziger Jahre sahen dann größere Veränderungen im erotischen Leben der durchschnittlichen unverheirateten Frau. Es ist eine der kleinen Ironien der modernen Demographie, daß genau in der Zeit, wo aufklärende Informationen über Verhütung verbreitet wurden, die Zahlen der Illegitimität und der vorehelichen Schwangerschaften in die Höhe zu schießen beginnen. So rapide war die sexuelle Aktivierung der Unverheirateten in den sechziger Jahren, daß nicht einmal die Pille, auch nicht der erleichterte Zugang zur Abtreibung und die Automaten, wo man Kondome kaufen kann, die nach oben schnellende Kurve der außerehelichen Schwangerschaften hinunterdrücken konnten. Die vorehelichen Schwangerschaften erfuhren in den fünfziger Jahren in einigen Ländern und in den sechziger Jahren praktisch überall im Westen einen neuen Aufschwung, wie man ihn ähnlich seit 1800 nicht mehr erlebt hatte. In den späten sechziger Jahren senkte schließlich die Verbreitung der Pille diese aufschießenden Zahlen der Schwangerschaft. Aber bis die Pille wirksam wurde, hinterließ die Revolution im sexuellen Verhalten der Nachkriegszeit unverkennbare Spuren in den offiziellen demographischen Statistiken.

Praktisch jedes westliche Land sah nach dem Zweiten Weltkrieg große Zunahmen der Illegitimität. Australiens Illegitimitätsrate zum Beispiel stieg um sieben «Punkte» von 12 Geburten auf 1000 unverheiratete Frauen im Jahr 1950 auf 19 im Jahr 1965. Englands Rate verdoppelte sich von 10 auf 20 pro 1000. In Schweden kletterte die Illegitimität von 20 auf 28. Nur in Westdeutschland, Frankreich und Finnland war die Wahrscheinlichkeit, daß die durchschnittliche Frau ein uneheliches Kind hatte, 1965 *nicht* wesentlich höher als 1950. Und in Frankreich begann nach 1965 ein neuer Anstieg der Illegitimität.[78]

In den Vereinigten Staaten können wir einige der Triebkräfte, die diese gewaltigen Sprünge mitverursachten, erkennen. Ein Faktor, der zum Teil die rapide Zunahme der Illegitimität in Amerika nach dem Krieg verursacht hat, war die Verbesserung der Gesundheit der durchschnittlichen Frau, da sie durch die bessere Ernährung und die Abnahme der Geschlechtskrankheiten (besonders bei den Schwarzen) leichter schwanger wurde. Aber als die Illegitimität in Amerika weiter in die Höhe schnellte und zwischen 1961 und 1968 (dem letzten Jahr, über das Daten vorliegen) jedes Jahr zunahm, wurde es deutlich, daß auch andere Faktoren am Werk waren, am bemerkenswertesten die Zunahme des Geschlechtsverkehrs.[79] In der Mitte der sechziger Jahre unseres Jahrhunderts verminderten schließlich Verhütung und Abtreibung bei den älteren unverheirateten Frauen die Illegitimität. Aber bei den Teenagern stieg die Zahl weiterhin. Über die Hälfte der unehelichen Geburten in den Vereinigten Staaten gehen auf das Konto der Jugendlichen. Und weil Teenager hinsichtlich der Verhütung anscheinend so naiv sind, bleiben sie die einzige Gruppe, deren sexuelle Aktivität wir wie einen Kondensstreifen, den die Quote der Illegitimität hinterläßt, verfolgen können.[80]

Voreheliche Schwangerschaft nahm ebenfalls zwischen dem Ende des Zweiten Weltkriegs und der Mitte der sechziger Jahre drastisch zu. Andere Länder machten dieselbe Erfahrung wie Frankreich. In der Schweiz stieg die Wahrscheinlichkeit, daß eine Braut an ihrem Hochzeitstag schwanger war, von 24 Prozent im Jahr 1955 auf 29 Prozent im Jahr 1965; in den Niederlanden von 17 auf 19; in England von 13 auf 20. Ja, in den Vereinigten Staaten *verdoppelte* sich sogar das Risiko einer vorehelichen Schwangerschaft zwischen der Mitte der vierziger und der Mitte der sechziger Jahre.

Mit der Revolution der Verhütung nach 1965 begann jedoch die voreheliche Schwangerschaft überall zurückzugehen. In keinem Land außer Frankreich lagen die Zahlen von 1970 über denen von 1965; in Skandinavien fielen die Zahlen auf fast die Hälfte – aber in Skandinavien war die Illegitimität auch entsprechend angestiegen.[81] Mit der Pille haben die Schwangerschaften außerhalb der Ehe aufgehört, ein verläßlicher Indikator sexueller Aktivität zu sein. Aber in der Periode vor der Pille, also vor 1965, deuten die Zahlen der Illegitimität und der vorehelichen Schwangerschaft auf einen bedeutenden Wandel im sexuellen Verhalten der durchschnittlichen Frau.

Untersuchungen bestätigen im Überfluß diese Zunahme des Geschlechtsverkehrs, wenn wir annehmen wollen, daß die in den sechziger Jahren befragten College-Studenten überhaupt für die allgemeine Bevölkerung typisch sind. Leider dachte fast kein Soziologe daran, irgendeine Gruppe außerhalb des Hochschulbereichs über ihr sexuelles Verhalten zu befragen, und die wenigen vorhandenen Untersuchungen repräsentativer Querschnitte umfaßten keine verschiedenen Altersgruppen. Infolgedessen können wir nicht direkt bestimmen, in welchen zeitlichen Abläufen sich der Wandel vollzog.[82] Aber von den Universitätsstudentinnen in der gesamten westlichen Hemisphäre fiel in den sechziger Jahren die Jungfräulichkeit ab wie der Kokon vom Schmetterling.

– An der Universität Uppsala in Schweden stieg der Prozentsatz von Frauen, die «am Geschlechtsverkehr teilgenommen hatten», von 40 Prozent im Jahr 1960 auf 65 Prozent im Jahr 1965, das ist eine jährliche Zunahme von 5 Prozent. An kirchlichen Schulen war die Zunahme noch phänomenaler: von 38 Prozent auf 77 Prozent in einer, von 80 Prozent auf 87 Prozent in einer anderen. Man näherte sich der Obergrenze.[83]

– Bei den Frauen auf dänischen Universitäten wurde die Obergrenze 1968 tatsächlich erreicht. 1958 hatten sich volle 40 Prozent von ihnen als jungfräulich erklärt; zehn Jahre später verblieben nur noch 3 Prozent.[84]

– Eine Serie von Untersuchungen enthüllte rapide Zunahmen der Zahlen der Nichtjungfräulichkeit. Bei einem typischen Durchschnitt jugendlicher Frauen, die 1971 befragt wurden, hatte fast die Hälfte im Alter von neunzehn schon Geschlechtsverkehr gehabt – verglichen mit weniger als 20 Prozent in den Tagen von Kinsey.[85] Studentinnen waren besonders freizügig. Der Geschlechtsverkehr hatte bei den Universitäten, die Vance Packard in der Mitte der sechziger Jahre untersuchte, um 60 Prozent zugenommen – fast die Hälfte der Studentinnen war nicht mehr jungfräulich.[86] Eine andere Untersuchung, bei der etwas über die Hälfte aller Studentinnen schon sexuelle Erfahrungen angab, teilte die Klassen wie folgt auf:[87]

Nichtjungfräulichstudentinnen

im ersten Studienjahr	15–20 Prozent
im zweiten Studienjahr	30–35 Prozent
im dritten Studienjahr	40–45 Prozent
im letzten Studienjahr	50–60 Prozent
Graduierte	60–70 Prozent

Andere Autoren fanden, daß Studenten mit Koedukation 1968 innerhalb des Rahmens eines schon recht festen Verhältnisses viel häufiger Geschlechtsverkehr hatten als noch 1958.[89] Eine letzte Steinfliese auf diesem Weg nach Sodom war eine Untersuchung, die zwar eine bescheidene Zunahme der sexuellen Aktivität von Frauen an einer Universität des mittleren Westens in den Jahren von 1958 bis 1968 (von 21 auf 34 Prozent)[89] angab, jedoch eine *Verdreifachung* des Geschlechtsverkehrs bei Frauen an einer ungenannten Mormonen-Universität des Westens registrierte. Überall taten es die Studenten jetzt häufiger, hatten mehr Vergnügen daran und hatten danach weniger Schuldgefühle. Die Untersuchungsergebnisse für verschiedene Länder bestätigen pflichtgemäß diese Beobachtungen. Es blieb schließlich dem Gallup Pool, dem 1935 von G. Gallup gegründeten «American Institute of Public Opinion», überlassen, jeden noch vorhandenen Zweifel daran zu tilgen, daß eine sexuelle Revolution im Gange war: Der Prozentsatz der Amerikaner, die glauben, «es sei falsch, wenn die Leute vor der Ehe sexuelle Beziehungen unterhalten», fiel von 68 Prozent im Jahr 1969 auf 48 Prozent im Jahr 1973 – ein Rückgang um 20 Prozentpunkte in vier Jahren![90]

Hier im englischen Kanada, meiner Wahlheimat, hat die sexuelle Revolution bei den Universitätsstudenten zusehends Fortschritte gemacht. Nach einer unveröffentlichten Untersuchung der Universität Toronto hatten 1968 68 Prozent noch nie Geschlechtsverkehr gehabt, aber nur 62 Prozent im Jahr 1971, was eine durchschnittliche jährliche Zunahme der Nichtjungfräulichkeit von 2 Prozent bedeutet.[91] Allerdings ist das nichts gegen die schwedischen Kirchenschulen.

Wenn Jean-Louis Flandrin damit recht hat, daß die vormoderne Jugend, die von schändlich autoritären Eltern und repressiven Gemeinschaften vom heterosexuellen Geschlechtsverkehr abgehalten wurde, sich massenweise der Masturbation zuwandte, müßten wir eigentlich erwarten, daß das Vorkommen der jugendlichen Autoerotik im Lauf der Zeit zurückging. In dem Maße, wie junge Männer und Frauen mit dem Geschlechtsverkehr begannen, müßten sie ihre «solitären Praktiken» aufgegeben haben. Wenn Flandrin recht hat, müßte die Jugend der Vergangenheit gegenseitige Masturbation, oral-genitale Kontakte und Sodomie aufgegeben haben – zu denen sie theoretisch Zuflucht nehmen mußte, um ihre Spannungen zu lösen –, sobald ihnen der genitale Verkehr mit Angehörigen des anderen Geschlechts möglich wurde.

Ich glaube aber, daß Flandrin nicht recht hat. Ich glaube, daß all das in der guten alten Zeit höchstens in winzigem Maße stattgefunden hat und daß erst unsere moderne Zeit verantwortlich für die weitverbreitete Autoerotik und die sexuellen Experimente bei unverheirateten Jugendlichen geworden ist. Masturbation und polymorphe Sexualität sind *Schöpfungen* der Modernisierung, aber nicht ihre Opfer.

«Perioden» für das Umsichgreifen von Masturbation und neumodischen sexuellen Praktiken bei der Jugend aufzuzeichnen ist unmöglich.

Wir haben nichts den demographischen Statistiken Vergleichbares, das es uns erlauben würde, die letzten vierhundert Jahre in Halbjahrhunderte sauber aufzuteilen. Wir haben bereits auf das ohrenbetäubende Schweigen der Quellen über Masturbation vor 1750 und das anschließende Schauspiel des ärztlichen Verdikts hingewiesen. Die einzige Frage ist nun noch, ob bereits im späten achtzehnten Jahrhundert ein hoher Stand der Masturbation und der koitalen Erfindungsgabe bei der Jugend erreicht wurde oder erst in unserer Zeit. Ich stimme für das letztere. Eine Menge von soziologischen Untersuchungen nach dem Krieg haben Zahlen und Formen vorehelicher erotischer Aktivität ans Licht gebracht, die in der älteren Welt, wie ich sicher bin, einfach nicht möglich gewesen wären.

Es besteht kein Zweifel, daß die Masturbation ums Jahr 1900 in Europa ziemlich verbreitet war. Wir können das aus den Geboten schließen, daß die Wände der Toiletten schwarz bemalt sein und daß Jungen ihre Hände aus den Taschen nehmen mußten, und auch aus der offensichtlichen Gleichgültigkeit, mit der die untere Schicht das ganze Thema behandelte – zum Beispiel der junge deutsche Arbeiter, der sich beim Vormittagsvesper auf seiner Werkbank zurücklehnte und masturbierte, «ohne das auch nur im geringsten vor den vielen jüngeren Leuten zu verbergen, die herumstanden».[92] Jedenfalls hatte die Autoerotik bei den deutschen Arbeitern in den sechziger Jahren ihre höchstmögliche Ausbreitung erreicht. Vier Fünftel der Männer masturbierten im Alter von fünfzehn und neun Zehntel mit zwanzig; bei den Frauen waren es ein Drittel mit fünfzehn und fast 60 Prozent mit zwanzig. Diese Verbreitung war aber nicht charakteristisch für die Arbeiterklassen überhaupt. Deutsche Studenten begannen ein wenig früher zu masturbieren, und Arbeiterinnen machten es häufiger als Studentinnen.[93]

In den sechziger Jahren war die Masturbation bei fast allen männlichen Jugendlichen vertreten, während sie bei den Mädchen weniger häufig vorkam. Alfred Kinsey zum Beispiel fand heraus, daß 80 Prozent der amerikanischen Männer mit fünfzehn zu masturbieren begonnen hatten, aber nur 20 Prozent der Frauen.[94] Eine 1964 an schwedischen Oberschulen durchgeführte Untersuchung stellte fest, daß vier Fünftel der Jungen und ein Drittel der Mädchen masturbierten.[95] Ähnliche Resultate ergaben sich bei einer Untersuchung mit einer französischen Versuchsgruppe: Drei Viertel der Männer hatten masturbiert, aber nur ein Fünftel der Frauen. Alle waren bei der Befragung über zwanzig, und manche Skeptiker glauben, daß eine Anzahl der Frauen gelogen hat.[96]

Solche Untersuchungen enthüllten einen geringen Anstieg der Masturbation über eine bestimmte Zeitspanne hinweg. In den Zahlen Kinseys zum Beispiel war die Wahrscheinlichkeit, daß nach 1900 geborene amerikanische Frauen masturbierten, um 10 Prozent höher als bei den früher geborenen. Und die obenerwähnte französische Studie brachte zutage, daß die Masturbation bei den jüngeren Generationen, besonders den Männern, häufiger war.[97] Ob solche Bruchstücke auf einen ansteigenden Trend zur Autoerotik im zwanzigsten Jahrhundert hindeuten, ist nicht klar; aber für mich ist es jedenfalls ersichtlich, daß diese sexuellen Verhaltensmuster in den Kleinstädten und Dörfern Frankreichs, Deutschlands und Englands im achtzehnten Jahrhundert nicht vorkamen.

Auch die sexuellen Praktiken bei den Unverheirateten haben sich mit der Modernisierung verändert. Von den vielen Variationen erotischer Aktivität, die Männer und Frauen zusammen ausüben können, wollen wir den oral-genitalen Kontakt herausgreifen. In Gesellschaften, die das Küssen tabuisierten und im Verschränken der kleinen Finger eine großartige öffentliche Zurschaustellung von Leidenschaft sahen, kann ich wirklich nicht glauben, daß es häufig zu oral-genitalen Kontakten und ähnlichem kam.[98] Heute dagegen fand Kinsey, daß ungefähr ein Viertel der jugendlichen amerikanischen Männer irgendeine Form des oral-genitalen Kontakts erlebt haben. Und während er keine direkt vergleichbaren Daten für Frauen zur Verfügung stellen konnte, scheint es doch, daß fast die Hälfte der unverheirateten Frauen mit nennenswerter sexueller Erfahrung «versucht hatten, die männlichen Geschlechtsteile mit dem Mund zu stimulieren», und daß der Prozentsatz im Lauf der Zeit anstieg.[99] Fast die Hälfte der 1968 befragten jungen deutschen Arbeiterinnen hatten an oral-genitalem Sex teilgenommen, und 33 Prozent von ihnen spielten dabei die aktive Rolle. Bei den Studentinnen hatten 64 Prozent Erfahrungen mit derartigen Aktivitäten. Interessanterweise waren die Zahlen für die Männer in beiden Gruppen niedriger.[100]

In England hatte ein Drittel der jungen Mädchen, nach einer Untersuchung in der Mitte der 60er Jahre, die Geschlechtsteile eines Jungen gestreichelt, und ein höherer Prozentsatz war selbst gestreichelt worden; aber oral-genitaler Kontakt als solcher war sehr selten.[101] Es scheint, daß ein charakteristischer Zug bei den Unverheirateten in

England nicht der orale Sex ist, sondern das Beharren auf «Prügeln und Schlagen vor Petting oder anderen Intimitäten»; denn bei einer Untersuchung sprachen sich 17 Prozent der Männer für diese Rangordnung aus, im Gegensatz zu 8 Prozent der Amerikaner und 5 Prozent der «feinen» jungen Kanadier.[102]

Ich kann mir nicht vorstellen, daß es in traditionellen Zeiten auch so war.

An diesem Punkt erhebt die Schlange der Klassenunterschiede kurz ihr Haupt. Es gab bei der Verbreitung der Illegitimität erhebliche Unterschiede von Schicht zu Schicht, Unterschiede, die wir auch in anderen Bereichen des Gefühls wieder antreffen werden. Die Explosion der Illegitimität und die Revolution der vorehelichen Sexualität begannen zuerst bei der unteren Schicht; sie erfaßten die Mittelschicht erst viel später und in geringerem Ausmaß.

Als die Illegitimität im achtzehnten Jahrhundert in Frankreich um sich griff, waren praktisch die einzigen Frauen, die außerhalb einer Ehe schwanger wurden, Dienstmädchen, Wäscherinnen, Näherinnen, Spinnerinnen und ähnliche proletarische Geschöpfe. Außereheliche Schwangerschaft passierte hübschen Mädchen aus guten Familien einfach nicht; oder wenn sie doch vorkam, trug fast keine ein lebendgeborenes Kind aus, das dann als illegitim registriert wurde. Von den Frauen im Dorf Isbergues im Artois im späten achtzehnten Jahrhundert, die uneheliche Kinder zur Welt brachten, waren zum Beispiel vierzehn Arbeitertöchter, acht Spinnerinnen, vier Dienstmädchen; bei drei von ihnen ist die Beschäftigung nicht bekannt.[103] Illegitimität gab es nicht einmal bei den vermögenden Bauern. Von den unehelichen schwangeren Frauen in Lille im achtzehnten Jahrhundert kam kaum eine einzige aus der oberen Schicht.[104] Und in den zwanziger Jahren des neunzehnten Jahrhunderts berichtet ein deutscher Arzt ausdrücklich, daß Arbeitermädchen die voreheliche Schwangerschaft nicht einmal für unmoralisch halten, während «die Bürgerstöchter entschieden gegen diese Auffassung sind». Hier zählt der unversehrte Ruf einer Jungfrau sehr viel; ein moralischer Fehltritt entehrt sie und ihre Familie und zerstört gewöhnlich ihre Geborgenheit und ihr Glück.[105] Von den 339 unehelichen Müttern in einigen Londoner Pfarreien um 1850, deren Beschäftigungen man kennt, waren nur drei «Damen von Stand», und der bei weitem größte Teil waren Dienstmädchen.[106] Man könnte Beispiel auf Beispiel häufen.[107] Illegitimität in der alten Zeit betraf fast ausschließlich die untere Schicht.

Mit der Zeit wurden jedoch auch die Töchter des Mittelstandes hineingezogen – nicht in gleichem Maß wie die Proletarier, aber doch in zunehmendem Verhältnis. Einige deutsche soziale Studien aus dem späten neunzehnten Jahrhundert zeigen mehr als nur Spuren von Illegitimität beim Bürgertum auf; wie zum Beispiel in Dresden:[108]

Herkunft der vor der Heirat schwangeren Frauen in Dresden, 1890–94

Arbeiterschaft	56 Prozent
Kleinbürgertum	28 Prozent
Handel, Industrie	10 Prozent
Kunst, Literatur	3 Prozent
Höheres Beamtentum	3 Prozent
Zusammen	100 Prozent

Die Bereitschaft der durchschnittlichen jungen Frau, ein uneheliches Kind zur Welt zu bringen, und ebenso die absolute Zahl solcher Frauen hat bis zur Jahrhundertwende wahrscheinlich auch zugenommen. Proletarische Industrien, wie die Textilindustrie, hatten auch weiterhin höhere Quoten von Illegitimität, aber weibliche Angestellte in Erziehung, Gesundheitswesen und Büros folgten nicht allzuweit dahinter. In den neunziger Jahren hatten zum Beispiel in Baden die Proletarier vielleicht jährlich drei bis vier Geburten pro hundert unverheiratete Frauen und die Angestellten vielleicht eine pro hundert.[109] Keine dieser vereinzelten Statistiken ersetzt eine gute zeitliche Serie von Illegitimitätsquoten, die nach Klassen eingeteilt sind. Aber man kann wohl nicht leugnen, daß um 1900 der Geschlechtsverkehr eine wichtige Realität im Leben der unverheirateten Frauen der Mittelschicht geworden war, während das ein Jahrhundert früher noch nicht der Fall gewesen war.

In unserer heutigen Welt haben voreheliche Schwangerschaft und Illegitimität bei der Mittelschicht bedeutende Proportionen erreicht, obwohl immer noch die untere Schicht höhere Ziffern hat. Zahllose Statistiken deuten auf ausgedehnten Sex vor der Ehe bei den Angestellten hin; gäbe es bei der Mittelschicht nicht eine größere Vertrautheit mit Verhütung und Abtreibung, so hätte sich die Lücke zwischen den beiden sozialen Klassen wahrscheinlich inzwischen ganz geschlossen.[110]

Wir werden ein ähnliches Modell beim Auftauchen anderer Aspekte des Gefühls antreffen: Eine Klasse macht als Vorläufer den Anfang, und die anderen, die sich weniger schnell in die entsprechende Richtung entwickeln, folgen später nach. Bei der vorehelichen Sexualität ist es die untere Schicht, die den Anfang macht, und die mittlere, die ihr später folgt. Aber bei der Sorge um das Kind und einer neuen Vorliebe für das warme Herdfeuer ist die Situation, wie wir sehen werden, umgekehrt.

Um zum Schluß zu kommen: Die eigentliche Botschaft dieses Schwalls von Statistiken ist der Trend zur Befreiung der Jugend von den sexuellen Repressionen und Kontrollmechanismen, die ihr durch die Familie und die sie umgebende Gemeinschaft auferlegt worden waren. Sexuelle Aktivität hat sich von einem gefährlichen und marginalen Aspekt der Beziehungen zwischen Unverheirateten zum zentralen Punkt der Partnersuche und des Partnertreffens gewandelt. Diese Entfesselung der Sexualität, die alle konkurrierenden Leidenschaften (wie zum Beispiel Geiz und Familienegoismus) in der Arena der Brautwerbung vernichtete, geschah in zwei Schritten – zwei getrennten sexuellen Revolutionen.

Erstens im späten achtzehnten Jahrhundert der Einbruch des vorehelichen Geschlechtsverkehrs in das Leben der Unverheirateten. Vor dieser Zeit konnte sich ein Paar nicht weiter als ein oder zwei Schritte vom Altar befinden, wenn sich der Geschlechtsverkehr in greifbarer Nähe befinden sollte. Danach jedoch war die Wahrscheinlichkeit groß, daß verlobte Paare ziemlich früh während der Verlobungszeit Geschlechtsverkehr hatten; und mit der Zeit schliefen auch nichtverlobte Paare, die einfach gelegentlich ausgingen, miteinander.

Dann kam die Generalisierung des Geschlechtsverkehrs in den späten fünfziger Jahren des zwanzigsten Jahrhunderts, die die Mehrzahl der Unverheirateten umfaßte. In den sechziger Jahren war die Möglichkeit größer geworden, daß junge Leute, die sich zugetan waren, ihre Beziehung auf den sexuellen Bereich ausdehnten; das betraf vermutlich auch die, die gefühlsmäßig nicht so sehr miteinander verbunden waren. Es war fast sicher, daß sie mit ihren Experimenten weit über die «missionarische Position» hinausgingen. Wie wir in einem späteren Kapitel sehen werden, wurde schließlich die Wahrscheinlichkeit überwältigend groß, daß sich das Paar, wenn es zu Dissonanzen entweder im quantitativen oder qualitativen Bereich der Sexualität kam, trennte und der Tanz der Werbung um jemand anderes von neuem begann. Und *das* wäre in vergangenen Zeiten undenkbar gewesen.

4. Kapitel

Romanzen und Romantik

Wenn Menschen Geschlechtsverkehr miteinander haben, so bedeutet das natürlich nicht unbedingt, daß sie sich lieben. Die Brautwerbung könnte sexualisiert worden sein, ohne daß sich an den grundlegenden emotionalen Bindungen irgend etwas geändert hätte. Aber gerade das ist in Wirklichkeit nicht geschehen. Zur gleichen Zeit, da das voreheliche Verhalten freizügiger wurde, erfaßte eine Woge des Gefühls die Partnersuche und das Partnertreffen und ersetzte familiäre und praktische Überlegungen durch «Neigung», «Liebe» und schließlich «Romantik».

Die besitzorientierte Brautwerbung war nur solange möglich, wie die Gemeinschaft sich aktiv in die Bildung der Paare einmischte. Sich selbst überlassen, hätten die jungen Leute nie daran gedacht, sich auf «traditionelle» Weise zu verhalten, denn sexuelle Begierde, körperliche Attraktivität und gegenseitige Sympathie sind immer dazu angetan, sich durchzusetzen. Die jungen Menschen mußten zuerst sozialisiert werden, um in diesen Dingen instrumentell zu handeln, und zwar nicht durch ihre eigenen Familien (von denen viele arm waren und kein väterliches Erbteil durch eine Heirat bewahren mußten), sondern durch die ganze Dorfgemeinschaft, die sie umgab. Die traditionelle Brautwerbung konnte nur im Rahmen der Kontrollen funktionieren, die die *peer group* und die Erwachsenengesellschaft auf die Jugend ausübte.

Die Umwandlung der Brautwerbung von einer instrumentellen zu einer gefühlsbetonten Verhaltensweise hatte zwei Aspekte. Der eine war der Entschluß der jungen Menschen selbst, ein Wertsystem, das die Betonung auf die Treue zur Generationenabfolge und auf die Verantwortlichkeit gegenüber der Gemeinschaft legte, durch ein anderes zu ersetzen, das das persönliche Glück und die Selbstentfaltung voranstellte. Der andere war das Durchschneiden der Fäden, an denen die Gesellschaft früher die Paare ihre kleinen Brautwerbungstänze hatte machen lassen, und die Beendigung der Kontrollen der Gemeinschaft über junge Männer und Frauen, die sich zueinander hingezogen fühlten. Von nun an wollen wir uns selbst finden, sagten sie. Es war der Wunsch frei zu sein, die eigene Persönlichkeit zu entfalten und die persönlichen Ziele zu verwirklichen, der den Vorhang zwischen der privaten Brautwerbung und dem öffentlichen Verhalten zuzog. Erst als Partnersuche und Partnertreffen «privatisiert» waren, konnte das Gefühl Wurzel schlagen und die romantische Liebe aufblühen.

Für die Geschichte der Familie ist dieser Wandel der Brautwerbung sowohl ein Wesenszug als auch ein Schlüssel. Der plötzliche Einbruch der Romantik in die Brautwerbung mußte seinen Stempel auf dem reifen Paar hinterlassen. Kurz, das Auftreten der wahren Liebe außerhalb der Familie beeinflußte gleichermaßen, was innerhalb von ihr vorging. Das werden wir dann im 6. Kapitel behandeln. Aber der Wandel in der Brautwerbung ist gleichzeitig auch ein Schlüssel für den umfassenderen Wandel im Intimleben. Sobald die Menschen einmal im Haus verschwunden sind, entzieht sich ihr Intimleben dem Auge des Historikers. Ob die einfachen Schichten am abendlichen Feuer sich die Hände hielten und ähnliches, wissen wir einfach nicht, weil sie selbst nicht darüber sprachen; und die gebildeten Beobachter aus dem Mittelstand, die als Zeugen für uns so wichtig sind, wußten es auch nicht – denn wenn das Paar sich die Hände hielt, hörte es damit auf, wenn der Doktor zu Besuch kam. Die Paare bleiben jedoch sichtbar, solange sie außerhalb des Hauses sind, sich vor den Augen der Öffentlichkeit miteinander beschäftigen und innerhalb des Rahmens der seit langem bestehenden familiären Institutionen miteinander verkehren. Wir können sie am Sonntagabend Arm in Arm in deutschen Kleinstädten spazierengehen und auf den schmalen Feldwegen des ländlichen Frankreich radfahren sehen. Vielleicht setzten sich diese neuen Verhaltensweisen und Empfindungen auch in den häuslichen Beziehungen fort, so daß sich das Paar schließlich in unserer Zeit – theoretisch – bis ans Ende seiner Tage romantisch verhielte.

Werben und Freien nach alter Sitte:
Wie man sich traf und kennenlernte

In der Zeit der traditionellen Brautwerbung wurden alle Situationen, wo Jungen und Mädchen sich zum erstenmal trafen, von einer Gruppe überwacht. In manchen Fällen hatten sich die Jugendlichen selbst organisiert; in anderen war es die Gemeinschaft als Ganzes. In jedem Fall handelte es sich um eine kollektive Überwachung. Junge Frauen trafen sich einfach nicht mit jungen Männern, ohne daß andere Menschen dabei waren. Die meisten von der Jugend kontrollierten Gelegenheiten gab es an den Sonntagen. Leute aus den umliegenden Höfen kamen zum Gottesdienst in die Kirche oder auch, um in den Cafés herumzusitzen; dann begannen am Nachmittag die Begegnungen mit dem anderen Geschlecht. Ein sehr üblicher Brauch war in den deutschen Dörfern der Abendspaziergang (Abendmarkt). Die jungen Leute gingen paarweise auf und ab und sangen bis spät in die Nacht. Danach durften die Paare sich zurückziehen und ihre Erfahrungen machen. Die Gemeinschaft hatte ja den Prozeß der Partnerwahl überwacht.[1]

Für Westfrankreich haben wir eine etwas klarere Vorstellung vom Kräfteverhältnis bei diesen Begegnungen. Am Ostermontag strömte die Jugend des Distrikts Marais de monts im Departement Vendée nach dem Kirchgang in dessen Hauptstadt Challans. Die Jungen streiften in Gruppen herum, und die Mädchen stellten sich an einer Mauer auf, mit dem Blick zur Straße. «Wer wird wohl auftauchen», fragten sie sich (wie der Chronist berichtet), «der Rechte oder ein Ekel?» Gegen zwei Uhr versammelten sich allmählich die Jungen in Grüppchen vor den Mädchen und bemühten sich, so gleichgültig wie möglich auszusehen. Die Schlachtordnung sah dann folgendermaßen aus:

Aufstellung zu Beginn der Begegnung zwischen Burschen und Mädchen in Challans-Ville, 1906

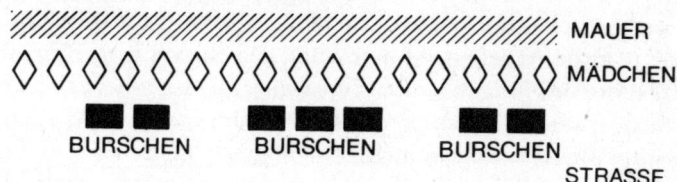

Nach: Marcel Baudouin: *Le Maraichinage*, Paris, 1932, S. 52

147

«Die Mädchen teilen sich alsbald in sechs Gruppen auf, und ich zähle von links nach rechts: Nr. 1, vier; Nr. 2, drei; Nr. 3, ein Mädchen allein; Nr. 4, vier; Nr. 5, zwei; Nr. 6, zwei... Ein Junge spricht, wie wir unten sehen, mit der Gruppe Nr. 4; zwei Jungen mit Nr. 5, und zwei mit Nr. 6. Es ist klar, daß die Mädchen der Gruppen 5 und 6 in ein paar Sekunden versorgt sind (*casée*) und haben, was sie wollten.»

Das Vorgehen der Burschen bei der Kontaktaufnahme mit den Mädchen

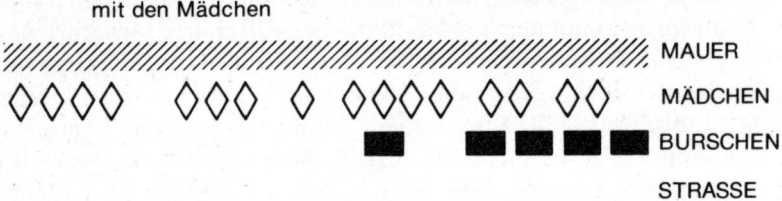

Nach: Marcel Baudouin: *Le Maraichinage*, Paris, 1932, S. 56

Wenn auch Baudouins etwas martialischer Bericht über diese Prozedur für meine Zwecke peinlich spät kommt, um so mehr, als diese Paare sich zurückzogen, um den Zungenkuß zu praktizieren (*le maraichinage*), wurden die Teilnehmer offenbar doch von durchaus traditionellen Überlegungen geleitet. «Ich beobachte drei Burschen, die etwas entfernt herumstehen, um sich die Schau als Ganzes zu betrachten und die Qualität der Ware zu diskutieren. Man könnte sie schon für Bauern halten, die auf dem Viehmarkt ein Paar Ochsen auswählen, die sie für ihre Pflüge brauchen.»[2] Ob das so ausgewählte Stück nur gerade für den Nachmittag oder fürs ganze Leben bestimmt war, wird aus dem Bericht nicht klar. Jedenfalls, was für unsere Zwecke wichtig ist, ist der öffentliche Charakter des ganzen Unternehmens.

Anderswo gingen etwa fünfzehn junge Männer, anstatt sich auf dem Hauptplatz zu versammeln, von Haus zu Haus, um die heiratsfähigen Töchter zu besuchen. «So entwickeln sich gegenseitige Zuneigungen, und der Bursche, der heiraten möchte, trifft seine Wahl.»[3]

Daß manche Arbeiten auf dem Land gemeinsam ausgeführt werden mußten, bot den jungen Leuten eine weitere Gelegenheit, sich kennenzulernen, während sie unter sich blieben. Im frühen modernen Finnland zum Beispiel versammelten sich junge Leute abends auf dem Dreschboden, um Flachs zu brechen und zu schwingen, wobei Jungen und Mädchen sich die Partner aussuchten und kleine Wettbewerbe austrugen, bei denen die siegten, die zuerst fertig wurden. Oder sie trafen sich in der Sauna, um Malz zu trocknen, oder auf dem Feld, um eine Teergrube einzubrennen, oder auch in verschiedenen Nebengebäuden, um das Kochen der Wäsche, das Räuchern der Wurst, das Schnapsbrennen und die Geburt von Kälbern zu überwachen. Diese Tätigkeiten waren alles «Wachen», bei denen die Menschen viele Stunden anwesend sein mußten.[4]

Von den verschiedenen Gelegenheiten, Bekanntschaften zu machen, die von der Jugend selbst kontrolliert wurden, war in weiten Teilen Europas das nächtliche Bettfreien die wichtigste. Der Leser wird sich aus dem vorhergehenden Kapitel erinnern, daß das nächtliche Bettfreien aus zwei Teilen bestand: zuerst der gemeinsame Rundgang von Haus zu Haus, um die Mädchen zu besuchen (der sogenannte Kiltgang), und dann das Zurückbleiben von einem nach dem anderen bei einem Mädchen, um mit ihm die Nacht keusch zu verbringen. Hier interessiert uns, wie weit verbreitet die kollektive Seite des Bettfreiens außerhalb von Skandinavien war. In Westeuropa begegnete man dem gemeinsamen Besuch und der Überwachung hauptsächlich entlang der Ostseeküste, der deutschen Nordseeküste und in den deutschsprachigen Alpenländern. In Frankreich gab es praktisch keine gemeinsamen nächtlichen Besuche, aber die Dorfjugend organisierte sich zu einer Anzahl von Zwecken, auf die wir später zu sprechen kommen und von denen einer das Hofmachen war. Junge Menschen (nicht nur Jugendliche, sondern auch ältere Junggesellen) organisierten sich mit einem «Hauptmann» an der Spitze und mit Pflichtbeiträgen. Burschen, die nicht die vollen Beiträge zahlten, durften nicht nächtlich den Hof machen. Im allgemeinen jedoch wird die Brautwerbung, je weiter man von Deutschland nach Westen kommt, desto stärker von der Gemeinschaft als ganzer überwacht, und in geringerem Maße speziell von der Jugend.[5]

So interessant derartige, von der Jugend kontrollierte Einrichtungen zum Kennenlernen auch sein mögen, die vom Dorf als ganzem ausgeübten waren im Erleben des typischen Jugendlichen von größerer Bedeutung. Freilich meine ich mit dem «Dorf» nicht, daß der Gemeinderat tatsächlich die jungen Leute zusammenholte und die Paarbildung überwachte. Ich meine nur, daß Personen jeden Alters und Berufs dabei waren, wenn das Kennenlernen im Gang war, daß sie beobachteten, was passierte, und – durch Klatsch, Spott und Rat – garantierten, daß die Jugend sich erwartungsgemäß verhielt.

In Frankreich und Deutschland waren die hauptsächlichsten von der Gemeinde veranstalteten Arenen der Brautwerbung die Arbeitsabende, die *veillées*. Wenn ich so an meiner Schreibmaschine in Toronto sitze, ist es schwierig für mich, mir etwas dem modernen, städtischen Erleben oder zumindest der Welt, in der ich lebe, Fremderes vorzustellen. Der französische Begriff «*Veillée*» – das deutsche Gegenstück ist «Spinnstube» oder «Rockenstube» – bedeutet einfach ein abendliches Arbeitskränzchen zum Spinnen, Stricken oder Nähen, und in meinen sicherlich typisch nordamerikanischen Vorstellungen beschwört das das Bild eines ländlichen Tanzvergnügens im Stall mit Burschen und Mädchen, die karierte Wollsachen tragen, herauf. Aber für die Welt, die wir verloren haben, sind andere Bilder angemessen. Wir stoßen auf eine Bauernschaft, die eng genug beieinander lebte, um drei bis vier Abende in der Woche zusammen verbringen zu können, und dabei das private Schicksal jedes einzelnen zu einer Gelegenheit aller machte. Diese Zusammenkünfte in fast jedem Teil des europäischen Kontinents waren ein unabdingbarer Teil im Leben des Volkes. Nur in England ist diese Sitte weniger ausgeprägt und erklärt damit, warum es im Englischen keinen entsprechenden Begriff für diese abendlichen «Kränzchen» gibt.

Bei der Veillée versammelten sich die Frauen aus den Bauernhäusern oder den Häusern des Dorfes am Abend in irgendeinem Stall, um zu spinnen oder zu nähen. Es gab verschiedene Varianten: Manchmal kamen Männer dazu, manchmal nicht. Oft, aber nicht unbedingt, wurde zum Schluß getanzt, oder es gab irgendeine andere Form der Unterhaltung. Die Saison der Veillées konnte an Allerheiligen, also am 1. November beginnen, in anderen Fällen begann sie erst am Tag der hl. Katharina, also am 25. November. Mitte Januar, nach dem Erscheinungsfest, konnte die Saison zu Ende gehen oder auch erst vor dem Karneval im März. Der Abend war manchmal um neun Uhr beendet, und die Frauen zogen früh heim, in die Betten ihrer kalten Häuser – häufiger waren es Ställe; oder er dauerte bis 12 Uhr, ja bis in die frühen Morgenstunden, wenn es Tanz und Belustigungen gab. Die Veillée war so vollständig in die Struktur des volkstümlichen Lebens hineinverwoben, daß sie uns noch an verschiedenen Stellen dieses Buches beschäftigen wird. Aber hier interessiert uns hauptsächlich, welche Funktion sie innerhalb der Brautwerbung hatte.[6]

Die Veillée erleichterte die Partnersuche, indem sie heiratsfähige

Mädchen zusammenbrachte. Gruppen von fünf bis sechs Jungen gingen von Stall zu Stall, schauten, was in jedem los war, und machten dann Annäherungsversuche.[7] Es gab viele Formen von rituellen Prozeduren für diese einleitenden Verhandlungen. Das Mädchen konnte ihren Spinnrocken fallen lassen, um zu sehen, wer sich darum riß, ihn aufzuheben. Finnische Mädchen, die hofiert werden wollten, hatten leere Messerscheiden, und wenn die Jungen die Dinge in Gang bringen wollten, steckten sie ihre Messer hinein.[8]

Man kann sich die Aufmerksamkeit vorstellen, mit der die anderen im Stall diese Manöver verfolgten. Die ersten Paarbildungen fanden im vollen Licht der Öffentlichkeit statt, wie im Maconnais, wo die Freier, «ein wenig verlegen waren wegen der Anwesenheit so vieler Leute und der Witze, deren Zielscheibe sie manchmal waren. Der Mut, um einige leise, zarte Worte miteinander auszutauschen, kam erst, wenn die allgemeine Unterhaltung so laut und lebhaft geworden war, daß sie einige Augenblicke unbeobachtet verbringen konnten.» Freilich waren sie zu diesem Zeitpunkt nicht unbedingt verlobt, da sie noch nicht mündig waren. Aber im Rahmen der Veillée wurde jeder folgende Schritt in Richtung auf den Altar ganz genau beobachtet, das Herantreten an die Eltern durch einen Vermittler, die Werbung um die zukünftige Braut... «Das ganze Dorf war über das Auf und Ab des Angebots des Freiers unterrichtet, über die Haltung des Mädchens, das Verhalten der Eltern, so daß niemand überrascht war, wenn das Ergebnis schließlich bekannt wurde. Die Bitterkeit aber wurmte um so mehr, wenn der Freier abgewiesen wurde und jedermann wußte, daß er ‹einen Korb bekommen› hatte.»[9]

Wie ging es nun wirklich während der Veillée bei dem Paar zu? Schicklich in den ländlichen Gemeinden von Nordfrankreich. Abends kamen vielleicht zehn Frauen an einem für diesen Zweck gemieteten Ort zusammen. Alle brachten Stühle mit, und die Töchter teilten die ihrigen mit ihren Freunden. «Die jungen Mädchen haben die Taschen voll mit Nüssen, die sie austeilen oder sich wegnehmen lassen.»[10] In Savoyen erzählten sich die Leute bei den Arbeitsabenden Geschichten, oder die jungen Frauen sangen «mit der durch die Anwesenheit der jungen Männer gesteigerten Fröhlichkeit. Dort bei den Veillées kommen gewöhnlich die ersten Verbindungen zustande.» (Der Autor fügt hinzu, daß in den Großstädten und den kleinen Städten Kartenspiele die Stelle dieser Arbeitskränzchen einnahmen.) Der Abend endete gewöhnlich mit einem oder zwei Tänzen.[11] In Frankreich wurde nach stundenlangen heiklen Verhandlungen, um festzustellen, wer wen verehrte, und nachdem die Teilnehmer sich mit Geister- und Werwolferzählungen das Gruseln beigebracht hatten, getanzt: Gavotten und Menuette und der Schwingtanz von Boitou. Die Mädchen tanzten bis zur Erschöpfung und gingen dann vermutlich mit ihren Müttern nach Hause.[12]

Diese Abendkränzchen hatten offensichtlich auch den Zweck, teures Brennholz zu sparen, indem man sich in einem Stall versammelte, wo die Menschen den Vorteil der gegenseitigen Wärme und derjenigen der Tiere und des dampfenden Dungs hatten. Und natürlich waren die Hände der Frauen den ganzen Abend lang mit Wollespinnen und Sokkenstricken beschäftigt. Aber die Überwachung der Brautwerbung, die Unterwerfung jugendlicher Freundschaften und Neigungen unter den prüfenden Blick älterer Frauen war nicht die geringste dieser Funktionen. In einigen Gegenden Frankreichs wurden die Veillées ausdrücklich von Leuten veranstaltet, die Töchter verheiraten mußten, und die «Fidel und die Pfeife, die weit in die Nacht hinaus schallten», spielten den Rhythmus des Werbungstanzes.[13] Die Veillée erlaubte es der Gemeinschaft, die «Bildung» des Paares zu überwachen; und als einzelne junge Männer und Frauen sich schließlich weigerten, ihr Intimleben dieser Form der Überwachung zu unterwerfen, löste sich die Einrichtung auf.[14]

Außerhalb Frankreichs konnte man andere Formen der Veillée antreffen. Bevor das neunzehnte Jahrhundert den großen Wandel brachte, war die Literatur, die sich mit der Form und Funktion der Veillée auseinandersetzte, recht mager, so daß es nur einige Hinweise gibt. Bei der finnischen Veillée spielten Tanz und Spiel eine größere Rolle. Sie ermöglichte es den Teilnehmern auch, die ganze Nacht in jedem beliebigen Haus – nicht im Stall – zu verbringen, wo sie zufällig zusammengekommen waren, denn die Strenge des finnischen Winters lud nicht gerade zu einem Heimweg um 11 Uhr nachts ein. In Rußland wurden die Partner bei solchen Übernachtungen durch das Los bestimmt.[15] Schweizer Veillées sind wohl mehr durch die Jugend selbst als durch die Gemeinschaft kontrolliert worden, und trotz wiederholter Versuche der protestantischen Kirche, sie zu unterdrücken, benützten die Jungbauern weiterhin das Spinnen als Vorwand für das Werben und um nachts herumzustromern. In welchem Maß ältere Leute bei diesen Gelegenheiten anwesend waren, ist unklar.[16] So ist im europäischen Rahmen die französische Form der Veillée sehr viel zahmer, und die

Leidenschaften der Jugend werden mehr durch die Gemeinschaft gezügelt. Aber überall gibt es das gewohnte Netz der Mütter, die Wolle spinnen, um jugendliche Gelüste einzufangen. Das ist eine ausgesprochen «traditionelle» Vorkehrung, um die Arbeit in den Dienst der Repression zu stellen.

Eine zweite Arena für Bekanntschaften, die die Gemeinschaft als ganze überwachte, war das Tanzen. Obwohl die große allgemeine Begeisterung für den Tanz erst im neunzehnten Jahrhundert begann, boten sich auch in der traditionellen Gesellschaft zahlreiche Gelegenheiten; und die Jugend, die daran teilnahm, wurde streng beobachtet. In Göttingen zum Beispiel war es ungesetzlich, daß noch nicht konfirmierte Mädchen (das heißt etwa Sechzehnjährige) Tanzveranstaltungen ohne die Begleitung der Mutter besuchten.[17] Und obwohl französische Mädchen das Café oder die Weinstube am Ort zum Nachmittagstanz besuchen durften, mußten diejenigen, die abends ausgingen, mit der Mutter gehen, die ihre Erfahrungen hatte. Die Mütter reihten sich an der Wand des Saales auf «wie Girlanden aus Zwiebeln», während sich die Verehrer und die Umworbenen auf dem Tanzboden miteinander duellierten. «Und wenn dann gegen 11 Uhr oder Mitternacht der bescheidene Tanzabend zu Ende ging, richteten alle Dorfdrachen ihre Aufmerksamkeit darauf, wer mit wem auf dem dunklen Heimweg hinter den Wagen der wachsamen Mütter ein Paar bildete. Schließlich kam der hoffnungsvolle junge Mann nach zahlreichen eingeplanten Verzögerungen beim Haus des Mädchens, den Arm um ihre Taille gelegt, an; und die Klatschbasen bemühten sich dann zu erfahren, ob er ohne weitere Umstände weggeschickt wurde oder ob die Dinge weit genug gediehen waren, daß er zu einem Schlummertrunk eingeladen wurde, dem üblichen Angebot an einen Freier, den man ermutigen wollte...»[19] Von zentraler Bedeutung dabei ist, daß es wenig Gelegenheit für die jungen Mädchen gab, sich in den Betten grober junger Männer herumzutreiben.

Die Verhältnisse in den Ardennen zeigen die Tänze sehr deutlich als einen festen Bestandteil der dörflichen Organisation. Am Abend des Jahresfestes gingen die Jungen von Haus zu Haus «mit einem gewaltigen Korb voller Bänder in allen Farben». Jedes Mädchen erhielt eines, «das elegant auf ihrer linken Schulter schwebte wie ein zierlicher Flügel». Diese Bänder waren die Eintrittskarten zum Tanz am folgenden Tag; man kann sich vorstellen, mit welcher Aufmerksamkeit die Vorgänge verfolgt wurden und wie sorgfältig sie vorbereitet waren. Und mehr noch: Am Tag nach dem großen Tanzfest waren die Mädchen daran, die Jungen einzuladen. Beim Tanz, der von morgens bis abends dauerte, konnten sie «alte Neigungen erneuern, neue anknüpfen, Aussichten ermutigen, die sie aufblühen sehen wollten, und sich für Vernachlässigungen und Kränkungen vom Vortag oder auch vom ganzen vergangenen Jahr rächen. Für sie ist es ein echter Tag der Emanzipation.»[19] In gleicher Weise veranstalteten in der Schweiz traditionelle Jugendorganisationen Dorftänze. Im Elm, im Kanton Glarus, wählten die Burschen des Orts «Tanzmeister», die Bänder und Blumen am Hut hatten, um die Musiker zusammenzuholen, die Mädchen einzuladen und Paare zu bilden, wie sie es für richtig hielten.[20]

Leider stammen diese Informationen großenteils aus der Mitte des neunzehnten Jahrhunderts, als die traditionellen Formen der Brautschaft sich bereits in voller Auflösung befanden. Schon bei diesen Zeugnissen treffen wir auf wesentliche Aspekte der romantischen Liebe, von denen ich vermute, daß sie ein Jahrhundert früher noch fehlten. Aber man muß diese Dorftänze – den Brennpunkt des Bestrebens der Gemeinschaft zur Organisation, den Leitstern für alle Augen – mit dem Schauplatz einer Diskothek hundert Jahre später vergleichen. Die Bildung der Paare war immer noch ein öffentliches Ereignis.[21]

Eine dritte von der Gemeinschaft veranstaltete Gelegenheit für die Brautwerbung waren die Dorffeste, von denen es über das Jahr verstreut mehrere gab. Anders als in unserer Zeit, wo das Kalenderjahr weitgehend vereinheitlicht ist und die Tage sich wenig unterscheiden, war der Ablauf der Tage in der traditionellen Gesellschaft von Festen unterteilt, einige davon religiös (wie die Fastenzeit und Weihnachten), andere weltlicher Natur und mit dem landwirtschaftlichen Kalender verknüpft (wie der Maifeiertag und das Erntefest). Weil die meisten dieser Feste mit Trachtentragen, kleinen Gesellschaften, Trinken, Tanzen und sogar gemeinsamen Mahlzeiten verbunden waren, boten sie ausgezeichnete Gelegenheiten zum Kennenlernen. Aber sogar bei diesen Gelegenheiten, wo die Jugend sicher nach Belieben, im Hintergrund das Schwatzen der nicht mehr nüchternen Älteren, hin und her pendeln konnte, behauptete sich die Überwachung durch die Gemeinschaft. Wir verdanken unser Wissen über diese Dorffeste und Rituale hauptsächlich den Volkskundlern. Für den ordnungsliebenden Geist ist die Volkskunde ein wahrer Dschungel. Die Sitten und Bräuche sind von Bezirk zu Bezirk verschieden, und die Sachkenner legen alle eine hochmütige Verachtung der Chronologie und historischen Entwicklung an den Tag.[22] Wir müssen einfach im Auge behalten, daß trotz örtlicher Verschiedenheiten im großen und ganzen eine Ähnlichkeit in den Grundlagen des traditionellen Kalenders bestand und daß der Schwerpunkt des Brauchtums, das wir jetzt behandeln wollen, das frühe neunzehnte Jahrhundert war.

Zunächst die Höhepunkte der Brautwerbung im traditionellen französischen Kalender.

Karneval. Die Woche vor der Fastenzeit war Zusammenkünften gewidmet, besonders die drei Tage bis zum Fastnachtsdienstag – *Mardi gras*, der letzten der großen Festlichkeiten. Dann kamen der Aschermittwoch und die vierzig Tage bis Ostern, die in Ernst und Stille verbracht werden sollten.

Der Karneval brachte Jungen und Mädchen auf verschiedene Weise zusammen. In vielen Dörfern fanden traditionelle Spiele statt, wobei die Jungen und Mädchen einander auf Wippen, die in den Ställen auf Stämmen befestigt waren, in die Höhe schleuderten oder mit verbundenen Augen Hämmer warfen oder Eierläufe machten.[23] Die jungen Männer und Frauen führten auch zusammen kleine Possen und dramatische Darstellungen auf, deren Texte, die sie im voraus verfaßt hatten, die Dummheit oder Habgier einzelner Bürger des Ortes verspotteten. In einem burgundischen Dorf zum Beispiel wurde eine arme Frau, die nicht wußte, wie sie ihren Mann mit Blutegeln behandeln mußte und ihm diese zum Essen gebraten hatte, im darauffolgenden Karneval zum Mittelpunkt eines Umzugs. Einer der Teilnehmer marschierte mit einer gewaltigen «Blutegelbratpfanne» vorbei, während die anderen Spottverse über die Dummheit der Frau sangen.[24]

Noch günstiger für die Brautwerbung waren die vielen Tanzvergnügen in der Karnevalszeit. Anders als im neunzehnten Jahrhundert, wo sich die Tanzgelegenheiten über das ganze Jahr verteilten, drängten sie sich in der traditionellen Gesellschaft auf eine kleine Zahl festlicher Ereignisse zusammen. Aber in diesen Zeiten wurden sie geradezu frenetisch betrieben. Im folgenden die Gelegenheiten, die der Karneval in Prats-de-Mollo – in den Ostpyrenäen – bot:

– Der «Bärentanz» von Candlemas (am 2. Februar), der Auftakt zum Karnevalszyklus. Bei diesem üblichen Vorspiel verkleideten sich mehrere Einheimische als Bären, brachen in Häuser ein, beschmierten die Frauen mit Ruß und streichelten ihnen die Brüste.

– Der «Hahnreitanz» an dem dem Fastnachtsdienstag vorangehenden Dienstag, den die Tuchhändlergilde aufführte.

– Freitag, Maskeraden, eine Stierjagd, am Abend ein Schlangentanz für die Männer und danach ein allgemeiner Tanz, der wahrscheinlich allen offenstand.

– Samstag, ein besonderer Tanz für die Dienstmädchen des Dorfes (deren Herrinnen ihnen etwas Putz liehen), auf den ein anderer für Paare, die im Begriff waren, sich zu verloben, folgte.

– Sonntag, «Raubzüge» von Gruppen Jugendlicher, um sich von jedem Haus Proviant für das Karnevalsfest zu verschaffen, dann ein Tanz der Paare auf dem Dorfplatz, dann ein Regen von Süßigkeiten, mit dem die Zuschauer alle überschütteten.

– Montag, eine Fortsetzung der Vergnügungen vom Sonntag, aber Tanz nur für die verheirateten Männer.

– Dienstag – *Mardi gras* –, Tanzvergnügen aller Art.

– Mittwoch, die Verbrennung der Karnevalsvogelscheuche, dann ein folkloristischer Tanz der Männer allein – bei dem die Frauen fernblieben, denn schließlich hatte ja die Fastenzeit begonnen.[25]

Man kann sich vorstellen, wie oft die heiratsfähige Bevölkerung des Dorfes in diesen acht Tagen zusammenkam. Man beachte aber, daß das Tanzen unweigerlich nur im öffentlichen Rahmen stattfand und daß Menschen aller Altersklassen und Stände zugegen waren.

Die wichtigste Gelegenheit zur Brautwerbung kam jedoch fünf Tage nach dem Fastnachtsdienstag, am ersten Fastensonntag, mit einer Reihe von zusammenhängenden Volksbräuchen, die *dônages* (kollektive Heiratsvermittlungen) und *brandons* oder *bures* (abendliche Freudenfeuer und Fackelzüge) genannt wurden. Obwohl es beträchtliche örtliche Abweichungen gab, war es eine übliche Sitte bei allen jungen Leuten im Heiratsalter, sich vor einem von ihnen, der die Rolle des «Ansagers» spielte, zu versammeln. Die Gruppe rief: «Wem gibst du Jean-Pierre?» (oder Marie-Claude oder sonstwen), und der Ansager gab dieser Person einen Partner vom anderen Geschlecht. Oder besser noch, die Gruppe beantwortete ihre eigene Frage selbst: «Wir geben Jean-Pierre der...» Diese Zusammenkunft konnte auf dem Dorfplatz, auf der Straße oder vor irgendeinem Haus stattfinden. Der Sprecher, ein Bursche mit starker Stimme und schlagfertigem Witz, stand vor seinen Altersgenossen auf einer Art von Podest.

Paare, die so zusammengeführt wurden, waren noch nicht verlobt oder gingen auch noch nicht miteinander, denn das hätten ja alle schon gewußt. Der Spaß war größer, Menschen zusammenzubringen, von denen man wußte, daß sie Interesse füreinander hatten, aber zu schüchtern waren, um sich zu erklären. Und noch lustiger war es, offensichtliche Mesalliancen zu stiften, wie zum Beispiel den armen Buckligen mit der Dorfschönen zu verkuppeln oder ein Mädchen, das schon glühend von einem Burschen verehrt wurde, mit einem anderen. (Diese Art von Humor machte freilich dem Brauch in einem Dorf ein Ende, wo die Polizei ihn verbieten mußte, weil es danach immer Raufereien gab.[26] Aber die meisten Verbindungen trafen das Richtige. Die *dônages* waren die Methode der *peer group*, um zu garantieren, daß die passenden Leute zueinanderfanden, ein kollektiver Eingriff in den sonst mehr zufälligen Mechanismus des Partnerfindens.

Diese so vorgeschlagenen Verbindungen waren keineswegs bindend. Ein Bursche konnte vielleicht dem Mädchen, mit dem er verkuppelt worden war, ein Glas Wein bestellen und es dann nie wieder sehen. Oder das Mädchen konnte später einmal mit ihm tanzen und hatte damit ihre Schuldigkeit getan. Dieser Brauch hatte also nichts mit Gruppenheiraten zu tun, auch nicht mit der kollektiven Versteigerung von Bräuten oder mit irgendeinem anderen gewichtigen folkloristischen Gepäck, das manche Autoren ihm oft aufbürden. Er war nur die sanfte Hand des Kollektivs in dem heiklen Prozeß der Paarbildung.

Die *dônages* waren ein mehr von der Gemeinschaft als der Jugend selbst betriebenes Eingreifen, weil jedes Paar sich in Hörweite aller bildete. In der Franche-Comté zum Beispiel stellten sich die jungen Männer in zwei Gruppen auf den beiden entgegengesetzten Seiten des Dorfs auf und schlugen dann bestimmte Paare vor, indem sie über die Dächer hinweg riefen: «X gebe ich Y. Wen möchtest du unterbringen?» («Je dône, je dône, qui dônes-tu. – Un tel à une telle.» Das geschah allerdings am Johannistag und nicht am Anfang der Fastenzeit.)[27] Dann holten sie die Mädchen in ihren Häusern ab, und es wurde getanzt.

Der zweite Akt der Paarbildung an diesem ersten Fastensonntag war das Freudenfeuer. Entweder versammelte sich die Dorfgemeinschaft um ein Feuer als Mittelpunkt, zu dem die Jugend in der vorhergehenden Woche eifrig Holz gesammelt hatte, oder die einzelnen Teilnehmer zündeten Fackeln an und zogen mit diesen umher. Solange das Feuer brannte, fanden Rundtänze statt; wenn nur noch die Asche glühte, sprangen die jungen Männer und Mädchen, die im Laufe des Jahres heiraten wollten, darüber hinweg. In ostfranzösischen Dörfern hatte sich speziell der Brauch herausgebildet, ein Wagenrad mit Stroh zu umwickeln, es in Brand zu stecken und dann zum Staunen der Zu-

schauer den Berg hinunterzurollen. Das Rad mußte derjenige Ehemann, der zuletzt geheiratet hatte, zur Verfügung stellen, aber der
Krieg von 1870 hatte solche Lücken in die Reihe der jungen Männer des
Dorfes gerissen, daß keine Heiraten mehr stattfinden konnten und der
gleiche Mann sieben Jahre lang Räder von seinen Wagen hergeben
mußte. Der Brauch wurde eingestellt, als er sich schließlich weigerte,
weitere Räder zu liefern (da sein Hof voll mit Wagen ohne Räder war),
– zur Bestürzung der unverheirateten Frauen, die das Fest der Feuerräder «als eine Art von Heiratsvermittlung, einen Ehemannmarkt, angesehen hatten, dessen Verschwinden die Reihen der alten Jungfern im
Dorf vergrößern könnte».[28]

Die Paarbildung um dieses Fastenzeitfeuer war nicht nur in Frankreich Sitte, sondern man kannte es im ganzen traditionellen Europa. In
Finnland galt diese Sitte mehr den Kindern, in Deutschland vielleicht
mehr den schon verlobten Paaren.[29] Die Rolle der Gemeinschaft, die
ein Vorschlagsrecht hatte, war in Frankreich wohl stärker ausgeprägt
als anderswo. Aber überall boten diese Freudenfeuer und Zusammenkünfte jedem, der zum Dorf gehörte, die Gelegenheit zu beobachten,
wie die Paare zueinanderfanden, die das Leben der Gemeinschaft aufrechterhalten würden.

Walpurgisnacht und *Maifeiertag* (am 30. April und 1. Mai). Wir
müssen uns bemühen, aus unserem Gedächtnis Bilder von Elfen aus
dem Sherwood-Wald auszumerzen, wenn wir uns nun den Mai-Fest-
lichkeiten zuwenden. Die Wirklichkeit war zugleich einfacher, aber
auch komplizierter; einfacher, weil die Festlichkeiten nur eben die Erklärung von Zuneigungen bezweckten, komplizierter, weil die zwei
Tage der kollektiven Disziplin einen Spielraum boten – und den verletzten Gefühlen und Gemeinheiten, die sich ergaben – wie auch den
Verhandlungen zur Paarbildung.

Der Zyklus begann mit einem Feuer am 30. April. Und wenn einst
diese Flammen viele magische Bedeutungen gehabt haben mögen, so
waren sie in der Zeit, aus der unsere Quellen anfangen zu berichten,
nur noch eine weitere günstige Gelegenheit für Jungen und Mädchen,
zusammenzukommen und zu tanzen. Was geschah, wenn das Feuer
ausgebrannt war und die Mädchen heimgegangen waren, ist interessanter. Die Jungen hefteten einzeln oder als Gruppe ein Büschel Laub
an das Haus jedes heiratsfähigen Mädchens im Dorf oder pflanzten einen entrindeten Baumstamm in ihrem Hof. Daran konnten für den
Fall, daß der Junge (oder die Jungen) dem Mädchen etwas Nettes sagen

und ernstlich den Hof machen wollte, hübsche Bänder und Blumen angebracht werden; oder aber Knochen und Ziegenköpfe, wenn der Junge es wegen früherer Demütigungen zurechtweisen oder die Gruppe in ihrer kollektiven Weisheit es als untreu, launenhaft, faul oder was auch immer tadeln wollte. Dieses Anbringen von Knochen und Abfall bedeutete eine tödliche Bedrohung des Rufs der ganzen Familie des Mädchens und erzeugte in manchen Fällen einen Haß, der Generationen andauern konnte. Im Departement Lot ist «ein solcher *mai* eine ernste Beleidigung und wird nie verziehen, da er sein Opfer dem bösesten Spott aussetzt».[30]

Das der Baumzucht entlehnte «Vokabular» gestattete feine Abstufungen des Gefühls. Zweige, die in der Walpurgisnacht am Hause eines Mädchens angebracht wurden, konnten folgende Bedeutungen haben:[31]

Birke: Freundschaft, Sympathie
Kornellkirsche: Unschuld oder, mit Bändern, Liebe
Kirsche: Heiratsfähiges Mädchen
Hainbuche: «Du bezauberst mich»
Haselnuß: Versöhnung
Tanne: «Ich liebe dich» (wenn mit Nadeln); zweifelhafte Tugend
    (wenn ohne Nadeln); boshaft (wenn schwarz bemalt)
Spindelstrauch: Hure
Buche: Haß
Stechpalme: Hartherzig (aber manchmal «ich liebe dich»)
Holunder: Abscheu
Platane: Dauerhafte Freundschaft

Aber nehmen wir an, daß alles gut gegangen ist und das Mädchen am Morgen des 1. Mai keine bösen Botschaften an seinem Haus gefunden hat. Der nächste Schritt war der Maitanz mit vielleicht einem Maibaum auf dem Dorfplatz. Das Mädchen befestigte das Band, das es an seinem eigenen *mai* gefunden hatte, an seiner Schulter und wartete beim Tanz bis der Kavalier, der das Band angebracht hatte, sich zu erkennen gab und ihm anbot, etwas zu trinken zu bestellen. Wenn das Mädchen weitere Aufmerksamkeiten von seiner Seite entmutigen wollte (vorausgesetzt, daß es wußte, wer er war), ließ es einfach das Band zu Hause, und das Gesicht wurde allerseits gewahrt.[32] Der Maifeiertag war also noch eine weitere Gelegenheit, um das Verhalten der einzelnen in Einklang mit den Normen der Gemeinschaft zu bringen und um die Bildung von Paaren zu erleichtern, die die Gemeinschaft als ganze billigte.

Johannis (Mittsommer, 24. Juni). Mehrere Arten von Partnersuche und Partnertreffen zogen sich durch den Zyklus von Festen, die am Vorabend von Johannis begannen und bis zum Fest von Peter und Paul dauerten (29. Juni). Zunächst gab es all das Tanzen, Singen und Taxieren, das die Feuerfeste, Fackelzüge und Feuerräder des Abends des 23. begleitete. In der Gironde erschienen die jungen Männer und Frauen in den üblichen Gruppen; dic Mädchen paradierten vor dem glühenden Baumstamm, und die Jungen nahmen sie schließlich in die Arme und hielten sie ein wenig über die glühende Asche, wobei sie «eins... zwei... drei...» zählten. Die Jungen erweckten den Anschein, als ließen sie die Füße der Mädchen in die Glut baumeln, und dann vervollständigte eine rettende Umarmung den Ritus.[33] Im Elsaß wiederum fertigten die Jungen kleine Rädchen aus Holz an, die in Brand gesteckt und als wirbelnde Kreise in die Nacht hinausgeschleudert wurden. «Jeder junge Bursche bietet eine solche Scheibe dem Mädchen an, das er liebt. Es ist ein gutes Zeichen, wenn es sie annimmt. Es gibt Freudengeschrei, wenn die Leute sich ungeschickt anstellen. Die Menge kehrt dann Arm in Arm in das Dorf zurück...»[34] So ähnlich waren alle periodischen Freudenfeuer, die sich über das ganze Jahr verteilten, mit Ausnahme der den Berg hinunterrollenden Räder – das Feuerwerk des frühen modernen Europa.

Was Johannis von den anderen Gelegenheiten zur Brautwerbung unterschied, war der Dienstmädchenjahrmarkt. In einigen Teilen Europas wurden Dienstboten für ein Jahr angestellt, beginnend an Allerheiligen (1. November); in anderen Gegenden fing der Jahresvertrag an Johannis an; in wieder anderen wurde der Dienstmädchenjahrmarkt alle zwei Jahre abgehalten – für eine Viermonatsperiode an Johannis (über die Hauptarbeitszeiten auf dem Feld) und für acht Monate an Allerheiligen. Am Anstellungstag versammelten sich die Dienstboten des Distrikts auf dem Marktplatz, wo man sie begutachten und auswählen konnte wie Vieh auf dem Markt, und wo es zur Besiegelung des Handels ein Gläschen gab. Sie hatten von ihrer früheren Arbeit her noch Geld in der Tasche, und den ganzen Tag wurde getanzt und gezecht, nicht nur von denen, die am Arbeitsmarkt beteiligt waren, sondern von allen. Dieses Fest war der sexuelle Höhepunkt des jährlichen Zyklus der Brautwerbung, und viele teilten das Schicksal des Dienstmädchens aus Bozas im Departement Ardèche, das, beschwipst von so vielem Tanzen um das Feuer, von den wiederholten Heiratsversprechen ihres Verführers (eines Bäckergesellen) verleitet und «so schwach wurde, daß es ihm am Vorabend von Johannis 1775 erlaubte, es sexuell kennenzulernen».[35]

Der Kirchweihtag. Im Herbst fand das letzte der großen Feste des Brautfreiens statt: der Kirchweihtag (*fête patronale*), dessen viele Namen den verschiedenartigen Ursprung eines Festes anzeigen, das im wesentlichen ein Erntedankfest war. Theoretisch eine religiöse Zeremonie zum Gedenken des Tages, an dem die Dorfkirche geweiht worden war (oder der Tag des Kirchenpatrons bzw. des Dorfheiligen), war diese gewaltige Zecherei auf das Ende der Erntesaison verlegt worden und hatte nur noch wenig religiösen Charakter. Es war in Wirklichkeit die große Entspannung nach der Mühsal der Erntearbeit, ein Anlaß für die Jahrmärkte des Jahres und eine vollkommene Gelegenheit für Partnersuche und Partnertreffen. In Frankreich waren die Kirchweihfeste über das ganze Kalenderjahr verteilt, während sie sich in Deutschland und Skandinavien auf den Herbst konzentrierten, manchmal an Michaelis (29. September), manchmal willkürlich auf irgendein Wochenende gelegt, wie etwa den dritten Sonntag im Oktober, den Joseph II. von Österreich in seinem Herrschaftsbereich für die Kirchweihen bestimmt hatte.[36]

Hier ein Beispiel dafür, welche Bedeutung die Brautwerbung bei einem typischen Kirchweihfest in Südwestfrankreich hatte: «An dem Tag, an dem das Fest des Schutzheiligen der jeweiligen Pfarrei gefeiert wird, strömen die Bewohner der Nachbargemeinden dort in großer Zahl zusammen, weniger aus frommen Gründen, als um an all den Vergnügungen teilzunehmen, die am Nachmittag stattfinden. Nachdem die jungen Burschen einige Stunden in der Weinstube verbracht haben, gehen sie wiehernd wie Pferde mit einem Kuchen, den ihre Freundinnen ihnen geschenkt und mit Bändern geschmückt haben, zum Marktplatz. Häufig hat jede Gemeinde einen Kuchen mit ihren speziellen Farben, und dieser bildet den Mittelpunkt, um den jede Delegation zum Klang des Dudelsacks oder der Drehorgel tanzt. Manchmal beteiligen sich die Mädchen an diesen geräuschvollen Belustigungen. So entstehen Rivalitäten zwischen den jungen Männern der verschiedenen Dörfer, und es ist selten, daß der Festtag ohne ernsthafte Keilereien endet.»[37]

In Nordostfrankreich gibt es andere Methoden, um das Auge der Öffentlichkeit auf die Paarbildung bei der Kirchweih zu lenken. Die Burschen irgendeiner Gemeinde bildeten ein Komitee zur Organisation der Festlichkeiten, und jeder steuerte genug dazu bei, um ein Faß Wein und einen Geiger zu bezahlen. Dieses gemeinsinnige Unternehmen gab ihnen dann das erste Recht auf eine Einladung bei den Mädchen, und ein Mädchen, das mit einem anderen «Kavalier» aufkreuzte, nachdem es die Einladung eines Mitglieds des Komitees abgelehnt hatte, konnte vom Tanz ausgeschlossen werden. Oder noch besser, das Komiteemitglied konnte einfach den Geiger anweisen, mitten im Tanz aufzuhören zu spielen, und auf den Außenseiter als den Burschen deuten, der schuld daran war, daß die Musik aufhörte. Jeder Eindringling, der danach noch weitertanzte, riskierte, wie der Chronist berichtet, eine «schwere Bestrafung».[38]

Das Problem bei diesen Berichten, wie auch bei der Flut ähnlicher Berichte aus Deutschland über Kirchweihfeste, die ich gesehen habe, ist ihr Ursprung im neunzehnten Jahrhundert. Besonders die deutschen Berichte vermitteln den Eindruck, daß die Jungen und Mädchen, aus so hinterwäldlerischen Gegenden wie Niederbayern, hinsichtlich der sexuellen Freizügigkeit nur noch mit denen aus dem antiken Ninive verglichen werden können.[39] Aber das war schon in der Zeit, wo die sexuelle und romantische Revolution bereits voll im Gange war. Wir sind die Opfer der berufsmäßigen Blindheit der Volkskundler gegenüber der Entwicklung. Für diese Autoren war jeder Zeitpunkt im neunzehnten Jahrhundert vor dem großen «Niedergang der Folklore» identisch mit jedem anderen im fünfzehnten Jahrhundert, und daher versäumen sie die präzisen Differenzierungen der Quellen, die erforderlich sind, um charakteristisch frühmoderne Züge zu entdecken. Aber Bruchstücke von Informationen zeigen an, daß Kirchweihfeste zwar seit undenklichen Zeiten als Arenen der Paarbildung gedient haben, aber erst spät auch den Geschlechtsverkehr zwischen den jungen Leuten erleichterten.[40]

Der folkloristische Ursprung dieser Schilderungen hat in unserer Darstellung der traditionellen Gesellschaft dem Bauerntum ein gewaltiges Übergewicht verschafft. Und wenn es auch stimmt, daß in jenen Zeiten die meisten Leute in Kleinstädten und Dörfern wohnten, so lebten doch vielleicht 10 Prozent der Bevölkerung in größeren Städten. Waren bei ihnen Formen der Partnersuche und des Partnertreffens sehr verschieden?

Das Städtertum veränderte mindestens drei Aspekte der Szenerie des «Miteinandergehens», wenn man sich an eine Handvoll neuerer Studien über Frankreich im achtzehnten Jahrhundert hält. Zunächst einmal gab es weniger Druck der Gemeinschaft hinsichtlich sexueller Verantwortlichkeit. In der Stadt waren Schwangerschaften von Bräuten zahlreicher und infolgedessen auch die Illegitimität, was beides darauf schließen läßt, daß die Paare häufiger vor der Ehe miteinander schliefen und daß der Verführer eher geneigt war – und es auch leichter in die Tat umsetzen konnte –, sich davonzumachen, wenn die Sache herauskam. Tatsächlich war im achtzehnten Jahrhundert in Grenoble die übliche Reaktion der Männer, deren Freundinnen schwanger geworden waren, die Flucht, und in Lyon im achtzehnten Jahrhundert verließen volle 70 Prozent der daran schuldigen Männer die Stadt vor der Geburt ihres Bastards.[41]

Diese Unterschiede in der sexuellen Verantwortlichkeit sind sicher dem verschiedenen Ausmaß an Kontrolle durch die Gesellschaft zuzuschreiben. In der Stadt konnten sich junge Männer und Frauen leichter an abgeschiedenen Plätzen oder wenigstens nicht bei gemeinschaftlichen Anlässen treffen. Junge Leute in der Stadt hielten sich zwar auch an den Festkalender wie die auf dem Land, aber was sie an Johannis trieben, war etwas völlig anderes. Eine Verabredung in der Stadt bestand aus einem Spaziergang – in Grenoble auf den «Champs Elysées» oder jenseits des Bone- oder Trois Cloîtres-Tors – oder vielleicht aus einem nicht von einer Anstandsdame begleiteten, unüberwachten Besuch in der Wohnung des Mädchens. Die meisten gefallenen Mädchen von Grenoble waren in der Küche, in ihrem Zimmer oder dem des Mannes verführt worden.[42] Beim jährlichen Arbeiterfest in Lille im Jahr 1821 (der *fête du Broquelet*) war das Zechen und Tanzen so hemmungslos, daß der arme alte Dr. Dupont glaubte, die Moral sei vollständig zusammengebrochen. «Eine Spitzenklöpplerin sang ein Liebeslied neben einem Spinnereiarbeiter, der vollständig in den Banden Bacchus' war. Ein Filtermacher schwor seiner Frau Treue, die unentwegt das Knie eines jungen Gesellen geheimnisvoll drückte...» Später drängten sich die Zecher alle in Kutschen, um nach Hause in die Stadt zu fahren.[43] Wieviel kollektive Überwachung dieses Treibens hätte es da geben sollen? Oder wie Susis Mutter zu der von Mary sagte: «Ich glaubte, sie sei in *deinem* Haus...»

Nicht nur die Kontrolle der Gemeinschaft war in der Stadt weniger wirksam, sondern auch ihre Mitwirkung bei der Paarbildung. Der Zweck der *dônages* in den Dörfern war, Paare zusammenzubringen, von denen die Gemeinschaft glaubte, sie seien für einander das «Richtige», und zwar nicht im Sinne des Gefühls – wenn das überhaupt in Betracht kam –, sondern sozial und wirtschaftlich. In der Stadt spielten zufällige Begegnungen eine größere Rolle. So ergab es sich, daß ein großer Teil der Verführer von städtischen Dienstmädchen andere Bedienstete aus demselben Haushalt oder aus der Nachbarschaft waren.[44] Arbeitgeber sind zu Beginn des achtzehnten Jahrhunderts in den Reihen der Verführer ebenfalls stark vertreten, wie wir gleich sehen werden. Wir wissen zwar nicht, ob auf dem Land ähnliche Verhältnisse herrschten, aber auf Grund unserer allgemeinen Kenntnis des gemeinschaftlichen Rahmens der ländlichen Brautwerbung ist es unwahrscheinlich, daß das Interesse der Gemeinschaft an der Vermeidung von Mesalliancen es gestattet hätte, daß zufällige Begegnungen die Proportionen erreichten wie in der Stadt. Und es ist auch unwahrscheinlich, daß die wachsamen Nachbarn es den Arbeitgebern erlaubt hätten, ihre Angestellten in einem vergleichbaren Maß sexuell auszubeuten.

Verstand und Gefühl beim Werben nach alter Sitte

Auch wenn die Paare sich in der Öffentlichkeit bildeten, zogen sie sich doch früher oder später auf ihre Privatsphäre zurück. Wenn das der Fall war, entstand dann zwischen diesen jungen Männern und Frauen Liebe? Gibt es Beweise für Spontaneität und Einfühlungsvermögen, oder waren ihre Beziehungen unter vier Augen nur eben kühl instrumentell? Kamen die Menschen zusammen, um ein persönliches Glück zu finden – oder um die materiellen Interessen der Familien, Verwandtschaftsgruppen und Gemeinschaften, deren Teil sie waren, wahrzunehmen?

Der sicherste Beweis für eine emotionslose Brautwerbung ist die arrangierte Heirat. Wenn die Wünsche der jungen Leute vollständig übergangen und sie mit demjenigen im Dorf verbunden wurden, der dem dynastischen Ehrgeiz ihrer Eltern am besten entsprach, dann waren Liebe und Gefühl definitionsgemäß nicht vorhanden.[45]

Teilweise hing das System der Auswahl von der sozialen Schicht ab. Bei der wohlhabenden Bauernschaft stellten aller Wahrscheinlichkeit nach die Eltern selbst die Verbindung her, oft schon, wenn das Paar noch im Kindesalter war; die Heirat folgte dann nach der Pubertät. Zum Entsetzen eines Beobachters «werden die Menschen in der Bresse sehr jung verheiratet. Die Kinder werden noch vor dem heiratsfähigen Alter verlobt... Ich sah in einer Weinstube in Coligy ein Treffen zweier Familien, die zusammengekommen waren, um ihre Kinder durch ein Heiratsversprechen miteinander zu verbinden. Der Bräutigam war am Tisch neben seine zukünftige Braut gesetzt worden, und keines von beiden hatte eine rechte Vorstellung davon, was mit ihnen geschah. Nach dieser feierlichen Gelegenheit mußten sie wieder getrennt werden, um sich erst endgültig zu vereinigen, nachdem sie heiratsfähig geworden waren. Das Alter der beiden Verlobten konnte zusammen kaum mehr als zwanzig gewesen sein.»[46] Am anderen Ende von Frankreich, im Limousin, war es dieselbe Geschichte: frühe Verlobung und Ehe nach der Heiratsfähigkeit. Die Sklaverei der Braut setzte sich fort, wenn sie in das Haus ihres Schwiegervaters umzog, wo sie sich etwa desselben Status erfreute wie ein Dienstmädchen.[47] Im Nivernais verfügten vor dem neunzehnten Jahrhundert die Patriarchen von clanartig erweiterten Familien über ihre heiratsfähigen Töchter gemäß den Interessen des Hauses. «Und wenn sich (der Patriarch) auch bemühte, die Gefühle der Beteiligten zu berücksichtigen, mußte die betreffende Person, wenn die Familiengemeinschaft durch eine andere Heirat ein vorteilhaftes Stück Land erwerben konnte, gehorchen.» Frauen, die auf diese Weise wegverheiratet wurden, erhielten Bargeld als Mitgift, mußten aber für immer auf ihre Erbfolgerechte am Besitz verzichten.[48]

Die Nachkommenschaft solcher verfrühter Verbindungen soll «unterentwickelt und kümmerlich» gewesen sein.[49] Die Verantwortlichen waren gleichgültig gegenüber dem Wohlergehen der jungen Bräute, die, da sie manchmal schon vor der Pubertät zum Geschlechtsverkehr gezwungen wurden (an Orten, wo die erste Menstruation erst mit sechzehn oder siebzehn stattfand), körperliche Schäden davontrugen und Kinder «nie oder sehr spät» bekommen konnten.[50] Das Heiratsalter war sogar in solchen Bastionen der arrangierten Ehen wie dem Limousin gewöhnlich zwischen zwanzig und dreißig, und daher wissen wir, daß frühe, forcierte Ehen nicht die Norm waren.[51] Aber für eine beträchtliche Minderheit der französischen Bauernbevölkerung mußte sich das Wohlergehen des einzelnen und das Glück des Paares den weiteren familiären Gesichspunkten unterordnen.

Für die meisten Paare wurde die Ehe jedoch nicht arrangiert. Die einzelnen wählten ihre Partner frei. Inwieweit konnte man wohl Liebe bei der Brautwerbung dieser Menschen beobachten? Zunächst müssen wir bedenken, daß unsere Formen, Gefühle auszudrücken, nicht allgemeingültig sein müssen. Menschen anderer Kulturen können genauso starke Gefühle haben wie wir, drücken sie aber in völlig anderen Formen aus. Wenn wir also die Bauernbevölkerung des achtzehnten und neunzehnten Jahrhunderts betrachten, so müssen wir beständig auf der Hut vor unvertrauten äußerlichen Ausdrucksformen des Gefühlslebens sein. Das folgende Bild einer Bauernliebe in der Auvergne im zwanzigsten Jahrhundert müßte unserem durch die Kultur mit Scheuklappen versehenen Geist Anlaß zu einer Denkpause sein:[52]

«Die bäuerliche Liebe ist immer stumm. Ein Gruß, ein Blick, ein Satzbruchstück. ‹Ah, da bist du›. Schweigen. Beim nächsten Mal legt der Junge seinen Arm um die Schulter des Mädchens. Freilich weiß er auch zu plaudern und seine Liebste zu unterhalten!

Da war einmal ein Bursche aus Mollanges, wie uns Angélique eines Abends erzählte, der zu seinem Mädchen sagte: ‹Du liebst mich?› Sie antwortete» ‹Hm›, als ob er gefragt hätte, ob sie Kartoffeln möge. ‹Wirst du mich immer lieben?› – ‹Hm.› Danach hatte der Junge nichts mehr zu sagen. Jetzt war sie daran: ‹Liebst du mich?› – ‹Hm.› – ‹Wirst du mich immer lieben?› – ‹Hm.› Sie wußten fast nichts darüber, wie man sich nachts zusammen liebte. Wie lachten wir über die beiden!»

Trotzdem behaupte ich – nach einer Pause und ein paar tiefen Atemzügen –, daß es im großen und ganzen, auch wenn man diese besondere Zeit und Kultur berücksichtigt, bei der *traditionellen* Brautwerbung kein romantisches Verhalten gegeben hat.

Unsere Quellen sind auf Frankreich beschränkt. Ziemlich wahrscheinlich machte eher ein Vermittler den Heiratsantrag als der junge Mann selbst. Prestige und Familienehre wurden von dem Ergebnis so stark berührt, daß ein Korb sehr schmerzlich gewesen wäre. Viel besser war es, jemand anderen zu haben, der die ersten Verhandlungen mit der Familie des Mädchens führte und die Vereinbarungen über die Mitgift in groben Umrissen ausarbeitete. Erst wenn im Prinzip eine Einigung erreicht war, erschienen die Eltern des Jungen und er selbst – im Schlepptau des Verhandlungsteams – auf der Bühne. Der Vermittler erhielt dann bei der Hochzeit einen Ehrenplatz, einen speziellen Krug Wein und vielleicht eine finanzielle Entschädigung.[53]

Aber auch wenn der Junge selbst den Antrag machte, schaltete eine ganze Menge konventioneller Formeln für den Antrag und die Ablehnung jede Möglichkeit einer unmittelbaren emotionalen Beteiligung aus. Diese französischen Bauern scheinen – wenn sie sich Versehen aufsagen und brennende Holzscheite hierhin und dorthin wenden –

um Lichtjahre von der Szenerie des zwanzigsten Jahrhunderts entfernt, wo die Partner sich ins Auge schauen und sagen: «Na, wann wollen wir heiraten?» Im Departement Gers der 1830er Jahre «kneift der junge Bauer das Mädchen in den Arm, und das ist sein Heiratsantrag. Nach einiger Zeit tätschelt ihm das Mädchen vertraulich sein Knie, und das ist dann die Annahme. Um weiterzukommen, ist die Zustimmung der Eltern erforderlich, besonders derjenigen des Jungen.»[54] Im Departement Charente ging alles sehr schnell vor sich, und es begann mit einem Tanz im Haus der Eltern des Mädchens, den diese für es veranstalteten. «Beim Tanzen kann sich ein junger Mann das Mädchen angeln. Es gelingt ihm, seine Absichten deutlich zu machen, indem er sie vertraulich auf seine Knie setzt, süße Nichtigkeiten und einen Liebesantrag flüstert und sie ein- oder zweimal umarmt. Der Erfolg ist gewährleistet, wenn ihr Vater ihn diskret bittet, hinterher zu einem Schlummertrunk zu bleiben.»[55]

Das Drehbuch für die Ablehnung lieferte die Tradition und nicht der Impuls. Nach der großen Unterredung mit den Großeltern (die das Haupt der Familie waren), brauchte der junge Verehrer im Morvan nur auf die Scheite im Feuer zu schauen, um die Antwort zu finden. Wenn sie zusammengelegt waren und hell brannten, hatte die Familie der Braut zugestimmt; wenn sie getrennt an den Enden des Herdes lagen und die Glut erstickt war, war er abgewiesen.[56] Zusammengerollte Schürzen, umgedrehtes Silbergeschirr, ein leerer Sack für den hoffnungsvollen Jungen oder eine Tasche voll Hafer – das alles bedeutete Ablehnung.[57] Das waren freundliche Wege, das Heiratsgeschäft zu erledigen, weil sie die Angelegenheit ohne viel Weinen und Schluchzen lösten. Aber das ist eben der Punkt: keinerlei Schauspielerei begleitete die Brautwerbung in der Welt, die uns verlorengegangen ist. Jauchzen und Verzweiflung mußten warten bis zum Aufbruch des Gefühls.

Schließlich war das Fehlen der Romantik in der bäuerlichen Brautwerbung an der Art und Weise festzustellen, wie das Paar sich in der Öffentlichkeit verhielt. Die Deutung der Sprache der Gesten ist das Riskanteste an dieser ganzen emotionalen Rekonstruktion der traditionellen Gesellschaft, denn die Bedeutung der Körpersprache kann sich dramatisch von einer Kultur zur anderen verändern. Man kann jedoch mit Sicherheit sagen, daß die bäuerlichen Begriffe von Überschwenglichkeit nicht die unsrigen waren. Was die jungen Männer und Frauen von der öffentlichen Zurschaustellung von Liebe dachten, kann man aus dem folgenden Bericht eines örtlichen Festes im Departement Landes ersehen:[58]

«Nach dem Gottesdienst versammelten sich die Gemeindemitglieder, etwa 150 Personen, vor der Kirche. Die Männer standen auf der einen Seite, die Frauen hockten in einem Kreis auf der anderen. Die jungen Leute beider Geschlechter bildeten zusammen eine Gruppe, und jeder hielt seinen Partner und hüpfte zu der Stimme eines Schafhirten, der von einer Sitzstange aus den Takt ausrief, auf und ab. Diese Art von Tanzweise hatte nichts Melodiöses; nur die Modulationen seiner Stimme waren zu hören, schroff, rauh, primitiv und ohne Rhythmus. Der Pfarrer und der Notar, die wie ich ihre Bewegungen aufmerksam beobachteten, sagten mir, daß mehrere Verbindungen zustande kamen, daß sie die Händedrücke erspäht hätten, was ein untrügliches Zeichen sei. Und tatsächlich sah ich, wie drei junge Einheimische nacheinander die Gruppe verließen, wobei jeder seine Tanzpartnerin kurzerhand mit sich zog. Nachdem sie einander angeschaut und einige Worte und gegenseitige Klapse ausgetauscht hatten, gingen sie zu ihren Eltern, um zu erklären, daß sie sich ‹geeinigt› hätten (*s'agréer*) und daß sie heiraten wollten. Die Eltern gaben ihre Zustimmung, da ja eine ‹Einigung› erzielt worden war, und nachdem sie die Dinge unter sich besprochen hatten, riefen sie den Notar und den Pfarrer. Dann wurde der Tag für die Unterzeichnung des Ehevertrags, der Einsegnung der Ehe und der Hochzeit festgesetzt.»

Nicht alle Paare waren so steif wie diese aus dem Departement Landes. In den Deux-Sevres ging es unter Verlobten bei einem Tanz folgendermaßen zu: «Jedes Mädchen, das zu einer Tanzerei ohne einen jungen Mann kommt, der sie an den Fingern hält, wird von ihren Altersgenossen verachtet. Zwischen den Tänzen sieht man den Verehrer vor seiner Freundin stehen, ein Ellbogen ruht schwer auf ihrer Schulter, die andere Hand gleitet wie von selbst unter ihr Mieder, das von keinem Obergewand bedeckt ist. Sie schauen einander wortlos an und verharren ununterbrochen stundenlang in dieser Haltung.»[59] Das kann man nach bäuerlichen Maßstäben schon ein ziemlich verliebtes Verhalten nennen. Die Regel war viel weniger auffällig. «Unsere robusten Chloën», schrieb Dr. Bogros aus dem Morvan, «verzichten gern auf zarte Zutraulichkeiten zugunsten derber Stöße, und unsere abgehärteten Daphnen ersetzen zarte Umarmungen durch kräftige Handgriffe, die weniger aus dem Reich der Romantik als vielmehr dem der Gymnastik zu kommen scheinen.»[60] Wangen und Schenkel aneinander zu reiben, Arme zu verdrehen und Schultern aneinander zu stoßen, Finger zu quetschen und Knie aneinander zu schlagen, gegenseitig sich in den Mund zu spucken und zerkaute Äpfel auszutauschen – das war bäuerliche Romantik.[61] Natürlich hat die Zärtlichkeit im Leben der Bauern nicht vollständig gefehlt. Eine gewisse Zuneigung oder Liebe verbindet das junge Paar vor der Ehe, aber weder der Intensität noch der Form nach war es das, was die moderne Welt später «Romantik» nannte.[62]

Eine letzte Prüfung der Entschlossenheit des Herzens ist seine Bereitschaft, alle Hindernisse zu überwinden. Und hier versagt das Herz des Bauern ganz entscheidend; wenn das junge Paar sich dem Hindernis einer Ablehnung der vorgesehenen Verbindung durch die Eltern gegenübersieht, verzichtet es aufeinander. Man muß das richtig verstehen: Die Eltern des Paares *mußten* ihre Zustimmung geben, denn dem elterlichen Willen zu trotzen war mit dem Risiko der Enterbung verbunden, und in einer Gesellschaft, wo das Kapital geerbt und nicht erworben wurde, bedeutete der Ausschluß vom väterlichen Erbe automatisch eine kümmerliche Existenz – ganz zu schweigen von der Qual der Mißbilligung durch die Gemeinschaft, wenn man ohne die ordnungsmäßige Billigung einen Haushalt gründete. Ein Paar konnte also nichts entscheiden, bevor der Junge die Eltern des Mädchens um dessen Hand gebeten hatte. «Der Höhepunkt war gekommen. Er zieht den Sonntagsanzug und seine Lederschuhe (sonst trägt er Holzpantinen) an, ergreift seinen Stock und findet sich, begleitet von seinem Vater, eines Abends im Haus seiner Liebsten ein. Die Feierlichkeit seines Benehmens kann nichts anderes bedeuten, als daß etwas Wichtiges im Gang ist. ‹Einen guten Abend allerseits›, sagen sie beim Eintreten, und der Gruß wird freundlich entgegengenommen. Dann werden sie entsprechend den lokalen Sitten der Gastfreundschaft eingeladen, am Abendessen der Familie teilzunehmen. Aber der Vater des Jungen lehnt ab: ‹Wir sind nicht gekommen, um zu essen oder zu trinken, sondern um die Hand deiner Tochter zu bitten.› Und der junge Mann selbst, der sich bemüht, seine Liebe und die Reinheit seiner langen Verbindung mit ihr ins rechte Licht zu stellen, fügt eilig hinzu: ‹Wir lieben uns schon eine lange Zeit, von morgens bis abends. Aber ich habe ihr nie etwas zugemutet, was ich nicht hätte tun dürfen.›» Was sicher der Wahrheit entsprach, denn im Departement Cantal gab es eine besonders niedrige Illegitimitätsquote.

An diesem Abend kann jedoch noch nichts entschieden werden,

denn der Vater des Mädchens muß zuerst den Besitz des Vaters des Jungen besichtigen. Und am folgenden Sonntag wandern beide Familien durch die Felder des letzteren und inspizieren genau die Erntevorräte, die Ställe, die Qualität des Viehs. «Er (der Vater des Mädchens) läßt nicht einmal den Dunghaufen aus, dessen Höhe ein sicherer Maßstab des bäuerlichen Wohlstands ist. Die Inspektion setzt sich dann im Hause fort, wo der Vater sich davon überzeugt, daß eine Menge Schinken und Speck an den Dachsparren hängt, daß die Truhen mit Leinen angefüllt sind, daß die Schränke reichliches Geschirr enthalten und schließlich, daß das Dachgeschoß gut mit Vorräten versehen ist. Aber eine solche Inspektion ist für niemand beleidigend. Das ist Geschäft, und im Cantal sind die Leute der Meinung, daß man das ernst nehmen muß.» Zu guter Letzt können die Eltern des Mädchens das Angebot derjenigen des Jungen annehmen, und es wird ein Ehevertrag aufgesetzt. Oder sie lehnen, beunruhigt durch die geringen Vorräte und den kleinen Besitz der zukünftigen Verwandten, vielleicht das Angebot ab und sagen die Verlobung ab. Das Herz des Mädchens würde natürlich brechen, «aber sein Stolz bliebe unangetastet, denn es sind ja geschäftliche Dinge, die an allem schuld sind».[63]

Diesem kleinen Bericht kann man zwei Beobachtungen entnehmen: erstens, daß das Paar selbst anerkennt, daß Familienangelegenheiten den Vorrang vor Herzensangelegenheiten haben; zweitens, daß diese Beziehungen einen bemerkenswert ritualistischen Charakter haben. Die Art und Weise des Kontakts zwischen einem jungen Mann und einer jungen Frau wird durch die Sitte bestimmt, der komplizierte Tanz des «Antrags» (wobei die Männer ihre festgelegten Sätze genau im Kopf haben, die Bekräftigung der Reinheit und Ergebenheit des Sohnes – all das ist feststehender Dialog, Verse aus einem alten Spiel, das alle Spieler lernen, wenn sie aufwachsen, und dann ihr Leben lang einander wiederholen. Der Spielraum für Spontaneität in den zwischenmenschlichen Beziehungen, der Bereich schöpferischer Beziehungen zwischen Individuen, ist auf ein absolutes Minimum beschränkt.

Diese Unterordnung der Jugend unter elterliche Wünsche dauerte weit ins zwanzigste Jahrhundert hinein fort, wenn auch bis zum Ersten Weltkrieg die Erscheinungsformen des Gefühls selbst sich bei den Bauern stark verändert haben. Man erzählte sich die Geschichte eines Dorfes in der Auvergne kurz vor dem Weltkrieg, wo ein junger Mann sich glühend in ein Mädchen von fünfzehn Jahren verliebt hatte. *«Des grandes, grandes amours.»* Aber seine Eltern wollten nichts davon wissen, weil die ihrigen nicht wohlhabend genug waren. «Das Paar ging zusammen zu ihr nach Hause, zu den Veillées, aufs Feld hinaus. Man sah sie häufig zusammen und wie sie sich ein wenig küßten. Das war erlaubt. Aber weiter gingen sie nicht.» Der Junge mußte in die Schützengräben hinaus, kehrte nach dreizehn Tagen zurück und wurde als invalid ausgemustert. Wieder bat er seine Eltern um ihre Erlaubnis, und wieder wurde er abgewiesen. «Sie verabschiedeten sich eines Abends kurz vor Anbruch der Nacht hinter einer Hecke, nicht weit vom Dorf. Sie lagen sich in den Armen und weinten, weinten...» Sie heiratete einen anderen, und er tanzte bei ihrer Hochzeit, konnte ihr aber nicht in die Augen schauen.[64] Das, lieber Leser, ist romantische Liebe. Aber in den sechziger Jahren des zwanzigsten Jahrhunderts hätte die Geschichte wahrscheinlich einen anderen Ausgang gehabt.[65]

Sicher waren körperliche Reize verhältnismäßig unwichtig. Wie die badischen Bauern warnten: «Schau auf die Brieftasche, nicht auf das Gesicht.»[66] Dr. Charles Perron versichert uns, daß für seine Landsleute in der Franche-Comté Jugend und Schönheit entschieden «nebensächlich» waren, und wartet mit einigen passenden Sprichwörtern auf, um seine Meinung zu belegen:

– «Man kann Schönheit nicht mit dem Löffel essen.»
– «Es ist besser, wenn man sagen kann: ‹He, du Ekel, was gibt's zum Essen?›, als ‹Sag mir, Süße, haben wir denn heute abend etwas zu essen?›»
– «Wenn du eine hübsche Frau hast, hast du keine hübschen Schweine.» – «Wieso denn, Fred?» – «Weil die Schweine, statt zu fressen, die ganze Zeit die Frau anschauen!»[67]

Die Notwendigkeit, große, starke Frauen zu heiraten, die ihren vollen Anteil an der Arbeit auf die Schultern nehmen konnten, hat die Bauern blind gemacht gegenüber einer schönen Figur und feinen Gesichtszügen, die unserem modernen Ideal weiblicher Schönheit zugrunde liegen. (Dasselbe galt für die Bauern in den Augen der Frauen.)[68] Aber inwieweit durften Neigungen aller Art bei der Wahl des Partners rein wirtschaftliche und praktische Gesichtspunkte umstoßen? Opferten diese Bauern überhaupt alle materiellen Vorteile, um Partner zu bekommen, zu denen sie sich hingezogen fühlten?

Wenn das Einkommen gegenüber der Neigung bei diesen wohlhabenden Bauern des traditionellen Frankreich möglicherweise gelegentlich den Kürzeren zog, dann berichten unsere Quellen nichts darüber. Kommentare aus weitverstreuten Distrikten lassen erkennen, daß der Reichtum allem voranging. In der Franche-Comté «wählte man natürlich die reichste Person, weil da zusammen mit dem Geld im allgemeinen auch Bescheidenheit, *savoir-faire* und gute Sitten zu finden waren. Daneben wurden auch die Moral und Gesundheit der Eltern berücksichtigt.» Das Fehlen von Krampfadern (für die Bauern ein Anzeichen guter Gesundheit) war wichtiger als gegenseitige Zuneigung.[69] Auch in der entgegengesetzten Ecke von Frankreich waren von jedermann die Bauernehen als «Vernunftehen»[70] anerkannt. Zuneigung spielte selten eine Rolle.

Dasselbe hat wohl auch für die deutschen Bauern gegolten. Im Kreis Griesbach – wo die Welt der Leidenschaften nicht nebensächlich war, wenn man nach den hohen Zahlen der Illegitimität und des Ehebruchs schließen darf, – «ist nichts komischer als das Verheiraten, und nichts zählt neben der Geldgier».[71] Ob die Charaktere des Paares zueinander passen, ist unwesentlich, erklärte der Kreisarzt von Altdorf. Was allein zählt, ist, ob die Eltern nach ihrem Rundgang durch den Besitz der anderen Familie zufrieden sind. «Die Leute nehmen an, daß die Jungverheirateten sich nachher schon aneinander gewöhnen werden.»[72]

Was die finnische Gesellschaft angeht, so mußte sogar jeder, der gemeinsam ausgehen wollte, eine Anzahl von Prüfungen, die die Gemeinschaft angeordnet hatte, bestehen. Jungen mußten schwere Steine heben oder Pfähle anspitzen, um zu beweisen, daß sie eine Familie ernähren konnten, und Mädchen mußten Männerunterwäsche nähen oder «die Knie seiner Hosen ausbessern können». »Hoffe nicht auf einen Mann, bevor du den Rücken eines Schafes scheren, die Enden eines Wollstoffs knüpfen und das Hemd eines Mannes nähen kannst», warnten die Dorfbewohner.[73] Nirgends wird etwas über schlechte Haut, Sex appeal und gegenseitige Zuneigung gesagt, und wir können annehmen, daß die Finnen, wenn sie ihren Ehepartner auswählten, nicht viel über diese Dinge nachdachten.

Es wäre übertrieben zu sagen, daß Reichtum, üppige Mitgift und Zusammenlegung benachbarter Felder die entscheidenden Faktoren beim Zustandekommen der meisten ländlichen Ehen gewesen seien, weil viele Landbewohner praktisch kein Land besaßen und keine Mitgiften auszutauschen hatten. Was aber meiner Meinung nach für alle galt, war der Vorrang der Vernunft beim Zustandekommen von Ehen. Die Familien der Landarbeiter mußten genauso mit der Welt zurechtkommen wie diejenigen der bäuerlichen Aristokratie, und das bedeutete, daß eine Frau, die fähig war, die harten Bedingungen der Landarbeit zu ertragen, und die ihren Bereich reibungslos zu leiten imstande war, absolut unentbehrlich für das Überleben der Familie war. Darum «spielen bei den Bauern Nordfrankreichs die Leidenschaften eine geringe Rolle bei den Heiraten». «Die Leute wünschen sich einfach Frauen, um Kinder zu bekommen und eine Haushälterin zu haben, die ein gutes Eintopfgericht kochen und etwas zum Essen auf das Feld hinaus bringen und Garn für die Hemden spinnen und Kleider flicken kann.»[74] Im Kampf um die Existenz mußten schließlich solche vernunftbetonten Überlegungen mehr als alle anderen zählen.

Betrachten wir das städtische Bürgertum, so sind wir um Lichtjahre von diesen Bauern auf ihren Anwesen entfernt. Aber wir stoßen auf denselben Mangel an Romantik bei der Brautwerbung. Allerdings änderten sich die Dinge nach der Mitte des neunzehnten Jahrhunderts. Aber davor herrschen *«calcul»* und *«interêt»* bei der Entstehung der Paare vor, und man hört wenig von «Neigung» und «seinem Herzen folgen».

Zunächst einmal gab es «technische» Gründe für den leidenschaftslosen Charakter des Kleinbürgertums. Während die untere Schicht viele Gelegenheiten zum «Frequentieren» hatte – das heißt, zusammen ohne Anstandsdame auszugehen («Dating» oder « einen festen Freund haben» sind die modernen Entsprechungen von *se fréquenter*) – führten junge Bürgersfrauen ein klösterliches Leben. Töchter des «Spitzenvorhangbürgertums» *(bourgeois gênés)* durften nicht allein zu einer geselligen Veranstaltung gehen. Weil ihre Eltern dabei sein mußten, war ihnen die ganze ausgelassene Geselligkeit versagt, deren sich ihre Brüder in der Gesellschaft von Freunden der höheren Stände erfreuten, und zwar einfach aus dem Grund, weil ihre Eltern kaum in solche Häuser eingeladen wurden.[75] Für das Kleinbürgertum waren verliebte Verabredungen mit dem Risiko «der Verderblichkeit der Ware» verbunden, denn in der großen Stadt konnte ein Verführer leicht im Nebel verschwinden und seine schwangere Freundin in einer Weise sitzenlassen, wie es die Dorfgemeinschaft einem Bauernjungen nie gestattet hätte. Für beide Gesellschaftsschichten bedeutete die Ehe eine von Grund auf kommerzielle Transaktion; die Mitgift wurde als eine unmittelbare Ware angesehen, und der soziale Status war indirekt in Bargeld eintauschbar. Und wenn das *interêt* am Steuer sitzt, dann muß das Klopfen des Herzens auf dem Rücksitz Platz nehmen.

Aber daß die Romantik beim kleinbürgerlichen Paar fehlte, hatte seinen Grund nicht nur in einem Mangel an günstigen Gelegenheiten.

Auch wenn es die Möglichkeit gegeben hätte, mit jungen Männern auszugehen und seelenvolle Blicke auszutauschen, so waren diese jungen Leute von genügend feindseligen Wertvorstellungen gegenüber jeder Leidenschaft geprägt, um es abzulehnen, «sich in fremden Betten herumzutreiben». Schon das *Risiko* einer Schwangerschaft wäre als ein undenkbarer Verrat an der wirtschaftlichen Mission angesehen worden, die die Familie und die Gemeinschaft den jungen Frauen zugewiesen hatten. So dachten sie nicht einmal daran.

Louis-Sebastien Mercier beschreibt, wie sich beim Pariser Kleinbürgertum die Paare bildeten:[76]

«Einer Frau im bürgerlichen Stil nachzustellen heißt, sie heiraten zu wollen. Der Junge taucht am Sonntag nach der Messe auf und spielt ein paar Runden Lu. Er verliert, schimpft aber nicht; er bittet um die Erlaubnis, wiederkommen zu dürfen, und bekommt sie in der Gegenwart des Mädchens, das die Lippen lieblich spitzt.

Am nächsten Sonntag schwingt er sich zu einem Spaziergang auf, wenn das Wetter gut ist. Da er als Verehrer akzeptiert wurde, hat er nun die Freiheit, mit seiner zukünftigen Braut fünfzig Schritte weit vor den Eltern zu plaudern. Wenn er wieder aus dem Wald hervorkommt, macht er den entscheidenden Antrag, kaum zur Überraschung der Schönen.

Der Verehrer hat liebenswürdige Manieren und ist von gepflegtem Äußerem, das Mädchen ist schließlich ein wenig für ihn eingenommen. Und zwar, weil sie weiß, daß die Ehe für sie der einzige Weg in die Freiheit ist. Das ganze Haus ist beständig hinter ihr her, daß ihre Ehre gewahrt bleibt, eine Familientradition, die seit undenklichen Zeiten besteht.

Aber nun taucht ein kleines Problem auf. Die Eltern des Jungen haben eine verlockendere Partnerin für ihn ausfindig gemacht. Die Verlobung wird abgesagt. Das Mädchen ist bekümmert, tröstet sich aber, weil es nun schon zum drittenmal passiert ist. Unter der Belehrung durch die Mutter wappnet sie der Edelmut gegen den Untreuen.

Weitere Verehrer stellen sich vor. Aber die Schwierigkeit, einen Ehevertrag aufzusetzen, ist immer im Weg. Das Mädchen steuert indessen seinem *einundzwanzigsten Geburtstag* entgegen; es darf keine weitere Verzögerung geben, denn in den Regalen lagernde Ware verliert an Wert, und ein dummer Zufall kann immer passieren.

Das Mädchen wird mißlaunig; der nächste, der ankommt, wird akzeptiert, und die Angelegenheit kommt schließlich in drei Wochen zu einem guten Ende. Das Mädchen kann sich rühmen, von fünf Männern begehrt worden zu sein, wobei es freilich unterschlägt, daß vier davon sich zurückgezogen haben.»

Merciers Bericht ist amüsant. Aber was war das aus unserer modernen Perspektive für eine traurige kleine Welt, wo das Intimleben vom *calcul* beherrscht wurde und das Gefühl bei den wichtigsten Entscheidungen des Lebens nicht zählte! *Calcul* ist hier nur ein anderes Wort für Inzucht. Daß man gern seinesgleichen heiratet, darf uns nicht überraschen, denn auch heute heiraten sich im allgemeinen Menschen aus derselben sozialen Schicht. Aber wenn wir genau entscheiden, welche Frau – oder welchen Mann – wir aus etwa dreißig annähernd gleichen Kandidaten wählen, leitet uns eine feine Berechnung aus Gefühl und Verträglichkeit – ganz zu schweigen von den heftigen Zuckungen der Leidenschaft. In der traditionellen Gesellschaft engte das wirtschaftliche Interesse die Gruppe der «Infragekommenden» so weit ein, daß die Stimme des Herzens nie zum Zuge kommen konnte. Man heiratete einfach die fetteste Mitgift, die man bekommen konnte; und wenn sich zufällig eine Auswahl von gleich großzügigen Mitgiften anbot, half einem die Gruppe der Jugend – mit feinem Gespür für das sozial Passende, das durch generationenlang angesammelte Erfahrung zugeschliffen war –, die «Richtige» zu finden.

Die Verwandlung des Werbens

Der wichtigste Wandel in der Brautwerbung des neunzehnten und zwanzigsten Jahrhunderts war die Entdeckung des Gefühls. Zwei Dinge traten ein. Die Menschen fingen an, Liebe und persönliches Zusammenpassen an die Spitze der Liste der Kriterien bei der Wahl der Ehepartner zu setzen. Diese neuen Maßstäbe drückten sich als romantische Liebe aus. Und zweitens begannen nun auch diejenigen, die weiterhin die Kriterien der Vernunft und des Wohlstands anwandten, sich innerhalb dieser Grenzen romantisch zu verhalten.

Dieser wichtige Wandel liegt im Zentrum der Beziehung zwischen romantischer Liebe und Kontrolle durch die Gemeinschaft. Denn wenn wir von Romantik sprechen, so reden wir von Spontaneität und Einfühlungsvermögen: der Fähigkeit des Paares, sich seine eigenen kleinen Formen von Zärtlichkeit und Liebe zu schaffen und sich in die Lage des anderen hineinzuversetzen. Beide Dimensionen der romantischen Liebe haben eine radikale Abkehr von der Tradition zur Folge: Spontaneität, weil sie traditionelle Kommunikationsformen durch den improvisierten Dialog ersetzt; und Einfühlungsvermögen, weil dieses die Rollen der Geschlechter aufhebt und damit die Aufteilung der Arbeit nach Geschlechtern, die das Leben und die Gefühlsbewegungen von Frauen und Männern getrennt hielt, beseitigt. Um dieses romantische Ideal zu verwirklichen, mußte das Paar sich von der es umgebenden Gemeinschaft distanzieren, denn die Gemeinschaft war der große Vollstrecker und Agent der Tradition. Außerdem war Privatleben – Abgeschiedenheit von neugierigen Augen – notwendig für Experimente und Neuerungen beim Händehalten und anderen Liebesspielen. Die romantische Revolution, die spät im achtzehnten Jahrhundert begann, im neunzehnten über weite Bereiche der Stände und Gebiete hinwegfegte, um im zwanzigsten die unanfechtbare Verhaltensnorm bei der Brautwerbung zu werden, hatte also zwei Komponenten: eine neue Beziehung zwischen den Partnern des Paares und ebenso zwischen ihnen als Einheit und der sie umgebenden sozialen Ordnung.

Zunächst, was für Beweise haben wir für das Eindringen der Romantik in die Brautwerbung vor 1900? Nun, die Menschen sagten jetzt entweder, daß sie sich liebten, oder sie handelten auf eine Weise, die keine andere Deutung zuließ. Nach 1730 gab es in Grenoble einen großen Sprung beim Gebrauch von Wörtern wie «Liebe» und «Leidenschaft» in den Erklärungen unverheirateter Frauen gegenüber städtischen Beamten, warum sie schwanger geworden waren, und einen Rückgang beim Gebrauch von Begriffen wie «Freundschaft», die eine beschränkte Bindung vermuten lassen.[77]

In einer kleinen westfranzösischen Stadt, um ein weiteres Beispiel zu geben, schwängerte ein junger Kunsttischlergeselle 1787 die Tochter seines Arbeitgebers, ein alltägliches Ereignis und in jeder Weise «traditionell» – außer daß der junge Mann nach seiner Flucht vor der Strafverfolgung (der traditionelle Verführer wäre spurlos verschwunden) in Kontakt mit dem Mädchen blieb und ungewöhnlich zarte Liebesbriefe schrieb. «Meine Liebste, ich umarme Dich von ganzem Herzen. Ich kann Dich unmöglich vergessen. Jeden Tag denke ich an Dich und hoffe, Du denkst ebenso an mich. Sag mir, wie Du Dich befindest, wenn Du mich glücklich machen willst. Ich verbleibe Dein inniger Gefährte...»[78] Man muß beachten, daß der junge Mann kein Bauer war, sondern ein Handwerker; denn wie wir noch sehen werden, beginnt die Revolution außerhalb des landwirtschaftlichen Mittelstands.

Gegen die Mitte des neunzehnten Jahrhunderts hören wir das folgende aus der Küstenstadt La Ciotat im Departement Bouches-du-Rhône: «Die jungen Männer lassen Partnerinnen mit attraktiven Mitgiften unbeachtet. Wenn sie heiraten, tun sie es gewöhnlich aus Neigung und nicht wegen eines finanziellen Vorteils. Sie könnten keine Gefühle vortäuschen, die sie nicht haben. Vor allem ist das der Fall bei den jungen Burschen, die zur See gehen.»[79] Also waren zumindest die Seeleute bereit, ihre Brieftasche ihren Neigungen zu opfern. Und wenn es nicht Liebe war, wie könnten wir es dann erklären, daß um 1911 in einem Dorf der Gascogne «drei Briefträger anstatt zwei benötigt wurden, weil die Postämter mit all den Zeitschriften und Postkarten so vollgestopft waren, die die jungen Männer und Frauen sich gegenseitig zu senden angewöhnt hatten»?[80]

Das sind Illustrationen, keine Beweise. Und sie beziehen sich nur auf Frankreich, weniger auf den größeren Bereich von Europa und Nordamerika, den ich mit meinen Behauptungen und Beweisführungen im Auge hatte. Sind diese Zeugnisse trotzdem repräsentativ genug? Jede vorstellbare Sachlage könnte dadurch «dokumentiert» werden, daß man Zitate aus zweihundert Jahren zusammenkleistert. Wie können wir die *zentrale* Tendenz, die *repräsentative* Erfahrung, die der *durchschnittliche* junge Mensch mit der Romantik machte, einfangen?

Eine Art von Daten, die die Überprüfung weitergehender Hypothesen gestattet, ist, wer wen heiratete oder schwängerte. Durch dieses ganze Buch hindurch wenden wir den «Opfer»-Test an, um die Intensität von Gefühlsbewegungen zu beurteilen. Und wenn es stimmt, daß die Romantik bei der Partnerwahl Kriterien wie Besitz ersetzte, müßten wir den Verzicht auf materiellen Vorteil oder wenigstens eine Art stolzen Druckes der Gemeinschaft feststellen können. Ich behaupte, daß die Bereitschaft, Inzucht aufzugeben – innerhalb des eigenen Standes oder des eigenen Dorfes zu heiraten –, ein solcher Test ist. Soziale und territoriale Inzucht standen in der öffentlichen Meinung hoch im Kurs, weil sie den Wohlstand konzentrierten: Mitgiften gingen dem Dorf nicht verloren, wenn Heiraten nur innerhalb des Dorfes stattfanden, und Vermögen entgingen der Familie nicht, wenn Söhne und Töchter nur Partner aus gleich wohlhabenden Familien heirateten. Die traditionelle Strategie der Bauernhochzeiten ging dahin, jedem Sohn die Höhe der Erbschaft, die er bekommen hätte, wenn er der einzige

Sohn gewesen wäre, zu garantieren, indem man eine gleichwertige Mitgift für ihn ergatterte. Freilich, um diese soziale und territoriale Inzucht zu erreichen, mußten die in Frage kommenden Personen bereit sein, auf Partner außerhalb ihrer sozialen Schicht oder des Dorfes zu verzichten, so daß die umfassendere Strategie der Gemeinschaft zum Zuge kommen konnte. Menschen, die sich über die Ziele der Gemeinschaft hinwegsetzten, mußten das teuer bezahlen: Haberfeldtreiben und Ächtung traf diejenigen, die außerhalb des Dorfes heirateten; Enterbung und Familienhaß diejenigen, die außerhalb ihres sozialen Ranges heirateten. Wir können also in dem Maß, wie die Inzucht abnimmt und die Menschen anfangen, diejenigen zu heiraten, die *nicht* wie sie sind, von einem Vormarsch der echten Liebe sprechen: vom Opfer der Billigung durch die Gemeinschaft zugunsten persönlichen Glücks, vom Opfer des Geldes zugunsten der Selbstverwirklichung.

Eine interessante Abnahme der Inzucht fand nach Berufsgesichtspunkten statt. Mit «Beruf» meine ich nicht nur die Klasse oder den Status, sondern auch die Heiraten zwischen jungen Männern und Frauen, deren Familien dasselbe Gewerbe ausübten, sei es Weinbau, Weben oder das Anfertigen von Fässern. Die Töchter etwa von kleinstädtischen Kaufleuten konnten unter zahlreichen möglichen Ehepartnern wählen, deren Eltern, obwohl keine Kaufleute, ungefähr denselben Status und Einkommensrang hatten. Wenn also diese Mädchen trotzdem die Söhne anderer Kaufleute wählten, so taten sie es wahrscheinlich, weil sie einer ganzen Batterie familiärer und gemeinschaftlicher Kontrollen ausgesetzt waren, die darüber wachten, wen sie wählten.

Diese berufliche Inzucht war im traditionellen Europa sehr verbreitet. Ich schaue gerade auf einen «Index von ‹Mischehen› in Gemeinden des südlichen Anjou» im späten achtzehnten Jahrhundert, der aussagt, wie groß die Wahrscheinlichkeit war, daß Leute in einer bestimmten Gemeinde ihresgleichen heirateten. Da sieht man, daß die Chance, daß der Sohn eines Großbauern in eine ähnliche Familie einheiratete, achtmal so groß war wie die Chance, ein Mädchen aus einer Handwerkerfamilie zu heiraten, zehnmal so groß wie bei einer Kaufmannsfamilie und dreimal so groß wie bei einer Kleinbauernfamilie. Die Wahrscheinlichkeit, daß die Kinder von Weinhändlern wieder Weinhändler heirateten, war so groß, daß die meisten anderen Spalten der Tabelle Nullen aufwiesen, und so weiter.[81] Ähnliche Angaben aus dem achtzehnten Jahrhundert für einen Küstendistrikt der Normandie zeigen, daß zwei Drittel der Söhne von Fischern Töchter von Fischern heirateten; drei Viertel der Söhne und Töchter von Handwerkern heirateten unter sich; und die Abkömmlinge von Landarbeitern, Bauern und Bürgern heirateten zu mehr als der Hälfte innerhalb ihrer eigenen Kreise.[82] Solche Ergebnisse finden wir anderswo in Westfrankreich im achtzehnten Jahrhundert und ebenso in anderen Gebieten von Europa.[83]

Der soziale Wandel hob diese traditionelle Berufsinzucht auf. Um dies näher zu erklären, müßten wir uns auf Fragen einlassen, die außerhalb der Reichweite dieses Buches liegen. Aber die Antwort liegt zum Teil in der abnehmenden Bedeutung der Arbeit – des «Jobs» – dafür, wie die Menschen sich selbst definieren. Diese Abnahme wirkt sich auf das Ausmaß aus, in dem moderne Arbeiter bereit sind, sich in beruflichen «Gilden» zusammenzuschließen und die verschiedenen nichtberuflichen Fäden ihres Lebens durch diesen kleinen Kreis von Kollegen hindurchgehen zu lassen. Arbeitet jemand zum Beispiel bei IBM, dann gehört es wahrscheinlich zu seinen geringeren Sorgen, ob seine Kinder die Kinder anderer IBM-Arbeiter heiraten oder nicht. Sogar in dem kleinen Dorf Vraiville – im Departement Eure – unterliegt die Partnerwahl keinen Einschränkungen mehr. Aber im frühen neunzehnten Jahrhundert heirateten Tagelöhner in einem Dorf hauptsächlich Tagelöhner, Großbauern hauptsächlich Großbauern und so weiter. Heute gelingt es nur noch Bauern mit großem Besitz, eine solche Form der Solidarität zu wahren.[84]

Noch interessanter ist eine vermutliche Abnahme der Status- und Klasseninzucht, die im Lauf der Jahre stattgefunden hat. Lassen Sie mich rasch die roten Fahnen zusammenrollen, die Leser mit einem Anfängerkurs in Soziologie an dieser Stelle wahrscheinlich schwingen! Ja, die Klasseninzucht in unserer heutigen Zeit ist immer noch recht hoch.[85] Es besteht noch die Tendenz, seinesgleichen zu heiraten. Der gewaltigen Industrie der Familiensoziologie in den Vereinigten Staaten ist es gelungen zu demonstrieren, daß es unwahrscheinlich ist, daß wir jemand heiraten, dem wir vorher nicht begegnen konnten, und daß die Tribunale für die Paarbildung und der Mechanismus des Kennenlernens immer noch an die Klasse gebunden sind. Man kann das Ausmaß dieser Tendenz feststellen, indem man untersucht, ob die tatsächliche Verbreitung von Inzuchtpaaren die Wahrscheinlichkeit übersteigt. Bei manchen Gruppen tut sie es erheblich. In Belgien heiraten Bauernfamilien dreimal so oft unter sich, als die Wahrscheinlichkeit es zuläßt. Französische Landarbeiter neigen sogar noch mehr zur Inzucht. Aber bei Personen des «Mittelstandes» wie Handwerkern und Angestellten ist diese Zahl nur unerheblich höher, als es die Wahrscheinlichkeitsrechnung voraussagt. Dasselbe gilt für Fabrikarbeiter.[86] Während also heute innerhalb so breiter Gruppen wie denen der Angestellten immer noch gleich zu gleich tendiert, geschieht das nicht mehr mit allzuviel Nachdruck.

Die wirklich wichtige Frage ist, wie sich die Tendenz, innerhalb des eigenen sozialen Rahmens zu heiraten, im Lauf der Jahre verändert hat. Eine Langzeitstudie über eine Anzahl englischer Dörfer stellt fest, daß die Tendenz der Leute, außerhalb ihrer Schicht zu heiraten, 1901–1967 beträchtlich größer war als 1837–1900.[87] In dem badischen Dorf Wollbach bildeten sich im zwanzigsten Jahrhundert viel mehr Paare über die Klassen hinweg als im neunzehnten.[88] Sicher gibt es in den großen Städten, wo sich im zwanzigsten Jahrhundert die meisten Menschen niedergelassen haben, noch höhere Zahlen für das Überspringen der Klassen. Die wenigen Forschungen, die ehrgeizig genug sind, um längere Zeiträume zu umfassen, ermöglichen es uns nicht, den Beginn und die weitere Verbreitung des Wandels zu fixieren.[89] Aber der unbestreitbare Rückgang der beruflichen Inzucht beleuchtet, in welchem Ausmaß die Sozietät aufgehört hat, sich in die Partnerwahl des einzelnen einzumischen. Und die wahrscheinliche Abnahme der Klasseninzucht gibt ein Bild davon, wieweit die einzelnen nun Cupidos Pfeil bei der Auswahl des Partners folgen, der in seinem Flug genausogut das Herz eines Proletariers wie das eines Brahmanen durchbohrt.

Ebenso hat es im Lauf der Jahre einen Rückgang der Tendenz gegeben, innerhalb des eigenen Dorfes zu heiraten. Für Engländer einer Gruppe von Gemeinden in Northamptonshire kam der Wendepunkt gegen die Mitte des neunzehnten Jahrhunderts, aber die dortigen Frauen folgten erst später nach.[90] In einer Reihe von Gemeinden in West Dorset begann der Prozentsatz von Ehen zwischen Ansässigen in den achtziger Jahren des neunzehnten Jahrhunderts nach unten zu tendieren; er betrug in den dreißiger Jahren 81 Prozent und stand schließlich hundert Jahre später bei 32 Prozent.[91] Und in dem württembergischen Dorf Weilimdorf begannen beide Geschlechter in den zwanziger und dreißiger Jahren, sich Partner von außerhalb zu nehmen; während dort in den sechziger Jahren des achtzehnten Jahrhunderts nur eine Handvoll Bauern Frauen von außerhalb heirateten, taten es ein Jahrhundert später über ein Drittel. Dieselbe Tendenz ist bei den Frauen festzustellen.[92]

In Frankreich war es die Regel, innerhalb des Ortes zu heiraten. In den Städten heirateten die Leute sogar innerhalb ihrer Pfarrgemeinde.[93] Dann kam der Wandel. Während im siebzehnten Jahrhundert über vier Fünftel der Männer, die in dem Dorf Soudeilles im Departement Corrèze heirateten, dort geboren worden waren, waren es in der Mitte des neunzehnten Jahrhunderts nur noch die Hälfte. Und in Vraiville im Departement Eure waren am Anfang des achtzehnten Jahrhunderts nur 2 Prozent der verheirateten Männer keine Einheimischen; Anfang des zwanzigsten Jahrhunderts waren es 20 Prozent. Die entsprechenden Zahlen für Frauen zeigen einen Anstieg von 2 auf 58 Prozent.[94]

Wen wird es dann überraschen, wenn ich sage, daß in der heutigen Welt viele Menschen ihre Ehepartner von außerhalb nehmen, und daß die Wahrscheinlichkeit, daß Braut oder Bräutigam an ihrem Geburtsort heiraten, geringer wird? Was die Soziologen «Wohnortnähe» nennen, spielt bei der Partnerwahl immer noch eine Rolle, vielleicht mehr, als man gemeinhin annehmen möchte.[95] Aber sogar in Frankreich, wo die Wahrscheinlichkeit noch eins zu fünf beträgt, daß Mann und Frau am gleichen Ort geboren wurden, und eine Wahrscheinlichkeit von fünfzig zu fünfzig, daß sie aus demselben Kreis kommen, und schließlich eine von drei zu vier, daß sie aus dem gleichen Departement[96] stammen, sind diese Zahlen fast sicher viel niedriger als in der traditionellen Gesellschaft.

Außer dem Beruf und dem Wohnort ist das Alter eine dritte Basis der Inzucht. Aber hier deutet eine zunehmende Alters*gleichheit* der Partner auf romantische Liebe, eine zunehmende *Verschiedenheit* dagegen auf instrumentelle Erwägungen. Ich vermute, daß es dafür zwei Gründe gibt: Menschen, die im gleichen Alter heiraten, werden gleichzeitig alt und vermeiden das schwierige Problem der Ehe eines erschöpften älteren Mannes mit einer noch lebensfrohen Frau. In der traditionellen Gesellschaft bereitete die potentiell ehebrecherische Ruhelosigkeit der jüngeren Frau keine Schwierigkeiten, weil diese Frauen ihre Sexualität einfach unterdrückten, da sie absolut Verbote gegen Ehebruch internalisiert hatten. Zum anderen bedeutet auf der Ebene des Alltags romantische Liebe Konversation. Die Kameradschaftsehe erfordert einen ständigen Dialog mit dem Partner. Und um Stoff für die Konversation zu haben, müssen die Menschen gemeinsame Erlebnisse haben. Die Zugehörigkeit zur selben Altersgruppe trägt viel zu dieser Gemeinsamkeit bei.

Im Lauf der letzten zwei Jahrhunderte sind die Altersunterschiede zwischen den Partnern dramatisch zurückgegangen. Die Wahrscheinlichkeit, daß ein jüngerer Mann eine ältere Frau heiratete, ist von vier bis fünf zu eins auf zehn bis zwanzig zu eins zurückgegangen; und wenn auch die Wahrscheinlichkeit, daß eine jüngere Frau einen älteren Mann heiratete, sich nicht so stark vermindert hat, so hat es auch hier einen Rückgang gegeben. Unsere längste beobachtete Zeitspanne kommt aus Frankreich, wo in den traditionellen Zeiten bis zu einem Viertel aller Männer Bräute nahmen, die fünf oder noch mehr Jahre älter waren als sie, und etwa die Hälfte aller Frauen erheblich ältere Ehemänner hatten. Zum Beginn des zwanzigsten Jahrhunderts waren nur noch bei 8 Prozent der ersten Ehen ältere Frauen beteiligt. Aber der Prozentsatz von Ehen mit älteren *Männern* hatte sich wenig verändert – ja, bis 1900 hatte er zugenommen. Auch andere Länder weisen diese Tendenz nach unten bei Ehen zwischen jüngeren Männern und Frauen auf. Die genauen Zahlen bringt Anhang III (separat lieferbar; vgl. Hinweis auf Seite 317). In den siebziger Jahren des zwanzigsten Jahrhunderts war es schließlich unüblich geworden, daß ein Mann eine Frau heiratete, die über fünf Jahre älter war als er; im traditionellen Europa war das die allgemeine Regel. Und das ist ein bedeutender Wandel.

Es lohnt sich, einen Augenblick darüber nachzudenken, wieso dieser Wandel eintrat. Im traditionellen Europa gab es drei gute Gründe für eine Ehe mit einer älteren Frau. Erstens hatte sie Zeit gehabt, Kenntnisse in der Feldarbeit, dem Buttern, Spinnen, der Gartenarbeit und anderen Fertigkeiten zu erwerben, die den Unterschied ausmachten, gut auszukommen oder übel dran zu sein.[97] Zweitens hatte sie weniger fruchtbare Jahre vor sich und konnte deshalb weniger Kinder bekommen; und in Gesellschaften, wo Verhütung aufs Geratewohl angewandt wurde, konnte das eine wichtige Praxis bei der Geburtenkontrolle sein.[98] Und schließlich hatte sie Zeit gehabt, einen Spargroschen zurückzulegen. Das Drehbuch, das uns Dr. Murat für den Kanton Vaud im achtzehnten Jahrhundert vermittelt, ist wahrscheinlich an vielen Orten nachgespielt worden. Junge Bauernmädchen kamen in die Stadt, um als Dienstmädchen in einen Haushalt zu gehen und jahrelang mühsam einen kleinen Spargroschen zurückzulegen. Schließlich versuchten diese vierzigjährigen Frauen zu heiraten und konnten auf Grund ihres angesammelten Kapitals für jüngere Männer attraktiv sein.[99] Es gibt auch Berichte von älteren Witwen von Handwerksmeistern, die jüngere Gesellen heirateten: Die Witwen brauchten jemand, der das Geschäft weiterführte; die jungen Männer waren ungeduldig, in einer Gesellschaft unabhängig zu werden, wo ein verknöchertes Zünftesystem alle Möglichkeiten zum Vorwärtskommen erstickt hatte; und so kam die *mésalliance* zustande.[100] Alle drei Spielarten von Juni-Dezember-Verbindungen hatten strikt instrumentelle Motive: Man heiratet jemand als Mittel zum Zweck.

Man muß bedenken, daß in der zeitgenössischen Welt zwei der drei Motive, Juni-Dezember-Ehen zu schließen, verschwunden sind. Die Familienwirtschaft produziert nun wenig Güter, und das Bestreben der Frau zu sparen erfordert eher Vernunft und wirtschaftliches Denken als Fachkenntnisse. Und fast alle Paare wenden nun die Verhütung wirksam genug an, um auf den Altersunterschied als Mittel zur Geburtenkontrolle verzichten zu können. Was das dritte Motiv angeht, so behaupte ich, daß in unserer Zeit andere Gefühlsbewegungen über den Wunsch, Spargroschen zu ergattern, gesiegt haben.

Aber diese «zeitgenössischen» Umstände erklären nicht, warum die Tendenz zu jüngeren Bräuten um 1800 ihren Anfang nahm. Denn damals war die Geburtenkontrolle bei den unteren Volksschichten wenig bekannt, und die meisten Menschen verdienten ihren Lebensunterhalt als Bauern, bei denen weibliche häusliche Fertigkeiten noch erheblich zählten. Ich vermute, daß wir hier statistisch auf die Wirkung der romantischen Liebe stoßen, die ein Klima schuf, in dem ältere Männer zwar für jüngere Frauen vollkommen annehmbar waren, wo aber das Gegenteil nicht zutraf. Der Umschwung zur Romantik in der westlichen Gesellschaft hat die ältere Frau mit dem jüngeren Mann unannehmbar gemacht, weil der psychologische Mechanismus der Romantik von Grund auf ödipal ist: Liebe auf den ersten Blick bedeutet, daß man sich in seine Mutter verliebt. (Man konnte unmöglich Zeit gehabt haben, die Frau, die vor einem stand, zu schätzen und zu würdigen; man kannte sie erst seit drei Minuten.) Wie jeder Psychoanalytiker gern erklärt, bringt die unbewußte Hinneigung zu mütterlichen Leitbildern ihre *bewußte* Ablehnung hervor, und wenn also die Männer von der Macht der Liebe erfaßt werden, bekommen sie einen Abscheu vor Ehefrauen, die sie irgendwie an die Mutter erinnern. Daher heiraten sie keine älteren Frauen mehr.[101]

Eine letzte Spielart von Heirat unter seinesgleichen zeigt sich in dem sozialen Abstand zwischen Mutter und Vater eines unehelichen Kindes. Während eine zunehmende Statusdifferenz das Kennzeichen von

Romantik bei legitimen Paaren ist, ist die zunehmende Status*angleichung* dasjenige der Romantik bei den illegitimen. In der traditionellen Gesellschaft schliefen Frauen außerhalb der Ehe mit Männern hauptsächlich deswegen, weil sie dazu gezwungen wurden. Der Mann benutzte seine wirtschaftliche oder politische Macht über sie, um sie sexuell auszubeuten, und sie gaben nach, um schlimmere Folgen wie etwa Entlassung aus ihrer Arbeitsstelle abzuwenden. Die traditionelle Statusdifferenz zwischen Verführer und Verführten ist die Folge sexueller Ausbeutung, das Gegenteil von Zuneigung und Liebe. Von den unverheirateten Müttern in Grenoble im späten siebzehnten Jahrhundert waren zum Beispiel mehr als die Hälfte Dienstmädchen, die ihre bürgerlichen Dienstherren in ihr Bett gelassen hatten: der Holzhändler, der seine abwesende Frau durch das Dienstmädchen ersetzte; oder der Notar, der die Abreise seiner Frau dazu benutzte, «seinem Dienstmädchen, einem unschuldigen Kind von siebzehn, einen Besuch abzustatten».[102]

Im Lauf der Zeit verringert sich die Statusdifferenz. Die europäischen Dienstmädchen und Wäscherinnen bekamen zunehmend Männer ihresgleichen, die daher nicht die wirtschaftliche oder politische Autorität hatten, um sexuelle Konzessionen zu erzwingen. Wenn also die Frauen mit diesen Männern schliefen, dann weil sie es wollten, und nicht weil sie es mußten. Das ist wenigstens die Schlußfolgerung aus einer Studie über «Schwangerschaftserklärungen» in Nantes im achtzehnten Jahrhundert. Zu Anfang des Jahrhunderts war «Sex zur Seite» (*amour auxiliaire*) der Urtyp der Illegitimität in dieser Stadt, wobei die Dienstherren ihre traditionellen Rechte über Dienstboten ausübten. Dann fanden zwei Entwicklungen statt: Die Herren wandten sich in zunehmendem Maße Mätressen zu, die sie sich in getrennten Wohnungen hielten, Frauen, für die sie – anders als bei den Dienstmädchen – anscheinend gewisse zarte Gefühle hegten; und die Frauen der unteren Schichten, die vorher hauptsächlich unter offensichtlichem Zwang mit den ihnen sozial Überlegenen geschlafen hatten, wandten sich Männern ihrer eigenen Schicht zu und versuchten, mit ihnen ein ziemlich unsicheres häusliches Leben zu führen. So fiel der Prozentsatz der vom Arbeitgeber verführten Angestellten unter den unehelichen Müttern in Nantes von 36 Prozent in den Jahren 1737 bis 1746 auf 9 Prozent in den Jahren 1780 bis 1787. Die Verführer von Frauen mit mehr als einem illegitimen Kind kamen zunehmend aus der unteren Schicht. Im ganzen jedoch wurden diese «wiederholten» Mütter bei weitem überschattet von den «einmaligen» unverheirateten Frauen. Die verführten Frauen berichteten am Ende des Jahrhunderts häufiger als am Anfang, daß ihnen die Heirat versprochen worden sei. All das hatte eine gewaltige Zunahme der Illegitimität zu Folge.[103] Der Trend in Nantes ging also in Richtung auf das romantische Paar und weg von der ausgebeuteten «Aushilfe», hin zur sozialen Inzucht und weg von dieser bestimmten Form der Unterdrückung und Ausbeutung einer Klasse durch die andere.[104]

Es gibt noch eine andere Art von Statistik, mit deren Hilfe wir das Vordringen der Romantik in den vorehelichen Beziehungen feststellen können: wie die Häufigkeit des Geschlechtsverkehrs von Monat zu Monat variierte. Wenn wir wie die Klatschbasen neun Monate zurückzählen, können wir aus Statistiken über die jahreszeitliche Verteilung von Geburten herausfinden, in welcher Zeit des Jahres die Empfängnis stattgefunden haben mußte. Vorausgesetzt, daß jahreszeitliche Unterschiede bei Fehlgeburten und Verhütung unbedeutend waren, müßte die Verteilung der Empfängnisse auf die bestimmten Monate die Verteilung des Geschlechtsverkehrs unmittelbar widerspiegeln. Wenn meine Behauptung, daß das Geschlechtsleben mit romantischen Auffassungen verknüpft wurde, stimmt, dann müßten Veränderungen im jahreszeitlichen sexuellen Verhalten etwas über die Verbreitung der Romantik im Alltagsleben aussagen können.

In der traditionellen Gesellschaft war die Häufigkeit des vorehelichen Geschlechtsverkehrs – insoweit er überhaupt vorkam – nicht gleichmäßig über das Jahr verteilt. Anhang IV (separat lieferbar; vgl. Hinweis auf Seite 317) zeigt das statistische Modell. Das späte Frühjahr und der frühe Sommer boten die häufigsten Gelegenheiten, während die Monate von August bis Dezember weniger günstig waren. Das darf uns nicht überraschen, denn wir haben soeben die Kette der Brautwerbungsfeste behandelt, die über die erste Hälfte des Jahres verteilt waren, und gesehen, daß es nach Johannis im Juni nichts mehr gab, das mehr Vergnügen und Anregung bot als ein gelegentliches Erntefest. Von Bedeutung ist, daß sich das voreheliche Geschlechtsleben in der traditionellen Gesellschaft im Rhythmus der Feiertage abspielte. Es fand hauptsächlich bei außerordentlichen Gelegenheiten, durch die der Rhythmus der stereotyp ineinanderfließenden Tage unterbrochen wurde, statt und war daher kein Aspekt des gewöhnlichen Lebens.

So wie die Modernisierung voranschreitet, flachen sich die jahres-

zeitlichen Fluktuationen ab. Anstatt zu einer bestimmten Zeit statt-
zufinden, verteilt sich nun der Geschlechtsverkehr gleichmäßig über
das Jahr, so daß jeder Monat ungefähr die gleiche sexuelle Aktivität
aufweist. Wenn das Beispiel von Lüttich und Montpellier (siehe Anhang IV) verallgemeinert werden darf, dann beobachten wir schon im
achtzehnten Jahrhundert einen Rückgang der monatlichen Verschiedenheiten bei den vorehelichen Schwangerschaften. In den Vereinigten
Staaten ist die jahreszeitliche Fluktuation bei der vorehelichen Sexualität jetzt kaum erkennbar: Der Trommelschlag bleibt durch das ganze
Jahr hindurch gleich.

Diese Zahlen zeigen meiner Ansicht nach, wie sich Sexualität und
Romantik in das Gefüge des Lebens des Volkes verwoben. Anders als
in traditionellen Zeiten wird die Sexualität in der modernen Welt zu einem selbstverständlichen Bestandteil im Lebenslauf der Unverheirateten. Der Jahreskalender hat seinen harten Zugriff gelockert. Die einzelnen Abschnitte des Jahres haben nun nicht mehr ihre besondere
Stimmung und Attraktion, und es gibt keine bestimmte Zeit mehr für
den Eintritt ins Leben und für den Tod (auch die jahreszeitlichen
Schwankungen bei der Sterblichkeit haben sich verringert). Der Ablauf
der Tage wird gleichförmig. Jede Jahreszeit ist wie die folgende, abge-
sehen von der einzigen großen Unterbrechung durch die jährlichen Ferien, deren Auswirkungen auf das sexuelle Verhalten das einzige in diesem Zusammenhang erkennbare Merkmal im jahreszeitlichen Profil
Amerikas sind. Was in Begriffen der Statistik eine kleinere «Amplitude
der jahreszeitlichen Schwankungen» ist, ist in der Realität die Norma-
lisierung der Romantik. Das heißt, je weniger eine Jahreszeit die «Jahreszeit für Liebende» ist, um so mehr wird die Sexualität zu einem
normalen Teil des Lebens der Unverheirateten. Zwar sagen solche Statistiken nichts darüber, daß die Chancen der jungen Männer und Frau-
en, sich zu finden, zugenommen hätten, aber sie sagen doch, daß
die Menschen, wenn sie miteinander ins Bett gehen, den Entschluß
dazu zeitlich nach ihren eigenen Wünschen und Umständen fassen und
nicht auf Grund des Lebenszyklus der Gemeinschaft, zu der sie gehören.

Der jährliche Zyklus der Feste verlor seinen Einfluß auf die Brautwerbung der Jugend nicht, weil es einen völligen Zusammenbruch allen
Brauchtums innerhalb der dörflichen Gemeinschaft gab, sondern weil
die Jugend sich bewußt dagegen entschied, der Gemeinschaft länger das

Recht einzuräumen, ihr Intimleben zu kontrollieren und zu beeinflussen. Zu einem bestimmten Zeitpunkt im neunzehnten Jahrhundert faßte die Jugend Europas den festen Entschluß, die Brautwerbung der kollektiven Kontrolle zu entziehen, und zwar der kollektiven Kontrolle jeder Art. Es gibt eine anerkannte soziologische Weisheit, die besagt, daß die Leitung der Brautwerbung durch die Dorfgemeinschaft überwechselte auf die *peer group*. Aber dort hörte die Entwicklung nicht auf. Am Ende waren die jungen Männer und Frauen in ihrem Liebesleben weder der weiteren Gemeinschaft der Erwachsenen noch der engeren Gemeinschaft ihrer Altersgenossen unterworfen. Die Brautwerbung war privatisiert worden.

Eine quantitative Nachprüfung dieser Behauptung erscheint mir unmöglich. Ich kann mir keine systematischen Daten vorstellen, zu denen der Historiker einigermaßen Zugang hätte, die den Fall in der einen oder anderen Richtung beweisen könnten. Aber der Wind der Unzufriedenheit, der aus der ethnographischen Literatur des neunzehnten Jahrhunderts weht, läßt viele Blätter umherwirbeln, und der aufmerksame Historiker wird sie auflesen.

Hier einige solche verwehte Blätter, die auf den Rückzug des Paares von der Gemeinschaft hindeuten:

– Einst, so erzählt man uns, verbrachte die Jugend des sonnigen Brignoles im Departement Var ihre «Mußestunden», indem sie Ball spielte und Wettläufe veranstaltete. An schönen Sommerabenden versammelte sie sich auf dem Feld zu Picknick, Singen, Musizieren und Tanzen und um sich anständig und aufgeschlossen (man kann erraten, was dann kam) zu amüsieren. Jungen und Mädchen aller Alter, angeregt und vereint durch die Bande der Familie, des *intérêt* und der Freundschaft, nahmen an diesen Zusammenkünften teil, wobei sie zum Besten aller einen Geist der Harmonie, der Höflichkeit und Geselligkeit wahrten, der sich durch die neuen Sitten verflüchtigt hat.» Was auch wirklich geschah, es ist klar, daß diese alten Sitten aufgehört hatten, als der wehmütige Dr. Amic diese Zeilen 1837 zu Papier brachte.[105]

– Wenn die Brautwerbung in Baden gegen 1900 sich der Überwachung durch die Gemeinde entzog, so deswegen, wie ein dortiger Altertumsforscher erklärte, weil die Veillées, die früher ihre Rolle gespielt hatten, außer Gebrauch gekommen waren. Der Rückgang der Veillées war zu einem Teil die Folge des Übergangs von der heimgesponnenen zu der im Laden gekauften Kleidung und zu einem anderen Teil die Wirkung von Verboten der Polizei, die in dieser Einrichtung «eine Brutstätte von Klatsch, Aberglauben, Unheil und Unmoral sah». Aber ein weiterer Grund war, daß die Jugend selbst nun von diesem Forum wegblieb zugunsten des Dorfkasinos, «in das nicht nur die Mädchen, sondern auch die Jungen und Männer und Frauen kamen, um artig miteinander zu verkehren».[106]

– Während vor der Jahrhundertwende Jungen und Mädchen in der Vendée in Frankreich wenigstens so viel guten Geschmack hatten, daß sie gruppenweise miteinander schmusten, wobei sie vielleicht im großen Saal des Gasthauses oder eine Treppe höher in einem Zimmer zusammenkamen (der Leser wird sich an unsere vorangehende Beschreibung des Zungenkusses erinnern, der in diesem Gebiet *maraichinage* genannt wird), «isolieren sich heute die Paare und suchen sich eine ferne Ecke auf dem Feld oder eine dichte Hecke».[107]

– Am Vorabend des Zweiten Weltkriegs verbreitete sich ein wehmütiger alter Herr im Departement Isère liebevoll über die Bräuche der Brautwerbung in der guten alten Zeit, die Dorftänze, die Gruppen von jungen Männern, die von Haus zu Haus gingen und ihren Liebsten Ständchen darbrachten, die bebänderten Maibäume und die Feuer am letzten Karnevalssonntag. «Ach, unsere Jugend weiß sich heute nicht mehr auf eine so einfache und poetische Weise zu unterhalten... Sie halten sich für große Tausendsassas, wenn sie mit hundert Kilometern in der Stunde auf ihren Motorrädern herumrasen. Es ist schlimm, daß sie keine Zeit mehr für Vergnügungen haben, denn auf diese Weise sind Kameradschaft und Zusammenhalt dem Neid und dem Egoismus, den beiden großen Mängeln unserer Zeit, gewichen.»[108]

Solche Zeugnisse von alten, vor Bitterkeit und Abscheu erstarrten Männern wimmeln von Fehlern. Wir können nicht wissen, ob sie die Wahrheit sagten; wir dürfen nicht sicher sein, ob ihre kleinen Dörfer typisch waren; wir sind in Verlegenheit, wenn wir sagen wollen, wie die Wirklichkeit der Brautwerbung sogar noch zu Beginn unseres Jahrhunderts in den großen Städten und bei den Industriearbeitern, den neuen Zentren des sozialen Schwerpunkts, war. Aber ich halte daran fest, daß solche Klagen Strohhalme im Wind sind. Das neunzehnte Jahrhundert nahm die Partnerwahl der Gruppe aus der Hand und verminderte den kollektiven Druck auf die individuelle Wahl. Es war schließlich recht schwierig, Jungen, die auf ihren Motorrädern herumrasten, auf den Fersen zu bleiben.

Das Werben in der Welt von heute

Ein Hauptargument dieses Buches liegt in der These von einer engen Beziehung zwischen sexuellem und gefühlsmäßigem Verhalten. So ging der Wandel im vorehelichen Verhalten gegen Ende des achtzehnten Jahrhunderts Hand in Hand mit einer neuen Orientierung in Richtung auf das Gefühl. Ähnlich ist ein weiterer bedeutender Wandel im zwanzigsten Jahrhundert vor sich gegangen, den wir im vorangegangenen Kapitel als sie zweite sexuelle Revolution in den sechziger Jahren beschrieben haben. Das Hauptthema der ersten sexuellen Revolution war der Vorrang der Liebe bei der Partnerwahl; zu Beginn des zwanzigsten Jahrhunderts hatte die romantische Liebe fast überall – außer bei so isolierten Gruppen wie dem höheren französischen Bürgertum – über das *intérêt* triumphiert. Die beiden Hauptthemen der zweiten sexuellen Revolution waren dann die endgültige Ablehnung des vom sozialen Netz der Umwelt ausgehenden Druckes, sei es nun durch die Familie, die Gemeinschaft oder die *peer group* – und die Trennung von Koitus und «lebenslanger» Monogamie.

Auch hier ist wieder mein Eindruck, daß sich das Paar, noch bevor es verheiratet war, immer mehr der *peer group* und den Kontrollen durch die Gemeinschaft entzog, nicht steng empirisch. Familiensoziologen, besessen von «Konfliktlösung» und «Indikatoren ehelicher Befriedigung», haben keine Mühe gescheut, systematische Daten darüber zu sammeln, wen das Paar besucht, wenn es zusammen ausgeht, ob es wohl den Abend anonym verbringt oder ob es sich kreuz und quer in einem größeren Kreis von Freunden bewegt. Der ganze soziale Rahmen des ehelichen Verhaltens ist kritisch, aber die riesige Industrie der Sozialarbeit und Familiensoziologie hat ihn zugunsten von Bagatellen, vor deren Bedeutungslosigkeit der Verstand stillsteht, außer acht gelassen.[109]

Aber wir wollen nicht ganz auf dem Hosenboden rutschen. Einige Untersuchungen in größerem Maßstab haben sich damit beschäftigt herauszufinden, wo die Ehegatten sich kennengelernt haben. In Schweden zum Beispiel hat sich ein Drittel beim Tanz kennengelernt. In Frankreich hat sich fast die Hälfte – mehr bei jüngeren Paaren, weniger bei älteren – bei so anonymen Anlässen wie Kino, Tanz, Urlaubsreisen und Jahrmärkten oder sogar einfach auf der Straße kennengelernt. Und drei Viertel von amerikanischen Teenagern, die 1972 befragt wurden, berichteten kühn: «Soweit es sich um Sex handelt, hat das, was andere junge Leute tun, keinen Einfluß darauf, was ich selbst tue.»[110] Im Vergleich damit, was wir historisch über Bekanntschaften wissen, ist also die Rolle der Familie oder der Freunde beim Bekanntmachen und Überwachen der Menschen unbedeutender geworden und die Anonymität angewachsen.

Wie wir historisch gesehen haben, übte die *peer group* einen starken Druck auf das voreheliche Paar aus, zusammenzubleiben, so daß im frühen neunzehnten Jahrhundert in Frankreich Burschen sich die Erlaubnis holen mußten, mit dem Mädchen eines anderen zu tanzen; und sogar noch in den vierziger und fünfziger Jahren des zwanzigsten Jahrhunderts büßten amerikanische Frauen an Achtbarkeit ein, wenn sie von Freund zu Freund hüpften.[111] Man vergleiche damit das Ergebnis einer Studie aus Dänemark im Jahr 1967: Die Wahrscheinlichkeit betrug drei zu fünf, das junge Männer, die ihr erstes sexuelles Erlebnis hatten, nach einer oder zwei weiteren Verabredungen ihre Partner nicht wiedersahen.[112]

Zu Anfang der sechziger Jahre lehnten junge Leute elterliche Eingriffe in die Paarbildung ab. In den Vereinigten Staaten hatten sich die Jungen natürlich schon lange davor gegen elterliche Brautwerbungswünsche gewehrt. Daniel Smith behauptet, daß die Tendenz von Töchtern, in der Reihenfolge zu heiraten, wie sie geboren wurden, ein ziemlich guter Indikator elterlicher Kontrolle über die Brautwerbung ist, bei der die Eltern sich nacheinander ihre Töchter vornehmen. Der Prozentsatz der Töchter, die *außerhalb* ihres Platzes in der Reihenfolge der Geburten heiraten, stieg von 8 Prozent in Hingham in Massachusetts in der Mitte des siebzehnten Jahrhunderts auf 18 Prozent in der Mitte des neunzehnten.[113] Und als ein anderer Forscher sich daranmachte, bei verheirateten Frauen in Ohio, die das College um 1940 besucht hatten, die elterliche Überwachung der Paarbildung zu beobachten, hatten sich die Dinge noch weit mehr verschlechtert: 31 Prozent der ersten Generation von Frauen berichteten, daß ihre Eltern gegen den Mann gewesen seien, den sie heirateten, 45 Prozent der zweiten Generation berichteten Opposition der Eltern, und 55 Prozent der dritten Generation.[114] All das bedeutet, daß Frauen in zunehmendem Maße dahin tendierten, mit Männern auszugehen, auch wenn die Eltern es mißbilligten. Zu Anfang der siebziger Jahre wiesen die Hälfte aller Mädchen zwischen 16 und 19 und drei Viertel aller Jungen die Meinung kühn zurück, daß «bei sexuellen Beziehungen meine Haltung und die meiner Eltern so ziemlich die gleichen sind».[115] Manche ihrer

Aussagen hätten genügt, um jeder Mutter die Haare zu Berge stehen zu lassen. Ein siebzehnjähriges Mädchen klagte:

«Seit neuestem haben sie (die Eltern) sich angewöhnt, bei jedem Jungen, der mit mir ausgehen will, zu sagen: ‹Oh, ich glaube, er hat dich wirklich gern.› Das ist einfach Quatsch, den ich nicht nötig habe. Wenn er mich gern hat, kann ich es ja sagen. Ich brauche es nicht, daß meine Eltern sagen: ‹Ich glaube, er hat dich wirklich gern.› ‹O wie schön, er möchte mit dir ausgehen.›... Ich meine, es geht sie gar nichts an, ob ich mich verabrede oder nicht. Ich meine, sie sollten mich nicht hierhin oder dorthin treiben.»[116] Wahre Worte! Und hier noch eine sechzehnjährige Liebste, deren Aussage die dirigistischen Eltern zu Stein erstarren ließe:

«Eltern sollten begreifen, daß die Leute miteinander bumsen, was ich schwer verstehen konnte, weil meine Mutter es nicht akzeptieren wollte. Und wenn man um ein Uhr zu Hause sein muß, so heißt das nicht, daß man nicht von elf bis ein Uhr bumsen könnte... Ich hoffe wirklich, daß ich ein engeres Verhältnis zu meiner Tochter haben werde als meine Mutter zu mir.»[117]

Die zweite bedeutende Entwicklung bei der Brautwerbung in den sechziger Jahren war der Übergang von «nur einem einzigen Sexpartner» zur «seriellen Monogamie». Früher waren die jungen Leute bereit, schon vor der Ehe mit dem Geschlechtsverkehr zu beginnen, aber – das gilt speziell für Frauen – nur mit einer einzigen Person, nämlich dem Mann, den sie heiraten wollten. In den sechziger Jahren erhöhte sich die Wahrscheinlichkeit beträchtlich, daß eine typische junge Frau vor der Ehe mit mehreren verschiedenen Männern schlief, aber immer nur eine Beziehung gleichzeitig wahrnahm. Dieser Übergang zu einer *Reihe* von intimen Beziehungen darf nicht mit der berühmten Trennung von Sexualität und Liebe verwechselt werden, die zwar in der Presse viel diskutiert wurde, aber in Wirklichkeit nie eintrat. Die Menschen hatten weiterhin leidenschaftliche Gefühle für ihre Partner, und jeder war eine *grand amour*. Aber es wurde üblich, daß während der Jahre, wo man allein lebte, eine Anzahl von *grandes amours* aufeinander folgen konnte.

Mehrere Sexpartner vor der Ehe zu haben, begann in den sechziger Jahren in verschiedenen Ländern. In den Vereinigten Staaten zum Beispiel erlebten die sechziger Jahre eine starke Verbreitung dieser Tendenz, mit mehreren Leuten Geschlechtsverkehr zu haben, die Alfred Kinseys Untersuchung bei den Frauen bereits festgestellt hatte. Von denen, die vor 1900 geboren wurden, hatten nur 44 Prozent der sexuell Aktiven vor der Ehe mit mehr als einem Mann geschlafen; ungefähr dieselbe Zahl gilt für Frauen mit Geburtsjahren zwischen 1900 und 1909; bei den zwischen 1910 und 1919 Geborenen stieg sie auf 52 Prozent – wieder das Phänomen der «goldenen Zwanziger» bei den vorwiegend dem Mittelstand entstammenden Frauen, die Kinsey interviewte.[118] Es waren alles Frauen, die schon verheiratet waren, als sie befragt wurden, und die also ihre vorehelichen Erfahrungen bereits abgeschlossen hatten. Wieviel überraschender ist es also, daß von den Teenagern, die Robert Sorensen 1972 interviewte, die Hälfte der sexuell Aktiven *schon* mehr als einen Sexpartner hatten: Zwei Fünftel der nicht mehr jungfräulichen Mädchen von dreizehn bis fünfzehn (und mehr als die Hälfte der zwischen sechzehn und neunzehn) hatten mit mehreren Jungen geschlafen. Man kann sich vorstellen, wie hoch diese Zahlen sind, wenn diese Frauen heiraten. – Von den befragten Mädchen waren 30 Prozent der Dreizehn- bis Fünfzehnjährigen nicht mehr jungfräulich, und 57 Prozent der Sechzehn- bis Neunzehnjährigen.[119] Man muß aber beachten, daß bei diesen mannigfaltigen koitalen Beziehungen die Romantik immer noch mächtig war: Für nur ein Achtel der Mädchen waren ihre Beziehungen zu den Jungen, mit denen sie zum erstenmal schliefen, weniger als Liebe, und volle drei Viertel der befragten Mädchen sagten: «Geschlechtsverkehr möchte ich nur mit einem Jungen haben, der mich liebt.»[120]

Vereinzelte Daten aus anderen Ländern in den sechziger und siebziger Jahren deuten gleichfalls auf diese Verbindung von Partnerwechsel und Romantik, die wir «serielle Monogamie» nennen. Von einer Versuchsgruppe verheirateter französischer Frauen, die 1970 befragt wurden, hatten nur 4 Prozent derjenigen über fünfzig vor der Ehe mit ihren zukünftigen Ehemännern *und* einem oder mehreren Männern geschlafen, aber 9 Prozent der Dreißig- bis Neununddreißigjährigen und 16 Prozent der Zwanzig- bis Neunundzwanzigjährigen. Diese Zahlen sind nicht sehr hoch, aber der Trend ist deutlich sichtbar.[121] Obwohl nur ein Drittel der jugendlichen deutschen Arbeiterinnen, die 1968–1969 befragt wurden, in den vorangegangenen zwölf Monaten mehr als einen Partner hatten (ihre kumulativen Zahlen wären natürlich höher), wollte eine große Mehrheit keineswegs die «Frauen, die den Partner häufig wechseln», moralisch verurteilen. Und neun Zehntel stimmten darin überein, daß es ganz in Ordnung war, vor der Ehe Geschlechtsverkehr mit dem Mann zu haben, den man liebt.[122]

Die deutschen Daten schweigen sich über Veränderungen im Lauf der Zeit aus, aber eine 1968 angestellte Untersuchung der dänischen Studentinnen zeigt über die vorangegangenen zehn Jahre einen großen Sprung bei dem Anteil der unverheirateten Frauen, die mit mehr als einem Mann geschlafen hatten. Während 1958 nur 43 Prozent Geschlechtsverkehr mit mehr als einem Partner gehabt hatten, waren es 1968 75 Prozent. Das erste Abenteuer hatten 1968 sehr viel weniger Frauen mit einem festen Freund als 1958.[123]

Englische Teenager, die in den frühen sechziger Jahren befragt wurden, hatten eine verhältnismäßig hohe Zahl von Partnern beim Geschlechtsverkehr (2,3 bei den sexuell erfahrenen Mädchen, 6,2 bei den Jungen), aber sonst fügten sie sich in das Modell der seriellen Monogamie ein. Weniger als ein Viertel der sexuell aktiven Mädchen hatten in den zwölf der Untersuchung vorangegangenen Monaten Geschlechtsverkehr mit mehr als einem Jungen gehabt, und praktisch jede von ihnen stimmte der Auffassung zu, «daß Sex mehr bedeutet als nur Amüsement».[124]

Diese Zahlen erhellen bestimmte Regionen einer sonst in tiefem Schatten liegenden Welt. Wenn meine These stimmt, daß voreheliche serielle Monogamie nur innerhalb eines anonymen Systems der Brautwerbung möglich ist, dann deutet diese Handvoll Untersuchungen darauf hin, daß die Jugendlichen sich bei Partnersuche und Partnertreffen von der Überwachung durch ihre Nachbarschaft, die Eltern und ihre Altersgenossen freigemacht haben. Wenn weitere Forschungen ergeben, daß der Unterschied zwischen 1905 und 1965 so groß ist, wie ich glaube – hinsichtlich der durchschnittlichen Zahl der Partner beim Geschlechtsverkehr und des Ausschlusses des Bekanntenkreises –, so werden wir mit Recht von einer zweiten sexuellen Revolution in den sechziger und siebziger Jahren sprechen können.

Versuchen wir nun – unvermeidlicherweise in einer viel zu schematischen und generellen Weise, um irgendeinem besonderen Zeitpunkt und Ort gerecht zu werden – die hauptsächlichsten Entwicklungen bei der Brautwerbung in der westlichen Gesellschaft im Lauf der letzten drei Jahrhunderte zusammenzufassen. Dabei ist es nützlich, zwischen der Auffassung des einzelnen über Sexualität und dem Bild des einzelnen Jugendlichen von seiner Beziehung zur umgebenden Gemeinschaft zu unterscheiden.

Der Gebrauch der Sexualität. In der traditionellen Gesellschaft diente die Sexualität hauptsächlich instrumentellen Zwecken. Das heißt, sie half eher den Beteiligten, Ziele mit nichtsexuellem Charakter zu erreichen, als der Erforschung der Persönlichkeit zu dienen. Besonders für traditionelle unverheiratete Frauen war der Geschlechtsverkehr eher das Mittel zum Zweck (zum Beispiel Frieden mit dem Arbeitgeber zu haben oder eine eheliche Verbindung zwischen zwei Familien zu ratifizieren), als ein Selbstzweck (Sexualität als persönliche Erfüllung). Die Zeugnisse, die wir angeführt haben, lassen vermuten, daß vor 1800 die Menschen in Europa selten Geschlechtsverkehr hatten, bevor es absolut sicher war, daß sie heiraten würden, und daß die Sexualität ihnen eher zu dem höheren Zweck der Fortpflanzung und dem Fortbestand der Familie diente, als in sich selbst ein Grund zu Freude und Vergnügen zu sein. Andernfalls wären die emotionslosen, leidenschaftslosen, lieblosen Rituale der Brautwerbung, die wir beobachtet haben, nicht zu verstehen.

Mit der ersten sexuellen Revolution kam der Durchbruch der Intimität, ein Abbruch der Barrieren der Geschlechterrollen, die bis dahin Männer und Frauen in wasserdichten Abteilen mit wenig Hoffnung auf emotionalen Austausch gefangengehalten hatten. Die Libido erwachte durch den Wunsch, frei zu sein. In den Jahren nach 1750 wurden sich junge Männer und Frauen der unteren Schicht bewußt, daß das Leben mehr bedeutete, als nur unter den Augen der lokalen sozialen Obrigkeit seine Pflicht zu erfüllen und seine Arbeit so zu tun, wie der Vater sie getan hatte und dessen Vater vor ihm. Die Menschen hatten persönliche Bedürfnisse, die mit dem Bedürfnis der umgebenden Gemeinschaft nach Stabilität in Konflikt geraten konnten. Zu diesen Bedürfnissen gehörte das «Glück», und einer der Hauptwege glücklich zu werden war, eine emotionale Beziehung zu einer Person des anderen Geschlechts aufzunehmen. Eine solche Beziehung bedeutete natürlich sexuelle Intimitäten, denn Sex war ganz offensichtlich eine Ausweitung der emotionalen Intimität. Und so wurde die erste sexuelle Revolution in der steifen, unbeholfenen Weise von Menschen durchtanzt, die Äonen in Unbeweglichkeit verbracht hatten und gerade erst anfingen, sich eine sympathische Welt der Symbole und Zeichen zu schaffen, eine Kultur, die der Romantik geistesverwandt war.

Wenn auch die feinen Leute sich darüber lustig machten, diese Romantik wurde nicht durch die zweite sexuelle Revolution der sechziger Jahre aus dem Sattel gehoben. Die «echte Liebe» war der ständige Sattelgefährte des Geschlechtsverkehrs in der modernen Gesellschaft geworden. Möglicherweise hat die Intimität in der zweiten sexuellen Revolution neue Dimensionen angenommen, indem sie die Geschlechtspartner zu einer «Suche nach der Innenwelt» trieb – angesichts einer Subkultur der Jugend in den sechziger Jahren, wo der Versuch unternommen wurde, mit Hilfe von psychedelischen Drogen Selbsterfahrungen in Richtung auf diese Innenwelt zu machen, keine überraschende Entwicklung. Aber hier riskieren wir eine Verwechslung von Launen der Kultur mit echten langfristigen geschichtlichen Veränderungen; wir sind diesen Phänomenen noch so nahe, daß unsere Sicht verschwimmt.

Die Beziehung des Liebespaares zur umgebenden Gemeinschaft. In der traditionellen Gesellschaft gab es viele verschiedene gesellschaftliche und soziale Strukturen und eine Vielfalt von *peer groups*, die die Bildung des Paares und sein Verhalten bestimmten. Es gab keine Mesalliancen, keine Intimitäten, die die ordnungsgemäße Übertragung von Besitz gefährdeten oder es den einzelnen ermöglichten, sich von dem mächtigen Gewicht ihrer Verantwortlichkeit gegenüber dem Kollektiv zu lösen.

Die erste sexuelle Revolution des späten achtzehnten Jahrhunderts verschob die Überwachung der Brautwerbung von der Gemeinschaft als ganzer zu den *peer groups*, der Jugend selbst. Barrieren gegen die Promiskuität mußte es geben – Brandmauern gegen die Explosivität all jenes erotischen Sprengstoffs, den das Aufwallen des Gefühls an die Oberfläche getrieben hatte –, aber Barrieren im Rahmen einer der Selbstentdeckung und Intimität günstigen Subkultur. So entstand eine Welle der Sexualität, und weil den Jugendorganisationen viel von der zwingenden Kraft der dörflichen Gemeinschaft fehlte, gab es Unfälle, Freier enterten das Schiff, und uneheliche Kinder wurden gezeugt. Aber die Paare, die auch miteinander Geschlechtsverkehr hatten, bemühten sich zweifellos, den Richtlinien der *peer groups* zu folgen, zu denen sie gehörten.

Die zweite sexuelle Revolution der sechziger Jahre hat nun offenbar sogar noch diese schwache Kontrolle der Altersgenossen über Partnersuche und Partnertreffen der Jugendlichen abgebaut. Der Wunsch, frei zu sein, hat alle Fesseln durchtrennt, die das Paar an die umgebenden sozialen Institutionen gebunden hatten. Selbstverwirklichung – durch sexuelle Befriedigung – hat das Kommando über die Brautwerbung übernommen.

5. Kapitel

Mutter und Kind

Mütterliche Fürsorge für das Kleinkind ist eine Erfindung der Moderne. In der traditionellen Gesellschaft waren die Mütter der Entwicklung und dem Wohlbefinden von weniger als zwei Jahre alten Kindern gegenüber gleichgültig. In der modernen Gesellschaft stellen sie das Wohlergehen ihrer kleinen Kinder über alles. Darüber soll dieses Kapitel berichten.

Vielleicht muß ich zunächst erklären, warum die Entwicklung der Mutter-Kleinkind-Beziehung es verdient, hier erörtert zu werden. Auf den ersten Blick hat sie unmittelbar wenig mit der Schilderung der Bande zwischen der Familie und der Gemeinschaft zu tun. Aber Mütter und Kleinkinder haben einen Anspruch auf unsere Aufmerksamkeit, schon allein, weil der Vorstoß des mütterlichen Gefühls in den Familienkreis ein Teil des umfassenderen Aufwallens des Gefühls ist, das das Hauptthema dieses Buches darstellt. Denn wir wären auch gar nicht in der Lage, die Entstehung der »Häuslichkeit« – jene Sphäre aus Privatheit und Intimität, die die Familie als ganze umhüllt – zu erkennen, wenn wir nicht verstünden, wie die neue Beziehung zwischen Mutter und Baby entstand.

Der Leser möge bitte beachten, daß Babies, also nicht einfach «Kinder», das Thema dieses Kapitels sind. Uns interessiert hier die Kristallisation der mütterlichen Liebe für das Kleinkind, Liebe im Sinne von Spontaneität und Einfühlungsvermögen. Diese vermittelte der ganzen Familie eine neue emotionale Basis und lieferte unabhängig von der romantischen Liebe (die übrigens die Heiratszeremonie nicht allzulang überlebte) den Grund für den Rückzug aus dem Leben der Gemeinschaft.

Die kleine Gruppe von Wissenschaftlern, die seit einiger Zeit behaupten, daß die Mütter in der traditionellen Gesellschaft ihre Kinder nicht unbedingt liebten, ist auf völlige Skepsis gestoßen.[1] Mütter, die ihren Kindern nicht zugetan waren, gleichgültig gegen ihr Wohlergehen und resigniert gegenüber den mit Schreien verbundenen, gewöhnlich lebensgefährlichen «Krämpfen» und «Fieberanfällen»? Unmöglich, sagt der Verstand des zwanzigsten Jahrhunderts. Aber bei der großen Masse des Volkes trifft es tatsächlich zu. Mütter in Dörfern und kleinen Städten auf dem ganzen Kontinent von Cornwall bis Lettland gingen selten von der traditionellen – oft entsetzlich schädlichen – Kleinkinderhygiene und den Methoden der Kindererziehung ab; und darum handelt es sich, wenn die «Spontaneität» fehlt. Auch sahen diese Mütter in ihren Kleinkindern selten (manche sagen nie) menschliche Wesen mit derselben Veranlagung zu Freude und Schmerz wie sie selbst. Mit anderen Worten, die Eltern konnten sich nicht in die winzigen Schuhe ihrer Kleinkinder versetzen, sich die Welt von ihrem Standpunkt aus vorstellen und ihnen daher diese Welt zu einer so angenehmen und erfreulichen zu machen wie nur möglich – und das ist es, was wir mit «Einfühlung» bezeichnen.

Diese Millionen von traditionellen Müttern waren keine Scheusale. Sie hatten nur den «Opfer»-Test nicht bestanden. Wenn ihnen ein ausgesprochener Sinn für mütterliche Liebe fehlte, so deswegen, weil sie durch materielle Umstände und die Haltung der Gemeinschaft gezwungen waren, das Wohlergehen des Kleinkindes anderen Zwecken, wie zum Beispiel der Arbeit auf dem Bauernhof und der Unterstützung ihrer Ehemänner beim Tuchweben, unterzuordnen. Das Aufblühen der Mutterliebe können wir erst entdecken, wenn alle diese Millionen von Müttern sich bewußt dazu entschließen, ihre Prioritäten neu zu ordnen und das Leben und Glück ihres Kleinkindes über alles andere zu stellen.

Das Desinteresse in der alten Zeit

Philippe Ariès, der Pionier der Sozialgeschichte, hat als erster behauptet, daß die Gleichgültigkeit der Mütter gegenüber den Kleinkindern charakteristisch für die traditionelle Gesellschaft war.[2] Mit Hilfe von Porträts und Familienchroniken schloß er, daß kleine Kinder im Mittelalter als Geschöpfe angesehen wurden, die nicht ganz zu den normalen Menschen zählten. Kaum mit einer eigenen Seele begabt, kamen sie auf Grund von Gottes Willen, gingen wieder auf sein Geheiß und verdienten bei ihrem kurzen irdischen Aufenthalt wenig Sympathie oder Mitleid von seiten der Erwachsenen. Ariès behauptet, daß dieses gleichgültige Verhalten beim höheren Bürgertum und dem Adel, auf deren Zeugnisse er sich beruft, gegen das sechzehnte und siebzehnte Jahrhundert allmählich zurückging. Und wahrscheinlich hat er für diese Stände recht. Aber beim gewöhnlichen Volk, mit dem ich mich beschäftige, dauerte diese traditionelle Gleichgültigkeit mindestens bis zum letzten Viertel des achtzehnten Jahrhunderts an, und bei einigen Volksschichten und in manchen Gebieten noch beträchtlich länger. Diese Modifikation möchte mein Buch zu der klassischen Analyse von Ariès beisteuern.

Im achtzehnten und frühen neunzehnten Jahrhundert war die Gleichgültigkeit der Eltern gegenüber den Kleinkindern bei allen Gruppen des gewöhnlichen Volks und allen Arten von Gemeinschaften noch weit verbreitet. Eine ganze Anzahl von Indikatoren lassen vermuten, daß der große Wandel, den Ariès beim höheren Bürgertum schon lange im Gange sah, noch nicht nach weiter unten durchgesikkert war. Zumindest müssen wir das daraus schließen, wie diese Mütter gegenüber ihren Kindern *handelten*.

Dabei braucht man gar nicht so sehr an Grausamkeit, Schläge und ähnliches zu denken. Sicher gab es sehr viel Gewaltanwendung sowohl in der Großstadt wie auch im kleinen Dorf,[3] aber es gibt sie noch bis in unsere Zeit, und sie ist kein guter Gegenbeweis für Liebe. Die Kinder wurden genauso unsanft durch die allgemeinen Bedingungen des alltäglichen Lebens behandelt wie durch wilde Ausbrüche elterlicher Wut.

Da ist zum Beispiel die Wiege, in den Händen von Bauern ein lähmendes und betäubendes Monstrum. Schlaflose Kinder wurden gewöhnlich in den Schlaf der Bewußtlosigkeit *geboxt*. «Am verderblichsten ist die ländliche Sitte..., die Kinder durch unmäßiges Schaukeln in den Schlaf zu zwingen, durch Schwingen und Schütteln, durch Hin- und Herzerren der Wiege und durch lautes Singen, Methoden, die eher geeignet sind..., Dummheiten und Idiotie zu bewirken» (eine Darstellung aus Scheßlitz bei Bamberg).[4] Aber diese Gewohnheiten waren nicht nur auf die Bauern beschränkt; in Wien «ist die dumme und schädliche Sitte, die Kinder durch betäubendes Schaukeln und Wiegen zu beruhigen, obwohl von den höheren Ständen aufgegeben, bei den unteren noch weit verbreitet».[5] Dasselbe galt für Stuttgart: der Verzicht der oberen Schichten auf die Wiege zugunsten des Kinderbetts, aber das Beharren der unteren Schichten auf «kräftigem Schaukeln».[6]

Bedenklicher für das Wohlergehen des Kleinkindes war die fast universelle Sitte, es über lange Zeit hinweg allein zu lassen. Alle Ärzte klagen darüber, wie die Eltern die Kinder stundenlang in ihren Exkrementen schmoren lassen, wobei sie fest in Windeln eingewickelt sind; auch darüber, wie unbeaufsichtigte Kinder am Herd zugrunde gehen, wenn ihre Kleidung Feuer fängt; und schließlich darüber, wie unbewachte Kleinkinder von den Schweinen im Hof angegriffen und aufgefressen werden.[7] In den Bergen der Vogesen verbrachten die Bauersfrauen im Sommer viele Stunden fern von ihren Häusern und ließen ihre Babies «mit aller Kraft» in der Wiege schreien – nach Meinung des Beobachters eine Ursache von Brüchen.[8] In der Gegend von Montpellier hielt man, besonders in der Seidenraupensaison, Schmutz und Mangelerscheinungen bei der Pflege für eine häufigere Ursache von Kleinkindersterblichkeit als epidemische Krankheiten: «Es ist allgemein bekannt, wieviel Fleiß diese Art von Beschäftigung erfordert: Die Frauen sind ständig mit dem Sammeln von Maulbeerblättern beschäftigt oder mit den Seidenraupen selbst. Die Kinder werden vernachlässigt, leiden und sterben. Die Tatsache, eine so große Zahl von Kindern in dieser Jahreszeit zugrunde gehen zu sehen, hat das Sprichwort entstehen lassen: ‹In der Zeit, da die Seidenraupen kommen, gehen die meisten Kinder ins Paradies ein.›»[9] Im Tal des Morienval, im Departement Oise, starben Kleinkinder in besonders großer Zahl während der Hanf- und Getreideernte, weil – wie «Bürger» Cambry, Präfekt des Departements, sagt – ihre Mütter sie wegen der Feldarbeit vernachlässigten.[10] Gerechterweise muß man sagen, daß die Ernte auch mit der Jahreszeit zusammenfiel, wo die Gefahr der Verunreinigung und Ansteckung am größten war – ein Zeichen dafür ist der Spätsommerhöhepunkt bei Durchfallerkrankungen von Kleinkindern sowohl in der Stadt als auch auf dem Land in ganz Europa.

Industriearbeit hatte dieselben Folgen. Mütter in Budapest ließen oft während des Tages ihre kleinen Kinder mit einem nur ein paar Jahre älteren Kind zu Hause, wodurch sie «Unfälle aller Art und Verzögerungen ärztlicher Hilfe für kranke Kleinkinder, deren Zustand sich rasch verschlimmern kann, verursachen». (Noch schlimmer, als die Kinder zu Hause zu lassen, war jedoch, sie mitzunehmen, denn Mütter, die gezwungen waren, ihren Lebensunterhalt als Tagelöhner zu verdienen, «wickeln auch bei schlechtem Wetter ihre Kleinkinder einfach in eine

Decke und legen sie in der Nähe auf den Boden, wodurch viele zugrunde gehen».)[11]

Diese Unaufmerksamkeit in materiellen Dingen könnte allein schon durch wirtschaftliche Zustände erklärt werden, aber die Gründe waren zweifellos vielfältiger. Auch wenn die Eltern *bei* ihren Kindern waren, können wir nur wenig liebende Fürsorge und spielerisches Bestreben, dem Kleinkind bei seiner Entfaltung zu helfen, feststellen, was doch für die moderne Mutter charakteristisch ist. Traditionelle Babies wurden recht oft sich selbst überlassen, und wir haben keinen Grund, den folgenden Bericht über Mütter in der und um die Stadt Laval im Departement Mayenne für untypisch zu halten: «Hier kümmern sie sich um die Kleinkinder nur mit jener phlegmatischen Ruhe, die für dieses schleimige Temperament charakteristisch ist. Wenn sie sie auf dem Arm haben, wenn sie mit ihnen ausgehen, dann schweigend, in der Stille der Ergebung gegenüber ihren Pflichten, die die Mütter und Dienstmädchen genau erfüllen, über die sie aber selten hinausgehen. Sie singen nicht; sie sprechen nicht mit dem Kleinkind; sie versuchen nicht, seine Sinne anzuregen; sie machen keine Anstrengungen, die Gefühle des Kindes durch Fröhlichkeit oder die kleinen Neckereien mütterlicher Güte zu entwickeln.»[12]

Und was für Mütter sind es, so fragen wir uns, die von ihren Kindern als «es» (oder häufiger noch als «das Geschöpf») sprechen, ohne das Geschlecht zu unterscheiden, die das Alter ihrer Sprößlinge vergessen (eine französische Mutter glaubte, ihr Sohn sei «sechs oder acht Monate» alt, eine andere «elf oder vierzehn Jahre»), die den Namen eines toten Babies einem neugeborenen geben oder sich nicht mehr erinnern können, wie viele Kinder sie gehabt haben? Im Languedoc des achtzehnten Jahrhunderts, von wo diese Beispiele stammen, «sucht man vergebens nach der Entwicklung, die Philippe Ariès für die Haltung der Eltern gegenüber ihren Kindern fordert».[13]

Das offensichtliche Fehlen von Trauer angesichts des Todes eines Kleinkindes unterstreicht unsere Auffassung noch. Wenn diese traditionellen Mütter den Verlust ihrer Kinder mit Gleichgültigkeit hinnahmen, wieviel Liebe können sie dann für sie empfunden haben? Mütter «ließen einfach ihre sterbenden Babies im Rinnstein liegen und auf dem Misthaufen von London verrotten», ein Anblick, der Thomas Goram, den Leiter eines Findelhauses, entsetzte.[14] Eine gewisse Mrs. Thrale soll «den Tod mehrerer Töchter in der Schule mit großer Gleichgültigkeit betrachtet haben». Und Sir John Verney «stellte fröhlich fest, als zwei seiner fünfzehn Kinder starben, daß ihm immer noch dreizehn geblieben seien».[15] In Südfrankreich sagte eine Räuberbande, die auf einem Pfad entlangschlich: «Es ist ein totes Kind», und ging weiter.[16] In einer Gemeinde im Anjou passierte es oft, daß keines der Eltern dem Begräbnis eines Kindes, das jünger als fünf Jahre war, beiwohnte, und in anderen, daß nur ein Elternteil dabei war, manchmal der Vater, manchmal die Mutter.[17]

Natürlich gab es auch Situationen, wo der Tod eines Kleinkindes mit weniger Gleichmut hingenommen wurde, zum Beispiel wenn die Mutter bei der Entbindung zusammen mit ihrem ersten Kind starb, denn dann mußte der Ehemann die Mitgift seiner Frau an ihre Verwandten zurückgeben.[18] Aber besonders beim dritten oder vierten Kind betrachtete man den Tod als einen Segen sowohl für die Kinder als auch für die Eltern. Im Kreis Haidau in Bayern «freuen sich die Leute gewöhnlich über den raschen Tod der Kinder und sagen, ‹sie sind gut aufgehoben›».[19] François Lebrun schreibt über die Bauern im Anjou im achtzehnten Jahrhundert: «Der Tod eines kleinen Kindes wird, sofern es getauft war, auf der religiösen Ebene als eine Erlösung angesehen, denn dem Kind wurde die Gnade zuteil, direkt ins Paradies zu kommen, ohne die Bitterkeit des Lebens erfahren und ohne sein geistliches Wohl aufs Spiel gesetzt zu haben. Auf der menschlichen Ebene ist der Tod eines Kleinkindes fast ein banaler Zufall, den eine folgende Geburt wiedergutmacht.»[20] In der modernen Welt trifft der Tod eines Kindes das Paar für das ganze Leben. Was waren das in der traditionellen Gesellschaft für Leute, die nicht einmal dem Begräbnis ihrer verstorbenen Kleinkinder beiwohnten?

Deutlich sichtbar an der Spitze dieses Eisbergs traditioneller Gleichgültigkeit waren die geschiedenen Mütter, die ihre Kinder verließen. Bei Ehescheidungen in der Diözese Cambrai, einer Kreisstadt in Nordfrankreich, im achtzehnten Jahrhundert gab es zum Beispiel keinen Zank wegen der Obhut über die Kinder: Die Frauen waren sehr froh, sie den Ehemännern zu überlassen. Um seine Frau Marie zu einer Scheidung zu überreden, «bot Abraham Pluchart, Kaufmann in Valenciennes, an, das Kind zu übernehmen und für es zu sorgen, damit sie ruhiger leben könnte».[21]

Oder man denke an die Bereitschaft von Eltern, legitime Kinder im Stich zu lassen, sie in der Stille der Nacht an der Tür einer lokalen Wohltätigkeitsanstalt auszusetzen, die dann dafür sorgte, daß die Kinder von bezahlten Kinderfrauen aufgezogen wurden. Hätte es sich darum gehandelt, das Baby Billy auszusetzen, damit es vom reichen Industriellen Fink aufgezogen würde, wäre es etwas anderes gewesen. Aber die Wahrscheinlichkeit war groß, daß das Kind in den Händen einer bezahlten Amme starb; solche Aussetzungen kamen einem Kindesmord gleich.[22]

Wieviel Prozent der gewaltigen Zahl von Findelkindern legitime Kinder waren, ist nicht klar – ein Wissenschaftler glaubt, bei den im achtzehnten Jahrhundert im Departement Ardèche ausgesetzten Kindern sei der Prozentsatz ganz unbedeutend gewesen.[23] Aber ein anderer setzt im benachbarten Limousin um etwa dieselbe Zeit die Proportion sogar mit vier Fünfteln an.[24] Rund 15 Prozent der 1760 im Allgemeinen Hospital von Paris deponierten Findelkinder waren legitim, genau wie ein Jahrhundert später.[25] Um die richtige Größenordnung zu bekommen, muß man bedenken, daß gegen die Mitte des neunzehnten Jahrhunderts in Frankreich jedes Jahr etwa 33 000 Kinder ausgesetzt wurden. Jedes über einen Monat alte Findelkind war vermutlich legitim (weil logischerweise unverheiratete Mütter das Kind so bald wie möglich aussetzten), und kleine Bänder und Zettel, die an die Kleider von vielen angeheftet waren, gaben zusätzlichen Aufschluß, so daß die Behörden eine gewisse Grundlage für die Vermutung des Legitimitätsstandes hatten. Wir dürfen wohl mit Recht schätzen, daß zwischen einem Zehntel und einem Viertel der Findelkinder legitim waren. Das heißt, daß im Jahr vielleicht fünftausend Kinder von ihren Familien ausgesetzt wurden.

Was veranlaßte die Eltern, sie auszusetzen? In erster Linie verzweifelte Armut. Wenn im achtzehnten Jahrhundert die Getreidepreise stiegen, dann auch die Zahl der Findelkinder, was beweist, daß die Lebenskosten viele Eltern dazu zwangen, den Haushalt um ein oder zwei Kinder zu verringern. Außerdem war das Alter der Findelkinder um so höher, je höher die Preise waren, was darauf deutet, daß die Eltern sich nicht nur von Neugeborenen, sondern auch von älteren Kleinkindern trennten.[26]

Für manche war die Trennung herzzerreißend. «Die Zeiten», so stand auf einer typischen Notiz, die am Kleid eines Kindes befestigt war, «sind so hart und unselig, und das Elend ist so groß, daß wir ganz gegen unseren Willen dazu gezwungen sind, unser liebes dreijähriges Kind auszusetzen. Wir bitten die guten Schwestern des Findelhauses, unser armes Mädchen durch irgendein Zeichen und die Tageszeit ihrer Aussetzung kenntlich zu machen, so daß wir die Freude haben werden, sie wiederzuerkennen und sie zu uns zu nehmen.» Aber die Eltern kamen selten zurück.[27]

Andere nahmen die Trennung gleichgültig hin. Obwohl wir die Tendenz der Beobachter aus dem Mittelstand berücksichtigen müssen, Fabrikarbeiter für von Natur aus verderbt zu halten, hat es doch den Anschein, daß die Proletarier schnell bei der Hand waren, ihre legitimen Kinder auszusetzen. Der Präfekt des Departements Nord beschwor für seine großen Textilstädte das Bild von Frauen herauf, die ihr Haushaltsgeld für Branntwein verschwendeten und dann ihre Kinder hinausschmissen, die «zu dreien und vieren herumvagabundierten und dem Mitleid der öffentlichen Wohlfahrt anheimfielen».[28] Und Beobachter der verheirateten Arbeiterinnen von Lyon waren überzeugt, daß mindestens ein Fünftel von denen, die im Hôtel-Dieu niederkamen, ihre Kinder auf diese Weise aussetzten. Typisch ist die Geschichte von einem Webermeister, der von einem Freund nach einer Verwandten gefragt wurde, von der nie gesprochen wurde, weil sie ihr zweites Kind ausgesetzt hatte. «Ihre Schwägerin ist gut situiert», sagte der Freund, «und ihr Ehemann auch. Das überrascht mich. Ich hielt sie für eine tüchtige Frau.» «Ja, das ist sie auch», sagte der Weber, «aber das Kind war ihr bei ihrer Tagesarbeit im Weg, und außerdem setzte sie auch ihr erstes aus.»[29]

Das bittere Elend, das aus diesen Berichten spricht, macht deutlich, daß Kleinkinder nicht nur wegen der völligen Gleichgültigkeit ihrer Mütter oder Väter ausgesetzt und ihrem Schicksal überlassen wurden. Und die vielen Fabrikarbeiter, die ihre Kinder aussetzten, zeigen, daß das Phänomen nicht einfach «traditionell» war. Wenn wir uns der Sitte zuwenden, bezahlte Ammen zu nehmen, dann tritt die Trennung der Mutter von ihrem Kleinkind als eine allgemeine Sitte aller Klassen, ob arm oder nicht, deutlich hervor. Und die Zunahme des Stillens durch die Mutter zeigt, daß die Weggabe, sei es an eine bezahlte Amme oder eine wohltätige Institution, tatsächlich eine traditionelle Sitte war.

Lohnammen und stillende Mütter

Eines der bemerkenswertesten Phänomene der europäischen Sozialgeschichte ist die große Zahl von Müttern, die ihre Kleinkinder an weit entfernte Orte schickten, um sie dort von Ammen versorgen zu lassen. Gleich nach der Taufe wurde das Kind von der Mutter getrennt und sofort über weite Strecken zu irgendeiner Bauernkate gebracht, wo es, wenn es die Reise überlebte, die folgenden zwei Jahre verbrachte.

Diese Sitte, legitime Kinder außerhalb in Kost und Logis zu geben, darf nicht damit verwechselt werden, daß eine Amme ins Haus geholt wird, um das Baby unter den wachsamen Augen der Mutter zu nähren. Man muß sie auch von der Flaschenernährung unterscheiden – nämlich, dem Baby Brei, Tiermilch oder eine gemischte Diät an Stelle der Muttermilch zu geben. Und schließlich dürfen wir das Phänomen, daß verheiratete Frauen ihre Kinder weggeben, nicht mit dem Bestreben unverheirateter Frauen verwechseln, sich illegitimer Kinder zu entledigen, oder mit den verzweifelten Versuchen der Findelhäuser aller Länder, bäuerliche Familien ausfindig zu machen, die die Vielzahl ausgesetzter Kinder aufnehmen konnten, die im achtzehnten Jahrhundert Europa überschwemmten.

Wie weit verbreitet diese Sitte, legitime Kinder zu fremden Leuten zu geben, wirklich war, bleibt freilich ein gewisses Rätsel. Sie variiert stark nach Ländern und sozialen Klassen. Mrs. Jane Sharp berichtet in ihrem *Midwives Book* (1671), daß es in England «bei reichen Leuten üblich sei, ihre Kinder zu einer Amme zu geben».[30] Aber meistens waren es die englischen Behörden und nicht das Ehepaar, das die Kinder wegschickte, und nur die Sprößlinge unverheirateter Mütter oder von Familien, die von Armut geschlagen waren, waren betroffen.[31] In den amerikanischen Kolonien wurden Ammen außerhalb des Hauses nur gelegentlich beschäftigt, wie zum Beispiel die pennsylvanische Frau «mit einer guten Milchbrust», die 1782 in der Zeitung annoncierte, daß sie «bereit sei, ein Kind in ihre Familie aufzunehmen. Anfragen an Robert McGoogen beim Drei-Meilen-Stein».[32]

Stadtbewohner in Mitteleuropa haben offenbar Kinder in großem Maße nach außerhalb in Kost und Logis gegeben. Der Statistiker Johann Peter Süssmilch berichtete 1742 über die vielen Ammen in den Städten und darüber, daß ihre Dienste die Ursache der höheren Kindersterblichkeit in der Stadt gegenüber dem Land seien. Nur Ammen, die in den Häusern der Reichen wohnten, waren von der Regel ausgenommen, daß «Ammen nicht dasselbe sind wie Mütter und daß der Mangel an Liebe die Ursache vieler verhängnisvoller Versäumnisse ist». Andererseits stillten in ländlichen Gebieten die Mütter ihre Kinder (und zwar so lange Zeit, daß, nach Süssmilch, das Stillen gleichbedeutend mit einer Verhütungsmethode war).[33] Aus der ersten Hälfte des neunzehnten Jahrhunderts gibt es genug Berichte über die Beschäftigung von Ammen durch Stadtbewohner, aus denen wir schließen können, daß das «Auswärtsgeben» erheblich über illegitime Babies und Findelkinder hinausging.[34]

Besonders in Frankreich schickten verheiratete Frauen ihre Kinder gewöhnlich zu ländlichen Ammen. Buffon schätzte 1777 auf Grund von Sterblichkeitsziffern aus der Region Paris, daß ein Sechstel aller Kleinkinder nach außerhalb gegeben wurde.[35] Und wenn wir neuere Arbeiten über den Distrikt von Beauvais heranziehen, war die Zahl vielleicht noch höher. In einigen Gebieten von Frankreich hat sich unter dem Ancien regime, also im bourbonischen Frankreich vor 1780, wahrscheinlich die Mehrzahl der Familien daran beteiligt, ihre Kinder außerhalb der Familie unterzubringen, entweder indem sie die eigenen weggab oder die Kinder von entfernt lebenden Familien zu sich nahm.[36] Der Unterschied zwischen den verschiedenen Ständen war erheblich. Nur beim Großbauerntum stillten die Frauen fast immer ihre Babies oder gaben ihnen die Flasche, das aber auch nur, weil sie in der sonst frei gewordenen Zeit nicht genug verdient hätten, um eine Amme zu bezahlen. Bei den anderen Ständen gaben die Frauen, deren Verdienst den Lohn der Amme deckte oder deren Männer die Kosten tragen konnten, ihre Kinder in großer Zahl nach auswärts in Kost und Logis. Arme Frauen in ländlichen Gebieten gaben zum Beispiel ihre eigenen Kinder zu niedrigen Sätzen nach auswärts, um dafür einen besser bezahlten Säugling von anderswo zu sich zu nehmen.[37] Die Frauen kleiner Ladenbesitzer und Handwerker gaben auch ihre Kinder nach auswärts, um ihren Männern im Geschäft helfen zu können. Maurice Garden hat jüngst im einzelnen gezeigt, wie verbreitet diese Sitte bei den Familien der Seidenweber in Lyon im achtzehnten Jahrhundert war. Aber unabhängig von ihrem Beruf haben städtische Mütter, wenn wir uns auf die Zeugnisse aus Orten wie Montpellier, Puy und Chambéry verlassen, offenbar ganz allgemein ihre Kinder zu ländlichen Ammen geschickt. Vom Chambéry hieß es zum Beispiel, «die Mütter hätten sich noch nicht daran gewöhnen können, ihre Kinder zu stillen; das wird leider immer noch Frauen auf dem Land überlassen, wo viele dieser Säuglinge an Krämpfen sterben...»[38]

Es ist bemerkenswert, daß die einzige Gruppe, die niemals ihre Kinder in großem Maßstab nach auswärts in Kost gab oder Säuglinge zu sich nahm, die Fabrikarbeiter waren, die Speerspitze der Modernen. Zwar benützten Frauen in Fabriken oft Tagesammen oder gaben ihren Kindern die Flasche, aber sie schickten sie nicht für längere Zeit fort.

Margaret Hewitt schreibt zum Beispiel von Lancashire: «Es gibt keinen Beweis dafür, daß die verheirateten (ebenso wie die unverheirateten) Arbeiterinnen ihre Kinder länger als einen Arbeitstag zum Stillen weggeben.»[39] Obwohl entsetzt über die Art, wie Arbeiterinnen in Lillebonne ihre kleinen Kinder behandelten, behauptet Arsène Dumont doch nie, daß sie sie von zu Hause fortschickten. Und arbeitende Mütter in Landshut beeilten sich, von dem Angebot eines Arbeitgebers für einen sechswöchigen, bezahlten Wöchnerinnenurlaub Gebrauch zu machen, wodurch sich die Sterblichkeit ihrer Babies während dieser Zeit um ein Viertel verringerte.[40] Wenn also die proletarischen Frauen trotz der äußersten Armut und der schlimmsten Versuchungen, den «Opfertest» nicht zu bestehen, ihre Kleinkinder zu Hause behielten, dann wahrscheinlich nur deswegen, weil ihre Haltung schon «modern» war.

Wie funktionierte das System der Lohnammen? Am besten wissen wir über Frankreich Bescheid, wo das Auswärtsgeben zu einem vollorganisierten Zweig der Heimarbeit geworden war. In den großen Städten dienten sehr oft private Agenturen als Vermittler zwischen Müttern und bäuerlichen Ammen. Neben dem städtischen Amt für Ammen *(Direction municipale des nourrices)* florierten eine ganze Anzahl von schäbigen Büros, die sowohl die Ammen wie auch die Mütter skrupellos ausbeuteten. Sie priesen als sprudelnde Milchquellen Frauen an, deren Brüste schon längst ausgetrocknet waren und die nichts anderes tun konnten, als ihren Pfleglingen die Flasche zu geben. Oder die Ammen selbst betrogen sowohl die Mütter wie die Agenturen, indem sie gesunde Babies von anderen liehen (oder mieteten) und als ihre eigenen ausgaben. Ein weiterer Trick war, den Ortsbürgermeister den Taufschein des Kindes der Amme fälschen zu lassen, um den Anschein zu erwecken, daß ihre Milch dasselbe «Alter» hatte wie der zukünftige Säugling. (Man hielt es für wichtig, daß die Milch dem Alter des Kindes entsprach – ein weiteres Beispiel medizinischer Fehlinformation, die auf diesem Gebiet so häufig ist.) Aber wenn auch die ganze Ammenindustrie von Betrügereien durchsetzt war, ignorierten die Pariser Familien ganz entschieden die offizielle Agentur und strömten in Scharen zu den privaten Büros, im Vertrauen darauf, daß ihre Sprößlinge in der reinen Landluft gediehen. In einem bestimmten Jahr verschickte die offizielle Agentur 2000 bis 3000 legitime Kinder aus Paris, die schäbigen Agenturen vielleicht 12000.[41]

Waren die Kinder einmal weggegeben, besuchten die Eltern sie selten. Freilich vergewisserten sie sich gelegentlich brieflich, ob alles in Ordnung war. Und die Ammen hatten so etwas wie einen Standardbrief, um die Mütter zu beruhigen, auch wenn das gewöhnlich völlig unberechtigt war:[42]

Gnädige Frau,
    ich schreibe Ihnen, um Ihnen Nachricht über Ihren Liebling zu geben und Sie gleichzeitig zu fragen, wie es Ihnen selbst geht. Dem lieben Kleinen geht es gut. Er hat gerade einen Anfall von Rachitis (!) gehabt, aber ich nahm ihn auf eine Wallfahrt mit, die mich drei Franc kostete, und es geht ihm jetzt viel besser. Es ist erstaunlich, wie sehr er Ihrem Gatten ähnlich sieht. Darf ich Sie bitten, mir Schuhe zu schicken, denn er wird bald gehen können. Es wird auch bald Zeit sein, ihm Kleider anzuziehen. Das Zahnen war bei ihm so schwierig, daß ich in alles, was er aß, Zucker tun mußte. Ich wäre Ihnen dankbar, wenn Sie mir etwas Zucker und Seife schicken würden. Grüßen Sie bitte Ihren Gatten.

Ihre Amme...

Der übliche Schluß war, die Mutter zu einem Besuch einzuladen, aber wenn diese Mütter tatsächlich zu dem dunklen Loch gereist wären, in das ihr Kind gefallen war, so wäre das ein niederschmetterndes Erlebnis geworden. Die Ammen, meistens aus dem Kreis der Landarbeiter, Kleinbauern und ledigen Mütter (die oft Schwangerschaften eingingen, um Milch geben und sich so verdingen zu können), waren verzweifelt arme, ausgeplünderte Geschöpfe, die gewöhnlich in elenden Hütten auf dem Land wohnten. Im Departement Eure-et-Loir «sind die Wohnungen vieler Ammen schlecht gelüftet. Manche haben nur einen einzigen Raum, in dem mehrere Betten und Truhen zusammengepfercht sind. Manche haben nur ein einziges Bett und drei Säuglinge».[43] Und in einer typischen Ammenwohnung im Nièvre urinierten die Insassen oft einfach auf den schmutzigen Fußboden, «da sie sich nicht die Mühe machten, es nach draußen zu schütten». Der Haustierbestand an Schweinen, Ziegen, Schafen und Geflügel wohnte zusammen mit der Familie. Der große Herd «gab genausoviel kalte Luft her wie Wärme», und um den Rauch abziehen zu lassen, mußte die Tür immer ein wenig offenbleiben, wodurch eine «tödliche» Zugluft für das Kind entstand. Außer den zwei oder drei riesigen Betten gab es mehrere Wiegen, die wie Hängematten übereinander aufgehängt waren. Direkt an der Tür war der Dunghaufen, und faulendes Stroh war im ganzen Raum in

Ecken und Ritzen gestopft. Am Boden schwappte «eine Art schwarzes Wasser, grünlich und übelriechend».[44] Kurz, genau der richtige Ort für ein Baby.

Die schreckliche Armut, die die ländliche Familie veranlaßt hatte, einen Säugling aufzunehmen, schuf vor allem eine Umgebung, die in jeder Weise feindselig gegenüber mütterlicher Fürsorge und sogar physischem Überleben war. In einem Departement waren die Hütten der Ammen sogar «im Winter ohne ein Feuer, und die Füße der Kinder erfroren in ihren durchnäßten Kleidern».[45] Das stammt aus einem Bericht einer Kommission über Findelkinder. Doch in diesem Gebiet wurden die Findelkinder vom Staat überwacht und erhielten oft bessere Pflege als die in Kost gegebenen legitimen Kinder. «Die Frauen (die für die privaten Ammenagenturen arbeiten) sind die ärmsten des Distrikts, mit den schlechtesten Wohnungen, und sie besitzen meistens überhaupt nichts. Sie nehmen ein, zwei oder drei kleine Pariser auf, die sie von verschiedenen Agenturen oder direkt von den Familien erhalten. Diese Kinder, auf dem Land untergebracht, fern jeder medizinischen oder behördlichen Überwachung, werden Opfer der Unwissenheit, Habgier und Unachtsamkeit. Denn die Amme, erdrückt von ihrer Haushaltsarbeit und der Bürde ihrer eigenen Kinder, kann sich wenig um Sauberkeit und Leibesübungen kümmern, die diese Kinder so nötig haben.»[46]

Aber schlechte Wohnungen und Schmutz waren schließlich überhaupt das Los der Kinder armer Länder. Die Unachtsamkeit der Amme war das Gefährlichste. Es gab Schreckensnachrichten über Nachlässigkeiten: «Die Amme war betrunken und trug das Kind mit dem Kopf nach unten. Ich sah schon, welches Schicksal das arme, unschuldige Geschöpf haben würde. Als ich einige Monate später vom Polizeikommissar beauftragt wurde, Untersuchungen über den Tod des Säuglings, der so frisch und rosig in Nogent angekommen war, anzustellen, fand ich in der Hütte, die die Frau bewohnte, eine ausgedörrte kleine Gestalt mit runzeligem Gesicht, die auf einer schmutzigen, stinkenden Matratze ohne Bettücher lag. Das arme Kind war vor Hunger und Elend gestorben. Während der Abwesenheit der Amme, die den ganzen Morgen gedauert hatte, waren die Nachbarn schließlich durch das klägliche Schreien, das plötzlich aufgehört hatte, aufgestört worden. Sie mußten die Tür aufbrechen, um festzustellen, daß das Kind tot war.»[47] Wenn wir jedoch den empörten Landärzten des neunzehnten Jahrhunderts trauen dürfen, zu deren Patienten diese

Leute gehörten, so waren Nachlässigkeiten und Gleichgültigkeit die Regel. Im Morvan zum Beispiel wechselten die Ammen von einem Kind zum nächsten das Bettzeug nicht, und die Federkissen, «getränkt mit Schweiß, Urin und Fäkalien, verströmten einen Gestank nach ekelhaftem Ammoniak».[48] Ungeduld, Müdigkeit und Gleichgültigkeit verleiteten die Ammen schließlich dazu, brüllende Kinder mit Alkohol oder opiumhaltigen Beruhigungsmitteln wie «Godfrey's Cordial», einer Mischung aus Sirup, Opiumtinktur und Sassafras, zur Ruhe zu bringen.[49] Beobachtern kam es merkwürdig vor, wie still die Babies dalagen, wenn sie zu Besuch kamen, und die Kinder gingen natürlich bald zugrunde.

Ironischerweise waren die Ammen häufig »trocken«, da ihr Beruf schon längst ihre Milchvorräte überdauerte. Ja, es kam oft vor, daß sogar Ammen, die noch Milch gaben, nicht genug für alle Säuglinge hatten und zuerst ihre eigenen Kinder versorgten (sofern sie sie nicht weggegeben hatten) und dann die verbleibende Milch für die auswärtigen Kinder mit Flaschennahrung ergänzten. Oder noch schlimmer, die ärmsten Ammen, die weder eine Kuh noch eine Ziege besaßen, mußten ihren Pfleglingen «Brei» geben – eine Mischung aus Mehl, Wasser und Zucker, die ihnen kein Eiweiß und keine Vitamine, dafür aber viel zu früh Stärke lieferte und ihnen alle natürliche Immunität vorenthielt, die sie mit der Muttermilch bekommen hätten.[50] Auf dem Land bei Budapest «nimmt eine Baby-Amme manchmal zwei oder drei Kinder von auswärts als Säuglinge auf, während sie noch ihr eigenes stillt. Natürlich gibt sie die Brust den fremden erst, wenn ihr eigenes Kind satt ist, und auch dann nur pro forma, denn in Wirklichkeit werden sie mit billigerer und gewöhnlich ungeeigneter Nahrung gefüttert, einfach um sie ruhig zu halten».[51] Ländliche Ammen bei Bremen gaben ihren eigenen Kindern das meiste von ihrer Milch und ergänzten den Rest mit Ersatznahrung für die auswärtigen Säuglinge.[52] Für einige Monate alte Babies gab es vielleicht kleine Brocken vom Mittagstisch der Familie, die von der Amme vorgekaut wurden.

Wir erfahren, daß englische Säuglinge «mit Fleisch ernährt werden, bevor sie Zähne bekommen haben, und, was womöglich noch schlimmer ist, mit ungegorenen Keksen, Brötchen mit Butter, zähem, in Butter schwimmendem Teekuchen, Sülze aus Kalbsfuß oder kräftigen Suppen, die ihre Verdauung noch mehr belasten».[53] Denn je früher das Baby an feste Nahrung gewöhnt wird, desto früher kann die Amme ein neues an die Brust nehmen. Und wenn das Baby bei der Hals-über-

Kopf-Entwöhnung starb – nun, dann konnte man leicht ein neues bekommen.

Es wird den Leser nicht überraschen, daß unter diesen Umständen die Sterblichkeit der in Kost gegebenen Kinder erschreckend hoch war. Während in Rouen im achtzehnten Jahrhundert die normale Sterblichkeitsrate legitimer Kinder, die bei ihren Müttern blieben, 19 Prozent war, war diejenige der zu ländlichen Ammen (die eine Beihilfe von der Stadt bekamen) geschickten legitimen Kinder 38 Prozent. (Die Sterblichkeit von Findelkindern, die zu ländlichen Ammen bei Rouen geschickt wurden, betrug 90 Prozent!)[54] Von den 2400 Säuglingen, die 1858–1859 aus Paris in den Kreis Nogent-le-Rotrou verschickt wurden und von denen die meisten legitim waren, starben 35 Prozent in den ersten zwei Lebensjahren; von den in diesem Kreis von ansässigen Eltern geborenen Babies (die meisten wahrscheinlich von ihren Müttern gestillt) starben nur 22 Prozent.[55] In Erfurt starben 1870 17 Prozent aller von ihren Müttern gestillten Babies vor dem Ende ihres ersten Lebensjahres; von denen, die Ammen anvertraut waren, starben 30 Prozent.[56] Es ist also klar (und war es sicher auch den Menschen dieser Zeit), daß die Weggabe eines Kindes an eine Amme die Wahrscheinlichkeit, daß seine Eltern es nie wiedersahen, erheblich vergrößerte.

Wenn das Stillen durch die Mutter den Unterschied zwischen Leben und Tod ausmachte, können wir es vielleicht als Indikator für das Vordringen des mütterlichen Gefühls benutzen. Wir unterziehen die Mütter des späten achtzehnten und des neunzehnten Jahrhunderts in Frankreich dem «Opfertest»: In dem Maß, wie sie bereit waren, auf Ammen zugunsten des Stillens zu verzichten, stellten sie das Wohlergehen ihrer Babies über andere Kriterien. Weil traditionelle Mütter Verdienst opfern mußten, um stillen zu können, haben wir im Stillen ein deutliches Zeichen dafür, wie sie die Gesundheit ihres Kindes einschätzten: Nicht zu stillen bedeutet eine geringe Einschätzung. Aber wie ist es dann mit all jenen Bauersfrauen, die seit eh und je gestillt hatten? Der andere Aspekt unseres Index des Stillens ist die Bedingung, daß die Mutter, um als «modern» angesehen zu werden, *nur* ihr eigenes Kind säugte und keine anderen zu sich nahm, entweder weil deren Anwesenheit das Leben ihres eigenen Kindes gefährdete, indem ihm weniger Milch zur Verfügung stand, oder weil solche Nichtfamilienmitglieder in die neu entdeckte Intimität der häuslichen Gruppe eindrangen. So kann man also die Massen der stillenden Bauersfrauen nicht als modern bezeichnen.

Nach 1800 fand ein starker Rückgang der Beschäftigung von Ammen außer Haus statt. Während die Pariser städtische Ammenbehörde in der napoleonischen Zeit 5000 bis 6000 Kinder im Jahr verschickte, war die Zahl bis zu den dreißiger Jahren auf 1000 gefallen.[57] Aber die These, die ich hier vortragen möchte, hat einen Haken: Die Angehörigen der Mittelschicht gaben als erste diese Praxis auf. Erst später zogen die unteren Schichten nach. Und weil zu Anfang des Ersten Weltkrieges das Fortgeben legitimer Kleinkinder aller Schichten schon stark zurückgegangen war, könnte uns dieses Zurückbleiben einzelner Schichten bei der Verbreitung des mütterlichen Stillens etwas über die Hintergründe aussagen.

Es ist üblich geworden, den Sieg des mütterlichen Stillens auf das Erscheinen von Jean-Jacques Rousseaus *Emile* im Jahr 1762 zu datieren. Zwar kann dieses Datum als ein nützlicher Orientierungspunkt in der Geistesgeschichte dienen, aber es ist unwahrscheinlich, daß *Emile* selbst eine große Rolle als Anstoß dieser Bewegung gespielt hat, teils, weil solche Ideen schon lange umgingen, und teils, weil in den sechziger Jahren des achtzehnten Jahrhunderts die Mütter des Mittelstandes sich bereits auf dem Weg befanden, ihre Kinder selbst zu stillen.[58] Wohlhabende Frauen von La Rochelle zum Beispiel, die entsetzt waren über die Welle von Todesfällen bei den Babies, die sie an bäuerliche Ammen weggeben hatten, fingen 1766 selbst zu stillen an (und schockierten die Gesellschaft dadurch, daß sie es öffentlich taten). Handwerkerfrauen dagegen hatten genau den entgegengesetzten Weg eingeschlagen. Während es früher gerade sie waren, die die Kinder der Reichen säugten, sandten nun diese Frauen ihre Babies aufs Land, um in Luxus und Müßiggang zu schwelgen; das behauptet wenigstens Dr. Destrapierre, der Dekan des königlichen medizinischen Kollegs von La Rochelle.[59]

Dr. Destrapierre hat uns wahrscheinlich den Schlüssel für den Beginn einer Ausweitung dieser Bewegung geliefert: die erschreckende Sterblichkeit, die das Los der aufs Landgeschickten Säuglinge war, eine Todesrate, die im Lauf des Jahrhunderts weiter anwuchs.[60] Um das Leben ihrer Kinder zu retten, mußten die Mütter sie zu Hause behalten. So war es zum Beispiel eine Syphilisepidemie unter den ländlichen Ammen, die die Mütter von Saint-Malo in den achtziger Jahren des achtzehnten Jahrhunderts zwang, mit dem Stillen anzufangen. Geschlechtskrankheiten hatten sich von den Soldaten und den Seeleuten aus dem Hafen auf das umliegende Land ausgebreitet, »und die Furcht, daß Ammen infiziert sein könnten, hat die dortigen Mütter genötigt, auf die Stimme der Natur zu hören und ihre Kinder selbst zu stillen. Diese Praxis, die ihre natürlichen Fähigkeiten ehrt, ist ganz allgemein in unserem Distrikt».[61] (Eine ironische Verknüpfung von fleischlicher und mütterlicher Liebe.)

Und für diejenigen, die nur dann glauben, daß überhaupt etwas geschieht, wenn es sich in Paris abspielt, gibt es Beweise in Fülle. Dr. Menuret de Chambaud schrieb 1786, daß zwar im allgemeinen wenig Pariser Frauen stillten, «weil manche im Reichtum das Mittel und die Motive, um sich dieser Pflicht zu entledigen, sehen und andere aus Elend oder der Notwendigkeit zu arbeiten, verzichten müssen», daß aber eine neue Tendenz zum mütterlichen Stillen bei der oberen Schicht ihren Anfang genommen hat: «Die weisen Lehren von Locke über die frühe Kindheit, vorgestellt durch die beredsame Feder von Rousseau, haben jetzt begonnen, in der Stadt Früchte zu tragen. In der oberen Gesellschaftsschicht entdecken nun seit mehreren Jahren Mütter in immer größerer Zahl, daß die Beschwerlichkeit des Stillens durch viele Freuden und Vorteile kompensiert wird. Man läßt nun den Kindern mehr Freiheit... Brei *(bouillie)* ist von ihrem Speisezettel gestrichen worden, und man treibt mehr Gymnastik mit ihnen.»[62] Von besonderem Interesse ist hier die Verbindung zwischen dem mütterlichen Stillen und einer wiedererwachten Sorge um das allgemeine Wohlergehen des Kindes, als ein Beweis dafür, daß das Stillen ein wesentlicher Bestandteil in der allgemeinen Pflege von Kleinkindern war. Man muß aber festhalten, daß die Wiedergeburt des mütterlichen Stillens nicht nur ein Phänomen bei der oberen Gesellschaftsschicht von Paris war, denn anderswo in der Region Paris – zum Beispiel in der verschlafenen, entlegenen Stadt Nemours im Departement Seine-et-Marne – «stillen mehr wohlhabende Mütter ihre Kinder. Aber die Babies des Volkes werden an Ammen weggegeben, damit die Frauen ohne Behinderung ihrer Arbeit nachgehen können».[63]

Die Entwicklung des Stillens bei der unteren Schicht nachzuzeichnen ist schwieriger, und zwar zum Teil deswegen, weil die Ärzte, wenn sie sich nicht speziell auf Menschen ihres eigenen Standes beziehen, gern vom «Volk» sprechen, ohne weitere Unterschiede zu machen. So können wir also spezifisch proletarische Fortschritte nur feststellen, wenn wir von Behauptungen wie «alle Mütter hier stillen jetzt...» darauf schließen, daß die Mehrzahl dieser Mütter dem gewöhnlichen Volk entstammte. In den Städten der Meurthe gegen 1796 zum Beispiel «ist der Einwand der Philosophie gegen die Sitte, Kinder zu Ammen zu schicken, gut aufgenommen worden..., und heute trifft man nur noch selten eine Mutter, die nicht stillt, während man vor zwanzig Jahren Schwierigkeiten hatte, eine stillende Mutter zu finden. Die Volkszählung Ende 1796 bestätigt, daß 98 Prozent der Säuglinge von ihren Müttern gestillt wurden. Ohne Zweifel hat diese Unterordnung unter die Naturgesetze die Sterblichkeit merklich verringert».[64] Im Departement Mont-Blanc hieß es um 1807, daß das mütterliche Stillen sowohl in der Stadt als auch auf dem Land «erfreuliche Fortschritte» gemacht habe. «Und die Erfüllung dieser Pflicht führt die Mütter zu der weiteren, für ihre Kinder während der ersten Lebensjahre gut zu sorgen.»[65] Der Stadtarzt von Châlons-sur-Marne, der Hauptstadt des Departements Marne, bemerkte um 1820, daß mütterliches Stillen Hand in Hand gehe mit «ehelicher Liebe». Die Frauen dort waren gute Mütter und gute Ehefrauen, «und eine zarte Stimmung, ein glücklicher Geist regiert überall in den Haushalten». Das klingt ein wenig zu schön, um wahr zu sein, aber es ist interessant, daß der Autor diese beiden Bereiche der Liebe miteinander in Verbindung bringt.[66]

Solche Chroniken haben ihre Grenzen. Die Autoren sind zum Verzweifeln ungenau hinsichtlich der Darstellung der betroffenen sozialen Gruppen, und sie schweigen sich ganz darüber aus, ob Frauen, die früher Säuglinge von außerhalb angenommen hatten, bereit waren, das auch in Zukunft zu tun. Aber man könnte die Aufzählung weit ins neunzehnte Jahrhundert hinein ausdehnen, ein Beweis für das Vordringen des mütterlichen Stillens. Dieser Wandel im wesentlichen Erleben des durchschnittlichen Babys bedeutet, wie ich vermute, eine Veränderung der Mutterliebe.

Ein Problem bleibt aber bestehen. Stillten die Frauen der unteren Schicht Kinder anderer Leute nicht mehr, weil ihnen selbst der Wunsch nach einer Privatsphäre und Intimität im eigenen Heim gekommen war, wie es eine extreme Auslegung meiner These prophezeien würde? Oder stillten sie nur deswegen nicht mehr gegen Entgelt, weil die Nachfrage schwand und weil Mütter des Mittelstandes ihre Sprößlinge den professionellen Ammen nicht mehr auf Gnade oder Ungnade ausliefern wollten?

Andere Zeugnisse – die veränderte Haltung der Ammen selbst – lassen vermuten, daß sich tatsächlich bei den Frauen der Kleinbauern starke emotionale Bande zwischen Mutter und Kleinkind entwickelten. Vor 1820 gibt es kaum Anzeichen dafür, daß etwas anderes als das bare Geld die Ammen mit den Babies verband; danach wird es immer häufiger, daß Ammen die bezahlten Säuglinge so liebten und aufzogen, wie sie es mit ihren eigenen getan hätten.

Obwohl es unvermeidlich ist, daß es bei Angelegenheiten dieser Art Ausnahmen gibt, muß man doch sagen, daß die traditionellen Ammen unglaublich gleichgültig gegenüber dem Wohlergehen der Babies, die sie annahmen, waren. Kinder waren für sie genauso eine Ware wie eine termingebundene Kakaolieferung für den modernen Importeur. Und sie betrieben ihr Geschäft unweigerlich so, daß sie den größtmöglichen Gewinn hatten, wie es der Geschäftsmann mit jeder standardisierten, auswechselbaren Ware auf dem Markt macht. Für den Importeur ist ein bestimmter Sack Kakao nicht wunderbarer oder kostbarer als irgendein anderer. So war es auch für die Ammen des achtzehnten Jahrhunderts. Am besten wissen wir Bescheid über diejenigen, die Findelkinder zu sich nahmen und vierteljährlich von den örtlichen oder städtischen Findelhäusern bezahlt wurden. Wenn es in den ersten Wochen nicht gut ging und der schlechte körperliche Zustand des Kindes und sein Geschrei während der Nacht problematisch wurden, tauschte die Amme es im Findelhaus gegen ein anderes um. Daher wechselten im städtischen Findelhaus in Limoges 60 Prozent der Findelkinder mindestens einmal in ihrem ersten Lebensjahr die Amme. Und alle Ammen gaben dem Findelhaus das Kind zurück, sobald es sieben Jahre alt geworden war, um sich ein anderes zu holen.[67] Unsere moderne Mentalität ist vermutlich sprachlos gegenüber derartigen Praktiken. Würde man denn, wenn man ein Kind sieben Jahre lang in seinem Heim aufgezogen hat, es dann wieder aufgeben? Ja, man würde es, weil das Findelhaus für Neugeborene höhere Beträge zahlte als für ältere Kinder. So zugetan man dem Kakaoposten 688 auch sein mag, man würde die Ladung bei der ersten Gelegenheit löschen, wenn der Preis fiele. Und wenn es kein Geld gibt? Dann gibt es eben auch keine Pflege der Babies. Im Departement Eure, wo die wirren Verhältnisse während der Revolution die Zahlung der Gebühren verzögerten, kamen die Ammen einfach nicht mehr, und die bei den Findelhäusern ausgesetzten Kleinkinder kamen dort um. Vier Fünftel der ungefähr siebenhundert Findelkinder, die in Eure zwischen 1797 und 1801 ausgesetzt wurden, starben in den ersten Monaten ihres Lebens als «Opfer der schlimmen

Fieber, die in die Krankenstation eindrangen, wo sie beisammen waren».[68]

Vielleicht bin ich ungerecht. Unser modernes Krankenhauspersonal kann sich schließlich auch keine persönliche Zuneigung zu all den vielen Babies erlauben, die durch seine Hände gehen; so braucht man also eine derartige «Waren»-Mentalität nicht unbedingt als «traditionell» zu betrachten. Aber während sich moderne Ärzte und Krankenschwestern als nachlässig vorkommen würden, wenn ihre Pfleglinge in großer Zahl stürben, ließ der Tod von mindestens einem von zwei Babies die Ammen offensichtlich ungerührt. Hier der Bericht des Großen Rats des Departements Aube über die Pflege der Findelkinder durch die Ammen in den dreißiger Jahren des neunzehnten Jahrhunderts: «Viele dieser unkontrollierten Ammen verbannen ihre Pfleglinge in einen dunklen und ungesunden Winkel, decken sie kaum zu und kümmern sich nicht darum, wenn sie von Ungeziefer gequält werden oder sich im eigenen Kot wälzen und zur Beute aller Arten von Hautkrankheiten werden. Diesem Mangel an Pflege schreibt der Herr Präfekt die Zunahme der Sterblichkeit der Findelkinder auf 67 von 100 zu.»[69]

Diese gräßliche Aufzählung fortzusetzen hätte keinen Sinn. Von Bedeutung ist, daß die traditionellen Ammen offenbar kein wirkliches Interesse am Wohlergehen ihrer Pflegekinder hatten. Starb eines, so gingen sie einfach wieder zum Findelhaus, um sich ein anderes zu holen. Für sie war die Bezahlung alles, das Kind – ein kleiner Funke Leben, den man möglicherweise nicht nur aus materiellen Gründen lieben konnte – nichts.

Im Lauf des neunzehnten Jahrhunderts machte dieses «Wirtschaftsdenken» seitens der Ammen einer fast mütterlichen Liebe Platz. Laut Dr. Brochard von Nogent-le-Rotrou, dessen Kritik an den schlechten Ammen in der Mitte des neunzehnten Jahrhunderts wir schon zitiert haben, war die Mehrzahl der Ammen hingebungsvoll und verantwortungsbewußt. «Ich habe achtzehn Jahre meiner ärztlichen Laufbahn unter Ammen und Säuglingen verbracht. Und in diesen Jahren mußte ich jeden Tag Klagen und Anerkennungen sowohl der Ammen als auch der Eltern anhören. Ich muß sagen, daß ich nach all den schlimmen Dingen, die ich berichten mußte, den Trost habe, daß die Zahl der guten Ammen diejenige der schlechten weit übertrifft.»[70] Man muß das dem Urteil von Dr. Gilibert ein Jahrhundert früher gegenüberstellen, «daß es sehr wenig Ammen gibt, die aufmerksam genug sind, ihre Babies einigermaßen sauberzuhalten..., die ihnen die

Kleider, Decken und Bettücher waschen. Die meisten tun es selten, trocknen sie flüchtig und wechseln nie die kleinen Matratzen aus. Infolge dieser vielen Nachlässigkeiten sind die Babies beständig von einer mit abscheulichen Dingen gesättigten Atmosphäre umgeben».[71] Der Unterschied zwischen diesen beiden Beurteilungen zeigt einen Aspekt der Entwicklung des Gefühls.

Und nun halte man sich vor Augen, was geschah, als um 1835 die Regierung Guizot beschloß, Findelkinder von den Ammen, die sie aufgezogen hatten, an einen unbekannten Bestimmungsort zu verbringen. Das war ein Versuch, die Zahl der Findelkinder dadurch zu reduzieren, daß man es den Eltern unmöglich machte, die Kinder, die sie formell ausgesetzt hatten, bei der Amme zu besuchen.[72] Das Verwaltungskomitee eines Findelhauses berichtete, «daß die Ammen nur mit größtem Widerstreben die Kinder hergeben. Man muß das Jammern der Frauen und oft auch der Ehemänner, die sie begleiteten, gesehen haben. Vergebens machten wir geltend, daß eheliche Kinder, die mit Unterstützung durch die Stadt Nantes aufgezogen werden, jederzeit zurückgeholt werden können, wenn die Eltern es für richtig halten. ‹Wir wissen›, erwiderten die Ammen, ‹daß eheliche Kinder von ihren Familien zurückgeholt werden. Aber die Findelkinder aus den Findelhäusern haben keine Eltern. Und wir haben sie liebgewonnen wie unsere eigenen Kinder. Wir haben sie ins Herz geschlossen. Wir können uns nicht vorstellen, daß irgend jemand jemals davon träumen könnte, sie uns wegzunehmen.› Als Beweis nannten viele der Frauen Findelkinder, die sie behalten hatten, auch nachdem die Zahlung der Gebühren eingestellt worden war, und die nun gute Bauern und Arbeiter in der dortigen Landwirtschaft waren.»[73] Das Verwaltungskomitee des Findelhauses im nahe gelegenen Niort schildert das Dilemma der Ammen noch eindringlicher: «Wir haben erlebt, wie diese guten Frauen, die nur auf die Stimme ihres Herzens achteten, erklärten, daß sie die Findelkinder auch umsonst behielten. In ihren Heimatorten konnten wir feststellen, daß diese Frauen keinen anderen Ausweg hatten, als die öffentliche Wohlfahrt anzurufen, um Unterstützung für die Babies zu bekommen, die sie gerade adoptiert hatten.»[74]

Eine solche Zuneigung zu den kleinen Findelkindern war nicht auf den Westen Frankreichs beschränkt. Im Aveyron faßten Ammen ähnliche Entschlüsse, wenn ihnen der Verlust ihrer Pflegekinder bevorstand: «Auf Betreiben der Eltern erklärte sich eine Anzahl von Ammen bereit, die Kinder weiter zu behalten (in Fällen, wo die Eltern heimlich mit der Amme, die der Staat bezahlte, den Kontakt aufrechterhalten hatten)..., aber der größte Teil der Kinder wurde ohne Entgelt behalten, nur auf Grund der Liebe und Großzügigkeit, die ihnen ihre Ammen entgegenbrachten.»[75] Hier sehen wir also wieder, wie Ammen bereit waren, das Herz über den Geldbeutel zu stellen. Die Maßnahmen der Regierung Guizot, Findelkinder an unbekannte Orte zu verschikken, wirft ein helles Licht auf einen historischen Wandel, dessen weitere Aspekte noch im dunkeln liegen: die Artikulation der Mutterliebe für Kleinkinder beim gewöhnlichen Volk.

Bis zu der Zeit zwischen den beiden Weltkriegen hatten sich zwei wichtige Tendenzen vollständig entwickelt. Erstens hatte ein allgemeiner Rückgang des Ammenwesens und ein entsprechender Anstieg der Ernährung durch die Mutter, sei es durch Stillen oder «trocken», überall eingesetzt. Frankreich übernahm nun das atlantische Muster, die Kinder daheim zu behalten. 1896 wurden 111 000 eheliche Kinder nach auswärts in Kost und Logis gegeben, aber schon 1913 war die Zahl auf 92 000 gefallen und ging danach ständig weiter zurück.[76] Das ist freilich immer noch eine Menge Kinder – ein Zehntel der Neugeborenen wurde noch Ammen gegeben (die große Mehrzahl waren legitime Kinder aus den Städten).[77] Aber der Trend war deutlich abzulesen. Man muß die kurzlebigen Trends im Auge behalten, die um die Jahrhundertwende kamen und gingen, wo sich die verschiedenen Ernährungsweisen wie das Stillen und die Flaschennahrung ständig abwechselten. Pasteurisierte und wissenschaftlich zubereitete «künstliche» Nahrung ermöglichte den Verzicht auf das Stillen, ohne daß merkliche Folgen auf die Kindersterblichkeit zu beobachten waren.[78] Aber wie auch die Mütter schließlich ihre Kinder ernährten, sie hielten sich nun nicht mehr an Ammen außerhalb des Hauses. Das ist ein wichtiges Ergebnis, das die Modernisierung gebracht hat.

Das zweite wichtige Phänomen ist der Wandel in der Haltung der bezahlten Amme vom Instrumentellen zum Expressiven, von der Orientierung am Bargeld zu der an der Zuneigung. Ardouin-Dumazet stellte diesen Wandel in den neunziger Jahren des neunzehnten Jahrhunderts im Morvan im Departement Nièvre, dem klassischen Land der bezahlten Ammen, fest: «Früher wurde der Tod eines Kindes von auswärts als Teil der Ausbeutung einer anderen Familie angesehen. Heute fassen die Leute eine Zuneigung zu solchen Kindern, gerade weil sie pflegebedürftig sind. Diese Art von Aufnahme finden wir vor allem bei Findelkindern, die von der Wohlfahrtsbehörde in Paris verschickt werden. Sie werden schließlich den Söhnen und Töchtern der Familien gleichgestellt. Man erzählte mir von einem jungen neunzehnjährigen Mädchen, das die Schlüssel zu den Schränken verwahrte. Und wenn ihre ‹Milchbrüder› am Sonntag im Café Geld ausgeben möchten, dann müssen sie sich an sie wenden; sie verwaltet den Geldbeutel.»[79] Wie weit ist das entfernt von einer anderen Geschichte, die man sich von derselben Gegend ein Vierteljahrhundert früher erzählt! «Zwei Ammen begegnen sich im Dorf. ‹Warum läuten die Glocken?› fragt die eine. ‹Oh, nichts weiter›, erwidert die andere, ‹nur das Grabgeläut für einen Pariser, der morgens gestorben ist.›»[80]

Aber wir müssen einige internationale Betrachtungen anstellen. Unser Beweismaterial stammt hauptsächlich aus Frankreich, wo 1920 etwa 54 000 legitime Kinder (7 Prozent der legitimen Geburten in diesem Jahr) von ihren Eltern noch an Ammen weggegeben wurden.[81] In keinem anderen Land gab es in den Jahren zwischen den beiden Weltkriegen eine solche massive Evakuation von Neugeborenen aus intakten Heimen. Wir müssen wenigstens in kurzen Zügen betrachten, wie andere Länder es mit der Pflege und Ernährung von Babies hielten. Es gab zwei Grundmodelle: stillende Mütter und Mütter, die die Flasche gaben. Nirgendwo außer in Frankreich wurde in dieser Zeit Ammen, auch nicht im eigenen Hause, in größerem Umfang die Pflege der Kleinkinder überlassen. Wenn Mütter in England und Nordamerika ihre Kinder stillten, dann aus dem Bedürfnis nach einer neuen Beschäftigung heraus, da sie sich nach der Heirat aus der Arbeitswelt zurückgezogen hatten. Eine Untersuchung aus der Mitte der zwanziger Jahre besagt, daß die Frauen der Industriestadt Sunderland in Nordostengland «nur mit der Führung ihres Haushalts beschäftigt sind». Dieselbe Studie stellte fest, daß das weitgehende Fehlen von Verdauungsstörungen bei Kleinkindern im ländlichen Oxfordshire zum Teil «auf die Häufigkeit des Stillens durch die Mutter zurückzuführen sei, die weniger durch eine große wirtschaftliche Prosperität ermutigt wird als durch die Volksmeinung, die der Arbeit von Frauen außerhalb ihres Haushalts nicht positiv gegenübersteht». Da haben wir die berühmte angelsächsische Ehefrau, die zu Hause bleibt.

Das Stillen durch die Mutter war ebenso in Skandinavien und Norddeutschland die Regel, wenn man die Erfahrung mit Orten wie Oslo und Kassel verallgemeinern darf. Hier aber mehr, weil die öffentlichen Gesundheitsbehörden die Mütter dazu überredeten, sich von ihrer Arbeit beurlauben zu lassen, und nicht so sehr aus einem traditionellen Selbstverständnis als «Hausfrau».[83] Dann gab es Gebiete, wo Ernährung aus der Flasche üblich war. Die Frauen der Bergarbeiter von Hoensbroek in den Niederlanden und die Bauersfrauen von Gmunden in Österreich ernährten ihre Babies in den Jahren zwischen den Kriegen weitgehend aus der Flasche.[84] Dasselbe gilt für Südostdeutschland, wo die fertige Babynahrung mindestens in den vergangenen vierzig Jahren benutzt wurde. (Um eine Statistik aus vielen herauszugreifen: 1882 waren im Kreis Konstanz 52 Prozent der Babies nie gestillt worden; 1904 waren es 47 Prozent.)[85]

Sogar innerhalb eines Landes variierten die Arten der Kinderernährung stark. Denn wenn die Mehrzahl der Kleinkinder in Leyden und Dordrecht in den Niederlanden gestillt wurden, kannten im nahegelegenen Maastricht die meisten nur die Flasche.[86] Und während in den zwanziger Jahren unseres Jahrhunderts die Frauen anspruchsvoller Bauern im französischen Departement Seine-Inférieure ihre Babies auswärts in Kost gaben oder mit der Flasche fütterten, pries man in der nicht weit entfernten Touraine die ländlichen Frauen wegen ihres sorgfältigen Stillens.[87]

Hier muß man zwei Feststellungen machen. Die eine ist, daß sogar noch in den zwanziger Jahren des zwanzigsten Jahrhunderts die Revolution der mütterlichen Fürsorge in manchen Gebieten von Europa noch keineswegs gesiegt hatte. Zugegeben, viele Frauen in Deutschland oder Holland, die ihre Babies in Kindertagesstätten brachten und zur Arbeit gingen, um ihr Brot zu verdienen, waren durch die Lebensumstände dazu gezwungen. Aber auch da gingen sie ihrer Arbeit in dem Bewußtsein nach, daß das besser für die Gesundheit ihrer Kinder war. Eine internationale Untersuchung stellte anhand vieler Fälle fest, daß Frauen, die bis unmittelbar vor der Entbindung arbeiteten, ein größeres Risiko einer Fehlgeburt eingingen. In den gleichen Gebieten (wo auch die Ernährung aus der Flasche üblich war) war ein hoher Prozentsatz des Verlustes an Kindern die Folge von «unzureichender Pflege» (mauvais soins). So gingen im Kreis Gmunden in Österreich 17 Prozent der Todesfälle in den ersten zwölf Monaten auf «schlechte Pflege» zurück, während es im nahegelegenen Distrikt Scharding-Engelhartszell 33 Prozent waren.[88]

Zudem muß man feststellen, wie schwierig es für uns noch ist, diese kleinen Stückchen in das größere europäische Puzzlespiel einzuordnen. Auch wenn in Europa Frankreich eine Ausnahme bleibt, können wir nun doch ungefähr verstehen, wie hier Wickeln, Stillen und Mutterliebe zueinander gehören. Aber woher in Croydon in England oder im Kreis Hedmark in Norwegen diese Mütter stammten, die in der Zwischenkriegszeit ihre Kinder so fleißig weggaben, bleibt ein Rätsel.[89] War es in England und Norwegen immer so gewesen, oder gab es auch einen ähnlichen Wandel, wie er für Frankreich relativ gut dokumentiert ist. In den folgenden Abschnitten soll eine Antwort versucht werden.

Verbesserungen in der Kinderpflege

Außer dem Stillen gibt es weitere Beweise dafür, daß im späten achtzehnten Jahrhundert beim Mittelstand ein Umschwung zugunsten einer intensiveren mütterlichen Fürsorge einsetzte. J. J. Juge, ein 1808 im Ruhestand lebender Naturgeschichtslehrer in Limoges, ein alternder Nostalgiker, beschrieb die harte Kindheit, wie er und seine Freunde sie erlebt hatten: In den ersten drei Jahren wurden sie zu einer Amme in Kost und Logis gegeben und nach der Rückkehr einem Dienstmädchen anvertraut. Nach Erreichung des Schulalters tauschten die Eltern ihre Kinder gegen die von Freunden in Poitiers oder Angoulême aus, «denn man war ganz richtig der Meinung, daß ein *enfant depaysé* seinen Dialekt verlieren und gefügiger sein würde».

Zu Hause konnten die Sprößlinge dieser Kaufleute des Mittelstands nie auch nur «die geringsten Zärtlichkeiten von seiten des Vaters oder der Mutter erwarten. *Furcht* war das Prinzip, auf dem die Erziehung beruhte. Wer auch immer den Kindern das Lesen beibrachte, schnappte sie sich beim Kragen, hielt das Buch in der einen Hand, die Rute in der anderen, bereit, beim kleinsten Fehler loszudreschen».

Wie hatten sich bis 1808 in Limoges die Dinge verändert: Mütter und Kinder lächelten einander an, das Kinderzimmer strahlte vor guter Laune. «Aufgemuntert und immerfort umarmt, erfahren die Kinder nichts von Feindseligkeit. Völlig ungezwungen in ihren reinen Betttüchern und gut gepflegt, entwickeln sich ihre schönen kleinen Körper rasch. Sie brauchen nur guter Laune und gesund zu sein, um die Augen aller, die vorbeikommen, auf sich zu ziehen.»[90] Auch wenn wir fünfzig

Prozent Rabatt auf dieses Zeugnis eines offenbar etwas kindischen Großvaters geben, ist der Wandel überraschend.

Andere Zeichen deuten auf eine Zunahme der mütterlichen Gefühle bei der Mittelschicht in den Jahren vor 1860. Bürgerliche Familien verschlangen zum Beispiel die Literatur über Kindererziehung und Babyhygiene, die nach 1815 zu erscheinen begann, eine Welle, die ihren Höhepunkt mit Gustave Droz' Bestseller *Monsieur, Madame et Bébé* (1866)[91] erreichte. Mütter rangen verzweifelt um die Gesundheit ihrer Kleinkinder und belagerten die Sprechzimmer der Ärzte, die bis zum frühen neunzehnten Jahrhundert anscheinend wenig mehr zu tun hatten, als meteorologische Beobachtungen anzustellen.[92] Und anschließend ging gegen die Mitte des neunzehnten Jahrhunderts der Besuch der Internate, der seinen Höhepunkt im achtzehnten Jahrhundert hatte, allmählich zurück. Im Louis-le-Grand-Gymnasium von Paris stieg der Anteil der Tagesschüler von 10 Prozent der Gesamtzahl in den Jahren 1837/1838 auf 69 Prozent im Jahr 1908. «Die französischen Familien wollten nicht mehr von ihren Kindern getrennt sein», schreibt Philippe Ariès, «auch nicht im Interesse ihrer Erziehung.»[93] Das alles sind Wegzeichen dafür, daß beim Mittelstand das Wohlergehen der Kinder ins Bewußtsein rückte. Wir wissen das seit langem, weil es diejenigen Menschen sind, für die schließlich die Handbücher geschrieben und die Institutionen gegründet wurden, die so sehr im Vordergrund der meisten geschichtlichen Darstellungen der Kindererziehung stehen.

Viel weniger wissen wir über die untere Gesellschaftsschicht. Wenn die Häufigkeit, mit der Frauen der unteren Schicht neugeborene Kinder aussetzten (oder sie zurückforderten, wenn sie ausgesetzt waren), wirklich ein brauchbarer Maßstab für den Mangel (oder das Vorhandensein) mütterlicher Liebe ist, dann setzte beim einfachen Volk von Frankreich dieselbe Zuneigung zu den Kindern erst in den sechziger Jahren des neunzehnten Jahrhunderts ein. Wir haben oben das Aussetzen von Babies als einen Teil des traditionellen Kindererziehungssyndroms untersucht. Jetzt müssen wir uns fragen: Wann ging es zurück?

Aus der ersten Hälfte des neunzehnten Jahrhunderts gibt es wenig Beweise für die Vermutung, daß sich bei den Müttern der unteren Schicht eine Zuneigung zu den neugeborenen Kindern überhaupt herausgebildet hätte. Die Zahl der ausgesetzten Kinder blieb weiterhin hoch, und wie die folgenden Zahlen für das Departement Var zeigen, stieg der Prozentsatz der Kinder, die von ihren Eltern aus den Findelhäusern zurückgeholt wurden, nicht an:[94]

1810–1814	2,8 %
1815–1819	1,9 %
1820–1824	0,8 %
1825–1829	0,8 %
1830–1834	0,3 %
1835–1839	0,8 %

Was sich vor 1860 bei der Zurückholung von ausgesetzten Kindern verbesserte, war wohl hauptsächlich den Behörden zu verdanken, wie zum Beispiel die zweifelhafte Politik der «Verschickung» im Jahre 1830, oder die Bewilligung geringer Unterstützungen für ledige Mütter, die bereit waren, ihre Kinder zu behalten und zu stillen. In den späten vierziger Jahren fragte die französische Regierung die Präfekten der Departements, ob es seit 1835 einen Wandel bei der Bereitschaft unverheirateter Mütter, ihre illegitimen Sprößlinge «anzuerkennen» (das heißt sie nicht als Findelkinder auszusetzen), gäbe.[95] In einigen Departements war überhaupt kein Wandel im Prozentsatz der illegitimen Geburten, die nachher von der Mutter (oder dem Vater) «anerkannt» wurden, festzustellen; die Departements Dordogne und Eure sind Beispiele dafür. In anderen gab es sogar eine Abnahme der Anerkennungen. Aber in den Departements, wo die Anerkennungen zunahmen und damit vermutlich auch die mütterliche Zuneigung, hatten die Beamten immer eine «technische» Erklärung anzubieten:

– Im Departement Ardennes: «Die Zunahme ist die Folge einer Verbesserung der Moral der Arbeiterklasse, und es ist bemerkenswert, daß die Zahl der illegitimen Kinder im gleichen Zeitraum abgenommen hat, in der die Zahl der Anerkennungen gestiegen ist.»

– In den Departements Arièges und Basses-Alpes: Eine Beihilfe zum Stillen für die unehelichen Mütter wurde als Ursache angesehen.

– Im Departement Gers: Zu den Ursachen gehörte die Nacht-und-Nebel-Politik der Regierung, ausgesetzte Kinder aus dem Gesichtskreis der Mütter zu entfernen, die Abschaffung der *tours* (Drehladentüren in den Findelhäusern), in die die Mütter die Findelkinder unbeobachtet legen konnten, und die erhöhte Aktivität der Bürgermeister, die «Urheber» der Kindesaussetzungen zu entdecken.

Nur in zwei Departements gab es schüchterne Hinweise auf eine veränderte Haltung der ledigen Mütter selbst:

– Im Departement Tarn: Die Ermahnungen der Hebammen an die

ledigen Mütter, ihre Kinder zu behalten, waren wahrscheinlich die Ursache für einen Anstieg der Anerkennungen, und vielleicht hat auch die finanzielle Beihilfe genützt. Aber man hat auch beobachtet, daß «nach und nach die Anerkennung unehelicher Kinder in den Augen der Bevölkerung weniger tadelnswert erschien».

– Im Departement Maine-et-Loire: Nachdem die Verwaltungsbeamten eine ganze Liste von Erklärungen, die die Verdienste der Behörden herausstellten, erschöpfend behandelt hatten, räumten sie ein, daß «einige sich aus Liebe zu diesen unglücklichen Kindern entschlossen hätten, sie zu behalten, aber diese sind eine Minderheit, und es ist unmöglich, einen Fall nachzuweisen, wo das Gefühl diese ledigen Mütter zu ihrem Verhalten veranlaßt hat».[96]

Wenn wir außerdem annehmen, daß die Aussetzungen, Rücknahmen und Anerkennungen von Kindern zutreffende Indikatoren für die Stärke des mütterlichen Gefühls sowohl bei Verheirateten als auch bei Ledigen der unteren Schicht sind (schließlich war Aussetzung ja bei den höheren Ständen praktisch unbekannt), dann bedeuteten die Jahre nach 1860 einen Wendepunkt. Wir sehen also in Abbildung 6, daß zwar der Prozentsatz der neugeborenen Kinder, die von ihren Müttern ausgesetzt wurden, in ganz Frankreich schon in den späten dreißiger Jahren zu sinken angefangen hat, daß aber die eigentliche Abnahme zwischen 1850 und 1854 (2,4 Prozent) und zwischen 1875 und 1879 (0,9 Prozent) stattfand. Danach stieg die Zahl wieder geringfügig an, erreichte aber nicht mehr die «traditionelle» Höhe.

Die sechziger Jahre markieren den entscheidenden Rückgang, wenn wir die Lücke in der nationalen Zahlenreihe, die sich über die Jahre 1850 bis 1875 erstreckt, mit den Angaben aus dem Departement Seine-Inférieure ausfüllen. Und wenn auch das Ausmaß dieses Rückgangs zum Teil auf die Abschaffung der Drehladentür im Hospiz von Rouen im Jahr 1860 zurückzuführen ist, so fiel nach 1866 auch die Zahl der ausgesetzten Kinder (eine besondere Kategorie der «Findelkinder» [enfants trouvés]).

Es ist zu beachten, daß der Prozentsatz unehelicher Pariser Kinder, die von ihren Eltern legitimiert wurden, von 1885 (wo die eigentliche Zeitreihe beginnt) bis zum Vorabend des Ersten Weltkriegs ständig zunimmt. Die Legitimierung kann genauso ein Indikator für die Entstehung gefestigter Haushalte wie auch für das mütterliche Gefühl sein. Aber der Antrieb, diese kleinen freundlichen emotionalen Zellen zu gründen, in die die unehelichen Kinder aufgenommen und wie die anderen erzogen wurden, war nichts anderes als die Zuneigung der Mutter zu ihrem Baby.

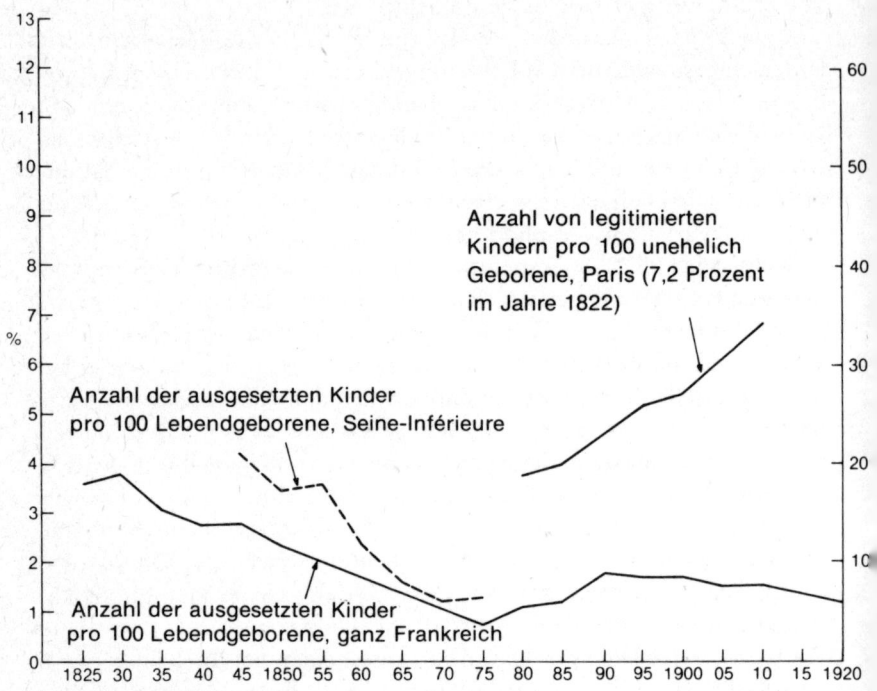

Die Graphik zeigt die Anzahl von ausgesetzten Kindern als Prozentsatz von allen Lebendgeburten in Frankreich. Die Datumsangaben auf dem Schaubild zeigen Zeiträume von jeweils fünf Jahren.

Die Daten für die Jahre 1824 und 1825 stammen von Adolphe-Henri Gaillard, *Recherches... sur les enfants trouvés, les enfants naturels et les orphelins* (Paris 1837), Seite 101. Die Daten für die Jahre 1826 bis 1853 stammen von Baron de Watteville, *Statistique des établissements de bienfaisance. Rapport a. s. exc. le ministre de l'intérieur sur les tours, les abandonnés, les infanticides et les mortnés de 1826 à 1854* (Paris 1856), Seite 40. Die Daten für die Jahre 1875–1924 stammen aus den Jahrbüchern der *Statistique annuaire* und schließen nur *enfants trouvés* und *enfants abandonnés* ein. Weggelassen wurden *orphelins* und *enfants moralements abandonnés*. Für die Jahre 1890 und 1891 sind keine Daten verfügbar.

Die Anzahl von ausgesetzten Kindern als Prozentsatz von allen Lebendgeburten im Seine-Inférieure 1847–1877 stammt von Ernest Semichon, *Histoire
des enfants abandonnés...* (Paris 1880), Seite 249. Darin eingeschlossen sind
enfants trouvés und *enfants abandonnés.*

Die Anzahl ehelicher Kinder auf hundert uneheliche Geburten in den Jahren
1881 und 1914 in Paris stammt aus den Jahrbüchern der *Annuaire statistique de
la ville de Paris* und für 1822 aus *Recherches statistique sur la ville de Paris et le
département de la Seine* (Paris 1826), Tafel 23 und 24.

Keine dieser Statistiken bietet einen «definitiven» Beweis für eine sich
herauskristallisierende Mutterliebe. Das ist ein privilegierter, distanzierter Bereich, und die Menschen, mit denen wir es zu tun haben, hätten nicht genau sagen können, was sie empfanden, wenn sie jemand
danach gefragt hätte (was niemand tat). Aber die Art und Weise, wie
diese Mütter handelten, änderte sich ganz deutlich.

Zu Beginn des zwanzigsten Jahrhunderts war der große Wandel bei
der mütterlichen Fürsorge praktisch vollzogen. Die Gleichgültigkeit
gegenüber Leben und Tod des Kleinkindes, die vor einem Jahrhundert
noch fast universell war, beschränkte sich auf einige rückständige Gebiete wie das Innere der Bretagne, wo «die Mütter sich fast überhaupt
nicht mit ihren Kindern beschäftigen. Die Bretonen nehmen die oft
unerwünschten Kinder hin, oder besser: tolerieren sie und lassen sie
aufwachsen, ohne ihnen die geringste Beachtung zu schenken». Auch
waren diese Leute nicht sehr erschüttert durch die hohe Kindersterblichkeit, die die Folge solcher Nichtachtung war; Geburt und Tod
wurden mit Gelassenheit hingenommen.[97] Auch auf der Insel Ré vor
der Küste von La Rochelle behaupteten sich traditionelle Verhaltensweisen bis gegen 1900, wobei das *intérêt* die Oberhand über die Liebe
behielt. Ein Arzt beschreibt, wie er bei seinen Rundgängen während
der Erntezeit Bauernhütten besucht und sie unverschlossen und verlassen vorgefunden habe, außer daß Babies «in ihren Wiegen zurückgelas-
sen waren, die nur ein Stück Obst oder einen Rest Brot und manchmal
nur einen mehr oder weniger sauberen Lappen zum Nuckeln neben
sich hatten».[98] Aber hier handelt es sich mehr um Verspätungen bei der
Modernisierung als um einen bleibenden Unterschied zwischen den
Lebensstilen der Bauern und der Bürger. In den fünfziger und sechziger Jahren des zwanzigsten Jahrhunderts waren diese Verspätungen
aufgeholt, und Beobachter konnten auch die entlegensten Gebiete im
Hinterland der Bretagne mit Begriffen beschreiben, die einem Compu-
terprogrammierer in Grenoble nicht fremd gewesen wären.[99]

Überall sonst hatte gegen 1900 der moderne Stil der mütterlichen Fürsorge gesiegt. Henri Baudrillart war überrascht von der «Milderung» der Sitten der Kindererziehung, wie er sie bei seinen in den achtziger Jahren des vergangenen Jahrhunderts angestellten ausgedehnten Untersuchungen des Landlebens angetroffen hatte. «Die Liebe der Eltern zu ihren Kindern war nie so tief und von Fürsorge geprägt. ‹Heute werden die Kinder unendlich mehr verwöhnt als früher› ist ein Satz, den ich überall höre...»[100]

Solche Zitate könnte man endlos aneinanderreihen. Vielleicht gibt es etwas in der bitteren Welt der Erwachsenen, das sie immer meinen läßt, Kinder würden jetzt mehr verwöhnt als in der Zeit, als sie selbst noch jung waren. Aber wir dürfen sicher sein, daß die vielen Mütter des achtzehnten Jahrhunderts, die ihre Kinder aussetzten, sie überhaupt nicht verwöhnten; und daß auch diejenigen Kinder, die sich stundenlang in ihren übelriechenden Windeln wälzten und die man einfach schreien ließ, die kleinen Popos rot und entzündet, nicht übermäßig verwöhnt wurden.[101] Zu irgendeinem Zeitpunkt treten bei den Menschen echte Veränderungen in der Art und Weise auf, wie sie denken und handeln, die nicht historischen «Konstanten» wie der Nostalgie zugeschrieben werden können. Ich glaube, daß für das gewöhnliche Volk von Frankreich und vielleicht von dort ausgehend auch für die übrige westliche Gesellschaft die letzte Hälfte des neunzehnten Jahrhunderts ein solcher Zeitpunkt war.

Das alles sind zugegebenermaßen keine unbedingt definitiven Daten. Es gibt aber noch eine bestimmte Sitte, die wir als zuverlässigen Indikator für einen Wandel innerhalb der mütterlichen Fürsorge herausstellen möchten: Die Kleidung des Kleinkindes, insbesondere die Praxis des Wickelns. Das Wickeln ist nicht so sehr ein Maßstab mütterlicher Nachlässigkeit oder Gleichgültigkeit – denn es gibt keinen Beweis dafür, daß diese Sitte körperlich schädlich war (vorausgesetzt, daß die Windeln genügend oft gewechselt wurden) – als vielmehr für die *Wechselwirkung* zwischen Mutter und Baby. Ein fest in Windeln gewickeltes Kind konnte nicht mit Händen und Füßen herumstrampeln oder nach einem über ihm baumelnden Gegenstand greifen, seine Fesseln hinderten es daran, auf Neckereien der Mutter einzugehen. Und wenn die Mütter ihre Kinder von Kopf bis Fuß einbanden, so daß diese ihrem Kitzeln, Glucken und Schmeicheln gar nicht antworten *konnten,* dann kann das nur bedeuten, daß die Mütter dafür wenig Interesse hatten.

Das Kind von seinen leinenen Fesseln zu befreien bedeutete, es dafür frei zu machen, Müttern, die jetzt Freude an solchen Spielereien gewonnen hatten, entsprechend zu antworten. Das ist die Hauptbedeutung des allmählich fortschreitenden Verzichts auf das Wickeln nicht nur in Frankreich, sondern überall im Westen, beginnend in der Mitte des achtzehnten Jahrhunderts. Der einzige Gesichtspunkt, der hier eine nähere Beachtung verdient, ist das Weiterbestehen von Klassenunterschieden bei dieser Veränderung des Verhaltens.

Wie sah das Wickeln genau aus? Hören wir Dr. Gilibert:[102] «Die Amme legt den Säugling ausgestreckt auf ein Holzbrett oder auf eine kleine Strohmatratze und zieht ihm ein Hemdchen oder eine aufgerollte Windel aus grobem Leinen an. Um das Ganze wickelt sie dann die Wickelbänder. Sie bindet zuerst die Ärmchen über der Brust fest, läßt das Wickelband unter den Achseln hindurchlaufen, wodurch die Arme unbeweglich in dieser Stellung festgehalten werden. Spiralförmig wickelt sie dann den Stoffstreifen abwärts bis zum Popo, wobei sie den Wickel immer etwas strammer zieht. Zwischen die Schenkel des Kindes stopft sie die Windel. Schließlich hüllt sie das ganze kleine Paket in das locker sitzende Wickeltuch ein. Dies zieht sie glatt bis zum Fußende hinunter. Und zum Schluß ihrer properen Arbeit setzt sie dem Kleinen eine Mütze auf; darüber kommt ein Tuch, das bis auf die Schultern herabreicht und dort mit Stecknadeln befestigt ist. Dieses ganze Drum und Dran nennt man das Wickeln eines Kindes.»

Diese Praxis machte Dr. Gilibert wütend, wie gleichfalls so manche medizinische Autoren des späten achtzehnten und frühen neunzehnten Jahrhunderts. Aber trotz all dieser Empörung gibt es kein Anzeichen dafür, daß das Wickeln vor 1850 an Boden verlor.[103]

Zu Anfang des neunzehnten Jahrhunderts wird praktisch überall bezeugt, daß in ländlichen Gebieten das Wickeln noch üblich war. Im Puy-de-Dôme zum Beispiel berichtet uns Dr. Bertrand, wie weit verbreitet das Wickeln «bei den Frauen aus dem Volk ist. Sie tun es, um die Bewegungen des Körpers des Kindes und seiner unteren Extremitäten zu verhindern».[104] Die bäuerlichen Ammen von Cusset stopfen ihre Pfleglinge in Windeln und «hängen sie an einem Nagel auf, wenn sie zur Arbeit gehen wollen».[105] Und Dr. Bérenguier aus Rabastens im Departement Tarn berichtet, «ich sehe noch immer, wie manche Bauersfrauen ihre Säuglinge in enggeschlungenen Windeln erdrosseln. Die Qual einer solchen totalen Unbeweglichkeit, die ein Erwachsener nicht ertragen könnte, bewirkt Wundreiben...» und andere schreckliche Folgen.[106] Nun, vielleicht nicht wirklich, denn diese Ärzte hatten ebensooft unrecht wie recht. An Dr. Bérenguiers Zeugnis ist jedoch interessant, daß er das Wickeln einer immer kleiner werdenden, unwissenden Minderheit zuschreibt. Denn 1850, als er seine Abhandlung veröffentlichte, wurde dieser Brauch beim gewöhnlichen Landvolk schon seltener.

Der Rückgang des Wickelns hatte bei der Mittel- und Oberschicht in der Stadt wahrscheinlich schon ein Jahrhundert früher eingesetzt.[107] Die Köpfe voll von Rousseaus Ermahnungen, hatten wohlhabende Pariser schon ziemlich früh angefangen, ihre Kinder «von der Tyrannei des *maillot* (des Wickelns) zu befreien», wie ein Arzt berichtet. Und 1794 freute sich «Bürger» Dr. Audin-Rouvière (obwohl er wohl seinen oben zitierten Vorgänger ein bißchen plagiiert hat), «daß schon die Kinder sich der größten Freiheit erfreuen; sie sind von den hinderlichen Fesseln ihrer Wickeltücher befreit worden».[108] Auch in den Provinzstädten war im achtzehnten Jahrhundert eine Tendenz zur Befreiung des Kleinkindes im Gange. Aus dem entlegenen Chambéry hören wir: «Bei der Befolgung der ärztlichen Ratschläge unterziehen die Frauen ihre Neugeborenen nicht mehr so oft dem Wickeln, und sie werden nicht mehr mit Bändern eingebunden, wie es früher üblich war, sondern man läßt sie viel bequemer in ihren Wiegen liegen.»[109] Im frühen neunzehnten Jahrhundert war in Straßburg das Wickeln von Kopf bis Fuß «fast vollständig in Verruf gekommen»; die Kinder konnten ihre Hände frei bewegen. Sogar im ländlichen Kanton Vigan ging um 1819 die höhere Gesellschaftsschicht dazu über, die Windeln ihrer Babies zu lockern (wenn auch die Handwerker und Bauern daran festhielten).[110] Solche verstreuten Zeugnisse sind kaum beweiskräftig, aber ich habe keine Berichte darüber entdeckt, daß die untere Gesellschaftsschicht ihre Kinder schon um 1780 von den Windeln befreite oder daß um 1850 die höheren Stände die ihrigen noch wickelten. Zwar wurde in der zweiten Hälfte des neunzehnten Jahrhunderts diese Praxis überall aufgegeben, aber ich bin überzeugt, daß der Klassenunterschied vorher absolut real war.

Andere Länder haben gleichfalls das Wickeln abgeschafft, aber zu verschiedenen Zeitpunkten. In England geschah es sehr früh. In den neunziger Jahren des achtzehnten Jahrhunderts, als in Frankreich die Städter gerade damit anfingen, mit dieser Sitte zu brechen, berichtete ein englischer Arzt, «daß der barbarische Brauch, Kinder wie Mumien einzuschnüren, jetzt fast überall aufgegeben worden ist».[111] Im puritanischen Neuengland hat es das Wickeln anscheinend nie gegeben, aber das spiegelt vielleicht nur den frühen Beginn einer Veränderung in England wider.[112] In Deutschland war das Gegenteil der Fall. In den mitteleuropäischen Städten, aus denen ich medizinische Topographien gesehen habe, gibt es Berichte über das Wickeln von Kindern bis in die vierziger Jahre des neunzehnten Jahrhunderts hinein. Weder in Augsburg noch in Hamburg hatten im späten achtzehnten Jahrhundert die Proteste der Ärzte etwas genützt.[113] Die Praxis, «die Kinder festzuschnallen und zu umgürten», rief um 1810 bei den Ärzten in Wien viel Händeringen hervor, und in Göttingen waren 1824 «Einbinden und Wickeln» an der Tagesordnung.[114]

Diese Informationsfetzen erlauben keine Rückschlüsse auf Klassenunterschiede. Aber sie lassen vermuten, daß häufig festgestellte Unterschiede bei der Modernisierung von Auffassungen auch im Bereich der Mutterliebe zutage treten: Die Angelsachsen machen den Anfang (mit der von mir vermuteten Möglichkeit, daß die Amerikaner «geborene Moderne» waren), die Franzosen drücken dann ihren speziellen nationalen Stempel auf den großen Wandel, und die Mitteleuropäer – draußen an der Peripherie des sozialen Wandels – folgen mit Abstand nach.

Das Nachlassen der Kindersterblichkeit

Der Tod eines Kleinkindes ist für uns heute wie eine betäubende Explosion. Ein kleines Kind zu verlieren gehört zu den furchtbaren persönlichen Katastrophen der heutigen Zeit, eine Verletzung, die für immer Narben hinterläßt. Und seit etwa hundert Jahren haben die Menschen des Mittelstands im allgemeinen über den Tod eines Kleinkindes genauso gedacht wie vermutlich die Menschen, die dieses Buch lesen. Dr. Jean Jablonski aus Poitiers im Departement Vienne erzählt uns in einer ergreifenden Mischung von medizinischer Sachlichkeit und elterlichem Schmerz, wie er sein zweijähriges Kind während einer Choleraepidemie im Jahr 1878 verlor.[115]

«Meine Tochter, eines der letzten Opfer der Epidemie, hatte eine zarte Konstitution, war gestillt und im vergangenen Mai mit 19 Monaten entwöhnt worden. Die Umstellung der Ernährung hatte ihr offenbar nicht geschadet. Am 29. September, dem Tag, an dem plötzlich bei ihr Erbrechen und Durchfall auftraten, mußten noch ein Eckzahn und ein Backenzahn der Milchzähne kommen (die vierzehn anderen Zähne waren ohne viel Schwierigkeiten gekommen). Sie war weder am Morgen noch am Abend an die Luft gebracht worden und war warm angezogen... Nichts Unvorsichtiges war geschehen, und noch einige Stunden vor dem Auftreten der ersten Symptome, die sich gegen zwei Uhr morgens zeigten, schien sie sich vollkommener Gesundheit zu erfreuen... So habe ich allen Grund zu der Annahme, daß das Leiden, dem sie erlag, auf Ansteckung zurückzuführen ist, denn jeden Tag brachten Leute trotz meines Verbots Kinder, die an Cholera erkrankt waren, in meine Sprechstunde. Aber was auch immer die Ursache war, meine Tochter, deren Krankheit nur acht Tage dauerte, war von Anfang an tödlich getroffen. Nach dem dritten Tag bestand keine Hoffnung auf Rettung mehr, und alle Behandlungsmethoden, die ich mit der Hilfe meiner hingebungsvollen Kollegen anwandte, konnten den Fortgang der Krankheit nicht einen Augenblick lang aufhalten.»

Aber ich glaube, daß der Tod eines Kleinkindes von den verschiedenen sozialen Schichten, zu unterschiedlichen Zeiten und an anderen Orten nicht immer auf die gleiche Weise empfunden wurde. Neben meiner Schreibmaschine liegt aufgeschlagen die Genealogie des badischen Dorfes Altenheim. Wenn ich so das Buch durchblättere, fällt mein Blick auf die Familiengeschichte des Bäckers Johann Michael Frank, der im Oktober 1729 Katharina Sutter in deren zweiter Ehe heiratete. Sie hatten fünf Kinder:

– Johann Jacob, geboren im August 1730, «ein hübscher Junge, der schon zur Schule ging», gestorben im Alter von sechs Jahren.

– Johann Michael, geboren im Oktober 1732, gestorben mit vier Jahren.

– Andreas, geboren im Dezember 1735, gestorben mit fünfzehn Monaten.

– Katharina, geboren im März 1738, gestorben mit sechs Jahren.

– Anna Maria, geboren im Januar 1741, das einzige Kind, das bis zur Reifezeit überlebte und ein höheres Alter erreichte.

Fünf Jahre nach der Geburt von Anna Maria starb Franks Frau Katharina an Typhus, und Frank heiratete wieder, abermals eine Frau, die schon einen Ehemann verloren hatte.[116] Das ist eine recht typische Familienchronik für ein Gebiet von Deutschland, wo ein Kind im allgemeinen nur eine Chance von eins zu drei oder eins zu vier hatte, bis zur Erreichung des Erwachsenenalters zu überleben. Wenn die Leute von Altenheim über den Tod so gedacht hätten wie wir, dann hätte diese Serie von Verlusten sie zu psychischen Krüppeln gemacht und die soziale Ordnung zertrümmert. Hier kann man den großen Wandel bei der Kindersterblichkeit erkennen.

Was wir am besten aus dem Wandel bei der Kindersterblichkeit entnehmen können, ist natürlich die Geschichte der öffentlichen Gesundheitspflege. Aber die öffentliche Gesundheitspflege ist kein Thema dieses Buches. Und der große Rückgang der Kindersterblichkeit überall in der westlichen Gesellschaft zwischen dem Ende des neunzehnten Jahrhunderts und den zwanziger und dreißiger Jahren des darauffolgenden Jahrhunderts spiegelt getreulich die Verbesserungen bei der keimfreien Nahrung, der Pasteurisierung der Milch, der Hygiene im Kinderzimmer und anderen Formen des Kampfes gegen Krankheitserreger wider.

Was uns hier interessiert, ist, ob *frühere* Rückgänge bei der Kindersterblichkeit gleichzeitig an eine Verbesserung der mütterlichen Fürsorge gekoppelt waren, über die ich in diesem Buch Vermutungen angestellt habe. Es ist keine Frage, daß die Qualität der mütterlichen Fürsorge ganz unabhängig von Krankheit und Ernährung bei den Zahlen der Kindersterblichkeit eine Rolle spielt. Die berühmte Untersuchung, wonach Kinder in institutionellen Heimen viel häufiger als diejenigen in den Familien starben, auch wenn beide denselben Ernährungs- und Hygienemethoden unterzogen wurden, hat genügend Beweiskraft. Die mütterliche Fürsorge beeinflußt die Qualität der Kinderernährung; auch in Zeiten traditionellen Verhaltens bemühten sich liebende Mütter wahrscheinlich, Kuhmilch zu bekommen, anstatt ihren Kindern Brei zu geben. Und sie beeinflußt auch das Maß der häuslichen Sauberkeit; besorgte Mütter legen ihre Kinder wahrscheinlich häufiger trokken, waschen ihre Bettücher, halten die Schweine von der Wiege fern und so weiter. Aber auch darüber hinaus hat die Mutterliebe als unabhängige Variable in der komplexen Gleichung der Kindersterblichkeit eine Bedeutung. Es ist bekannt, daß es gegen Ende des neunzehnten Jahrhunderts ein starkes Nachlassen der Kindersterblichkeit gab. Aber die Daten in Anhang V (separat lieferbar; vgl. Hinweis auf Seite 317) deuten auf zwei weitere Entwicklungen bei der Kindersterblichkeit, die weniger bekannt sind. Die eine ist das relative Fehlen eines Fortschritts *während* des neunzehnten Jahrhunderts. Ja, an manchen Orten stieg die Kindersterblichkeit sogar an.[118] Welche Verbesserungen der mütterlichen Fürsorge damals auch stattgefunden haben mögen, die unheilvollen Folgen der Industrialisierung und Verstädterung waren stärker und hielten die Wahrscheinlichkeit, daß ein Baby in seinem ersten Lebensjahr starb, auf einem gleichbleibend hohen Niveau.

Der zweite Trend ist ein deutlicher Rückgang der Kindersterblichkeit während des achtzehnten Jahrhunderts. Aber dieser Rückgang läßt sich nicht für alle Länder verallgemeinern; er war besonders deutlich in England, Frankreich und Teilen von Skandinavien, aber traf für Mitteleuropa und Italien nicht zu. Die wenigen lokalen Datenreihen, auf denen diese Schlußfolgerung beruht, bieten eine zugegebenermaßen schmale Basis für wesentliche Rückschlüsse. Aber die Gleichmäßigkeit, die solche Minidaten zeigen – besonders der gleichbleibende Gegensatz zwischen Frankreich und Deutschland –, ist bezeichnend. In einem Fall nach dem anderen tendiert die Sterblichkeit in französischen Dörfern im achtzehnten Jahrhundert nach unten; sie nimmt dramatisch in Orten wie Soudeilles und Mouy und der kleinen Stadt Meulan ab und verringert sich langsamer, aber dennoch in einem bemerkenswerten Tempo in Anjou und in den Departements Maine-et-Loire, Sarthe und Moselle. Diese Reihe kommt im neunzehnten Jahrhundert zum Stehen, weshalb wir nicht sicher sein können, ob diese Dörfer typisch für Frankreich als Ganzes waren (wo die Kindersterblichkeit sich im neunzehnten Jahrhundert sehr wenig veränderte), oder ob irgendein außergewöhnliches Merkmal sie unterscheidet. Aber die absteigende Tendenz der Linien in den Diagrammen für Frankreich im Anhang V (separat lieferbar; vgl. Hinweis auf Seite 317) ist besonders auffällig.

Die englischen Daten sind viel unsicherer. Aber wenn wir uns an die Vorgänge in der Britischen Entbindungsanstalt in London und dem Dorf Colyton in Devon halten, sah das achtzehnte Jahrhundert eine ähnliche Verbesserung. Amerikanische Zeitreihen sind nicht brauchbar, da die Geburten sehr oft nicht registriert wurden und die Trends in den beiden Städten in Massachusetts, für die Daten aus dem achtzehnten Jahrhundert vorliegen, gegensätzlich sind.[119] Aber angesichts des Aufschreis über die Gesundheit der Kleinkinder, der gegen Ende des Jahrhunderts sowohl in den Kolonien wie auch in England ertönte, irren wir wohl nicht zu sehr, wenn wir vermuten, daß die Kindersterblichkeit sowohl in Frankreich wie in der angelsächsischen Welt zur gleichen Zeit abnahm.

In Mitteleuropa war es gerade umgekehrt. In fast jedem Dorf, von Böhringen in Württemberg über Bölgenthal in Franken bis Eibesthal in Niederösterreich, stieg die Kindersterblichkeit im achtzehnten Jahrhundert an. Wir sind nicht berechtigt, daraus auf eine *Verschlechterung* der mütterlichen Pflege zu schließen, denn eine Zunahme der Illegitimität – Bastardkinder hatten eine viel höhere Sterblichkeitsrate als legitime Kinder – kann zum Teil daran schuld gewesen sein. Aber auch die Registrierung von Todesfällen bei Kindern kann sich verbessert haben. Doch der Umfang und die Gleichmäßigkeit der Aufwärtsbewegung lassen vermuten, daß irgendeine Verschlechterung der Umweltbedingungen, denen die Kleinkinder ausgesetzt waren, stattgefunden hat. Unter den mir bekannt gewordenen deutschen Fällen findet sich, die einzige Ausnahme macht Leipzig, keine spürbare Verbesserung bei der Kindersterblichkeit bis zur zweiten Hälfte des neunzehnten Jahrhunderts, die dann auch nur sehr zögernd eintritt.

Warum diese internationalen Unterschiede – im achtzehnten Jahrhundert eine Abnahme der Kindersterblichkeit in Westeuropa, ein Anstieg oder wenigstens ein hohes gleichbleibendes Niveau in Mitteleuropa? Ich bin überzeugt, daß dieser Unterschied in irgendeiner Weise mit der Zunahme des Stillens durch die Mutter und der oben erwähnten allgemeinen Verbesserung der mütterlichen Pflege in Frankreich und England und ihrem gleichzeitigen Fehlen in Deutschland zusammenhängt. Auch wenn der Umschwung in der mütterlichen Fürsorge im achtzehnten Jahrhundert auf die besitzenden Stände beschränkt war, waren diese in Frankreich doch zahlreich genug, um einen Rückgang der Kindersterblichkeit zu bewirken. In Deutschland stoßen wir andererseits bis zur Mitte des neunzehnten Jahrhunderts auf keinen Beweis für eine Neuorientierung gegenüber den Kleinkindern, und auch dann nur in den Städten bei den mittelständischen Patienten der Ärzte. Die höhere Rate der Kindersterblichkeit bei Deutschen gegenüber Franzosen läßt vermuten, daß die mitteleuropäischen Frauen seit jeher ihren Babies die Flasche gegeben hatten und daß möglicherweise in Deutschland gar keine Umorganisierung stattfand, die das Stillen in den Vordergrund rückte, sondern daß die Mütter einfach auf sichere «künstliche» Nahrungsmittel übergingen, als solche gegen Ende des neunzehnten Jahrhunderts erhältlich wurden.

Machen wir einen oder zwei Schritte zurück. Die Historiker neigen dazu, den Mangel an elterlicher Liebe zu den Kindern in traditionellen Zeiten als Ursache für die hohe Kindersterblichkeit anzusehen; man konnte es sich nicht erlauben, allzusehr an einem Baby zu hängen, von dem man wußte, daß der Tod es rasch hinwegraffen konnte. Man bedenke, daß eine Kindersterblichkeit von 25 Prozent bedeutet, daß eines von vier Babies zugrunde geht, bevor zwölf Monate vorüber sind. Wir haben zwar die Sterblichkeit Jugendlicher als allgemeines Phänomen hier nicht behandelt, aber es ist doch zu sagen, daß die Wahrscheinlichkeit groß war, daß weitere 25 Prozent der Kinder ihr einundzwanzigstes Lebensjahr nicht erlebten. Es bestand also ein Risiko von fünfzig zu fünfzig, daß ein Kind starb, bevor es das Erwachsenenalter erreicht hatte. Da sie diese Möglichkeiten immer vor Augen hatten (wozu Menschen nun einmal tendieren, auch wenn sie keine Tabellen über die Lebenserwartung vor sich haben), zogen sich die Eltern emotional von ihren Kindern zurück, da sie – so wird argumentiert – psychisch nicht in der Lage waren, einen solch schwerwiegenden Verlust nach dem anderen zu ertragen.

Daten über die Kindersterblichkeit zu Beginn der Moderne legen nahe, daß dieses Problem noch eine andere Dimension hat. Die hohe Rate der Kindersterblichkeit ist keine ausreichende Erklärung für den traditionellen Mangel an mütterlicher Liebe, *weil gerade die unzureichende Zuneigung und Pflege an der hohen Sterblichkeit schuld war.* [120] Mindestens zum Teil. Wenn Kinder in großer Zahl starben, so war das nicht die Schuld eines *deus ex machina* jenseits der Kontrolle der Eltern. Es war vielmehr die Folge von Umständen, auf die die Eltern einen erheblichen Einfluß hatten: Kinderdiät, Entwöhnungsalter, Sauberkeit des Bettzeugs und die allgemeinen hygienischen Verhältnisse der Umwelt des Kindes – ganz zu schweigen von weniger handgreiflichen Faktoren der mütterlichen Fürsorge, wie das Kind in den Arm zu nehmen, mit ihm zu sprechen und zu singen und ihm das Gefühl zu vermitteln, in einem sicheren kleinen Universum geliebt zu werden. Nun wußten die Eltern schon im späten achtzehnten Jahrhundert, zumindest auf eine abstrakte Weise, daß es eine schädliche Sitte war, neugeborene Kinder im eigenen Kot schmoren zu lassen oder sie schon vom zweiten Monat an mit Brei zu füttern. Denn das Netz des medizinischen Personals war zu dieser Zeit in Europa bereits so dicht, daß interessierte Mütter in Hörweite von vernünftigem Rat waren. Der Kernpunkt ist, daß diesen Müttern *nichts daran lag,* und darum gingen ihre Kinder in dem furchtbaren Kindermord unter, den die traditionelle Kindererziehung darstellte. Sitte und Tradition und die frostige Emotionalität des Lebens im Ancien régime griffen mit tödlicher Macht zu. Als das Aufwallen des Gefühls diesen Zugriff erschütterte, ging die Kindersterblichkeit rasch zurück, und die Mutterliebe wurde ein Teil der Welt, die uns so vertraut ist.

6. Kapitel

Der Aufstieg der Kleinfamilie

Die Kernfamilie ist eher ein Bewußtseinszustand als eine besonders geartete Haushaltsstruktur. Sie hat wenig damit zu tun, ob die Generationen zusammen wohnen oder ob Tante Marie im Gästezimmer haust. Man kann sie auch nicht mit Hilfe von Verwandtschaftsdiagrammen und Zahlen über die Familiengröße verstehen. Was die Kernfamilie – Mutter, Vater und Kinder – wirklich von anderen Modellen des Familienlebens in den westlichen Gesellschaftsformen unterscheidet, ist das spezielle Zusammengehörigkeitsgefühl, das die häusliche Einheit von der sie umgebenden Gemeinschaft trennt. Ihre Mitglieder spüren, daß sie viel mehr miteinander gemeinsam haben als mit irgendeinem Außenstehenden – daß sie sich eines privilegierten emotionalen Klimas erfreuen, das sie durch eine Privatsphäre und Absonderung gegen Einmischung von draußen schützen müssen.

In diesem Kapitel wollen wir die Entwicklung der Kernfamilie, jenes warmen Schutzdaches der Häuslichkeit gegen die kalte, ungastliche Nacht, verfolgen. Die Franzosen sprechen vom *chacun chez soi,* oder «jeder hat seine Burg». Und der Inhalt dieses Kapitels wird die Entstehung des *chacun chez soi* sein, der Bau jener kostbaren emotionalen Festung, in die die moderne Familie sich zurückgezogen hat. Klassenunterschiede bei diesem Aufstieg der Häuslichkeit liefern das Organisationsschema, wobei die Mittelschicht wieder einen Vorsprung vor der unteren Schicht hat.

Gerade diese Klassenunterschiede legen den Kern bloß, um den herum sich die moderne Familie kristallisierte. Der Kern war nicht romantische Liebe; denn wie wir gesehen haben, war die untere Schicht die erste, die den großen Ansturm von Romantik und Sexualität erlebte, der über das moderne Bewußtsein hereinbrach. Und bei keiner Ge-

235

sellschaftschicht, ob hoch oder niedrig, überlebten die romantischen Gefühle die ersten schwierigen Jahre der ehelichen Realität. Die Kernfamilie nahm vielmehr ihre Gestalt über das Mutter-Kind-Verhältnis an. Die Frage nach dem kindlichen Wohlergehen tauchte zuerst im Bewußtsein der Mittelschicht auf, und die Häuslichkeit folgte ihr nach. Das Netz der Gefühle, das zwischen Mutter und Baby gesponnen wurde, umhüllte schließlich auch die älteren Kinder und den Ehemann: das Gefühl, daß die Kostbarkeit des kindlichen Lebens einen gleichen kostbaren Rahmen für ihre Erhaltung erforderte. Häuslichkeit, der letzte der drei großen Ausbrüche des Gefühls, erwärmte schließlich die häusliche Sphäre – und setzte sich in deren sozialer Umgebung fort.

Die althergebrachte Ordnung: Die Familie entläßt ihre Kinder

Die Familie hatte große Schwierigkeiten, sich im Europa der alten Ordnung als emotionale Einheit zu etablieren, weil ihre Mitglieder häufig fort waren, um mit ihren verschiedenen *peer groups* zusammen zu sein. Diese *peer groups* waren nach Alter und Geschlecht organisiert; und wenn auch unsere allgemeine Unkenntnis darüber, wie die Dinge in der schlimmen alten Zeit funktionierten, die Einzelheiten ein wenig im dunkeln läßt, scheint es doch, daß diese Gruppen große Ansprüche an die Zeit und die Teilnahmebereitschaft ihrer Mitglieder stellten. Ich behaupte, daß diese Ansprüche zwingend genug waren, um alles Streben der traditionellen Familie nach einer privaten Atmosphäre und Zusammengehörigkeit zu ersticken.

Was waren nun diese *peer groups* wirklich, und wie funktionierten sie?
Am deutlichsten sichtbar waren die Organisationen junger Männer. Eine erhebliche Bedeutung hatten sie in Frankreich, wo sich im späten Mittelalter zwei Arten von *peer groups* der Jugend bildeten. Zuerst kamen die *confréries*, religiöse Gesellschaften von jungen Burschen, deren Aufgabe es war, etwa die Kapelle des Dorfpatrons instand zu halten oder andere fromme Aufgaben zum allgemeinen Wohl zu erfüllen. Dann gab es die örtlichen Bürgerwehren (das *guet*), die nach militärischem Vorbild organisiert waren: mit Hauptleuten, Parademärschen, Fahnen und Gewehrsalven. Mit der Zeit verschmolzen diese

beiden Arten von Institutionen zu einer einzigen städtischen Jugendgruppe, der «Jugendabbey», und verloren dabei ihre militärischen und politischen Funktionen, als allmählich der moderne Staat das Kommando übernahm. Sie wurden nun damit betraut, die großen Gelage im Jahreskalender der ländlichen Festlichkeiten zu organisieren, deren wichtigstes das «Dorffest» war.[1] Bis zum achtzehnten Jahrhundert hatten die Jugendgruppen allmählich viel von dem Pomp und den Förmlichkeiten abgestreift, mit denen frühere Epochen sie ausgestattet hatten (die Behörden mißbilligten nun in der Regel Unfug wie das Abfeuern von Gewehren auf dem Marktplatz), und begnügten sich mit Aufgaben wie der Zusammenstellung der großen Parade (*bravade*) in der Zeit des Dorffestes und der Überwachung der Brautwerbung. Nach der Französischen Revolution wurde den *«abbeys»* der Jugend vollends der Garaus gemacht, und übrig blieb nur einmal im Jahr der «König der Vergnügungen», der den Karneval oder das gelegentliche Bankett für den Jahrgang der Eingezogenen zu krönen hatte. (Jedes Jahr hatten die zum Militärdienst Eingezogenen in der Zeit der Lotterie oder der ärztlichen Untersuchung eine große festliche Zusammenkunft, zu der sie alle Mädchen einluden.)[2]

Hier ein Bericht über die Jugend der Provence, die beim Jahresfest eine öffentliche Parade abhielten: «Die Burschen organisierten sich nach dem Vorbild militärischer Regimenter zu einer hierarchischen Gemeinschaft, nämlich mit einem Anführer, der ‹Hauptmann› genannt wird, unter dessen Befehl Leutnants und ein Fahnenträger stehen, kurz alles, was man braucht, um der Zeremonie einen militärischen Anstrich zu geben, und was in den Augen der Bevölkerung ihre Feierlichkeit und ihren Glanz erhöht...» Der Autor fährt fort mit einer Schilderung, wie die Angehörigen der Kompanie das Gewehr präsentierten, dann durch die Stadt marschierten, wobei der Spielmannszug voranschritt, die Fahne aufzogen oder vom Bürgermeister vor dem Rathaus begrüßt wurden. Dann kam ein religiöses Zwischenspiel (alle gingen zusammen zur Messe), ein Essen, ein wenig Schießen und zum Schluß vermutlich eine große Zecherei.[3]

Konnten diese Jugendorganisationen stark genug sein, um für die Familie hinsichtlich der Anhänglichkeit ihrer Söhne eine Konkurrenz darzustellen? Oder waren sie nur eine bäuerliche Variante der Pfadfinder? In Skandinavien war zweifellos das erstere der Fall, denn wie wir oben gesehen haben, entzogen die Jugendorganisationen das lebenswichtige Geschäft der Bildung von Ehebünden dem Zugriff der

Familie. Diejenigen Paare kamen zusammen, die die *peer group*, und nicht die Eltern, für passend hielt (oder zumindest war es so, daß der Junge und das Mädchen sich eher auf Grund der Initiative der Gruppe als derjenigen der Eltern kennenlernten). In der angelsächsischen Welt besteht dagegen kein Zweifel, daß die Familie siegte und die Jugendorganisationen geschwächt wurden.

Frankreich ist ein strittiger Fall. Angesichts der vielen Gelegenheiten der Jugend, auf organisierte Weise zusammenzukommen, wie zum Beispiel Wallfahrten, das Ringwerfen bei Heiraten, Taufen und so weiter (worüber wir gleich sprechen werden), neige ich zu der Auffassung, daß die *peer group* einen erheblichen Teil der dem jungen Mann zur Verfügung stehenden Zeit in Anspruch nahm. Lehrlinge und Gesellen im städtischen Handwerk hatten besondere Organisationsformen, die jeden ausschlossen, der nicht dasselbe Handwerk ausübte. In Lyon versammelten sich die Bäckerlehrlinge regelmäßig in besonderen Bars und Cafés, gingen gemeinsam zur Messe und verklagten gelegentlich ihre Arbeitgeber wegen schlechter Behandlung.[4] Städtische Lehrlinge wohnten im allgemeinen bei ihren Lehrherren, mußten aber, wie ein Historiker des siebzehnten Jahrhunderts in London sagt, der «Lehrlingssubkultur» Gefolgschaft leisten.[5]

Die *peer*-Organisationen der jungen Frauen waren weniger sichtbar, aber trotzdem vorhanden. Für Mädchen bedeutete die Vereinigung nichts anderes als regelmäßige Zusammenkünfte ohne die männliche Hierarchie von Königen und Fahnen. Zu Beginn des modernen Finnland versammelten sich die Mädchen ohne die Jungen, ja geheim vor ihnen, zu abendlichen Zusammenkünften. «Wegen dieser Kränkung ärgerten die Jungen die Mädchen und richteten Unheil an: Sie machten Unordnung und stahlen den Mädchen das Essen, machten die Handarbeiten kaputt und stellten den ganzen Versammlungsraum auf den Kopf. Wenn die Jungen nicht eingelassen wurden, machten sie draußen Krawall und versuchten von dort aus die Arbeit der Mädchen zu stören. Besonders in den Saunas waren die Mädchen hilflos gegen die Angriffe der Jungen.»[6] Nette Burschen waren das. Oder die Mädchen eines Dorfes bildeten wie in Frankreich parallel zu den «Jugendabbeys» der Jungen Organisationen mit ihren eigenen «Königinnen» und *bâtonnières* (Vorsteherinnen), um bei der Organisation der Festlichkeiten zum Tag der heiligen Katharina oder dem Maitanz zu helfen. In einigen Gebieten gab es unter der Ägide der Kirche die «Töchter der Jungfrau», die die Altäre und Statuen schmückten, Banner und Reliquien bei der Prozession trugen und die österlichen Eierjagden organisierten. Manchmal nahmen die Mädchen in diesen Gruppen als symbolische Vertreter der Gemeinschaften an Hochzeiten teil. Die Vielfalt der Mädchengruppen war groß – manchmal im Bereich der Kirche, manchmal nur als Teil der Gemeinschaft.[7] Sie nahmen Zeit und Geld im Leben der jungen Frauen in Anspruch, die eine spätere Periode der Kernfamilie vorbehielt.

Mit der Ehe änderten sich die formellen Organisationen, zu denen die Menschen gehörten. Aber auch da griffen die Tentakel eines mächtigen *informellen* Apparats nach ihnen, um sie vom Busen der Familie wegzuziehen. Weniger sichtbar, weil weniger institutionalisiert als die Jugendabbeys, zogen diese informellen Versammlungen von Erwachsenen ihre einzelnen Mitglieder auf lange Sicht wahrscheinlich mit viel größerer Macht vom Leben der Familie weg.

Für die Männer drehte sich eine ganze Welt sozialer Organisationen um die Bar. Man konnte, wenn man nicht allzu anspruchsvoll war, einfach mit seinen Kumpeln herumstehen, ab und zu ein Gläschen trinken und dazwischen vielleicht ein Kartenspiel machen oder mittags ein *Boule*-Spiel draußen auf dem Platz.[8] Die «guten alten Knaben», die all das tun, haben ihre eigenen Regeln und Vorschriften, die sich nur wenig von denen in Harrisburg in Mississippi, wo ich zuerst mit dieser Welt in Berührung kam, unterscheiden, bis hinüber zu den kleinen Dörfern im Departement Haute-Saône, wo die Männer in den Jahren zwischen den Weltkriegen «sich ins Café zurückziehen, um Karten zu spielen»;[9] oder bis zu der kleinen Stadt im Departement Gard, wo um 1810 die Männer abends «gegen sieben Uhr im Winter und gegen acht Uhr im Sommer im Haus eines Nachbarn oder in einem Gemeinschaftsraum zusammenkommen. Sie spielen Karten, der Verlierer zahlt den Wein, und sie trinken. Im Winter essen sie geröstete Kastanien. Andere lesen die Zeitung, sprechen vom Geschäft, von dem, was sie tun wollen, von der Hoffnung auf eine gute Ernte oder der Furcht vor einer schlechten, und um 10 Uhr ziehen sie sich zurück.»[10]

Es ist interessant, daß die Franzosen häufig nicht nur dann und wann zum Trinken und Schwatzen in der Dorfkneipe haltmachten. Eine Gruppe tat sich zusammen, mietete ein Zimmer, brachte etwas Mobiliar, kaufte Wein en gros (um Geld und Getränkesteuer zu sparen) und versammelte sich dann regelmäßig in diesem improvisierten Klub – im Süden nannte man das ein *chambrée* –, um zu trinken, Karten zu spielen und Krach zu machen.[11] Manchmal kochten sie sogar und lagerten daher Pflanzenöl ein! Dr. Rouger berichtet mißbilligend, wie die liederlichen Handwerker von Vigan zusammen in der Bar zu Mittag essen und abends im Hause eines Kumpans erscheinen, um herum zu sitzen, zu trinken und sich zu amüsieren; «ihre männlichen Kinder haben sie auf den Knien; das Weibervolk wird weggeschickt».[12] Das *chambrée* kam im späten neunzehnten Jahrhundert außer Mode, seine Stammgäste kehrten entweder in den Kreis der Familie zurück oder trafen sich wieder in öffentlichen Häusern.[13] Aber man kann sich das Familienleben eines *chambrée*-Stammgastes vor dieser Zeit vorstellen, kaum zu Hause von der Arbeit, schon wieder fort mit den Kameraden zu einer Erwachsenenversion des *Boy's Own Club*.

Diese systematische Männergeselligkeit beschränkte sich nicht auf Kleinstädter und Bauern. In so großen Städten wie Lyon verbrachten die Handwerker des achtzehnten Jahrhunderts einen Teil ihrer Mußestunden in «Männerversammlungen», sei es «in den zahlreichen Kneipen, die sie sonntags anlocken, oder in Berufsvereinigungen, bei denen sie seit der Junggesellenzeit Mitglied sind».[14] In Marseille waren «Zirkel» für den städtischen Arbeiter, was die *chambrées* für das Landvolk waren. Der Arbeitstag war nicht lang, wie François Mazuy (selbst früher ein Schneider) berichtet. «Was sollte man mit den Mußestunden anfangen? Ins Café gehen! Aber daß man hier nicht mit seinen Kameraden allein sein konnte, legte den Gedanken nahe, zusammenzukommen und einen Treffpunkt zu arrangieren, wo man mit wenig Geld jeden Abend hingehen kann, gerade wie zu Hause, und ohne fürchten zu müssen, Ellbogen an Ellbogen mit Leuten zu sitzen, die man nicht kennt.»[15] In Lille nannte man diese informellen Klubs *estaminets fermés*, «Zusammenkünfte von Trinkern und Rauchern, die gewöhnlich in gemieteten Räumen stattfinden, wobei die Kosten gleichmäßig aufgeteilt werden. Das Mobiliar, die Nahrungsmittel, alles gehört der Gruppe und wird von den Mitgliedern finanziert. Schau diesen guten Kaufmann oder jenen Amtsgehilfen an: Er kommt um fünf Uhr, setzt sich vor einen Liter Bier (das bevorzugte Getränk im Departement Nord), zieht die Pfeife und den Tabaksbeutel aus der Tasche und ist nun bereit, die Stunden hinwegzutrinken und -zurauchen. Dann kommt noch einer, und so füllt sich der Raum mit fünfzig bis sechzig Männern, die Karten spielen und eine Rauchwolke nach der anderen in den Raum blasen... Das nennt man: sich gut amüsieren.»[16]

Noch im späten neunzehnten Jahrhundert, als das *chambrée* überall der öffentlichen Bar wich, erhielt sich der Geist eines privaten Klubs.

In Lille konnten die Arbeiter gegen eine Gebühr von einem Sou in der Woche in ihrem Lieblingslokal einkehren, ohne etwas konsumieren zu müssen. [17] Die Männer, die Stammgäste in diesen *chambrées* und Bars waren, hatten lange Arbeitstage (außer vielleicht den wohlhabenden Bauern, die sich ganze Nachmittage lang in den Weinstuben aufhalten konnten). Wenn sie so viel Zeit mit anderen Männern verbrachten, wann waren sie dann bei ihren Familien? Wann halfen sie ihren Frauen beim Abwasch oder hielten das Baby auf den Knien?

Obwohl der Barbesuch in Frankreich die hauptsächlichste Gelegenheit für männliche Geselligkeit war, war er doch nicht die einzige. Besonders für die Bauern bedeutete vom Hof weg zu sein, mit den Kameraden zusammen zu sein, und zwar ohne die Frauen. Ein Beobachter des Baskenlandes berichtet, wie gewitzt die Männer waren, wenn es darum ging, Ausreden dafür zu finden, warum sie weggingen, und einfach ihre Frauen, die sich abplagen konnten, zurückzulassen. «Der Vorwand ist, Vieh zu kaufen und zu verkaufen, aber in Wirklichkeit ist es die Lust, sich mit den Männern auf dem Dorfplatz zu versammeln. Am Markttag gehen sie, nachdem sie im Freien Neuigkeiten ausgetauscht haben, zum großen Treffen in der Weinstube, wo sie bleiben, bis das Lokal geschlossen wird. Vor vierzig Jahren (der Bericht stammt aus dem Jahre 1909) gingen die Männer eines Dorfes in Gruppen zum Markt... Diejenigen, die auf den Bergen wohnten, schlossen sich denen aus der Ebene an, und dann gingen sie gemeinsam auf der Straße weiter.» [18] Dr. Labat aus der Gascogne brachte es auf den richtigen Nenner: Der ganze Pferdehandel dort lieferte den Männern lediglich eine Entschuldigung dafür, daß sie zwei bis drei Tage den Hof verlassen konnten. «Sie verdienen kein Geld dabei, sie verlieren Zeit und nehmen wenig erhebende Gewohnheiten an.» Pferde zu kaufen und zu verkaufen war mit anderen Worten «eine Art von Glücksspiel». [19] Inzwischen sorgten ihre Frauen dafür, daß die Dinge auf dem Hof weitergingen.

Ich möchte hier den Leser daran erinnern, daß die Veillée, die gesellige Vereinigung der Frauen, der Familie genauso viel Konkurrenz an Zeit, Geld und Kraft machte wie diese anderen Gruppen. Natürlich waren nicht alle Veillées nach Geschlechtern getrennt. Bei vielen Gelegenheiten kamen sowohl verheiratete Männer wie Frauen abends in irgendeinem Stall zusammen, um Handarbeiten zu machen und Geschichten zu erzählen. Oder manchmal nahmen an den Veillées nur junge Mädchen teil (zu denen sich dann die Jungen gesellten, nachdem sie sich in der Bar angemessen vorbereitet hatten).[20] Aber das Standardmodell war: verheiratete Frauen neben heiratsfähigen Töchtern, und die Freier am Fenster.

Obwohl der entschiedene männliche Chauvinismus des Beobachters – der annimmt, daß es Frauen ganz «natürlich» zueinander hinzieht, um zu lästern – Einzelheiten ausmerzt, bekommen wir doch einen Begriff vom Gemeinschaftsleben dieser Frauen. «An den Winterabenden, wenn die Fischer sich in den Hafenkneipen (eines bretonischen Küstendorfes) versammeln, kommen die Frauen in den Ställen zusammen, wo das Vieh und der Dunghaufen etwas Wärme geben.» Wegen des unzureichenden Lichts können die Frauen nicht nähen; sie können höchstens ein wenig stricken. «Man hätte gerne Geschichten von vergangenen Zeiten, die alten Legenden, an denen die Region so reich ist, gehört. Aber die Unterhaltung kommt nicht über Skandalgeschichten und oberflächliches Geschwätz hinaus. Das Treffen ist gegen neun Uhr zu Ende.»[21] Wir können auch einen älteren Bericht über Weberfrauen in der benachbarten Normandie heranziehen, die abends «zu Dutzenden» in feuchten Kellern zusammenkommen, um zu spinnen und zu schwatzen; «sie arbeiten bis Mitternacht, jede mit ihrem Fußwärmer oder einem Aschenkasten voll Kohlen».[22]

Man muß sich vorstellen, wieviel Organisation es erforderte, solche Abende auf die Füße zu stellen: Der Stall oder Keller mußte ausgesucht, die Reihenfolge bestimmt werden, und dann all das Besprechen und Arrangieren, um zu entscheiden, wer dazugehörte und wer nicht (das allein war schon eine gewaltige Aufgabe, wenn es sich um «Dutzende» von Frauen handelte). Und dann kamen die Rollenverteilungen des Abends, zum Beispiel, wer den Brennstoff für die Lampe bezahlte, wer das gemeinschaftliche Getränk mitbrachte (wenn es eines gab), wer entschied, ob die Jungen eingelassen werden sollten, die gekommen waren, um den Mädchen den Hof zu machen. In der Provence wählten die Frauen sogar eine Präsidentin.[23] Die Männer, auf die diese Beobachtungen zurückgehen, interessierten sich nicht für solche Dinge, und so bleiben für uns das Ausmaß und die Intensität der Organisationen verheirateter Frauen weitgehend im dunkeln. Aber es muß in diesen Ställen an den Winterabenden eine reiche Welt sozialen Lebens gegeben haben.

Abschließend können wir die Antworten auf die interessantesten Fragen zu diesen verschiedenen Zusammengehörigkeitsgruppen verheirateter Frauen und Männer nur vermuten. Wieviel Zeit pro Woche widmete der einzelne seiner Gruppe und wieviel seiner Familie? Tauchten Verpflichtungen gegenüber der *peer group* während der Arbeit auf (die Veillées waren schließlich Anlässe zum Arbeiten) oder nur während der «Muße»stunden? Übte die Familie gelegentlich einen Gegendruck auf die verschiedenen Mitglieder, die zu solchen kollektiven Aktivitäten gingen, aus – zum Beispiel Mütter, die ihre jungen Söhne, die im Land herumstreiften, ermahnten, mehr Zeit zu Hause zu verbringen –? Oder hatte die Familie die gemeinschaftlichen Werte, die diese Organisationen sanktionierten, vollständig akzeptiert?

Wie armselig ist doch unser derzeitiges Wissen! Im Augenblick ist es nur klar, daß im traditionellen Europa – besonders in Frankreich – die einzelnen Familienmitglieder viel mehr Zeit außerhalb des Hauses mit ihren Altersgenossen verbrachten, als es später im modernen Europa der Fall war.

Die althergebrachte Ordnung: Geburt, Ehe und Tod im Rahmen der Familie und in der weiteren sozialen Umgebung

In der Welt, die uns verlorengegangen ist, hatte die Gemeinschaft engen Anteil an den drei Hauptereignissen im Leben des Menschen: Geburt, Heirat und Tod. Diese Art von Beteiligung der Gemeinschaft bestätigt symbolisch, wie die einzelnen Familienmitglieder Teil einer größeren Gesamtheit als der der Familie waren. Die Jugend des Dorfes – oder wen sonst die Gemeinschaft als ihre Vertreter gesandt hatte – mußte praktisch jedesmal, wenn eine Taufe oder eine Hochzeit stattfand, in Erscheinung treten: um die Gewehre abzufeuern, Girlanden über die Straße zu spannen und hinterher ein paar Glas Bier zu bekommen. Und diese Art der Mobilmachung stärkte ihren eigenen Zusammenhalt.

Eine Anzahl von nicht zur Familie gehörenden Personen nahmen an der Taufe teil. Die Mutter konnte natürlich das Kind nicht selbst zum Altar bringen, weil sie noch nicht wieder in die Kirche gehen konnte. Manchmal ging der Vater, manchmal auch nicht. Im katholischen Frankreich oblag es den Paten und Nachbarn, das Baby zur Gemeindekirche zu tragen; diese kleinen Prozessionen umfaßten oft die Hebamme, den kräftigen jungen Nachbarssohn (denn die Kirche konnte weit weg sein), die Familien der Paten und neugierige Zuschauer. Die

Dorfjugend, «begierig nach Unterhaltung», versammelte sich vor der Kirchentür, um Gewehre und Pistolen abzufeuern, wenn die Gruppe hineinging und wenn sie wieder herauskam. Wenn die Prozession zum Haus der Mutter zurückmarschierte, gab es eine Salve zum Abschluß, und dann verzehrten die Burschen die kleinen Dankesgaben der Paten in der Dorfkneipe.[24] Das waren die älteren Jungen. Aber wenn der Zug aus der Kirche kam, hatten sich dort auch die kleinen Kinder des Dorfes versammelt, angelockt durch das Läuten der Kirchenglocke, um mit Obst überschüttet zu werden – in einer späteren Zeit waren es Süßigkeiten und Ein-Franc-Stücke, die von den Paten vorsorglich bereitgehalten wurden.[25] So holte eine typische Taufe tatsächlich sehr weit aus, um eine beträchtliche Anzahl von Menschen, die nicht zur Familie des Täuflings gehörten, mit einzubeziehen.

Zweitens überschnitten sich individuelles Schicksal und Gemeinschaftsinteresse beim Tod. Die Kompliziertheit der französischen Dorfgewohnheiten bot drei Anlässe, wo Tod und Begräbnis einer Person auch die nicht zur Familie gehörende Welt mit umfaßte. Der erste war die Verbreitung der Todesnachricht, was an manchen Orten durch einen Ausrufer geschah, an anderen durch die Kirchenglocken. Für einen Mann wurde sechzehnmal geläutet, für eine Frau zwölfmal. Das Glockenspiel einiger Kirchen ließ eine Reihe bestimmter Tonfolgen zu, die Glockensignale ermöglichten, mit denen man Alter, Geschlecht und sozialen Status des Verstorbenen (und auch, wieviel Geld er der Kirche hinterlassen hatte) verkünden konnte. Theoretisch hielten alle Dorfbewohner inne, wenn die Glocken läuteten, um ein Gebet zu sprechen. Jeder, der in Hörweite der Kirchenglocken war, nahm daher, wenn auch auf unterster Ebene, am Hinscheiden eines Menschen teil, sei es auch nur um festzustellen, ob seine Einschätzung vom Status des Verstorbenen von der der Kirche abwich.[26]

Als nächstes gingen die Nachbarn (nicht die unmittelbare Familie) durch das Dorf und luden die Leute zum Begräbnis ein, wobei sie dafür sorgten, daß auch Verwandte in entfernteren Gemeinden benachrichtigt wurden. Oder der Mesner der Kirche verschickte die Einladungen. Auch hier überwand die Anteilnahme der Gemeinschaft am persönlichen Schicksal des einzelnen die Mauern der unmittelbaren Familie.[27]

Die Totenwache war der Mittelpunkt der Trauerfeierlichkeiten. Die Jugend des Dorfes (manchmal die Jungen aus derselben Klasse des Militärdienstes, manchmal die Mädchen, die in der Gruppe der «Töchter der Jungfrau» oder einer ähnlichen frommen Vereinigung waren) half, das Zimmer mit schwarzen Tüchern, Kerzen, Kruzifixen, Bildern der Jungfrau, Bändern, Blumen und anderen christlichen Symbolen auszuschmücken. Wenn der Verstorbene ein junger Mann war, hielten seine Altersgenossen die Totenwache; war es ein Mädchen, die seinigen.[28] Häufig brachen trunkenes Geschrei und Tanzen über den Geist des Verstorbenen herein. Der Tod bedeutete im bäuerlichen Frankreich – zumindest manchmal – geselliges Feiern. Aus dem ganzen Dorf kamen die Leute, tranken ein Gläschen oder zwei und saßen bei Klatsch und gegenseitigem Geschichtenerzählen herum. In der Bretagne dachten die eingeladenen Nachbarn ebenso sehr an ihren Magen als an Beten und Singen, «vor allem daran, Krapfen zu bekommen. Manchmal sind so viele Leute da, daß ein Teil der Gäste in den Stall hinausgeht und, wie vorher in Trauer, jetzt in Fröhlichkeit, sich vollständig betrinkt, so man es oft erleben kann, daß sich Schluchzen nach und nach in Freudenschreie verwandelt, und sie fangen zu tanzen an, gar nicht weit von der Leiche des Freundes, den zu betrauern sie gekommen waren». Empört über ein solches Spektakel, verboten es bretonische Pfarrer jungen Mädchen, an Totenwachen teilzunehmen, außer bei nahen Verwandten.

Aber Schlimmeres als Tanzen konnte zwischen den robusten Kämpen ausbrechen: «Ein Imbiß gegen Mitternacht war der Abschluß des Tuns, das mit einer schon angefeuchteten Andacht begonnen hatte. Manchmal brechen Streit und regelrechte Schlachten aus, bei denen die Lampe, der Tisch und Flaschen über den Leichnam des armen Verstorbenen hinweggeschleudert werden.» Die Laute waren etwas gedämpfter, wenn ein junges Mädchen oder eine Frau oder auch ein Vater von sechs Kindern gestorben war. Aber unwürdiges Verhalten, Lachen, Geschichtenerzählen und Streiten angesichts des Todes waren durchaus üblich und galten als Beitrag der Gemeinschaft, dem Verstorbenen über die Grenze hinüberzuhelfen.[29] Als dann die Kernfamilie in modernen Zeiten die Leichenfeierlichkeiten in die Hand nahm, kam das alles natürlich zu einem kläglichen Ende und ging in den Schatz der untergegangenen Volksbräuche in Europa und Nordamerika ein.[30]

Wenn die Trauerfeiern ganz zu Ende waren, vereinigte sich die Gemeinschaft wieder mit der Familie zum Leichenschmaus. Die wahrscheinlich vom Gram gebeugten Verwandten schufteten in der Küche, um diese Horde hungriger Außenstehender zu versorgen; und schließlich wurde das Essen, wenn ein Ehemann verstorben war, mit den ersten Schritten, die Witwe wieder zu verheiraten, beendet.[31] Die Beziehungen zwischen dem Verstorbenen und der Gemeinschaft wurden dann allerdings in unserem heroischen Zeitalter ganz anders: der sterbende Ehemann abgesondert hinter weißen Krankenhaustüren und überall feierlich-ernste Geschäfts- und Familienfreunde, die sich nur dafür interessieren, wie die Witwe Schmidt die Sache hinnimmt.

Es waren jedoch die Hochzeiten, wo die Gemeinschaft sich am eindrucksvollsten in die «lebenswichtigen» Ereignisse des persönlichen Lebens einmischte. Während in unserer Zeit die Hochzeit eine private Veranstaltung ist, zu der nur Eingeladene zugelassen sind – außer vielleicht den Passanten, die vom Randstein aus den Konfettiregen bestaunen –, war im traditionellen Europa die Hochzeit nach allen Seiten offen. Am schnellsten bei der Hand war die organisierte Dorfjugend (*la jeunesse*). Bei all den Märschen kreuz und quer, die eine Hochzeit mit sich brachte, fand sich die Jugend des Ortes ein, um Salven abzufeuern – wenn die Braut das elterliche Haus verließ, um zur Kirche zu gehen, während der Heiratszeremonie, wenn der Festzug die Kirche verließ, und so weiter. (Zunehmend nervös geworden wegen rebellischer Subversion, schritt der französische Staat im ganzen neunzehnten Jahrhundert gegen diesen Brauch ein; er starb nach dem Ersten Weltkrieg ganz aus, als das Abfeuern der Gewehre nicht mehr als Ausdruck der Freude angesehen werden konnte.)[32] Die *jeunesse* errichtete mindestens eine Barrikade, um Geld für Getränke von der Hochzeitsgesellschaft zu erpressen, wobei sie manchmal die Mitgift blockierte, bis das Lösegeld bezahlt war, manchmal auch die Hochzeitsgesellschaft auf dem Weg zur Kirche aufhielt oder sich dem glücklichen Paar auf dem Weg zu seinem neuen Heim in den Weg stellte. Die Barrikaden reichten von einem mächtigen, über die Straße gefällten Baum bis zu einem einfachen weißen Band, das kleine Kinder, die man mit Süßigkeiten bestechen konnte, vor die Kirchentür spannten. Der Zweck war, die Hochzeitsgesellschaft dazu zu zwingen, sich bei den Barrikadenbauern loszukaufen, die sich dann in die Weinstube zurückzogen, bis der Tanz begann. Eine Variante der Barrikade war die «Ehrengarde», eine Gruppe der Dorfjugend, die die Hochzeitsgesellschaft bestechen mußte, um vorauszumarschieren und zu garantieren, daß die Straße «frei» war (wenn sie nicht ausreichend bestochen war, war die Straße nicht frei).[33]

In der Hochzeitsnacht gab es verschiedene Arten von Versteckspiel. Die Jungverheirateten schlichen sich «unbeobachtet» vom Hochzeitsmahl fort, um sich für ein paar Stunden in einem von einem Dorfbewohner geliehenen Schlafzimmer zu verstecken. Die Dorfjugend machte sich dann auf zu einer Jagd, die mit Entdeckungsschreien, vielen schlüpfrigen Witzen – diese Dorfbewohner hielten zwar daran fest, den Sex in Grenzen zu halten, aber sie waren keineswegs prüde – und mit der Überreichung eines stark gewürzten, speziellen «Gebräus» *(la rôtie)* an das Paar endete, dessen Zweck es offensichtlich war, seine sexuelle Energie neu zu beleben. Nachdem sie das Paar erschöpft hatte, lungerte die *jeunesse* herum und kehrte vielleicht bei Tagesanbruch zu einem weiteren rauhbeinigen Besuch zurück und stellte vielleicht eine Wache auf, um sicherzustellen, daß das Paar keinen Geschlechtsverkehr hatte – denn in weiten Gegenden von Frankreich hielt man noch die «Tobiasnächte» ein, was bedeutete, daß der Geschlechtsverkehr erst am dritten Tag nach der Zeremonie beginnen sollte. In einer verwässerten Version blieb der beste Mann im Departement Morbihan im Brautzimmer, «bescheiden den Rücken kehrend», bis die Kerze niedergebrannt war.[34]

Bei Hochzeiten auf dem Land wurde immer nach dem gewaltigen Abendessen getanzt. Unweigerlich mußte die ganze Dorfgemeinschaft eingeladen werden, wo dann die Jugend herumhüpfen und ihre bäuerliche Gymnastik ausführen konnte, die sie für Tanzen hielt, und die ältere Generation herumsaß, zuschaute und trank. Die Hochzeitsgesellschaft bezahlte die Musik, wenn es überhaupt eine gab (aber häufiger gaben die Zuschauer den Rhythmus durch Händeklatschen oder Rufen an). Und auf dem offenen Feld, im Stall oder der Weinstube, wo die Feierlichkeit arrangiert worden war, eröffneten die Jungverheirateten den Tanz. Vielleicht lud die Hochzeitsgesellschaft die Dorfgemeinschaft zu Getränken und auch zu Broten ein, wenn die Bräuche hier auch verschieden waren. Das Wesentliche war der Tanz, und die Einladung, daran teilzunehmen, galt dem ganzen Dorf.[35]

Nicht in allen Teilen Frankreichs wurde es immer so gemacht. An verschiedenen Orten gab es auch verschiedene Bräuche, und ich habe eigentlich nur die hauptsächlichsten Geschehnisse skizziert, die Gelegenheit, an denen die *jeneusse* aller Wahrscheinlichkeit nach betrunken herumjodelte oder sich lümmelhaft vor den lächelnden Eltern aufpflanzte, die Hände nach einem «Lösegeld» ausgestreckt. Im folgenden ein Bericht darüber, wie sich in der Mitte des neunzehnten Jahrhunderts im Distrikt Trièves die Ereignisse abspielten, damit der Leser einen Eindruck bekommt.[36]

«Wenn ein junges Mädchen heiratete, kam die Jugend der Gemeinde, um es zu fragen, ob es gern eine Ehrengarde haben wollte, was es fast immer annahm. Dann wurde eine kleine Reihe von jungen, mit Kränzen geschmückten Kiefernbäumchen vor der Tür des Mädchens aufgestellt und ein Teppich aus Blumen gestreut. Bei der Tür wurde ein ähnlich geschmückter Tisch aufgestellt, auf dem eine ganze Kollektion einheimischer Liköre bereitgestellt war: Chartreuse, Schafgarbe, China, Enzian..., die die Burschen der Ehrengarde den Eltern und ihren Gästen anboten. Natürlich mußte jeder Gast entsprechend seinen Mitteln etwas dazu beitragen. Wenn die Braut auf der Türschwelle erschien, um zur Zeremonie zu gehen, wurde sie von einer Gewehrsalve begrüßt, die die Burschen der Ehrengarde beiderseits der Tür abfeuerten. Die Garde führte dann den Hochzeitszug an, ähnlich wie die früheren Pioniere unserer Regimenter, und stürmten dann die Straße hinunter, um etwaige Hindernisse wegzuräumen. Es war ja üblich, auf dem Weg der Hochzeitsgesellschaft Hindernisse jeder Art, wie Gegenstände aus Holz oder Eisen, Karren, Kiefernstämme und so weiter aufzurichten, besonders an Stellen, wo eine Umgehung schwierig war. Das alles zu beseitigen war die Aufgabe der Ehrengarde.

Gewehrsalven wurden wieder abgefeuert, wenn man zum Rathaus und zur Kirche ging und von dort zurückkehrte. Wenn damit ihre Aufgabe beendet war, zogen sich die Burschen der Ehrengarde zum Essen im Wirtshaus zurück, wozu die Eltern ihnen das Nötige geliefert hatten. Nach dem Hochzeitsessen, das so reichlich war, wie man es sich nur vorstellen kann, kehrte das ganze junge Volk in das Haus der Braut zurück, mischte sich unter die Gäste und beteiligte sich dann am Tanz, der die ganze Nacht hindurch dauerte. Während des Tanzes wurde das Paar streng überwacht, und man mußte es daran hindern, sich davonzumachen und Zuflucht im Haus eines benachbarten Freundes zu suchen. Vor allem mußte es eine schlaflose Nacht verbringen. Wenn es ihm trotz allem gelang zu entwischen, wurde die Spur schnell entdeckt, und man kam ihm zu Hilfe mit einer Chicoree-Suppe, heißem, gewürztem Wein, der über Toastschnitten gegossen wurde, was in einem Nachttopf serviert wurde.»

Bei Geburt, Hochzeit und Tod war also die umgebende Gemeinschaft zugegen, mischte sich in den Schmerz und die Leidenschaft der einzelnen und trennte sie von ihren unmittelbaren Familien, indem sie sie in eine umfassende Welt sozialer Wechselwirkung einbezog. Es ist klar, daß die Kernfamilie sich hinter die Mauern, die die Privatsphäre umgaben, zurückziehen mußte, um sich vor Einmischungen dieser Art zu schützen – gegen diese Fremden, die im Wohnzimmer herumschnüffelten und Salz auf die Teller streuten, wenn liebe Verwandte starben, diese üblen Gesellen, die die Hand ausstreckten und Heinz und Grete davon abzuhalten suchten, den Altar zu erreichen. In der traditionellen Gesellschaft war die Grenzlinie zwischen der Gattenfamilie und der Gemeinschaft noch völlig durchlässig.

Die althergebrachte Ordnung: Eingriff der Gemeinde in die Familiensphäre

Wer die Bauern kennt, könnte sich vielleicht ein wenig wundern über diese Berichte von freigebiger Austeilung von Süßigkeiten an die Dorfkinder oder die großzügige Finanzierung von Tanzveranstaltungen für die ganze Dorfgemeinschaft. Leser, die wissen, daß es im frühen modernen Europa keine Art von Polizei oder öffentlichen Sicherheitskräften gegeben hat, könnten sich außerdem den Kopf zerbrechen über meine zahlreichen Behauptungen von «Kontrolle durch die Dorfgemeinschaft» oder dem «Zwang, daß die einzelnen sich nach kollektiven Weisungen dieser oder jener Art richteten». Natürlich waren die Bauern und Kleinstädter nicht von Natur aus großzügig. Keine edle Tradition der Großzügigkeit beseelte die stillen Wasser des traditionellen Europa. Die Landgendarmerie kam erst im neunzehnten Jahrhundert auf. Wenn sich also die Normen der Gemeinschaft mit stählerner Kraft durchsetzten, wie konnte das geschehen?

Die traditionelle Gemeinschaft konnte die einzelnen Familienmitglieder mit einem disziplinarischen Verfahren, dem Haberfeldtreiben, zwingen, die kollektiven Regeln einzuhalten. Wir haben das schon im 1. Kapitel erwähnt. Das Haberfeldtreiben war im wesentlichen eine lärmige öffentliche Demonstration, um widerspenstige Personen in den Augen der Dorfgemeinschaft zu demütigen. Die Demonstration konnte darin bestehen, daß maskierte Personen das Haus ihres Opfers umstellten, schrien, auf Pfannen trommelten oder auf Kuhhörnern bliesen, die der Metzger ausgeliehen hatte. Bei anderen Gelegenheiten packte man den Missetäter und trieb ihn durch die Straßen, vielleicht rückwärts auf einem Esel sitzend, oder er mußte ein Plakat mit der Aufzählung seiner Sünden um den Hals gehängt tragen. Manchmal organisierte die Jugend das Haberfeldtreiben; bei anderen Gelegenheiten war es eine bunt zusammengewürfelte Gruppe von Dorfbewohnern jeden Alters und jeden Geschlechts. Es gab viele Varianten; betrachten wir zunächst einmal Frankreich.

Mitglieder der Dorfgemeinschaft, die gegen die sexuellen Tabus verstoßen hatten, waren oft Zielscheibe des Haberfeldtreibens, wie zum Beispiel verheiratete Männer im Dorf Vaux im Departement Oise, die alleinstehende Frauen geschwängert hatten. «Die Jugend erscheint mit Hörnern, Töpfen und Kuhglocken und macht vor der Tür des Mannes und des Mädchens einen schrecklichen Radau. Zwei Wochen danach ruft sie alle Bewohner benachbarter Dörfer an einen von ihr ausgewählten Ort zusammen. Das Narrengericht *(La justice des fous)* tritt zusammen. Zwei Strohfiguren, die den Mann und das Mädchen symbolisieren, werden von Rechts wegen dazu verurteilt, vom Verhandlungsführer verbrannt zu werden, und das geschieht unter fürchterlichem Lärm. Dann marschiert der ganze Zug in Begleitung des Gerichtshofs durch die Straßen des Dorfes und vor die Tür der schuldigen Parteien.»

Gehörnte Ehemänner wurden auch die Opfer des Spotts, besonders beim Karneval, und zwar mit der Begründung, sie hätten es zugelassen, daß ihre Frauen sie betrügen, und somit die patriarchalische Autorität gefährdet. Am Fastnachtsdienstag wurde in Bagneux (Haut-de-Seine) der Hahnrei auf einem Stuhl herumgetragen, der dann in das Mardi-gras-Feuer geworfen wurde, nachdem man im letzten Augenblick den Ehemann durch eine Strohpuppe ersetzt hatte. Im Distrikt Verberie im Departement Oise spielten die Dorfbewohner dem betrogenen Ehemann das Haberfeldtreiben mit Papphörnern und Töpfen auf und ließen dann am Fastnachtsdienstag einen von ihnen sich als Hahnrei verkleiden (vermutlich mit Hörnern), dessen Stelle nach einem Umzug «von einem Strohmann eingenommen wurde, den man schließlich enthauptete».[38]

Von Zeit zu Zeit wurde ledigen Müttern, die gegen die Sexualmoral verstoßen hatten, das Haberfeldtreiben aufgespielt, aber im Laufe der Jahre wuchs ihre Zahl so weit an, daß man den Brauch aufgeben mußte. In Walincourt im Departement Nord war jedoch das moralische Feingefühl der Jugendorganisationen noch so streng, daß solche Frauen einer «Zeremonie» unterworfen wurden. «Einer der Jungen trug eine Strohfigur, die den Mann darstellte, ein anderer einen Armvoll Stroh mit Windeln, das das Baby versinnbildlichte. Daraufhin tanzte alles um den Strohmann und schaukelte das Baby vor dem Haus der schuldigen Frau. Die Strohfiguren wurden dann über ihr Vergehen in der schimpflichsten Weise verhört.»[39]

Das Dorf schloß die Augen vor sexuellen Vergehen des Mannes, und der Ehemann, der seine Frau mit einer anderen verheirateten Frau betrog, wurde in Frieden gelassen.[40] Was die Gemeinschaft störte, war weniger das tatsächliche sexuelle Vergehen als vielmehr die Bedrohung, die ihre Folgen für die soziale Ordnung der Dorfgemeinschaft darstellten. Deshalb wurden ehebrecherische Frauen nicht selbst gepackt und rückwärts auf einem Esel sitzend durch die Stadt getrieben (außer gelegentlich in der Provence).[41] Man schnappte ihre Ehemänner, weil deren mangelhafte Aufsicht das Gefüge der Autorität bedrohte. Und darum ließ man Dienstherren, die mit ihrem weiblichen Personal schliefen, ungeschoren. Nur die Paare, die Bastardkinder in den Schoß des Dorfes fallen ließen, wurden gerügt. Eine solche Selektivität bei den Zielscheiben des Haberfeldtreibens zeigt wieder einmal, daß diese traditionellen Volksschichten nicht prüde, sondern einfach vorsichtig waren.

Unpassende eheliche Verbindungen boten eine weitere Gruppe von Zielen für das Haberfeldtreiben. Ehen zwischen altersmäßig weit verschiedenen Menschen wurden zum Beispiel attackiert. Mädchen, die einem Freier der eigenen Gruppe den Laufpaß gaben, um einen viel reicheren zu heiraten, wurde das Haberfeldtreiben aufgespielt.[42] Sogar noch herber kritisiert wurden Ehen zwischen einer Witwe (oder einem Witwer) mit einer ledigen Person; der Gesichtspunkt der Dorfbewohner war dabei, daß ein Witwer sein Verbrechen, den Kreis der Heiratsfähigen verkleinert zu haben, damit wiedergutmachen mußte, daß er allen ein Gläschen spendete oder einen öffentlichen Tanz veranstaltete. Und es war dann auch viel mehr das Versäumnis, der beleidigten Jugendgruppe den Tribut zu bezahlen, als die Tatsache der Wiederverheiratung, das das Haberfeldtreiben hervorrief. Denjenigen, die im Saintonge nicht bezahlten, «wurde das Haberfeldtreiben acht Tage lang jeden Abend zu fast derselben Stunde sechs oder sieben Stunden lang bis Mitternacht aufgespielt. Außerdem folgten die Demonstranten am Hochzeitstag mit einem Strohmann oder einer angezogenen Puppe dem Hochzeitszug, und die Serenade setzte sich fast den ganzen Tag fort. Am Abend wurde der Strohmann unter ohrenbetäubendem Lärm verbrannt.»[43] Wer sich wiederverheiratete, konnte sich vom Haberfeldtreiben im voraus durch Bezahlung freikaufen,[44] aber ein Witwer, der sich weigerte, das Lösegeld zu bezahlen, «konnte wochen- oder sogar monatelang nicht mehr ruhig schlafen. Rund um sein Haus traten Kessel, Kochtöpfe, Pfeifen, Kuhglocken, Trompeten und Trommeln in Aktion, die stundenlang ein höllisches Konzert aufführten. Und zu alledem konnte er nicht einmal die Gendarmerie (im neunzehnten Jahrhundert) rufen, denn die Urheber des Haberfeldtreibens entflohen, und er saß dann erst richtig in der Tinte. Wenn das Opfer dann schließlich des Kampfes müde war, gab es nach und tat, was es schon gleich hätte tun sollen:[45] es zahlte. Der Zweck war nicht, die geplante Ehe zu verhindern, sondern nur, die jungen Unverheirateten für den Menschenraub aus ihren Reihen zu entschädigen.[46] Die Verse, die die Demonstranten ausriefen, ließen kaum Zweifel über ihre Absichten:[47]

> Rück heraus, alter Knabe
> Den Zaster, den du schuldest.
> Wir sind die Jungen des Quartiers
> Und wünschen eine gute Schau.
>
> Wir sind rechte Schelme
> Und suchen einen Jux.
> Heraus denn mit dem Zaster
> Oder Charivari.

Man muß sich einmal vorstellen, welchen Grad von kollektiver Autorität über die Autonomie des einzelnen so etwas bedeutet – die Macht einer Horde junger Unruhestifter, den ergrauten alten Bauern Dubois zur Bezahlung eines Tanzvergnügens zu zwingen!

Eine andere Kategorie des Haberfeldtreibens richtete sich gegen jene, die irgendeine durch die Sitte vorgeschriebene Verpflichtung nicht erfüllten, zum Beispiel, keinen Kuchen am «Feuer»-Sonntag zu verteilen, oder die ihren Hochzeitstanz nicht dem ganzen Publikum zugänglich machten. Bräutigamen, die die Träger des «Gebräus» in der Hochzeitsnacht nicht in ihr Schlafzimmer einließen, wurde das Haberfeldtreiben aufgespielt, wie auch Bräuten, wenn sie am Hochzeitstag Weiß trugen, obwohl sie offensichtlich schwanger waren.

Die von unserem Gesichtspunkt aus interessanteste Art des Haberfeldtreibens richtete sich gegen «Unordnung» im Haushalt, womit die Gemeinschaft eine Abweichung von den üblichen Geschlechterrollen meinte. Männern, die Frauenarbeit leisteten, wurde regelmäßig das

Haberfeldtreiben aufgespielt.[49] Und Ehemänner, die sich von ihren Frauen schlagen ließen, ernteten scharfen Tadel. Im Frankreich des Ancien régime, wo man Frauen nach ihrer Größe und Kraft einschätzte, konnte es leicht passieren, daß eine Ehefrau ihren Mann mit einem Riemen traktierte und ihn herumschubste. Die Leute im Departement Lot wußten, wie man eine solche Verletzung der natürlichen Ordnung behandeln mußte: «Wenn man dahinter kommt, sucht man sich einen Esel, läßt den Ehemann hinaufsteigen und gibt ihm einen Spinnrocken. Als Zügel erhält er den Schwanz des Tieres. Dann wird er durch das ganze Dorf geführt. Wenn der Ehemann sich versteckt hat, nimmt man sich seinen nächsten Nachbarn vor, um ihn dafür zu bestrafen, daß er es zugelassen hatte, daß eine Frau in seiner Nachbarschaft den Respekt mißachtet hatte, den sie ihrem Ehemann schuldet.»[50] Und in der Bretagne: Man schnappte sich die von ihren Frauen geschlagenen Ehemänner, band sie auf Karren fest und «führte sie schmählich durch das buhrufende Volk».[51] Manchmal wurde auch die Frau, die ihren Mann verprügelt hatte, selbst bestraft. In einem Dorf zum Beispiel setzten die Demonstranten die Frau rückwärts auf einen Esel, «und zwangen sie, Wein zu trinken und sich dann den Mund mit dem Schwanz des Tieres abzuwischen».[52]

Die Gemeinschaft, die empfindlich gegenüber jeder unbefugten Anmaßung der Ehemannsautorität reagierte, war besonders schnell bei der Hand, öffentliche Demonstrationen weiblicher Stärke im Keim zu ersticken – vor allem in jenem besonderen Schlupfwinkel männlicher Solidarität, der Bar. Die Frauen in Veynes im Departement Hautes-Alpes hatten selten Mühe, sonntags ihre Männer nach Hause zu bringen, weil jeder Ehemann, der sich von einer Frau grob behandeln ließ (die, wie der Beobachter erzählt, «gewöhnlich ziemlich schnell zum Prügeln bereit waren»), rasch auf einen Esel gesetzt und von einem Mann, «der als Frau verkleidet war», durch das Dorf geführt wurde, wobei seine Freunde, gleichfalls mit abgetragenen Hüten bekleidet und heftigen Kummer heuchelnd, hinterher folgten. Die Zeremonie war freiwillig, «aber niemand dachte daran, sich ihr zu entziehen und zu riskieren, unaufhörlichen Sticheleien ausgesetzt zu werden». Weil die Männer Angst davor hatten, auf diese Weise das Haberfeldtreiben aufgespielt zu bekommen, folgten sie friedlich ihren Frauen nach Hause. «Freilich ist der Heimweg manchmal etwas stürmisch.»[53]

Was geschah mit Männern, die ihre Frauen prügelten, was doch häufiger vorkam als der umgekehrte Fall? Wurden auch sie Opfer des

Haberfeldtreibens? Die Art unseres Quellenmaterials macht quantitative Schätzungen schwierig, aber man muß doch feststellen, daß die Gemeinschaft, während sie gegen Frauen, die ihre Männer prügelten, gegen gefallene Frauen und Ehebrecherinnen das ganze Jahr über vorging, gegen Männer, die ihre Frauen schlugen, wenn überhaupt, dann hauptsächlich im Mai einschritt. Und dann anscheinend auch nur, wenn die Männer ihre Frauen tatsächlich in diesem Monat schlugen, der traditionsgemäß als der Monat der Frau galt. «Während ihrcr Herrschaftsperiode hatten die Frauen von Luxeuil im Departement Haute-Saône das Recht, Ehemänner, die sie im Mai geschlagen hatten, auf einem Esel herumzuführen.» Im Distrikt Bresse wurde bei dieser Parade der Ehemann durch einen Strohmann ersetzt, vielleicht wegen der Gefahren, die die Festnahme einer Person aus Fleisch und Blut begleiteten.[54] Es war eine jahrhundertealte Sitte in der Franche-Comté, daß «jedesmal, wenn ein Mann seine Frau im Mai schlägt, die Frauen des Ortes ihn unter Jubel und Fröhlichkeit auf einem Esel herumführen müssen...» Noch 1816 wurde dieses Recht «in feierlichster Weise» ausgeübt, und dann noch ein letztes Mal 1840. Anderswo in dieser Region dauerte die Eselparade der Frauen bis ins späte neunzehnte Jahrhundert, und die Bereitschaft des Volkes, Frauen, die ihre Männer prügelten, zu nächtlicher Stunde das Haberfeldtreiben zu Hause aufzuspielen, dauerte sogar noch länger an. «Aber man wagte nicht, das mit einem alten, reichen Wüstling zu tun, von dem man etwas wünschte oder befürchtete.»[55] Wir erfahren daraus, daß das Prügeln, von welcher Seite es auch ausging, die häusliche Ordnung bedrohte und damit die Solidarität der ganzen Gemeinschaft gefährden konnte. Aber da man im Mann den natürlichen Träger der Autorität sah, begegnete man seinen Missetaten mit erheblich mehr Toleranz.

Das alles sind ländliche Bräuche. Aber auch in den Städten hielt sich das Haberfeldtreiben mindestens bis zur Schwelle des neunzehnten Jahrhunderts, wenn wir auch vermuten müssen, daß es dort sehr viel weniger angewandt wurde als in den Dörfern. Im achtzehnten Jahrhundert wurden jedoch in Paris Gesellen, die Meisterwitwen heirateten, mit dem Haberfeldtreiben bedacht; und wir wissen, daß es in Lyon gegen Ehen mit großem Altersunterschied veranstaltet wurde.[56] In Montpellier gab es im Karneval ein «Hahnreigericht», dessen maskierte Gerichtsdiener aus der Umgebung der Stadt «Ehemänner, die angeklagt waren, von ihren Frauen betrogen oder geschlagen worden zu sein», dem «Gericht» vorführten. Das Tribunal zwang diese Verurteilten dann, eine große Anzahl mit Bändern geschmückter Hörner zu küssen.[57] Und in Lille hatten im späten achtzehnten Jahrhundert die Brauergesellen für «unordentliche» Haushalte ein besonderes Verfahren zu Hand: «Sie ziehen maskiert zum Klang von Hörnern und Instrumenten, auf denen eine ernste und traurige Musik gespielt wird, durch die Stadt. Einer der Teilnehmer, der als Priester verkleidet ist, hält in der Hand das Buch der Beschuldigungen; er ist der Ankläger. Dieser maskierte Trupp kreuzt dann vor Häusern auf, wo auf Grund von Gerüchten ein *mauvais ménage* (ein häuslicher Streit) vermutet wird. Die Trommeln und Hörner rufen das Volk zusammen. Dann verbreitet sich der Ankläger mit Stentorstimme über den kostbaren Wert eines friedlichen Haushalts und wendet sich indirekt an die beiden streitenden Eheleute, die das Ziel seines Eifers sind; er behandelt mit erstaunlicher Unverfrorenheit die persönlichen Sünden der beiden in allen Einzelheiten und berichtet manchmal recht pikante Anekdoten...»[58] Und all das in einer geschäftigen Provinzhauptstadt!

Das Haberfeldtreiben war unter den Namen Charivari, Katzenmusik, Schnurre, Skimmington, Shivaree in der ganzen atlantischen Kultur vom puritanischen Neuengland bis in die Berge von Oberbayern bekannt.[59] Es hat wenig Sinn, einfach Beispiel um Beispiel aufzuzählen, weil der Leser, nachdem wir uns einige Zeit mit diesen Vorgängen in Frankreich beschäftigt haben, eine gute Vorstellung von den Erscheinungsformen und dem Zweck des Brauches bekommen hat. Aber Verschiedenheiten von einem Land zum anderen können einiges über die grundlegenden Verschiedenheiten in den Beziehungen zwischen Familie und Gemeinschaft aussagen. Unser Wissen ist hier freilich ziemlich brüchig. Dem Haberfeldtreiben ist fast keine systematische Beachtung von seiten der Wissenschaft zuteil geworden, und die wenigen Hinweise, auf die ich gestoßen bin, sind vielleicht nur rein zufällig entstanden. Aber besonders zwei Themen in England und Deutschland scheinen mir so übereinstimmend zu sein, daß sie zumindest eine Erwähnung verdienen.

Wenn der englische Historiker E. P. Thompson recht hat, richtete sich das englische Haberfeldtreiben beim Übergang vom achtzehnten zum neunzehnten Jahrhundert in zunehmendem Maße gegen Männer, die ihre Frauen prügelten. Immer häufiger veranstalteten englische Dorfbewohner geräuschvolle Demonstrationen gegen Männer wie zum Beispiel einen gewissen Joseph Fowler aus Waddesdon in der Grafschaft Buckinghamshire, der seine Frau prügelte, weil sie seinen unehelichen Sohn nicht gut genug behandelte, wie er später einem Gericht gegenüber erklärte.[60] Oder zum Beispiel das folgende Haberfeldtreiben in einem Dorf in Surrey in den vierziger Jahren des neunzehnten Jahrhunderts: «Nach Einbruch der Nacht bildete man einen Zug. Zuerst kamen zwei Männer mit gewaltigen Kuhhörnern; dann ein anderer mit einem großen Kessel, der ihm um den Hals hing. Darauf folgte der Ankläger der Gruppe, und ihm schloß sich eine buntgemischte Gesellschaft mit Glocken, Gongs, Kuhhörnern, Pfeifen, Pfannen, Rasseln, Knochen und Bratpfannen an... Auf ein bestimmtes Signal hin hielten sie an, und der Ankläger sagte eine Anzahl von Knittelversen auf, die folgendermaßen begannen:

> Ein Mann ist an diesem Ort,
> Der seine Frau geprügelt hat! *(forte; Pause)*
> Der seine Frau geprügelt hat!!! *(fortissimo)*
> Es ist große Schande und Schmach
> Für alle an diesem Ort.
> Ja, so ist's, so wahr ich lebe!!!

Daraufhin brachen alle Instrumente der Parade in einen Höllenlärm aus, begleitet von Buhrufen und Schreien.» Die Gruppe tanzte dann um das Feuer herum, «als ob sie verrückt seien». Man konnte sie zwei Meilen weit hören. «Nachdem das eine halbe Stunde so gegangen war, wurde Ruhe geboten, und der Ankläger ging wieder auf das Haus zu, wobei er deutlich den Wunsch ausdrückte, nicht noch einmal erscheinen zu müssen, um den Ehemann aufzufordern, sich moralisch zu bessern.»[61] Neben diesen Demonstrationen gegen Frauenprügler richteten die englischen Dorfbewohner natürlich die Skimmingtons (Haberfeldtreiben) auch gegen zänkische Frauen, Ehebrecherinnen und schwangere Mädchen, also gegen all die potentiellen Opfer des Haberfeldtreibens, die wir bereits kennen.

Interessant für uns ist aber, daß es in Frankreich und anderen Ländern, soviel ich weiß, keinen Aufruhr der Gemeinschaft aus Sorge über die Mißhandlung von Frauen gab. Van Gennep schweigt sich über eine solche Zunahme aus, und ich habe während meiner Arbeit nichts entdeckt, was vermuten ließe, daß das Haberfeldtreiben gegen Frauenprügler 1850 häufiger gewesen wäre als 1750. Was wir also daraus entnehmen können, ist die frühe Modernisierung der häuslichen Beziehungen in England, die wir schon bei anderen Dingen festgestellt haben. In dem Maß, wie sich gleichberechtigte Beziehungen zwischen Mann und Frau ausbreiteten, empfand auch die Gemeinschaft Spuren früherer patriarchalischer Autorität wie das Recht, die Ehefrau zu verprügeln, als unerträglich; und deshalb ging sie dazu über, die Frauenprügler zu rügen. In den französischen häuslichen Beziehungen kam die Gleichberechtigung so spät, daß das Haberfeldtreiben als praktizierte Sitte bereits tot war – aus ganz anderen Gründen –, bevor man es hätte gegen gewalttätige Ehemänner anwenden können.

Auch in Holland, Deutschland, Österreich, der Schweiz und Skandinavien trifft man das Haberfeldtreiben an. Aber die Untermauerung der Forschungsergebnisse in diesen weiten Gebieten ist so mager, daß ich sogar zögere, auch nur über Unterschiede zwischen den einzelnen Ländern zu diskutieren. Nur eine vorsichtige Vermutung möchte ich anstellen: Bei der Durchsicht von bayerischen Polizeiprotokollen über ländliche Haberfeldtreiben im frühen neunzehnten Jahrhundert fiel mir die große Zahl von Demonstrationen gegen «unmoralische» ledige Frauen und liederliche Priester auf. Freilich hatte diese Ecke Europas eine sehr hohe Illegitimitätsquote. In Bayern trieben sich die Menschen vor der Ehe wahrscheinlich viel mehr in fremden Betten herum als in der Provence, und die Häufigkeit von Haberfeldtreiben gegen die «Dorfhure» spiegelt vielleicht tatsächlich gewisse Unterschiede im Verhalten wider. Andererseits gab es anscheinend bei den Teilnehmern in Bayern größere Entschlossenheit und Härte, die bei den mehr spielerischen französischen Veranstaltern von Haberfeldtreiben fehlten. Im Kreis Miesbach kamen zum Beispiel am 27. Oktober 1826 «zwei Burschen gegen elf Uhr nachts an das Fenster einer Weinstube, klopften und riefen: ‹Wirt, wir spielen deiner hingeworfenen Hur' das Haberfeldtreiben auf. Tu nichts dagegen. Niemand wird Schaden zugefügt, aber wenn du Alarm schlägst, zünden wir dir das Dach über dem Kopf an.› Daraufhin fingen die beiden ‹mit einem fürchterlichen Radau› an, Verse darüber aufzusagen, mit wem die ‹oben erwähnte Weibsperson› ging, über ihre zahlreichen Schwangerschaften, und so weiter.» Über hundert Schüsse wurden während der Demonstration abgefeuert. Schließlich reimten die Demonstranten: «Jetzt müssen wir's beschließen, sonst kommen d' Gendarm'n und thun uns erschießen.»[62] Das klingt mehr nach Räuber und Gendarm als nach einem erdverbundenen Volksbrauch; französische Bauern dachten nicht an Schießereien mit Polizisten. Andere Quellen bestätigen eine spezielle mitteleuropäische Verurteilung sexueller Vergehen.[63]

Ich möchte folgende Vermutung anstellen, die eine weitere Untersuchung verdient: Deutsche Haberfeldtreiben richteten sich mehr gegen voreheliche Geschlechtsverkehr als die französischen, weil in Deutschland die Gemeinschaft als ganze größere Verantwortung für das Zustandekommen von Partnersuche und Partnertreffen hatte. In Frankreich war die Überwachung durch die Familie mindestens so wichtig wie die durch die *peer group* oder die umgebende Dorfgemeinschaft (was wir schon bei dem relativ seltenen nächtlichen Bettfreien in der Gruppe feststellten), und deshalb hielt die Gemeinschaft sexuelle Pflichtversäumnisse im wesentlichen für eine Familienangelegenheit. Probleme der Familienautorität, wie zum Beispiel das Schlagen des Ehemanns oder Dinge, die die eheliche Treue betrafen (wie die Treue des Ehemannes zu seiner verstorbenen Frau), veranlaßten die französische Gemeinschaft viel eher, in Aktion zu treten. Deshalb richtete sich das französische Haberfeldtreiben mehr gegen die Wiederverheiratung von Witwern mit Jungfrauen oder gegen Männer, die Frauenarbeiten verrichteten, als gegen unverheiratete Wüstlinge.

Überall war das Haberfeldtreiben für die Gemeinschaft eine Hilfe, um in den einzelnen Familien die Ordnung aufrechtzuerhalten. Es war eine Einrichtung, die der dörflichen Gemeinschaft die Macht gab, in die Privatsphäre der Familie einzudringen. Es trug zu einer ständigen kollektiven Überwachung des individuellen Verhaltens bei und gestattete es der Gruppe, die einzelnen wieder auf Vordermann zu bringen, oder aber – wie es oft in England geschah – sie ganz aus der Gemeinschaft zu vertreiben. Als diese traditionellen Auffassungen von den Rechten der Gemeinschaft über Familienangelegenheiten sich änderten – das heißt, als die Kernfamilie ins Leben trat –, wurde das Haberfeldtreiben irrelevant.

Die Zunahme der Häuslichkeit

Die «Kameradschaftsehe» wird gewöhnlich als der Echtheitsstempel des zeitgenössischen Familienlebens angesehen: Mann und Frau sind eher Freunde als Übergeordneter und Untergeordnete und nehmen gleichermaßen teil an den alltäglichen Aufgaben und dem Gefühlsleben der Familie. Vielleicht ist das richtig. Aber durch die emotionale Zementierung der modernen Familie sind nicht nur Mann und Frau verbunden; sie integriert ebenso die Kinder in diese durch das Gefühl verbundene Einheit. Der Begriff der Kameradschaft sagt nicht unbedingt etwas über die Beziehung zwischen dem Ehepaar und seinen Kindern aus. Auch erweckt «Kameradschaft» fälschlicherweise den Eindruck, daß irgendeine intensive romantische Liebe weiterhin das Paar verbindet und einig macht. Beide Vorstellungen sind unvollständig, und aus diesem Grund verwende ich lieber den Ausdruck «Häuslichkeit», um die moderne Familie von der traditionellen abzugrenzen.

Häuslichkeit, das bedeutet: Das Bewußtsein einer Familie, eine kostbare emotionale Einheit zu sein, die durch eine Privatsphäre und Absonderung gegen Einmischung von außen geschützt werden muß, ist die dritte Macht, die den Ausbruch des Gefühls in der Moderne auslöste. Die romantische Liebe befreite das Paar von der sexuellen Überwachung durch die Gemeinschaft und ermöglichte es ihm, sich seinem Gefühlsleben zuzuwenden. Die Mutterliebe wurde zum Mittelpunkt des Sentiments, in dem es sich die moderne Familie bequem machen konnte, und hielt viele Frauen von der Teilnahme am Leben der Gemeinschaft fern. Darüber hinaus trennte die Häuslichkeit die Familie als ganze von ihrer traditionellen Wechselwirkung mit der Umwelt. Die Familienmitglieder empfanden nun untereinander ein viel stärkeres Zusammengehörigkeitsgefühl als mit ihren verschiedenen Alters- und Geschlechtsgenossen. Wir erkennen das Vorhandensein von Häuslichkeit ganz deutlich, wenn man verfolgt, wie in Frankreich die Leute anfangen, ihre Namen von der Haustür zu entfernen, um sicher zu sein, daß niemand anklopft; oder wie in Deutschland, wo lange Sonntagsspaziergänge durch die Wälder den Papa seinem Kartenspiel entreißen. Im allgemeinen wird es überall dort deutlich, wo Menschen einen größeren Teil ihrer Zeit zu Hause verbringen.

Die Entwicklung der Häuslichkeit zeigt dieselben Klassenunterschiede wie die Mutterliebe und, umgekehrt, die Romantik. In Frankreich nahm sie zuerst beim Bürgertum Gestalt an. Im späten achtzehnten Jahrhundert häuften sich die Quellen, die sich mit der Entdeckung von *maisons très unies* bei dieser Schicht befassen, bis sie schließlich zu einem nicht mehr zu bewältigenden Berg anwachsen. Die ersten Hinweise, auf die ich stieß, kommen aus den modernsten Bereichen: der städtischen Industrie. Zum Beispiel die folgende Schilderung von Dr. Louis Lépecq de la Cloture über die Mittelschicht von Elbeuf um 1770: «In den Familien herrscht Einigkeit, und diese echte Sorge um einander, die die gleiche Anteilnahme an Kummer und Freude, Treue zwischen den Ehegatten, väterliche Güte, kindlichen Respekt und häusliche Intimität bedeutet, sind Eigenschaften, die dieser glücklichen Stadt vorbehalten zu sein scheinen...» Lépecq, der die Normandie gut kannte, hielt also die Textilstadt Elbeuf wegen ihres Familienlebens für eine Ausnahme.[64] Menuret de Chambaud, der gut vertraut mit dem Pariser Mittelstand war, beobachtete in den achtziger Jahren des gleichen Jahrhunderts ebenfalls «väterliche Liebe, kindliche Ehrfurcht, brüderliche Freundschaft», obwohl die Ausschweifung bei diesen guten Leuten üble Folgen hatte.[65] Dreißig Jahre später schrieb P. J. Lesauvage von Bayonne ein echtes Idyll bürgerlichen Familienlebens: «Die Eheleute sind sich einig und lieben sich. Die Männer kümmern sich um die Geschäfte in der Außenwelt, die Frauen beschäftigen sich mit dem Inneren des Heims und sehen das vollkommene Glück in der Pflege der Kinder und der Sorge um den Ehemann.»[66] Aber diese neue Häuslichkeit beschränkte sich nicht auf den städtischen Mittelstand. Der Präfekt des Departements Indre hielt die ganze Bevölkerung seines Bereichs für «gut verheiratet: Für die meisten ist die Ehe kein Joch, sondern eher ein zarter Austausch von Rücksichtsnahme und lieben Aufmerksamkeiten; skandalöse Ehescheidungen kommen kaum vor.»[67] Es blieb indessen dem Präfekten Verneilh vorbehalten, dem kleinstädtischen Bürgertum von Savoyen die Krone des Lobes aufzusetzen: «Die Männer sind ihren Frauen nähergekommen, die Mütter ihren Kindern. Alle empfinden die Notwendigkeit gegenseitiger Hilfe, um sich gegenseitig Trost und Zuflucht zu gewähren und sich mit häuslichen Dingen zu befassen, die sie früher verachtet hatten.»[68]

Wir können das eigentlich nicht alles glauben. Die romantische Einstellung dieser Ärzte und Beamten geht aus dem Zusammenhang hervor, und die Werte, die sie so unbeschwert dem ganzen Bürgertum zuschreiben, fanden sich zweifellos zunächst einmal in ihren eigenen Haushalten. Aber drei Bemerkungen möchte ich doch dazu machen. Erstens beschränken sich diese und ähnliche Hinweise auf den Mittelstand und übergehen die untere Gesellschaftsschicht. Zweitens halten sich diese Autoren für lebende Zeugen eines historischen Wandels, denn sie vergleichen oft ausdrücklich die schlimmen alten Zeiten mit «unserer herrlichen Zeit». Drittens sind mir keine ähnlichen Beobachtungen für diese Schicht von Menschen in den Jahren vor 1775 begegnet; die Häufung von Hinweisen auf Häuslichkeit im letzten Viertel des achtzehnten Jahrhunderts und dem ersten des neunzehnten deutet quantitativ auf eine bedeutende Entwicklung hin.

Aber was bedeutet dieser rosige Schimmer wirklich? Wie hatte sich das Verhalten der Familie gegenüber früheren Zeiten verändert? Wann lehnte sich die Kernfamilie zuerst gegen Einmischung von außen auf? Und wann fiel die kollektive Entscheidung, mehr Zeit untereinander in der Familie zu verbringen als mit Nichtfamilienmitgliedern?

Der Präfekt von Bouches-du-Rhône, Christophe de Villeneuve, zieht für eine Sekunde bei den Reichen von Marseille in den zwanziger Jahren des neunzehnten Jahrhunderts die Läden hoch: «Noch vor der Revolution waren die Leute mehr außerhalb der Häuser als drinnen, und die Männer verbrachten einen großen Teil ihrer Zeit in Cafés, Diskussionsklubs und in etwas zweifelhaften Etablissements. Heute werden zwar solche Treffpunkte immer noch frequentiert, aber Familienväter sieht man selten dort.» Der Grund dafür war, daß das Familienleben selbst attraktiver geworden war – indem es, wie Villeneuve meinte, mehr auf die Sitten der Vorfahren zurückgriff: Die Wohnungen wurden hübscher möbliert, die Kinder besser erzogen, und die Künste wurden ein neuer Brennpunkt der Familienaktivität.

Am interessantesten ist indessen Villeneuves Bericht über die Gründe, die dazu führen, daß bürgerliche Familien abends nicht mehr so oft ausgingen. «Der Familienvater, der gezwungen ist, sich am Tag mit schwierigen beruflichen Problemen zu beschäftigen, kann sich nur entspannen, wenn er heimgeht. Alle drängen sich um ihn. Er freut sich über die Spiele der Kinder; er ist stolz darauf, sie gut zu kennen, und ihre Leistungen erfreuen ihn. Abende im Kreise der Familie sind für ihn eine Zeit des reinsten und vollkommensten Glücks.» Wenn also, nach dem Bericht von Villeneuve, die mittelständischen Familien in Marseille sich vom ständigen Kontakt mit der Gemeinschaft zurückzogen, so deswegen, weil die Außenwelt – in diesem Fall die bürgerliche Geschäftswelt – weniger einladend war als früher. Der Schauplatz wesentlicher Beziehungen hatte sich aus der Umwelt der Familie in ihren Mittelpunkt verlagert. Villeneuve sagt: «In früherer Zeit gab es einen großen Abstand zwischen Mann und Frau, zwischen Vater und Kindern, von der Familie zur Gesellschaft. Es kam weniger leicht zum Gespräch, die Bande zwischen den Menschen waren weniger intim, die Beziehungen distanzierter.» Heute, so schloß Villeneuve, war Vertrautheit die Losung des Familienlebens.[69]

Marseille war zweifellos den meisten anderen Orten voraus. Die ganze Skala der traditionellen Rituale, die die Familie mit der Gemeinschaft verbanden, blieb in Frankreich in der ersten Hälfte des neunzehnten Jahrhunderts intakt (wenn wir den Historikern glauben dürfen). Erst in den sechziger und siebziger Jahren des neunzehnten Jahrhunderts ging es mit den Kleinstadt- und Dorffesten zu Ende, die diesen Kontakt so sehr begünstigt hatten, und die Johannisfeuer und die Maskenfeste am Karneval hörten in einem Dorf nach dem anderen auf.[70]

Die Quellen erlauben es uns, den Bericht über das *chacun chez soi*, dem unser eigentliches Interesse gilt, mit diesem Abgesang auf untergehendes Brauchtum in einigen Punkten zu verknüpfen. Ein Historiker erzählt, was in den sechziger Jahren in den Vogesen vorging. Während in den Bergen die Veillées wie immer weitergingen und das arme Volk sich regelmäßig zu Handarbeiten, Kartenspielen, Trinken und zum Tanz der Jugend zusammenfand, war der große Wandel in den wohlhabenden Tälern bereits im Gang. Bei diesen Bauern waren die Veillées von ehemals wöchentlichen Veranstaltungen auf gerade noch einen oder zwei Winterabende zusammengeschrumpft. Und ihr Charakter hatte sich von informeller Geselligkeit, zu der man seinen eigenen Imbiß mitbrachte, zur bürgerlichen «Unterhaltung» gewandelt. Um zehn Uhr breitete die Hausfrau ein weißes Tischtuch aus und trug ein spätes Abendessen von einigem Format auf. Es wurde mehr Wein als Branntwein serviert. Diese Üppigkeit bei den wohlhabenden Bauern hatte zur Folge, daß die ärmeren, die früher immer teilnahmen, ausgeschlossen waren: «Weil eine große Zahl von Familien nicht vermögend genug war, um diese Art von Geselligkeit mitzumachen, ergab es sich in dem Augenblick, wo Weißbrot, Wein und schieres Fleisch auf dem Tisch erschienen, daß diese Leute nicht mehr an den Veillées teilnehmen konnten.»[71] So reduzierte also ein bürgerlicher Familienstil diese Gelegenheit zur Einmischung der Gemeinschaft zu einer Seltenheit unter wohlhabenden Bauern, und eine bürgerliche Form der Unterhaltung stellte sicher, daß die untere Gesellschaftsschicht ausgeschlossen war. In einem bäuerlichen Wunder hatten Wein und ein weißes Tischtuch die traditionelle Gesellschaft in eine moderne verwandelt. Es gibt auch andere Anzeichen für einen Rückzug des Mittelstands aus dem Zyklus der Dorfrituale. In der kleinbäuerlichen Welt von Hans-le-Grand im Departement Marne bedeutete der Karneval in den sechziger Jahren des neunzehnten Jahrhunderts nicht mehr «jene Narreteien und Verkleidungen», die in früherer Zeit eine so große Rolle gespielt hatten. Auch die Zusammenkünfte der Jugend, bei denen sie in der Dorfkneipe, die sie meistens nur volltrunken wieder verließ, das Geld vertrank, was sie zuvor bei einem Rundgang durch das

Dorf, Haus für Haus, eingesammelt hatte, fielen dieser Veränderung zum Opfer. «An diesem Tag sind jetzt die Familien wieder vereinigt, jeder bringt ein Gericht, und der Abend vergeht in Fröhlichkeit und Glück.»[72] Und in den achtziger Jahren hatten wohlhabende Bauern in der Region Ile-de-France die Gewohnheit angenommen, zur Hochzeitszeremonie, zur Messe und zum Bankett nach Paris zu gehen. «Damit verschwindet», verkündete kategorisch Henri Baudrillart, «eine Gelegenheit für die Familien, bei diesen Festlichkeiten zusammenzukommen, die manchmal drei volle Tage lang dauerten.»[73] Der Umkreis des Brauchtums und der Kreislauf des intimen Lebens, den es innerhalb der ganzen Gemeinschaft beschützte, wurde unbarmherzig eingeengt.

Was die arbeitenden Klassen angeht, so liegt die Geschichte der Häuslichkeit, des *chacun chez soi* und des Kontakts mit der Nachbarschaft noch im dunkeln. Hier und da gibt es Topfscherben der Erkenntnis – Bruchstücke, die die Lebensart der unteren Schichten porträtieren, die aber mehr beunruhigen als klären. Die zeitgenössische soziologische Literatur erklärt, daß die heutige Arbeiterklasse in Frankreich viele Formen des bürgerlichen Familienlebens angenommen hat, wenn auch nicht unbedingt deren Substanz.[74] Im zwanzigsten Jahrhundert hat sich eine gewisse Annäherung der Familienstile der beiden Subkulturen fortgesetzt. Aber wann hat die untere Gesellschaftsschicht damit begonnen, der Gemeinschaft den Rücken zu kehren? Ahmte sie einfach das Bürgertum nach, oder gehorchte die Entwicklung ihrer Familienmodelle einer eigenen Dynamik? Entwickelten sich alle Gruppen der Arbeiterklasse gleichzeitig, wobei die Land- und die Fabrikarbeiter abends zu Hause blieben und Radio hörten? Oder blieb der Unterschied zwischen Stadt und Land ausgeprägt? In diesem Stadium warten solche Fragen noch auf eine Antwort. Ich möchte hier die Mitte des neunzehnten Jahrhunderts als den Ausgangspunkt der Häuslichkeit bei den Arbeitern nur flüchtig streifen.

Kehren wir in das Marseille der dreißiger und vierziger Jahre des neunzehnten Jahrhunderts zurück, wie es der ziemlich proletarische François Mazuy gesehen hat. Die an der Küste gelegenen Hütten der Freizeitangler, die *cabanons* genannt wurden, waren bei den Arbeitern dieser Stadt das Sprungbrett der Häuslichkeit, wie Mazuy berichtet. Zunächst dienten diese Hütten den Anglern nur als Schutz gegen die Sonne und als ein Platz, wo man ein paar Gläschen Wein trinken und die Angelausrüstung lagern konnte. Dann entstand um sie herum eine regelmäßigere Geselligkeit unter den Männern, wo die Angler sich in kleinen Klubs zusammenfanden, um Wein und Olivenöl en gros einzukaufen, etwa wie beim klassischen *chambrée* Südfrankreichs. Dann fingen die Angler an, ihre Frauen und Kinder mitzubringen, wenn sie am Wochenende zum Angeln hinausgingen, und die ganze Familie blieb vom Samstagabend bis zum Sonntag in der Hütte. Weil die Familienmitglieder sich unter die Klubmitglieder mischten, waren «unanständige Reden streng verboten». Die Verschiebung von der Männergeselligkeit zur Familienintimität war in vollem Gang: Man fing an, kleine Gärten, Rasenplätze und Spaliere um die Hütten herum anzulegen. Nun war es nicht mehr weit bis zum endgültigen Wandel. «Wir müssen noch hinzufügen, daß *l'amour de chez soi* auf dem Lande für Marseille eine bis dahin unvorstellbare Aufgliederung des Besitzes mit sich gebracht hat. Es ist nichts Ungewöhnliches, Arbeitern von Marseille zu begegnen, die ihre eigenen Hütten besitzen. Das entwickelt sich nur langsam. Die ersten Ersparnisse braucht man für den Kauf des Grundstücks, weitere für den Bau der Hütte, und zum äußersten Reichtum eines sich durch Besitz auszeichnenden Arbeiters führt dann der Erwerb eines leichten Wagens und eines kleinen korsischen Ponys für den Transport der Familie zu dieser glücklichen Hütte.»[75] Mazuy sagt uns nicht, was am Wochenende mit all den Trinkkumpanen geschah, die das Pony sicherlich nicht auch schleppen konnte.

Wir wissen noch nicht, ob diese Hütten die Verbürgerlichung der Arbeiterfamilien von Marseille bedeuten; es ist auch bisher nicht deutlich, ob die Vorgänge in Marseille, der Art oder dem Zeitpunkt nach, typisch für die Vorgänge im übrigen Frankreich waren. Ziemlich klar ist aber, daß diese Art von Häuslichkeit um die Jahrhundertwende bei den unteren Schichten vieler verschiedener Gegenden fest verwurzelt war.[76] Baudrillart war ein Schwärmer, aber seine Berichte können nicht völlig falsch sein. In den späten achtziger Jahren schrieb er von den Bauern im Pas-de-Calais: «Moral und Liebe sind die hervorstechendsten Züge des Familienlebens. Mißhelligkeiten zwischen den Ehegatten sind ganz selten. Gefühllosigkeit (erwachsener) Kinder gegen Eltern (auf dem Altenteil) ist leider nicht unbekannt, stellt aber die Ausnahme dar. Und die Güte von seiten der Eltern ist fast des Guten zuviel.» Von Baudrillart gibt es eine Kette solcher Beobachtungen, die aus der Zeit stammen, als er kreuz und quer durch die französischen Provinzen reiste und entzückt war über den glücklichen Zustand des bäuerlichen Familienlebens, das er antraf. Und wenn er auch einige abwegige Steckenpferde ritt, so hätte er doch wohl kaum solche Oden auf die Häuslichkeit geschrieben, wenn er ein Jahrhundert früher den Fußstapfen von Arthur Young gefolgt wäre.

Der Kampf zwischen der Gemeinschaft und der Häuslichkeit endete schließlich in den Jahren zwischen den Weltkriegen mit dem Sieg des *chacun chez soi,* und nur ein kleiner Haufen trübäugiger alter Männer war übriggeblieben, um den Vorsitz über die Beerdigung der Veillées zu führen. August Grise, der die Volksbräuche seines heimatlichen Isère liebevoll aufzeichnete, war typisch: «Weil in jenen Tagen (den achtziger Jahren des neunzehnten Jahrhunderts seiner Jugendzeit) die Leute offener, freier, weniger egoistisch und ichbezogen waren als heute, weil es mehr Herzlichkeit und weniger Eifersucht gab und die Nachbarn oft zusammenkamen... Heutzutage liest jeder seine Zeitung, falls er kein Radio hat, und *chacun reste chez soi.* »[77]

Über andere Länder haben wir zuwenig Informationen, um überhaupt einen Anfang machen zu können. Das Zusammensetzen von Fingerzeigen der Altertumsfreunde, Beamten und Ärzte, steht für Deutschland, England, Skandinavien und Nordamerika noch aus. Wir können deshalb nicht sagen, ob die Andeutungen von Absonderung vom Leben der Gemeinschaft, die an unserem Auge vorbeiziehen, einen Wandel im Lauf der Zeit oder einen dauernden Zustand darstellen. Hier zum Beispiel, was Dr. K. F. H. Marx über die akademische Bevölkerung der Universitätsstadt Göttingen berichtet: «Außenstehende beklagen sich über die hier bestehenden starren Umgangsformen. Sie meinen, bei den Leuten zuallererst den kalten Hauch des Nordens zu verspüren...» Aber dafür gab es gute Gründe: «Das Familienleben muß ein in und für sich abgeschlossenes erfreuliches und freudebringendes Ganzes darstellen.»[78] Richard Sennett behauptet, daß im späteren neunzehnten Jahrhundert im Union Park-Distrikt von Chicago eine «Intensivierung» des Familienlebens stattgefunden habe, womit er meint, «daß die Zersplitterung und das Gefühl von einem aus den Fugen gegangenen Konglomerat aus vielen privaten Welten, das man draußen in der Stadt erlebt... durch ein überwältigendes Gefühl der Intimität innerhalb des Hauses» ersetzt wurde.[79] Und Robert Roberts wird ganz lyrisch über die Bedeutung des «Heims» für ein Slumkind im edwardischen England: «Das Heim, sei es auch noch so armselig, war der Brennpunkt all seiner Liebe und Aufmerksamkeit, eine sichere Festung gegen eine feindselige Welt. Lieder über seine Schönheiten waren auf den Lippen aller. ‹Home, sweet home›, zuerst in den siebziger Jahren erklungen, war ‹fast zu einer zweiten Nationalhymne› geworden. Nur wenige Wände in den Häusern der unteren Arbeiterklasse waren nicht mit einem ‹Wahlspruch› geschmückt – farbige Papierstreifen, etwa neun Zoll breit und achtzehn Zoll lang, zeugten von häuslichen Freuden: ‹Osten, Westen – zu Haus am besten›; ‹Gott ist der Herr dieses Hauses›; ‹Segne unser Haus›; ‹Das Heim ist das Nest, wo alles ist am besten›.»[80]

Zwei Faktoren lassen die Vermutungen zu, daß diese Bruchstücke auf eine allgemeine Tendenz weisen, die zu einer Häuslichkeit in der ganzen westlichen Gesellschaft hinführte. Der eine ist die Treue, mit der sie die französischen Zeugnisse, die wir schon zitiert haben, widerspiegeln. Und zumindest in Frankreich können wir mit einiger Sicherheit feststellen, daß die Modernisierung der Schleppdampfer der Häuslichkeit war. Der zweite ist, daß wir von unserer zeitgenössischen Welt wissen, wie die Geschichte ausgeht: Das häusliche Nest ist tatsächlich die Norm geworden.

Der Kreis der Verwandten, die weitere soziale Umgebung und die große Verwandlung

Um die zeitgenössische Familie zu verstehen, muß man sich nur zwei einfache Entwicklungen vor Augen halten: den fast vollständigen Rückzug des Paares vom Alltagsleben der Gemeinschaft und die dementsprechende Stärkung seiner Bande zu den Eltern und den nahen Verwandten. Da die Gelegenheiten, bei denen die Gattenfamilie mit Nachbarn und Freunden zusammenkam, weggefallen sind, hat die Verwandtschaft eine neue Bedeutung erhalten. Überall in der westlichen Gesellschaft treffen sich die Leute in unseren Zeiten häufig und außerordentlich bereitwillig mit ihren Verwandten, jedoch mit anderen Mitgliedern ihrer Sozialordnung dagegen fast nie – ich meine: auf gesellige Weise. Die Menschen haben bei der Arbeit alle Arten von menschlichen Kontakten, und sie sind Mitglieder in manchen Klubs und Vereinigungen. Aber sie verbringen kaum mehr Zeit mit den Ritualen der Gemeinschaftssolidarität, die einst die Intimität so verwässerten. Während jedoch die Verwandtschaft in der traditionellen Gesellschaft im emotionalen Sinn relativ wenig zählte, sondern in erster Linie ein Reservoir für materielle Unterstützung in Notzeiten war, sind es jetzt hauptsächlich die Eltern des Paares – und das Gegacker von Onkeln, Tanten, Vettern und Basen kann sich ihnen sehr wohl zugesellen –, die die Mauern der Kernfamilie durchbrechen.

All das kann man natürlich leichter behaupten als beweisen. Eines der weiten unerforschten Gebiete der historischen Forschung sind die Beziehungen zur Verwandtschaft. Wie oft trafen traditionelle Dorfbewohner ihre Verwandten, sowohl absolut betrachtet als auch im Vergleich zu anderen Kontaktmöglichkeiten? Bedeutete ihnen die Verwandtschaft einen moralischen Beistand, eine Quelle des gesunden Menschenverstands und freundschaftlichen Kontakts, oder war sie in erster Linie für Notfälle wie Tod und Auseinandersetzungen bei der Brautwerbung da? Und liebten die Menschen im Grunde ihre Verwandten, oder haßten sie sie? Sehen wir uns Land um Land die spärlichen Daten an, die zur Verfügung stehen.

Frankreich

Hier und da gibt es Hinweise darauf, wie es gewöhnlich unter Verwandten zuging. Herzlosigkeit und Mißtrauen, Gleichgültigkeit und Argwohn springen einem sogleich ins Auge. Im Languedoc im achtzehnten Jahrhundert hören wir zum Beispiel von Vätern, die mit dem ältesten Sohn unter einer Decke steckten, um den jüngeren Kindern ihre Erbschaft vorzuenthalten. Die jüngeren Geschwister verbündeten sich dann gegen den Ältesten, und heftige Streitereien und sogar Mord waren die Folge. Oder der Vater, «vom Teufel gepackt», ermordete seinen Sohn. In Haushalten, wo der erbberechtigte Sohn seine Braut heimbrachte, um zusammen mit den Eltern zu wohnen, entstanden schreckliche Spannungen zwischen Mutter und Schwiegertochter. Sieben Jahre lang lebte die Witwe eines Arbeiters in Escazaux mit ihrem Sohn zusammen und «haßte ihre Schwiegertochter und trieb ihren Sohn an, sie zu mißhandeln»; eines Tages entdeckten die Nachbarn die beiden, wie sie die Schwiegertochter mit einem Bündel von Weidenruten peitschten.

Für diese Leute galt: Aus den Augen, aus dem Sinn. Das Dorf zu verlassen war wie vom Erdboden zu verschwinden. Von Kindern, die wegzogen, verlor man jede Spur, und ein Arzt aus dem Languedoc konnte 1710 von einem Bruder nur berichten, daß er «in Nîmes gehängt worden sei», obwohl er nicht wußte, warum; von anderen hatte er die Spur völlig verloren. Solange diese Verwandten im Dorf zusammenblieben, waren sie bereit, einander jede dringende Hilfe zu gewähren, weil ihnen der Begriff der Familientradition sehr wichtig war. Aber immer, wenn sie über Erbschaft und Erbteilung stritten, waren sie voll Haß gegeneinander; und wir müssen annehmen, daß sie emotionale Gleichgesinnte in den oben skizzierten *peer groups* fanden. Der «feste Familienzusammenhalt», den Nicole Castan als charakteristisch für das Languedoc berichtet, war völlig instrumentalisiert, keineswegs gefühlsbedingt.[81]

Der Gegensatz zum heutigen Frankreich ist frappierend. Fast alle besuchen ihre Verwandten regelmäßig und gern, anstatt sich nur um sie in Notsituationen wie Geburten oder Verlust der Arbeitsstelle zu kümmern. Von einer Gruppe von Menschen, die in Charleroi in Belgien (wo praktisch die gleichen Voraussetzungen wie in Frankreich existieren) interviewt wurden, sagten fast neun von zehn Familien, daß sie ihre Verwandten oft besuchten; nur vier von zehn verkehrten gesellig mit Freunden und nur zwei von zehn hatten Kontakte, die mit der Arbeit zusammenhingen, oder solche mit der Nachbarschaft. Doppelt so viele erklärten, daß sie lieber an einem freien Abend ihre Verwandten besuchten als Freunde. Was die Nachbarn angeht, so wußten fast alle Befragten ihre Namen und grüßten sie, während ein ständig kleiner werdender Teil an spontanen Kontakten auf der Straße interessiert war, oder zum Nachbarn ging, um vielleicht Zucker zu borgen. Sechs von zehn wollten ihre Nachbarn auch nicht aus Höflichkeit in ihre Wohnungen einlassen, und acht von zehn wiesen es zurück, entweder mit Nachbarn in die Stadt auszugehen oder sie zu sich einzuladen.

Die nachbarliche Geselligkeit war in den sechziger Jahren des zwanzigsten Jahrhunderts in französischen Dörfern kaum besser.[82]

– Eine Schilderung aus einem kleinen Dorf in der Region von Beauce: «Es gibt fast kein organisiertes geselliges Leben; jede Familie lebt für sich ohne echten Kontakt mit den Nachbarn, außer den Verwandten.» Die Menschen besuchen sich nie in ihren Wohnungen.[83]

– Aus einem anderen Dorf in Lothringen ist eine traurige kleine Geschichte zu erzählen: «In der Vergangenheit gab es gemeinschaftliche Waschhäuser, Ferien und Tänze; jetzt beschränkt sich das gesellige Leben auf die Familie oder auf gegenseitige Hilfe der Bauern... Alle sind sich klar über diesen Schwund der Geselligkeit, vor allem die Jungen, die finden, daß im Dorf nichts mehr los ist, aber nicht fähig sind, irgend etwas auf die Beine zu stellen. Sie hatten gehofft, der Bürgermeister würde etwas unternehmen, und machen ihm Vorwürfe, weil er die Kapelle, wo sie Tischtennis spielten, in ein Museum umgewandelt hat.»[84]

– Hier die soziale Zusammensetzung eines Dorfes von zehn Häusern in der Region Marche ebenfalls aus den sechziger Jahren: Vier Bauernfamilien, die sehr gut miteinander auskamen, sechs weitere Familien, die nicht miteinander sprachen, einschließlich eines arbeitslosen Familienvaters, den die Bauern verachteten, zwei städtische Arbeiter, die immer oppositionelle politische Plakate anklebten, ein alleinstehender pensionierter Veteran, und zwei Schwestern, die eine heruntergekommene Bar betrieben. «Das soziale Leben des Dorfes ist charakteristisch: Ohne Familienbande oder das Bedürfnis zu gemeinschaftlicher Zusammenarbeit gibt es keine Kontakte.»[85]

– In vielen Weilern in der Region Armagnac wurde nie etwas von Nachbarn geborgt und keine Landmaschine oder irgendeine Ausrüstung verliehen, damit es keine «Komplikationen» gab. «Die Veillées, wo man früher Karten spielte oder strickte, während man geröstete Kartoffeln oder Kastanien aß, sind verschwunden; man hat sie durch Abende vor dem Fernsehgerät ersetzt.»[86]

Wir könnten durch viele andere französische Dörfer und Kleinstädte in den sechziger und siebziger Jahren streifen.[87] Überall wäre es dasselbe: der Tod des jährlichen Festkalenders oder wenigstens jener Teile davon, die die Familienmitglieder in das Leben der größeren Gemeinschaft einbezogen; der Rückgang des Brauchtums der Gemeinschaft; der behagliche Kreis der Verwandten um das Kaminfeuer.

Großbritannien

Das Leben von Ralph Josselin, einem Geistlichen des siebzehnten Jahrhunderts in Essex, gibt uns einige bescheidene Anhaltspunkte für die Bedeutung der Verwandtschaftsbande im traditionellen England. Außerhalb der unmittelbaren Familie und der Eltern des Paares haben solche Bande anscheinend überhaupt nicht existiert. Josselin erwähnt niemals Gebete für Verwandte außerhalb seiner eigenen Familie. Es gibt keinen Hinweis darauf, daß er an den Hochzeiten und Begräbnissen iirgendwelcher Verwandter teilgenommen hätte, nicht einmal an denen seiner Schwestern. Und sein umfangreiches Tagebuch liefert keinen weiteren Beweis für Kontakte mit Verwandten, obwohl wir wissen, daß er in seiner Umgebung Verwandte hatte. Freunde und Nachbarn wurden bei den Todesfällen, die er «erwähnte und beklagte», mit Verwandten in einen Topf geworfen, so daß man den Eindruck bekommt, daß er seine gute Freundin Mary Church genauso betrauerte wie seine Tochter Anne, und daß er das Hinscheiden einer ganzen Menge von Onkeln, Tanten, Vettern, eines Enkels und einer Enkelin mit Gleichgültigkeit notierte. Wenn Hilfe in dringenden Fällen nötig war, dann waren es die Nachbarn und nicht seine Verwandten, die Hebammendienste leisteten und gebrochene Knochen einrichteten. Kurz, es gibt keinerlei Anzeichen dafür, daß Verwandte außer der unmittelbaren Familie in irgendeiner Weise eine Rolle in dem ausnehmend gut dokumentierten Leben dieses unbedeutenden provinziellen Landpfarrers spielten.[88]

Gegenüber diesem kleinen schwankenden Rohr, das als Beweis den Triumph der Gemeinschaft über die Verwandtschaft im ländlichen England des siebzehnten Jahrhunderts anzeigt, können wir jedoch eine Masse von Beweismaterial anbieten, aus dem die überwältigende Bedeutung von Müttern und Vätern, Onkeln und Tanten, Nichten und Neffen, Brüdern und Schwestern sowie Verschwägerten im Leben des durchschnittlichen Engländers des zwanzigsten Jahrhunderts hervorgeht. Das steht im Einklang mit meiner Behauptung, daß Genealogie für den heutigen Engländer *un*wichtig ist. Raymond Firth spricht von dem «allgemeinen Mangel an Interesse» der von ihm befragten Nordlondoner an ihren Vorfahren: Sie geben sich keine Mühe, etwas über ihre Vorfahren zu erfahren oder ihren Kindern etwas über den Familienstammbaum zu erzählen. Es sind sogar nur wenige in der Lage, die Geschwister ihrer Großeltern zu identifizieren.[89] Im Gegensatz zu dieser Oberflächlichkeit des britischen Verwandtschaftssystems hinsichtlich der Generationstiefe steht die verblüffende Intensität der Verwandtschaftskontakte in der Gegenwart.

Der Schlüssel zu dem Netz der Verwandten ist das enge Band zwischen Mutter und Tochter, da Jungverheiratete sich große Mühe geben, sich in der Nähe der Familie der Frau niederzulassen. Aber auch die Beziehungen zwischen dem verheirateten Sohn und seinen Eltern sind stark, und gleichfalls diejenigen zwischen Brüdern und Schwestern, den engeren Verwandten. In Swansea in Wales hatten in den sechziger Jahren des zwanzigsten Jahrhunderts 42 Prozent der verheirateten Töchter Eltern, die im gleichen Stadt*teil* wohnten und weitere 38 Prozent in einem anderen Viertel von Swansea, so daß bei fast drei Vierteln der Familien die Frau die Möglichkeit hatte, ihre Eltern regelmäßig zu sehen. Und tatsächlich hatten auch drei Viertel dieser verheirateten Töchter in der Woche, bevor sie befragt wurden, ihre Eltern gesehen; dasselbe gilt für die Söhne. Vier von fünf aus der Versuchsgruppe sagten, sie hätten auch andere Verwandte in der vergangenen Woche gesehen.[90] So können wir also annehmen, daß wenigstens in Wales die Verwandtschaftsbande sehr eng sind. Und sie sind es auch in England. Über die Hälfte der alten Leute (mit verheirateten Kindern), die in der Londoner mittelständischen Vorstadt Woodford und dem Londoner Arbeiterviertel Bethnal Green befragt wurden, hatten mindestens einen ihrer Sprößlinge *am Tag zuvor* gesehen, und in einem weiteren Viertel war das in der vorausgegangenen Woche der Fall.[91] Immer mehr solche Untersuchungen gibt es, die dokumentieren, wie wichtig die weitere Verwandtschaftsgruppe im Leben der britischen Kernfamilie in der Nachkriegswelt ist.

Als ein Mann, der seine Eltern nur einmal im Jahr sieht (und dessen Freunde sich ähnlich verhalten), muß ich eine gewisse Verwirrung eingestehen, wenn ich diese Statistiken durchsehe. Und mit meiner aus Iowa stammenden Vorstellung von Bauernfamilien, die einander beim Einbringen des Getreides helfen, bin ich noch mehr überrascht von dem Zweck dieser Verwandtschaftskontakte, die viel mehr dazu da waren, um sich zu unterhalten, als Hilfe zu leisten. Wenn es richtig ist, daß in der traditionellen Gesellschaft die Verwandtschaft hauptsächlich als Hilfe in Notzeiten in Erscheinung trat, ist es anscheinend ebenso richtig, daß man im heutigen England seine Verwandten besucht, weil man gern mit ihnen zusammen ist; nicht weil sie etwas für einen tun könnten. Raymond Firth schreibt von der mittelständischen Gesellschaft, daß «die Bedeutung der extrafamiliären Verwandtschaft viel mehr expressiv als instrumentell ist. Natürlich ist die konkrete Hilfe von großer Bedeutung, zum Beispiel bei der Wahl der Schule oder des Berufs..., aber es ist doch hauptsächlich die Möglichkeit zur volleren Entfaltung der Persönlichkeit, derentwegen solche Verwandtschaftsbande aufrechterhalten werden».[92]

In dem Maß, wie in England die Verwandtschaft die Stelle der Gemeinschaft und die der Freunde einnimmt und die staatlichen Sozialprogramme die traditionelle Hilfe, die die Verwandtschaft einst bot, ablösten, lockern sich die Bande, die die Kernfamilie mit Bekannten und Nachbarn verknüpfen, erheblich. Sie sacken am allermeisten in den großen Wohnsiedlungen ab, die offenbar die zukünftigen Strukturen der Wohnkultur bestimmen. Ein Wissenschaftler erfaßte das Wesen einer Wohnsiedlung in Oxford, als er mit den Bewohnern sprach:

«Man lernt den nächsten Nachbarn rechts und links von seiner Tür kennen, aber man geht nicht viel weiter. Ich ging beim übernächsten Nachbarn vorbei und *bot ihm die Gelegenheit, mich zu grüßen* (Hervorhebung im Original), aber es erfolgte nichts.» Im Gegensatz dazu war die Pfarrgemeinde St. Ebbe im Zentrum von Oxford, obwohl kaum eine Brutstätte der Geselligkeit, bedeutend freundlicher.[93] Noch weiter von jedem nachbarlichen Geist entfernt war jedoch die «Greenleigh»-Siedlung am Stadtrand von London. Eine Frau berichtet: «Als das Baby krank war, klopfte keine Seele an meine Tür, um eine Besorgung für mich zu machen.» Mrs. Hall meinte: «Ich glaube nicht, daß man zu einem Nachbarn gehen kann, wenn man etwas Persönliches will.» Und Mrs. Young sagte einfach: «Mein Mann hält es nicht für richtig, Nachbarn einzuladen.»[94] Mr. Stirling faßte zusammen: «Ich habe nichts dagegen, einen Nachbarn zu grüßen, aber wenn sie nichts mit mir zu tun haben wollen, will auch ich nichts mit ihnen zu tun haben. Ich kümmere mich nicht um sie. Ich interessiere mich nur für meine Familie. Meine Frau und meine beiden Kinder – das sind die Menschen, um die ich mich kümmere. Mein Heim hier ist mein Leben.»[95]

Es wäre ungerecht zu behaupten, daß diese Wohnsiedlungen für die ganze englische Gesellschaft typisch seien. In älteren Gemeinschaften verkehrten die Menschen länger miteinander und fügen sich gut in bestehende Nachbarschaftsverhältnisse ein. Londons Distrikt Bethnal Green ist ein Beispiel für diese offenkundige Tatsache. Die Hälfte der Befragten ist dort geboren und ein weiteres Viertel wohnt dort seit mindestens fünfzehn Jahren, und die praktische Folge davon ist, daß Mrs. Landon auf ihrem halbstündigen morgendlichen Einkaufsgang eine Menge Leute trifft, die sie kennt:

1. Mary Collins. «Sie ist die Schwester von Sally, mit der zusammen ich in der Knopffabrik arbeitete, bevor ich heiratete. Meine Mama kannte ihre Mama, aber irgendwie verlor ich den Kontakt mit ihr, bis ich eines Tages zufällig in den Meath Gardens neben ihr saß. Wir hatten beide unsere Babies bei uns, und seither sprechen wir wieder miteinander. Jetzt sehe ich Mary recht oft...»[96]

4. Joan Bates bedient hinter dem Ladentisch des Bäckers. «Sie war eine Simpson. Sie wohnt in der gleichen Straße wie meine Schwester. Meine Mutter kennt sie besser als ich...»

8. Richard Fienburgh. «Der Mann dort drüben an der Ecke. Er ist

eigentlich verwandt mit mir. Er ist der Bruder des Mannes meiner Schwester. Er wohnt in der Nähe von ihnen...»

14. Emma France. Das ist eine ältliche, sehr fröhliche Frau mit grauem Haar, die viel lacht. Sie verwickelte Mrs. Landon in ein Gespräch.

«Wie geht es dieser anderen Schwester von dir... Sie lebt jetzt in Bow, nicht wahr?»

«Sie hat jetzt dort eine Wohnung mit ihrer Schwiegermutter zusammen.»

«Sie tut das nicht gern, nicht wahr? Nein! Das ging nie gut, und ich glaube nicht, daß es je gutgehen wird.»

Darüber brachen sie beide in Lachen aus. Nachher erklärte Mrs. Landon, daß Mrs. France ihre Hauswirtin in der ersten Wohnung war, die ihre Mutter für sie gemietet hatte.

Im Lauf dieser Woche traf Mrs. Landon dreiundsechzig Leute, mit denen sie bekannt war, auf der Straße, manche davon mehrmals. Über die Hälfte von ihnen war verwandt mit mindestens einer Person von den dreiundsechzig. Wenn man Mrs. Landons Erlebnisse mit ein paar tausend multipliziert, bekommt man ein städtisches Dorf, eine Gesellschaft, die fast «traditionell» erscheint, eingebettet in das Zentrum des Nachkriegslondon.

Das Netz von Freunden und Verwandten breitet sich nicht nur weit über Bethnal Green aus, sondern es bringt ein intensives Gemeinschaftsleben hervor, wobei jede Straße eine kleine Gemeinschaft von hundert bis zweihundert Menschen ist. «Die Bewohner der Querstraße... haben ihre eigenen Treffpunkte, zu denen nur selten Außenstehende kommen – praktisch jede Querstraße hat ihre ein bis zwei Pubs, ihre zwei bis drei Läden, ihr Wettbüro. Sie organisieren ihre Zusammenkünfte; fast jede Querstraße hat ihr Komitee und ihre Feiern zur Krönung im Jahr 1953. Einige Querstraßen haben kleine Kriegerdenkmale an den Mauern der Häuser mit Inschriften wie die folgende: R. I. P. In liebendem Angedenken an die Männer der Zypernstraße, die das große Opfer brachten, 1914–1918...»[97]

Zwei Umstände lassen den Schluß nicht aufkommen, daß solche Orte moderne Varianten der traditionellen Dorfgemeinschaft darstellen. Der eine ist, daß die Bethnal Greens von England und überhaupt der westlichen Gesellschaft mit der wirtschaftlichen Entwicklung und der städtischen Erneuerung, die sie vom Rand her Stück um Stück verkleinert, ständig zurückgehen. Schon als Michael Young und Peter

Willmott ihre klassische Untersuchung über diese Ecke von London durchführten, waren viele ihrer Bewohner unterwegs zu neuen Wohnsiedlungen in den Vorstädten. Freilich konsolidieren sich nun, während manche Gemeinschaften in Auflösung begriffen sind, andere, die sich bisher im Umbruch befanden. Aber im Durchschnitt ist die Quote der Auflösung von Gemeinschaften in der städtischen Welt der Nachkriegszeit wahrscheinlich höher als die der Stabilisierung.[98] So sind also die Bethnal Greens in keiner Weise typisch für unsere Zeit. Der zweite Umstand ist, daß zwar in Bethnal Green eine hohe Rate der Teilnahme am Leben der Gemeinschaft und ein dichtes Netz der Freundes- und Verwandtschaftskreise festzustellen ist, daß aber die Kernfamilie trotzdem einen unverletzlichen Bereich darstellte, in den diese lebendige, geschäftige Gemeinschaft nicht eindringen konnte. Mr. Jeffreys beschreibt, wie es ist:

«Ich habe eine Menge Freunde hier herum. Ich habe mich immer gut mit den Leuten vertragen, aber ich lade niemanden von hier ein. Ich habe Freunde bei der Arbeit, Freunde beim Sport und Freunde, mit denen ich ein Gläschen trinke. Ich kenne alle Leute hier herum, aber ich werde von niemand zu sich nach Hause eingeladen. Irgendwie tut man das nicht. Mein Heim gehört mir.»[99] Diese Freundschaftsbande waren, mit anderen Worten, ziemlich unterteilt. Es gab kein einheitliches, allumfassendes Netzwerk wie in der Dorfgemeinschaft in früherer Zeit. Und diese Stafetten von Freunden machten noch nicht einmal einen Kratzer auf die Rüstung der Familienintimität.

Die Vereinigten Staaten

Es hat keinen Sinn, im Detail die Masse der Untersuchungen amerikanischer Gemeinschaften zu zitieren, die auf ein außerordentliches Maß von Verwandtschaftskontakten hinweisen. In einer Studie aus Detroit sah die Hälfte der Befragten mindestens einmal in der Woche Verwandte, ein weiteres Viertel mindestens einmal im Monat. Dasselbe gilt für Los Angeles und San Francisco. In einer Studie aus Cleveland sah fast jedes Ehepaar relativ häufig seine Eltern, die in der Nähe wohnten, man half sich gegenseitig und so weiter. Und wenn eine Untersuchung in New Haven ergab, daß zwar zwei Fünftel aller Familien keine engen Freunde außer ihrer Verwandtschaftsgruppe hatten, so waren doch wenigstens ihre wechselseitigen verwandtschaftlichen Beziehungen intensiv. Eine andere Untersuchung in Champaign-Urbana zeigt, daß zwei Drittel bis drei Viertel (entsprechend der sozialen Schicht) der Versuchsgruppe sich eng verbunden mit Schwägern und Schwägerinnen und natürlich ihren elterlichen Familien fühlten.[100] Das sind alles Ergebnisse, die jeder Studienanfänger der Soziologie kennt, und wir brauchen sie nicht weiter aufzuwärmen. Die Verwandtschaft ist unzweifelhaft ein zentrales Faktum in der sozialen Erfahrung des Durchschnittsamerikaners. Drei Bemerkungen müssen wir aber dazu machen:

1. Die amerikanische Familie ist wahrscheinlich «von Geburt modern», weil die kolonialen Siedler eine Privatsphäre und Intimität für sich beanspruchten, sobald sie das Einwanderschiff verließen. Wenn das stimmt, ist es ganz gleichgültig, ob es eine Tendenz zum Rückzug von der Gemeinschaft gegeben hat oder ob die Beziehungen der Amerikaner zu ihrer Verwandtschaft im Lauf der Jahre enger geworden sind. Der Wandel, der in beiden Fällen hervorgerufen worden wäre, wäre in Anbetracht des vorgeschrittenen Ausgangspunkts relativ unbedeutend gewesen.

2. Es scheint ziemlich sicher zu sein, daß die amerikanischen Familien dazu neigten, ihre Verbindungen zu früheren Generationen abzuschneiden. Bernard Farber spricht von dem «Mangel an genealogischem Wissen» bei den unteren Schichten von Champaign-Urbana in Illinois, einer Unkenntnis ihrer Vergangenheit, die dazu beiträgt, «das niedere sozioökonomische Individuum zu einem freischwebenden Atom» zu machen.[101] Dieser Mangel an Zeitperspektive beeinflußt das Ausmaß, in dem besonders die Jungen sich als Fortsetzung einer längeren Geschlechterreihe sehen. Die Folgerungen daraus werden wir im Schlußkapitel untersuchen.

3. Die amerikanischen Familien tendierten anscheinend dazu, sich von jedem Gemeinschaftsleben zurückzuziehen, das frühere Jahrhunderte anzubieten hatten. Die Forschungen erweisen ein derzeitiges Desinteresse an den Nachbarn, das schwer in Einklang zu bringen ist mit den friedlichen Reichen in Neuengland im achtzehnten Jahrhundert, die Michael Zuckerman beschrieben hat, oder mit der Main Street an der «mittleren Grenze» von Lewis Atherton.[102]

Wie kompliziert sind diese Dinge doch! Und wie ärgerlich ist es, daß ihre Lösung noch in so weiter Ferne liegt, weil sich die derzeitige Familienstudien-Industrie auf soziologische Belanglosigkeiten kapriziert hat. Auch wenn man all die vielen Schichtengruppen-Studien aufeinanderhäuft, wissen wir trotzdem noch nicht, ob die amerikanische

Familie einem ähnlich großen Wandel unterworfen worden ist wie die europäische.

Aber Geselligkeit mit Nichtverwandten gibt es natürlich. Und die Klassenunterschiede, die wir bei der Ausbreitung des Gefühls beobachteten, treten bei zeitgenössischen Modellen wieder auf. Die unteren Schichten, die bezüglich der Aufnahmebereitschaft gegenüber neuen, am Gefühl orientierten Werten hinter dem Mittelstand zurückbleiben, schließen sich enger mit ihren verschiedenen *peer groups* zusammen. Der Mittelstand, der in der Freundschaft eine Ausweitung seines häuslichen Glücks sieht, tut sich mit anderen Paaren zusammen und vermeidet das Barkumpan-Syndrom.

In der Pariser Vorstadt Malakoff zum Beispiel erweist es sich, daß Angestelltenehepaare mehr Kontakt mit Freunden haben als Arbeiterpaare.[103] Und während in Charleroi zwei Drittel der leitenden Angestellten Freunde zu sich einluden, tat das nur ein Drittel der Arbeiter.[104] Andererseits ist die Neigung der französischen Arbeiter, sich in der Bar aufzuhalten, immer noch viel ausgeprägter als beim Bürgertum.

In England ist dieser Klassenunterschied bei den Geselligkeitsformen noch sehr stark. Arbeiterpaare in der Londoner Vorstadt Woodford laden seltener Gäste zu sich ein als Mittelstandspaare.[105] Zahlreiche Untersuchungen von Gemeinschaften haben die fortdauernde Bedeutung der nur den Männern zugänglichen Pubs für Bergarbeiter, Metallarbeiter und andere festgestellt.[106] Und während (wenigstens in London) Arbeiterpaare dazu neigen, sich zu geselligen Anlässen zu trennen, sehen Mittelstandspaare ihre gemeinsamen Freunde zusammen.[107]

Obwohl die gelegentliche Enge der Vorstädte und das Fehlen von Bars die Klassenunterschiede verwischen, neigen amerikanische Arbeiter trotzdem viel mehr als die Angestellten dazu, mit Busenfreunden auszugehen.[108] Und wenn auch die Arbeiter und die Angestellten in einer typischen amerikanischen Vorstadt alle das gleiche Einkommen haben, «tragen die Angestellten alle zwei Jahre ihre Schuld an Geselligkeit ab, indem sie eine ziemlich ausgedehnte Cocktailparty im Freien abhalten. Die Arbeiter, die mit ausgesuchter Höflichkeit behaupten, in ihrem rückwärtigen Garten beschäftigt zu sein, schauen mit nachsichtigem Vergnügen über die Hecke herüber zu».[109]

Kurz, ich möchte behaupten, daß zwar beide Klassen ihre Freunde und Nachbarn viel weniger sehen als früher, daß aber die arbeitenden

Schichten viel länger an traditionellen Formen festgehalten haben. Und der Mittelstand war schneller dabei, gesellige Einrichtungen für sich zu schaffen, die mit dem Geschmack der Kernfamilie für Gefühl und Selbstbespiegelung harmonieren. Wie bei der Romantik, wenn man in die Augen eines anderes Paares schaut, sieht man das Spiegelbild seiner eigenen.

Es wäre eine große Versuchung, die Verwandtschaftsgruppe mit ihrer gesteigerten Bedeutung in der zeitgenössischen Welt als Ersatz für das Netz der Beziehungen innerhalb der Gemeinschaft anzusehen. Dieser Versuchung muß man aus dem Weg gehen, denn in Wirklichkeit haben die beiden verschiedene Funktionen. So oft auch heute die Menschen ihre Verwandten sehen, die Intensität dieser Kontakte ist nicht zu vergleichen mit der Intensität der Geselligkeit in traditioneller Zeit. Hinsichtlich des Gefühls, Teil einer größeren sozialen Einheit zu sein, kann keine noch so große Zahl von Besuchen bei Mutter und Vater an den jährlichen Zyklus von Karneval, Ostern, Johannis, Erntedankfest und so weiter herankommen, ganz zu schweigen von den Jungen in der Bar und bei den Veillées. Man müßte also, quantitativ betrachtet, mit seinen nächsten Verwandten eng zusammen leben – und obendrein mit einem Kreis von weiteren Verwandten –, um annähernd die Häufigkeit der in einer Dorfgemeinschaft gegebenen wechselseitigen Beziehungen zu erreichen.

Auch qualitativ sind Verwandtschaftskontakte kein Ersatz für Kontakte mit der Gemeinschaft. Wenn Verwandte dazu beitragen würden, das eigene Gefühl dafür zu stärken, Teil eines Geschlechts zu sein, das sich über die Zeiten hin erstreckt, oder wenn Verwandte hauptsächlich bereitstünden, um auszuhelfen, wenn Schwierigkeiten im Anzug sind, dann wäre das etwas anderes – vielleicht ein funktionelles Äquivalent der kleinen Gemeinschaft mit ihren Solidaritätsriten und ihrem Sinn für materielles Gemeinwohl. Aber das ist es nicht, warum die Menschen heute mit ihren Verwandten in unmittelbarem Kontakt stehen. Sie betrachten sie eher als Freunde und kommen mit ihnen aus all den gefühlsmäßigen, persönlichkeitsorientierten Gründen zusammen, aus denen die Kernfamilie in erster Linie entstand. Die Verwandtschaft erweitert und ergänzt die ichbezogene emotionale Struktur der Gattenfamilie. Sie ist keine Konkurrenz für sie und keine Bedrohung ihrer Existenz. Trotz des phönixgleichen Aufstiegs des Netzwerks der Verwandtschaft aus der Asche der Dorfgemeinschaft verbleibt die Kernfamilie der modernen Welt in physischer und geistiger Isolation.

Postskriptum:
Gestaltwandel des Geschlechtslebens in der Ehe

Kein Thema des Intimlebens entzieht sich einer Untersuchung mehr als die eheliche Sexualität. So gut wie nichts ist darüber bekannt, weil zu den Dingen, über die das einfache Volk in der schlimmen alten Zeit nicht sprach, in erster Linie das gehörte, was sie im Bett taten (beziehungsweise gleich dahinter rangierte, wo sie ihr Geld versteckt hatten). Und intellektuell hat das Thema die Kompliziertheit des Gordischen Knotens: Wir müssen quantitatives von qualitativem Verhalten trennen, die Häufigkeit des Geschlechtsverkehrs von Unterschieden in der sexuellen Praxis, die Psychodynamik der Intimität von der soziologischen Analyse der Variationsmöglichkeiten nach Gesellschaftsschicht und Milieu und so weiter. Ich habe die Taktik eines «Postskriptums» gewählt, um meine kurze Behandlung des Themas mit dem Mantel der Bescheidenheit zu bedecken. Das Thema dieses Buches legt ein paar Gedanken über die Entwicklung des sexuellen Verhaltens von verheirateten Paaren nahe; und die Bruchstücke von Beweismaterial, in die wir unsere Unwissenheit kleiden, stehen nicht im Widerspruch zu dieser höchst provisorischen Spekulation.

Ein bedeutendes Problem ist, inwieweit die Sexualität zur Fortpflanzung in der traditionellen Gesellschaft mit dem Sex als Vergnügen und Entspannung verknüpft war. Ganz sicher hatten die Männer in jenen Dorfbevölkerungen früherer Zeiten Vergnügen am Geschlechtsverkehr. Ob auch die Frauen – nach der siebten Schwangerschaft –, ist eine andere Frage. Aber in der damaligen medizinischen Literatur wurde sogar behauptet, daß die Frau zum Orgasmus gelangen müßte, um schwanger zu werden (trotzdem war es – wenn die Annahme des 2. Kapitels richtig ist – den Männern der volkstümlichen Schichten wahrscheinlich gleichgültig, ob ihre Frauen befriedigt wurden). Wir können also wenigstens einräumen, daß diese Menschen Gefallen am Geschlechtsakt hatten.

Aber schätzten sowohl die Frauen als auch die Männer den libidinösen Aspekt der Sexualität hoch ein? Wenn ihnen das Liebesspiel wichtig war, dann müßte das, was ich über den lieblosen, ritualistischen Charakter der traditionellen Ehe gesagt habe, übertrieben erscheinen, denn eine strenge Scheidung der Geschlechterrollen hätte die Erregungen eines phantasievollen Liebesspiels nicht überlebt. Wenn aber andererseits die durchschnittliche Frau die Auffassung der Kirche akzeptierte, daß die Sexualität mindestens potentiell die Schwangerschaft zum Ziel hatte, mußte ihr der libidinöse Aspekt unwichtig erscheinen – als etwas jenseits des Bereichs normaler Erfahrung. Außerdem hätte sie kaum eine spontane Freude an der Erotik empfunden, wenn ständig die Furcht vor einer Schwangerschaft im Hintergrund gelauert hätte.

Der logische Weg, um zu demonstrieren, daß die Erotik im Leben des traditionellen Paares ohne Bedeutung war, besteht darin, nachzuweisen, daß sie aufhörten, geschlechtlich miteinander zu verkehren, nachdem sie nicht mehr den Wunsch hatten, Kinder zu bekommen. Verschiedene kluge statistische Darlegungen zeigen, daß das Paar während der Jahre des Kinderkriegens wahrscheinlich keine Geburtenkontrolle praktizierte.[111] Es ist unwahrscheinlich, daß das Paar *danach* mit der Verhütung begann, wenn die Frau endgültig die Hände in die Höhe geworfen und ausgerufen hatte: «Genug Kinder.» Vielleicht ein Schatten von Beweis.

Ehebruch ist eine interessantere Art von Beweis dafür, daß die eheliche sexuelle Aktivität mit dem Ende der Zeit, in der die Frau Kinder bekam, zusammenfiel. Wenn der Geschlechtsverkehr sowohl dem Mann als auch der Frau sehr wichtig war, müßten wir erwarten, daß sie außerhalb der Ehe Befriedigung suchten: konnte man aus Gründen der Familienplanung nicht mit seiner Frau (oder seinem Mann) schlafen, dann verkehrte man eben mit jemand anderem – einem Mann, der bereit war, Verhütungsmittel anzuwenden, oder einer Frau, bei der es nichts ausmachte, wenn sie schwanger wurde. Wenn aber andererseits die Erotik im Leben dieser Menschen eine unbedeutende Rolle spielte, müßten wir annehmen, daß ihr sexuelles Interesse ganz allgemein nachließ, sobald die Frau ihr letztes Kind bekommen hatte.

Wie häufig war der Ehebruch also wirklich im traditionellen Europa? Wie groß war die Wahrscheinlichkeit, daß der typische Mann oder die typische Frau in einer Kleinstadt oder einem Dorf den Gedanken an eine ehebrecherische Verbindung im Laufe des Ehelebens beiseite schob? Sehr gering, möchte ich annehmen. Wenn wir uns auf Kriminalstatistiken stützen, werden wir einen übertriebenen Eindruck von der Häufigkeit sexueller Verstöße in der Ehe bekommen. Es ist ja gerade die eigentliche Aufgabe der Gerichte, Abwege und Vergehen aufzustöbern. Die Strafverfolgungen wegen Ehebruchs, die bei den Gerichtshöfen aller Gebiete der westlichen Gesellschaft verzeichnet sind, geben uns daher keinen Hinweis auf *typisches* Verhalten. Die überlieferten Beobachtungen vom Leben des einfachen Volkes, auf deren

Eindrücke ich mich hauptsächlich stütze, lassen vermuten, daß die Männer nur selten und die Frauen fast überhaupt keinen Ehebruch begingen.[112]

Eine quantitative Schätzung des Ehebruchs führt unweigerlich zu einem Krieg der Zitate. Manche Autoren halten sich lange bei der außerehelichen Sexualität auf und klagen über den Verfall der bäuerlichen Moral und den Ausbruch der Sündhaftigkeit; andere preisen die Reinheit des ländlichen Lebens und das Fehlen von Liederlichkeit *à la mode parisienne*. Der Verwaltungsbeamte Joseph Hazzi berichtet zum Beispiel über den Kreis Miesbach in Bayern: «Fast jeder Bauer hat neben seiner Frau noch einen Schatz, und die Bauersfrau treibt es sogar mit den Dienstburschen.» Und Dr. Gilibert klagt, «daß Ehebruch auf dem Land sehr häufig ist», daß die Frauen mit vielen Männern schlafen und sich dabei Geschlechtskrankheiten zuziehen, die sie dann an ihre Säuglinge weitergeben, die sie gegen Bezahlung in Pflege genommen haben. Das sind Beispiele für die Sündhaftigkeit auf dem Land.[113] Aber die große Masse des Beweismaterials schildert das Gegenteil. Die meisten Autoren, die sich überhaupt die Mühe machen, Betrachtungen über die ländliche *Ehe*moral vor 1850 anzustellen, loben das Fehlen wilder sexueller Beziehungen und die allgemeine Treue. Und wir dürfen Barthélemy Chaix' Bemerkung über die Frauen der Dörfer im Departement Hautes-Alpes für typisch ansehen, daß sie nämlich «nur an ihren Haushalt denken und manche vielleicht die natürlichen Begierden *(rusticité)*, die ihre Männer haben, wenn sie aus der Dorfkneipe nach Hause kommen, erhoffen...»[114]

Wenn mich mein Beweismaterial auch dazu zwingt, hauptsächlich von Frankreich zu sprechen, so war das «traditionelle» Ehebruchmodell, das zumindest für dieses Land gilt, daß der Ehemann seine Frau wegen der Geburtenkontrolle mied und statt dessen mit einem Dienstmädchen schlief, «weil er Furcht davor hatte, mit seiner Frau in diese zarte Beziehung zu treten, die die Natur nahelegt».[115] Wir wissen, wie üblich diese Ausnutzung der Dienstmädchen durch den Arbeitgeber in Nantes im achtzehnten Jahrhundert war.[116] Das «moderne» Ehebruchmodell verwandelte das traditionelle Muster, als die Frauen anfingen, fast (wenn auch nicht ganz) so häufig fremdzugehen wie ihre Männer, und als das Motiv, außereheliche sexuelle Betätigung zu suchen, nicht nur die physische Entspannung war, sondern der Wunsch nach einem kongenialen Geliebten.

Eine zweite wichtige Frage ist, welche Rolle die Erotik bei der Bildung der Gattenfamilie spielte. In welchem Maß ist die Sexualität ein Teil der «Häuslichkeit»? Mit anderen Worten: Was ist das grundlegende Band, das in heutiger Zeit das Paar zusammenhält: romantische Liebe mit einem starken Schuß Erotik oder das Gefühl häuslichen Glücks, das seinen Ursprung in der Sorge der Mutter um ihre kleinen Kinder hat? Das ist keine sehr praktische Frage, denn wir haben Mühe, das Beweismaterial zu identifizieren, das zu ihrer Beantwortung nötig ist; und in Wirklichkeit müssen natürlich beide Quellen der Häuslichkeit – Romantik und Mutterliebe – betrachtet werden. Aber das verfügbare Material erlaubt uns wenigstens, die eine Möglichkeit in Gegensatz zur anderen zu stellen. Und das Material, das ich aus dem Frankreich des neunzehnten Jahrhunderts gesehen habe, läßt vermuten, daß romantische Liebe relativ wenig mit der Bildung der modernen Kernfamilie zu tun hatte.

In der Zeit von 1850 bis 1914 wurden fast alle Ehepaare «erotisiert», womit ich lediglich sagen will, daß der Geschlechtsverkehr und die allgemeine sexuelle Anziehung eine unabhängige Rolle für den Zusammenhalt von Mann und Frau zu spielen begannen. Der Sieg der Sexualität im ehelichen Leben zeigt sich zum Beispiel in der endgültigen Anerkennung des Rechts der Frau auf den Orgasmus.[117] Denn Paare, bei denen die Frau nie befriedigt war, konnten nur schwer als erotisiert bezeichnet werden.

Aber gab es bei der Ausbreitung dieser Erotisierung einen Rückstand von einer sozialen Schicht zur anderen? Wir haben oben gesehen, daß zuerst beim Mittelstand der Sinn für Häuslichkeit entstand. Wenn also sexuelle Aktivität der neuen Gattenfamilie zugrunde lag, müßten wir erwarten, daß Ehepaare des Mittelstands schneller sexualisiert wurden als die der unteren Gesellschaftsschicht. Aber in Wirklichkeit waren es anscheinend Paare der unteren Schicht, die sich im neunzehnten und zwanzigsten Jahrhundert zuerst an dem neuen erotischen Aspekt des Ehelebens erfreuten; und das ganz einfach deswegen, weil die untere Schicht die erste war, die diese emotionale Haltung bei der Brautwerbung einnahm. Was danach in der Ehe geschah, war einfach eine Übertragung. Mit der Zeit drang die Romantisierung der Brautwerbung immer weiter in das Eheleben ein, bis das Paar sich schließlich bis zum Ende seiner Tage liebevoll verhielt und sexuell aktiv blieb. Während das Ausmaß des Geschlechtsverkehrs bei den Paaren der unteren Schicht anstieg (wie ich vermute), zog sich der Mittelstand weitgehend unabhängig davon zurück und reservierte sich einen Bereich der Intimität und der Privatsphäre. Aber dieser Vorgang hat wenig mit Sexualität zu tun. Er war eher eine Folge der neuen Sorge der Mutter um ihre kleinen Kinder.

Das also ist meine Behauptung. Was für Beweise stützen sie? Zunächst einmal gibt es Daten darüber, wie die Menschen ihre geschlechtliche Begegnung über das Jahr verteilen. Beim traditionellen Modell, das übrigens für alle Schichten galt, drängte sich der Geschlechtsverkehr auf das Frühjahr und den Frühsommer zusammen. Das kann man Anhang IV (separat lieferbar; vgl. Hinweis auf Seite 317) entnehmen, wo Daten über den Monat der wahrscheinlich legitimen Schwangerschaft neben denen über illegitimen aufgeführt sind. Die Tabellen weisen ein steiles treppenförmiges Auf und Ab aus. Im zwanzigsten Jahrhundert sind die legitimen Schwangerschaften im allgemeinen viel gleichmäßiger über die zwölf Monate verteilt – ein Zeichen dafür, daß der Geschlechtsverkehr ein Bestandteil der normalen «wöchentlichen» Erfahrung des Ehelebens geworden ist, anstatt ein besonderes Vorkommnis zu besonderen Zeiten des Jahres zu bleiben.

Aber wie steht es um die Klassenunterschiede innerhalb dieser Nivellierung? Wir wissen, daß verheiratete Städter regelmäßiger im ganzen Jahr Geschlechtsverkehr hatten als Landbewohner und daß das auch bei den Heimarbeitern gegenüber den Bauern der Fall war, weil sie die ganze Zeit zu Hause waren und Geschmack an der Ablenkung fanden.[118] Aber solche Daten gehen an der Frage nach einem Wandel im Lauf der Zeit vorbei. Bedauerlicherweise gibt es in der veröffentlichten Literatur keine Hinweise über die jahreszeitliche Verteilung der Geburten für die einzelnen Klassen. Wir wissen lediglich aus einer Handvoll Untersuchungen aus der Nachkriegszeit, daß die jahreszeitliche Verschiedenheit bei der Schwangerschaft bei den oberen Gesellschaftsschichten größer ist als bei den unteren.[119] In unserer heutigen Zeit haben die unteren Schichten einen über das ganze Jahr gleichmäßigeren Geschlechtsverkehr. Aber diese Daten sagen natürlich nichts darüber aus, bei welcher Schicht sich die hohen jahreszeitlichen Fluktuationen der traditionellen Gesellschaft zuerst einebneten.

Darüber, welche Ehepaare mehr sexuell interessiert waren – die der mittleren oder der unteren Schichten –, war die Meinung im neunzehnten Jahrhundert fast einmütig. Die unteren Schichten hielt man für von Natur aus verderbt, für Geschöpfe ihrer Instinkte, allen animalischen

Leidenschaften ausgeliefert, die jeden Moment Besitz von ihnen ergreifen konnten. So hatten sie natürlich häufiger Geschlechtsverkehr als der Mittelstand. Und dazu freudiger und hemmungsloser. Was können wir mit dieser Art von Zeugnis anfangen, dessen Ursprung Klassenangst und unbewußte sexuelle Phantasie sind? In unserer Zeit sind die Angehörigen der unteren Gesellschaftsschicht im Bett nicht einfallsreicher als der Mittelstand, obwohl sie vielleicht häufiger den Geschlechtsverkehr ausüben. (In Nordamerika waren die sexuellen Praktiken der unteren Schicht einst erheblich *weniger* einfallsreich, aber dieser Klassenunterschied beginnt sich jetzt zu verwischen.)[120] Wir haben also a priori keinen Grund, diesen Bericht des neunzehnten Jahrhunderts von der Verderbtheit der verheirateten Arbeiter Glauben zu schenken. Aber gleichgültig, *auf welche Weise* die untere Schicht geschlechtlich verkehrte (der Kern der eingebildeten «Verderbtheit»), für sie war wahrscheinlich der geschlechtliche Aspekt des Ehelebens wichtiger als für den Mittelstand. Oder wie Dr. Grassl über die schwäbischen Landarbeiter schrieb: «Ohne die Hemmungen der Städter und Bauern huldigen sie rustikalen Ansichten über die Körperfunktionen. Ihre Wahl der Frau hängt von der Liebe ab, die Größe ihrer Familie von der Lust. Allzuoft ist der Reiz des Geschlechtslebens das einzige, was man ihnen nicht nehmen kann. Und einen Reiz muß der Mensch haben.»[121]

Wenn die Vereinigten Staaten tatsächlich «von Geburt modern» waren, müßte man vergeblich nach einer mit der europäischen Erfahrung vergleichbaren Erotisierung der Ehe suchen. Das eheliche Geschlechtsleben der puritanischen Welt wäre ungefähr dasselbe wie das der spätviktorianischen Zeit und das letztere wiederum das gleiche wie das in einer Vorstadt in den vierziger Jahren des zwanzigsten Jahrhunderts. Sehen wir uns einmal die Grundlage für eine solche Hypothese an. Edmund Morgan sieht in seinem Buch *The Puritans and Sex* im achtzehnten Jahrhundert eine ganz unkomplizierte, bejahende Haltung gegenüber dem Geschlechtsverkehr. Laut einem Geistlichen «ist der Gebrauch des Ehebettes in der Natur des Menschen begründet», und Enthaltung vom Geschlechtsverkehr «verweigert alle Erfüllung menschlicher Bedürfnisse im Ehestand...».[122] Die Sexualität darf natürlich den Menschen nicht von der Anbetung Gottes ablenken, aber im übrigen konnte Morgan nichts Repressives oder Angsterregendes in der sexuellen Anschauung der Puritaner finden. In anderen Worten: Die Puritaner hatten anscheinend nicht die Furcht, daß die Sexualität das Leben der Gemeinschaft auseinandersprengen könnte, die für die traditionelle europäische Haltung charakteristisch war.

Über welche Veränderungen, die es vor den sechziger Jahren des zwanzigsten Jahrhunderts im amerikanischen Sexualverhalten *in der Ehe* gab, können wir mit Zuverlässigkeit berichten? Vielleicht gab es ein etwas größeres Interesse der Frau am Orgasmus, wenn die Ehehandbücher, die Michael Gordon für das neunzehnte und zwanzigste Jahrhundert verbreitet hat, ein Führer sein können. [123] Aber diese richteten sich an eine Elitegruppe, vor der ich in diesem Buch bewußt Abstand genommen habe, und es ist fraglich, inwieweit ein solches Beweismaterial überhaupt für das Leben der volkstümlichen Schichten gilt. Kinsey konnte bei den zwischen 1899 und 1929 geborenen Generationen keinen Trend in der Häufigkeit des Geschlechtsverkehrs entdecken, vielleicht ein Indikator für die Gemeinsamkeit der Erfahrung des Paares mit der Sexualität. [124] Aber die ganze Geschichte der amerikanischen ehelichen Erotik liegt noch so sehr im dunkeln, daß eine weitere Spekulation unverantwortlich wäre. Ich bin beeindruckt von der unbefangenen Haltung der Puritaner, sowohl der Frauen als auch der Männer, gegenüber den sexuellen Bedürfnissen; ich bin ebenso überrascht von dem Mangel an sexueller Vielfalt in der Ehe in der ersten Hälfte unseres Jahrhunderts. Diese beiden Eindrücke legen die Vermutung nahe, daß es eine gewisse Beständigkeit der amerikanischen Verhaltensweise über zweihundert Jahre hinweg bis in die sechziger Jahre des zwanzigsten Jahrhunderts gab.

Eine letzte Frage: Hat es bei der ehelichen Sexualität in den sechziger Jahren einen ähnlichen Umschwung gegeben wie die dramatischen Veränderungen bei der Jungfräulichkeit und den sexuellen Praktiken, die wir oben für die Jugendlichen festgestellt haben? Ein Vergleich der von Alfred Kinsey in den vierziger Jahren und von Morton Hunt in den frühen siebziger Jahren gesammelten Daten zeigt, daß – zumindest in den Vereinigten Staaten – sowohl die sexuelle Aktivität wie auch die sexuellen Praktiken dramatische Veränderungen erlebten. Wenn man Hunts Daten, die 1972 bei einer Untersuchung von Versuchsgruppen in 24 Städten gesammelt wurden, trauen darf, ist das Ausmaß der erotischen Aktivität in der Ehe in die Höhe geschnellt. Während Kinsey fand, daß 40 Prozent der verheirateten Männer im Alter zwischen 26 und 35 masturbierten, als er sie in den vierziger Jahren befragte, war die Vergleichszahl von 1972 70 Prozent. Und bei den verheirateten Frauen stieg die Quote der Masturbation von einem auf zwei Drittel

284

an. Bei den Männern kletterte die durchschnittliche Häufigkeit der Masturbation in der Ehe von etwa sechsmal jährlich in den vierziger Jahren auf 1972 vierundzwanzigmal jährlich.[125]

Aber wenn Verheiratete mehr masturbierten, was eine durchgreifendere Erotisierung ihres Alltagslebens vermuten läßt, so hatten sie auch häufiger Geschlechtsverkehr. Die National Fertility Studies zeigen zwischen 1965 und 1970 eine 21prozentige Zunahme des Geschlechtsverkehrs unter verheirateten Paaren; und sogar nachdem die Paare, die Verhütungsmethoden anwandten, die 1965 noch nicht zur Verfügung standen, aus der Versuchsgruppe zurückgezogen worden waren, blieb eine 14prozentige Zunahme. Hunts Untersuchung erlaubt einen genauen Vergleich mit Kinseys Ergebnissen aus den 1940er Jahren:[126]

Ehelicher Geschlechtsverkehr in den Vereinigten Staaten
Häufigkeit pro Woche, 1938–1949 und 1972

1938–49		1972	
Alter	Durchschnitt	Alter	Durchschnitt
16–25	2,45	18–24	3,25
26–35	1,95	25–34	2,55
36–45	1,40	35–44	2,00
46–55	0,85	45–54	1,00
56–60	0,50	über 55	1,00

So hatten also nicht nur die jungen, sondern Paare aller Altersgruppen in den siebziger Jahren häufiger Geschlechtsverkehr als in den vierziger Jahren. Und sie taten es auch «länger», denn während Forscher in den vierziger und frühen fünfziger Jahren feststellten, daß die mittlere Dauer der geschlechtlichen Vereinigung etwa zwei Minuten betrug, dauerte sie nach Hunts Untersuchung ungefähr zehn Minuten.[127] Schließlich hatte auch die Dauer des Vorspiels im Lauf der Zeit zugenommen – Kinseys Frauen nannten als Durchschnitt zwölf Minuten, die von Hunt fünfzehn.[128]

Es ist nicht sicher, ob die Daten von 1972 über sexuelle Praktiken verläßlich sind, denn nur eine von fünf der befragten Personen wollte Hunts Fragebogen beantworten. Und wenn wir annehmen, daß die

Verweigerer wahrscheinlich sexuell konservativ waren, dann sind die sexuell Liberalen bei den vollständigen Antworten wahrscheinlich massiv überrepräsentiert. Dennoch sind die Veränderungen so auffallend, daß ich zu der Auffassung neige, daß Hunt wahrscheinlich eine bedeutsame Veränderung zum Teil in den Griff bekommen hat, wenn er auch vielleicht ihren Umfang überschätzte.

Was das oral-genitale Vorspiel angeht, so stieg der Prozentsatz der verheirateten Männer, die berichteten, daß ihre Frauen sie fellatierten, bei denen mit Universitätsbildung von 43 Prozent in den Jahren 1938 bis 1946 auf 61 Prozent im Jahr 1972 und bei den Oberschulabsolventen von 15 auf 54 Prozent! Für Frauen und Fellatio sind beide Prozentsätze weniger dramatisch, aber sie steigen auch. Vergleichbare Zahlen wurden für Cunnilingus in der Ehe berichtet.[129] In den siebziger Jahren war also die Wahrscheinlichkeit höher als eins zu eins, daß die normale eheliche sexuelle Aktivität, ohne Rücksicht auf die soziale Schicht (für die «Bildungserfolg» nur eine Stellvertretung ist), den oral-genitalen Kontakt mit einbezog.

Über sexuelle Positionen: In den vierziger Jahren hatte nur ein Drittel der Paare mit der Möglichkeit experimentiert, daß die Frau während des Geschlechtsverkehrs oben lag; in den frühen siebziger Jahren hatten es drei Viertel. «Vaginaler Geschlechtsverkehr von hinten» wurde nur von 10 Prozent der Kinsey-Gruppe, aber von 40 Prozent der Hunt-Gruppe praktiziert.[130]

Das letzte Randgebiet der amerikanischen ehelichen Sexualität ist wohl eher der anale Geschlechtsverkehr als der Sado-Masochismus (von dem Hunt nur Spuren entdecken konnte). Während Kinsey den analen Geschlechtsverkehr so selten antraf, daß er ihn nicht einmal einer systematischen Aufzeichnung für wert befand, zeigen Hunts Daten aus den siebziger Jahren, daß er von *einem Viertel* der bis zu vierunddreißigjährigen Paare praktiziert wurde, daß aber die Zahlen bei den älteren geringer wurden.[131]

Aber es ist möglich, daß diese Ergebnisse nur eine neue erschreckende Zunahme der männlichen Bereitschaft, die Frau auszubeuten, widerspiegeln und nicht eine hedonistische Zertrümmerung von Barrieren gegen das sexuelle Vergnügen beider Partner. Vielleicht haben weibliche After und Zungen einfach in einem Ausbruch des Masochismus ihren Vorteil wahrgenommen? Hunt glaubt das nicht. Wenn die uns zur Verfügung stehenden fragmentarischen Untersuchungen überhaupt glaubwürdig sind, erlebte das frühe zwanzigste Jahrhundert hohe Quoten von Orgasmusfrustrationen bei den verheirateten Frauen. Eine Studie aus dem Staat New York von 1907 zog den Schluß, daß nicht weniger als drei Viertel aller Frauen keinen Orgasmus hatten. Die Zeit nagte erheblich an diesen Zahlen der Frigidität, und jede Gruppe der von Kinsey routinemäßig befragten Frauen erreichte mehr Orgasmen während des Verkehrs als die vorhergehende. Im ganzen behaupteten etwa zwei Drittel von Kinseys weiblicher Versuchsgruppe, daß sie in einem Drittel oder mehr der Fälle zum Orgasmus kamen. Kinseys interessanteste Statistik ist, daß 45 Prozent der Frauen, die im fünfzehnten Jahr ihrer Ehe standen, fast immer zum Orgasmus kamen (in mehr als 90 Prozent der Fälle); 53 Prozent der Frauen in einer ungefähr vergleichbaren Versuchsgruppe von Hunt behaupteten dasselbe. [132] Das ist keine große Zunahme, aber die Entwicklung zeigt nach oben.

Orgasmen addieren sich natürlich nicht unbedingt zu einem Gefühl der Befriedigung. Frauen können viele Orgasmen haben und doch sexuell ausgebeutet und unglücklich sein. Aber *wenn* sie Hunt die Wahrheit sagten, dann *fühlten* sie sich nicht unterdrückt oder ausgebeutet. Sie hatten einfach all diese neue sexuelle Aktivität gern. Nur 5 Prozent sagten, sie hätten lieber weniger oft Verkehr, im Gegensatz zu den zwei Drittel der Frauen in den zwanziger Jahren, die meinten, ihre Männer verlangten zuviel. [133] Männer stehen anscheinend dieser sexuellen Aktivität etwas weniger bejahend gegenüber, denn während ich dieses Buch schreibe, schnellen die Zahlen männlicher Impotenz in die Höhe. [134] Vielleicht ist dieses plötzliche Versagen der Männer, Erektionen zu erreichen und zu halten, eine Reaktion auf die Welle des sexuellen Interesses bei den Frauen. Und wenn Vance Packards Meinung stimmt, daß es in zunehmendem Maße die Frauen sind, die den Anstoß zum Vorspiel geben, dann muß es einiges Stirnrunzeln bei den guten alten Knaben geben. [135]

Gingen diese Veränderungen in den sechziger Jahren auch anderswo vor sich? Nur für Frankreich besitzen wir systematische Daten über die sexuellen Praktiken in der Ehe. Aber während wir keine mit dem Kinsey-Report vergleichbare Ausgangsbasis haben, um Veränderungen im Lauf der Zeit verfolgen zu können, so ist doch das Vergnügen an Veränderungen der erotischen Praktiken auffällig: Bei einer das ganze Land umfassenden Befragung sagten fünfzig Prozent der interviewten Frauen, sie würden beim Geschlechtsverkehr häufig oben liegen; ein Fünftel der Männer knieten beim Geschlechtsverkehr über den Frauen.[136] Diese Art von sexuellen Praktiken fand sich weniger bei älteren Leuten; der Wandel macht sich also hauptsächlich bei jungen französischen Paaren aus den sechziger Jahren bemerkbar. Zum Beispiel berichteten 72 Prozent der Männer zwischen zwanzig und dreißig, daß sie ein oral-genitales Vorspiel hatten, 62 Prozent derjenigen in ihren Dreißigern und Vierzigern und 47 Prozent derjenigen in ihren Fünfzigern (und älter). Die Zahlen für die Frauen sind mit denen der Männer fast identisch. Im Unterschied zu den «befreiten» Amerikanern berichteten die Franzosen jedoch fast nie über den analen Geschlechtsverkehr.

Diese Parade der Statistik ist schließlich, wenn sie auch wichtig ist, einigermaßen deprimierend. Man kann die Vision von wahren Legionen von Ehepaaren heraufbeschwören, wie sie miteinander tändeln und herumspielen innerhalb dieser gewaltigen Entwicklung der ehelichen Erotik hin zur Freizügigkeit – und doch mußten sie, wenn ich mich nicht irre, einen Preis für diese neue Fähigkeit, ihre sinnlichen Reaktionen zu erforschen, bezahlen, der im Verzicht auf ein bedeutungsvolles emotionales Leben außerhalb der eigenen vier Wände lag. Ein weiterer Preis ist die stark erhöhte Unstabilität der ehelichen Beziehungen. Einen letzten Preis schließlich zahlte das Paar für die Erotisierung, indem ihm der Sinn für den genealogischen Zusammenhalt der Familie verloren ging. Nichts ist umsonst in dieser Welt.

7. Kapitel

Die Suche nach den Ursachen

Einige dieser Trends in der Geschichte der Familie sind, ganz vorsichtig ausgedrückt, nicht gut dokumentiert. Und wenn schon unsere Kenntnis der grundlegenden Geschichte der Mutterliebe und der Häuslichkeit so zweifelhaft ist, müssen Versuche zur Erklärung, warum die Dinge sich so ereigneten, wirklich spekulativ sein. Aber ich bin tatsächlich ziemlich sicher, daß das Beweismaterial von einheimischen Ärzten, Altertumsfreunden und kleinen Beamten, das in diesem Buch vorgelegt wird, auf bedeutende historische Veränderungen hindeutet. Und ich bin auch ziemlich sicher, daß die Gründe für den großen Wandel des Gefühls, die ich nun darlegen werde, der Wahrheit recht nahe kommen. Aber der Leser hat dafür keine Garantie.

Ich kann meine Spekulationen über die Gründe, warum diese Dinge geschahen, nur durch zwei Aspekte rechtfertigen. Zum einen kann sich vielleicht der Historiker über meine Analyse dermaßen ärgern, daß er sich aufmacht und die zur Widerlegung erforderlichen Forschungen durchführt; das allein schon wäre ein Gewinn, denn die Entdeckung, daß Shorter sich über die Ursachen, die zum Umschwung des Gefühls führten, im Irrtum befindet, ist besser, als das Problem ganz totzuschweigen. Zum anderen wird der Durchschnittsleser, der sich mehr dafür interessiert, woher seine Welt kommt, als für die Spitzfindigkeiten dieser gelehrten Debatten, wohl aus einer solchen Diskussion einige kleine Einsichten in das, was in den siebziger Jahren des zwanzigsten Jahrhunderts mit dem Familienleben geschieht, gewinnen.

Der marktwirtschaftliche Kapitalismus war wahrscheinlich eine der Ursachen für diesen Umschwung des Gefühls. Zur selben Zeit, als die Mentalität der Menschen ihre historische Bewegung hin zu Individualismus und Liebe vollzog, kamen auch die wirtschaftlichen Grundlagen der Welt, in der die Dorfbevölkerung lebte, in Aufruhr. Höchstwahrscheinlich war es die Verdrängung dieser traditionellen «moralischen» Wirtschaft durch die moderne Marktwirtschaft, die die Werte und das Verhalten so gründlich veränderte.[1]

Stellen wir uns einen Augenblick vor, was für Folgen der Kapitalismus für das traditionelle Europa hatte. Da war zuallererst die Verschmelzung zahlloser kleiner wirtschaftlicher autarker Einheiten mit einem großen nationalen oder regionalen Markt. Während des achtzehnten Jahrhunderts drängten Wirtschaftspolitiker überall darauf, daß der Fluß von Arbeitskraft und Waren von einem Platz zum anderen unbehindert von Zollgrenzen, Gebühren, Steuern und örtlichen Privilegien sein müsse, die unter dem alten Regime den Handel über größere Entfernungen so sehr gehemmt hatten. Früher hatten natürlich die örtlichen Zünfte garantiert, daß anderswo produzierte Waren nicht in ihre Städte eindringen konnten. Das komplizierte System der Regulierung des Getreidehandels sorgte ebenfalls dafür, daß die an einem Ort produzierten Nahrungsmittel auch am Ort verkauft wurden. Und schließlich wurde der Preis für fast alle gemieteten Arbeitskräfte vom Landarbeiter bis zu den mitwohnenden Dienstboten, durch behördliche Verordnung geregelt. Jeder Distrikt stellte also tatsächlich eine hermetisch abgeschlossene wirtschaftliche Einheit dar, innerhalb derer Transaktionen mehr durch Brauch und Gewohnheit geregelt wurden als durch das freie Gesetz von Angebot und Nachfrage. Und das Rinnsal auswärtiger Lebensmittel oder Hausiererware, das diese hermetische Abriegelung durchdringen konnte, brachte nirgends das Gleichgewicht in Gefahr. Die traditionelle Wirtschaft war eine lokale Wirtschaft, wo moralische Begriffe darüber, was die Menschen fordern und verdienen durften, um eine Familie zu ernähren, die Marktgeschäfte ersetzten.

Aber der Kampf der Wirtschaftspolitiker gegen die Zünfte und die Sorge der Staatsverwaltung um die Ernährung so großer, störungsanfälliger Städte wie Paris durchlöcherten diese wasserdichten Verschlüsse. Weitgespannte Getreidemärkte wurden zum Beispiel in Frankreich eröffnet, so daß Getreidespekulanten in einen getreideproduzierenden Distrikt kamen und die Lockung ihres Bargelds dazu benutzten, um die lokalen Getreidevorräte aufzukaufen und in einem entfernten Gebiet, wo es eine starke Nachfrage gab, wieder zu verkaufen. Und die akademisch gebildeten Bürokraten, die Preußen und Österreich verwalteten, waren gleichermaßen bemüht, die Beschränkungen der

Zünfte zugunsten eines angemessenen Preises, die die Produktion auf einem Minimum hielten, abzuschaffen. Für sie war die nationale Macht eng verknüpft mit der industriellen Produktion; daher entkleideten sie die Küfer, Gerber und Schlosser ihrer traditionellen Polizeigewalt und stellten sicher, daß das Gesetz von Angebot und Nachfrage die Produktion von Fässern, Fellen und Türangeln in die Höhe trieb. Und schließlich verzichteten die Verwaltungsbeamten auf ihre Bemühungen, die traditionellen Regelungen zwischen Herren und Bediensteten durchzusetzen, und überließen die Löhne der Beschäftigten und die Beweglichkeit der Arbeitskräfte dem freien Spiel der Wirtschaft. Das ist alles schon oft erzählt worden, und ich möchte den Leser nur daran erinnern, daß um 1830 die meisten Westeuropäer in einem freien Markt, dessen Umfang um ein Vielfaches größer war als derjenige der traditionellen Wirtschaftseinheiten, in denen sich ihre Großväter befunden hatten, miteinander um Löhne und Gewinne konkurrierten.

Zweitens trieb der Kapitalismus den materiellen Lebensstandard in die Höhe. Der Anstieg begann in England in der zweiten Hälfte des achtzehnten Jahrhunderts und auf dem Kontinent irgendwann in der Zeit zwischen 1830 und 1850. Ob die Frühzeit des Fabriksystems dem Leben der Industriearbeiter eine absolute Verelendung brachte, bleibt strittig. Aber wenige werden bestreiten, daß die Reallöhne, nachdem der enorme Anstieg der Produktivität durch die Maschine begonnen hatte, in die Höhe kletterten – und damit die grundlegenden materiellen Lebensbedingungen in Bewegung brachten. Außerhalb des Fabriksystems fanden ähnliche Veränderungen statt, als der landwirtschaftliche Kapitalismus die Produktivität der Felder ankurbelte: neuartiger Fruchtwechsel, Entwässerung und Düngung stellten dem durchschnittlichen Menschen eine besser ausgewogene Kost zu geringerem Preis zur Verfügung. Fast nichts von alldem geschah vor den vierziger Jahren des neunzehnten Jahrhunderts auf dem Kontinent, aber danach ging die Entwicklung so schnell vor sich, daß sie zu einem der größten Dramen in der Sozialgeschichte der volkstümlichen Schichten wurde. Auch dies ist den Spezialisten gut bekannt, und ich erinnere den Leser nur daran, daß der größte Teil der Verbesserung seinen Ursprung in den technischen Neuerungen der kapitalistischen Unternehmer hatte.

Eine dritte Folge des Kapitalismus war die Rekrutierung eines industriellen Proletariats, das sich in kulturellem und materiellem Sinne deutlich von den umgebenden traditionellen Bevölkerungsschichten unterschied. Die Wirtschaftsgeschichtler schätzen erst jetzt allmählich die ländlichen Ursprünge dieser Entwicklung richtig ein; denn es bildete sich zuerst auf dem Land als Folge der Heimindustrie eine moderne Industriearbeiterschaft. Die große Nachfrage nach Baumwolltuch, eleganten Handschuhen und Spitzendeckchen veranlaßte städtische Unternehmer, Rohmaterialien aufzukaufen, die dann an ländliche Heimarbeiter geschickt wurden. Bauersfrauen spannen die Rohbaumwolle zu Garn, und andere Bauern (oder wenigstens Menschen, die früher Bauern gewesen waren) verarbeiteten dieses Garn zu Tuch. Das Tuch wurde, wahrscheinlich in einem städtischen Betrieb, der sich durch schlechte Arbeitsbedingungen und Ausbeutung auszeichnete, zu Kleidern verarbeitet; Schneider und Näherinnen beugten sich in einem elenden Dachboden über ihren kleinen Beitrag zu diesem weitgespannten industriellen System, das von den kapitalistischen Unternehmern koordiniert wurde.

Bei Textilien, kleineren Eisenwaren, Korbflechterei und einer Menge anderer volkstümlicher Konsumgüter machte das Heimindustriesystem im späten achtzehnten und frühen neunzehnten Jahrhundert riesige Entwicklungsschritte. Man darf mit Grund annehmen, daß von je drei Landbewohnern einer daran beteiligt war. Einige waren traditionelle Bauern, die bei den Veillées oder den öden Winterabenden von dieser neuen Verdienstmöglichkeit profitierten. Andere waren besitzlose Arbeiter (oder Bauern, die durch Verkauf ihres Bodens besitzlos geworden waren), die sich durch diese Form der häuslichen Industriearbeit dem absoluten Elend entwunden hatten. Anders als bei den anderen beiden oben erwähnten Stoßkeilen des Kapitalismus liegt das «häusliche System» noch im dunkeln. Wir entdeckten erst allmählich, wie weit verbreitet es war und welche Veränderungen es im Leben seiner Arbeitskräfte verursacht hat.[2] Für unsere Zwecke ist es wichtig festzustellen, daß die allgemeine Beteiligung an der Marktwirtschaft – ländliche Heimarbeiter waren all den lebhaften Fluktuationen und der Konkurrenz des Marktsystems ausgeliefert – im achtzehnten Jahrhundert ihren Anfang nahm, gerade als die erste der großen Revolutionen des Gefühls im Gange war.

Gibt es eine unmittelbare kausale Beziehung zwischen den beiden? Dürfen wir behaupten, daß die Explosion der Illegitimität und die Woge des Gefühls bei der Brautwerbung mit diesen wirtschaftlichen Veränderungen in unmittelbarem Zusammenhang stehen? Obwohl jede zufriedenstellende Erklärung letztlich komplex sein und viele verschiede Variablen umfassen muß, glaube ich, daß die Laissez-faire-Marktorganisation, die kapitalistische Produktion und der Anfang der Proletarisierung der Arbeitskraft für die Ausbreitung des Gefühls von größerer Bedeutung waren als alle anderen Faktoren.

Analytisch betrachtet, sind die Beziehungen nicht kompliziert. Pakken wir also das Problem an. Wie trug der Kapitalismus dazu bei, daß jener mächtige Schub des Gefühls bei den Unverheirateten entstand, den ich als Umschwung zur Romantik bezeichnet habe? In welchem Umfang können Geschlechtsverkehr vor der Ehe und Partnerwahl auf der Grundlage persönlicher Anziehung anstatt des Reichtums mit wirtschaftlichem Wandel in Verbindung gebracht werden? Das hauptsächlichste Bindeglied ist hier die zunehmende Beteiligung junger, unverheirateter Menschen, besonders Frauen, am Arbeitsmarkt eines kapitalistischen Wirtschaftssystems. Die Logik des Marktes fordert zwingend den Individualismus: Das System hat nur dann Erfolg, wenn jeder Teilnehmer rücksichtslos seine eigenen Interessen verfolgt, indem er billig einkauft, teuer verkauft und seinen Profit auf Kosten seiner Konkurrenten (das heißt seiner Mitbürger) steigert. Nur wenn diese Vielfalt an wirtschaftlichem Egoismus internalisiert ist, wird der freie Markt die hohen Erwartungen seiner Verfechter erfüllen, denn wenn die Menschen humanitäre Rücksichten oder solche gegenüber der Gemeinschaft ihr wirtschaftliches Verhalten bestimmen lassen, wird der Markt ineffizient; die Schwachen werden nicht mehr ausgemerzt. Der freie Markt zwingt allen, die an ihm teilnehmen, die Haltung auf: «Wahre den eigenen Vorteil.»

Ich behaupte, daß sich beim gewöhnlichen Volk, das im achtzehnten Jahrhundert in die Marktwirtschaft gezwungen wurde, diese egoistische wirtschaftliche Mentalität auf verschiedene nichtwirtschaftliche Lebensgebiete ausgeweitet hat, besonders auf die Bande, die den einzelnen mit der Gemeinschaft verknüpften. Der in der Marktwirtschaft erlernte Egoismus wurde auf die Verpflichtungen und Anforderungen der Gemeinschaft, auf die Bande zur Familie und des Geschlechts – kurz, auf das ganze Gebiet der soziokulturellen Normen, die das familiäre und sexuelle Verhalten regelten, angewandt. In diesem Buch habe ich von einer «Wippschaukel»-Beziehung zwischen Verpflichtungen gegenüber der Gemeinschaft und individueller Selbsterfüllung gesprochen. In der traditionellen Gesellschaft hatte sich die Wippe stark zur Gemeinschaft geneigt, zum Festhalten an den Gesetzen und Maßstäben derjenigen, mit denen man zusammen lebte, und weg von der Verfolgung eigener Wünsche und Vergnügungen. Der Kapitalismus neigte die Wippe nach der anderen Seite. Und nachdem einmal die Gesetze des Individualismus der Marktwirtschaft erlernt waren, übernahmen sie leicht die Herrschaft über die ganze Skala der bewußten Haltungen. Diese Machtübernahme nannten Fred Weinstein und Gerald M. Platt den «Wunsch, frei zu sein».[3] Meine These ist, daß für die jungen Leute im Europa des späten achtzehnten Jahrhunderts der sexuelle und emotionale Wunsch, frei zu sein, eine Intention war, deren Wurzeln in der kapitalistischen Marktwirtschaft lagen.

Im Bereich der Beziehungen zwischen Mann und Frau taucht der Wunsch, frei zu sein, als romantische Liebe auf. Der Wunsch, persönliches Glück zu finden, jene lange Reise der Entwicklung zur Persönlichkeit und der Selbstentdeckung, die die Suche nach Selbstverwirklichung darstellt, dringt als Romantik an die Oberfläche des Bewußtseins: Man sieht einer anderen Person in die Augen in der Hoffnung, sich selbst zu finden. Und auch wenn wir glauben, daß diese jungen Leute der unteren Schichten sich im achtzehnten Jahrhundert noch weit unterhalb jener Ebene bewegten, auf der ein tatsächliches Selbstbewußtsein zustande kommen kann (eine Annahme, der ich nicht automatisch zustimmen möchte), bleibt immer noch einfach die Macht der sexuellen Begierde. Sexuelle Erfahrung ist ein Teil all dieser Selbstverwirklichung, und Menschen, die durch den Individualismus aus den von Treue vestimmten Bindungen mit der Gemeinschaft herausgebrochen wurden, treiben rasch in Richtung auf sexuelle Freizügigkeit. Auf diese Weise übte der Kapitalismus durch die Einbeziehung der Arbeitskraft in die Marktwirtschaft seine Wirkung auf die romantische Liebe aus: Wirtschaftlicher Egoismus führt zu kulturellem Egoismus; private Befriedigung wird wichtiger als sich dem Allgemeinwohl unterzuordnen; der Wunsch, frei zu sein, bringt die Explosion der Illegitimität hervor.

Das ist ein altes Argument – in der Tat ein bevorzugtes – der konservativen Sozialtheoretiker des neunzehnten Jahrhunderts, die nicht müde wurden, den Wunsch, frei zu sein, *l'amour déréglé du plaisir* zu nennen.[4] Zwei Einschränkungen ermutigen mich, es erneut vorzubringen.

Zuerst sollten wir uns darüber klar sein, daß dieser Wunsch, frei zu sein, mehr bei den Frauen als bei den Männern entstand. Wir dürfen wahrscheinlich annehmen, daß Männer immer Lust zum Geschlechtsverkehr hatten, daß also der männliche Wunsch, Frauen ins Bett zu bekommen, wahrscheinlich eine historische Konstante ist. Aber wie können wir die neue, im achtzehnten Jahrhundert auftretende Bereitschaft der Frauen erklären, tatsächlich mit ihnen ins Bett zu gehen? Was ist der Grund für diesen historischen Umschwung bei der Bereitschaft junger, unverheirateter Frauen, die traditionelle Keuschheit aufzugeben und statt dessen mit verschiedenen Männern auszugehen, schon vor der Ehe Geschlechtsverkehr zu haben und sich hauptsächlich um das persönliche Glück zu kümmern? Ich glaube, es war der jetzt erschlossene Zugang zu bezahlter Arbeit. 1803 lieferte Präfekt Colchen vom Departement Moselle eine plausible Erklärung:[5]

«Was die Frauen angeht, so war ihnen harte Arbeit nie ganz fremd, aber heute übernehmen sie fast so viel wie die Männer, vor allem in den Weinbergen. Die Kriegsverluste haben dazu beigetragen. Außerdem haben die Frauen auf dem Land eine starke Konstitution und können die härteste Arbeit leisten. Aber diese Lebensweise verändert ihr bescheidenes Verhalten in sexuellen Fragen, und das dadurch verursachte gewohnheitsmäßige Zusammentreffen mit dem anderen Geschlecht verleiht ihrer Moral eine gewisse Freizügigkeit, die zu dem vorzeitigen Verlust ihrer Unschuld führt.»

Die bezahlte Arbeit verstärkte nicht nur die Neigung der jungen Frauen, den sexuellen Beschränkungen ihrer Eltern und der Stadtväter zu entfliehen, sondern sie gab ihnen auch die *Möglichkeit,* sie zu verwirklichen. Wirtschaftlich unabhängige Frauen besitzen eine größere Freiheit als wirtschaftlich abhängige, denn die bezahlte Arbeit ermöglicht es, elterliche Ermahnungen in den Wind zu schlagen und das Schelten des Pfarrers mit einem Achselzucken abzutun. Während des achtzehnten Jahrhunderts erlebte die Industriestadt Annonay im Departement Ardèche eine viel raschere Zunahme der Illegitimität als der benachbarte Flecken Serignan. Während in Serignan nur ein Fünftel der unverheirateten Mütter wirtschaftlich unabhängig war (meistens Dienstmädchen), war es in Annonay die Hälfte, eine Mischung aus Dienstmädchen und Arbeiterinnen. Alain Molinier schließt daraus: «... diese Mütter, die den Vorteil ihrer Arbeit wahrgenommen haben, um den moralischen Beschränkungen des Familienmilieus zu entkommen, konnten einen freieren Lebensstil annehmen. Zahlreicher in den Städten, vor allem im achtzehnten Jahrhundert, mögen diese Frauen zum Anwachsen der Illegitimitätszahlen beigetragen haben.»[6]

Eine zweite Einschränkung der klassischen Auffassung wirtschaftlicher Individualismus würde sexuelles Experimentieren bedeuten, liegt darin, daß es eine solche Entwicklung anscheinend vorrangig bei der unteren Schicht gab. Die neuen Proletarier des achtzehnten Jahrhunderts waren die Vorhut der sexuellen Revolution, weil sie die ersten waren, die von der Marktwirtschaft integriert wurden. Freilich, das höhere Bürgertum – die Fahnenträger von Max Webers berühmter kapitalistischer Rationalität und religiöser Sorge – war die Klasse, die jenen unteren Schichten Arbeit gab. Aber die Kapitalisten selbst entgingen der sexuellen Revolution, weil sie die Werte der Familie über alles andere stellten. Die unteren Schichten, die in den Wäschereien und Ausbeutungsbetrieben des Bürgertums arbeiteten, hatten dagegen keinerlei Besitz zu bewahren. Sie besaßen kein Vermögen, das sie vererben konnten, und daher konnten sie individuelle anstatt familiäre Ziele verfolgen, sobald ihnen einmal der Gedanke, das zu tun, gekommen war – was heißen soll, sobald sie sich von den Kontrollen der *Gemeinschaft* über ihr Intimleben befreien konnten. Zwar denken wir normalerweise über diese Dinge nicht so – so fest war unser aller historischer Blick auf die oberen Schichten gerichtet –, aber es waren die unteren Schichten, die als erste völlig in den Lebensbedingungen einer freien Marktwirtschaft aufgingen. Die Menschen, die von der sich heranbildenden proletarischen Arbeiterschaft integriert wurden, waren kleine Bauern, Landarbeiter und die nichterbenden oder mit kümmerlichen Aussteuern bedachten Töchter wohlhabender Bauern.

Suchten sich diese Frauen den Kapitalismus aus, weil der in ihnen aufdämmernde Wunsch, frei zu sein, den Wunsch nach persönlicher Unabhängigkeit und sexuellem Abenteuer hatte entstehen lassen? Oder wurden sie durch die Not aus ihren traditionellen Heimstätten in diese unsympathische neue wirtschaftliche Umgebung hinausgetrieben, um dort sexuell ausgebeutet zu werden? Die erstere Möglichkeit ist wohl allgemeingültiger. Vom einen Ende Europas bis zum anderen wandten sich junge ledige Frauen im neunzehnten Jahrhundert zugunsten bezahlter Arbeit in einem kapitalistischen Rahmen von traditionellen Beschäftigungen ab. Die Schneider im bayerischen Kreis Wolfstein zum Beispiel beklagten sich, daß viele Mädchen, um den «Unannehmlichkeiten» des häuslichen Dienstes zu entrinnen und weil sie sich statt dessen ein «freies und bequemes Leben» wünschten, Näherinnen wurden.[7] Im französischen Departement Tarn zahlten es Kinder, indem sie von zu Hause weggingen, ihren patriarchalischen Vätern heim, die sie «als Minderjährige behandeln, auch nachdem sie erwachsen geworden sind, und in ihnen nichts als Hilfe bei der Feldarbeit sehen, denen man nichts schuldig ist und die nichts besitzen... Man kann diesen

Verzicht und diese Hingabe bewundern, die einer Familie ein so großes Zusammengehörigkeitsgefühl verleihen, aber es ist unwahrscheinlich, daß diese Situation ohne Protest aufrechterhalten werden kann.»[8] In den Jahren zwischen den beiden Weltkriegen hörte man allmählich aus allen Gegenden Frankreichs Klagen über junge Frauen, die keine Bauern mehr heiraten wollten und in Scharen in die Städte abwanderten.[9]

In England war es nicht anders. Ein Beobachter erklärt die gewaltige Abwanderung junger Leute im späten neunzehnten Jahrhundert nach London folgendermaßen: «Eine große Anzahl von Menschen bestärken sich gegenseitig in dem Gefühl, daß dort etwas los sei, die Theater und Varietés, die hell erleuchteten Straßen, die geschäftige Menge – kurz all das, was den Piccadilly Circus am Samstagabend von einer dunklen, schmutzigen ländlichen Gasse ohne einen Schimmer von Beleuchtung, wo man nichts unternehmen kann, unterscheidet. Wer kann sich wundern, wenn die Menschen in einen solchen Strudel gezogen werden, auch wenn die Nachteile schwerer wären, als sie sind.» Und nicht nur die Männer, denn J. A. Banks behauptet, daß besonders junge Frauen, die ihre Heimat verließen, um Arbeit in London anzunehmen, nicht so sehr die günstigen wirtschaftlichen Möglichkeiten suchten, sondern vielmehr «das Mittel zur Unabhängigkeit von den oft strengen Beschränkungen ihres Verhaltens, die mit dem ländlichen Familienleben, das vom viktorianischen Paterfamilias beherrscht wurde, verbunden waren». Waren sie einmal in der Stadt, kopierten diese jungen Frauen «das Beispiel der jungen Männer und wurden Untermieter... oder schlugen sich allein durchs Leben, sofern sie nicht bald heirateten».[10] Solche Berichte deuten, wenn sie nicht gänzlich unrepräsentativ sind, auf eine enge Wechselwirkung zwischen kapitalistischer Arbeit, Flucht vor traditionellen Kontrollen und dem Wunsch, frei zu sein, hin. Es ist die These dieses Buches, daß all das zusammen im späten achtzehnten Jahrhundert auftrat und besonders für junge Frauen die «romantische Liebe» zu einem Codewort für persönliche Selbständigkeit machte.

Der Kapitalismus war auch mit der Mutterliebe verknüpft. Weil sich ein starkes Gefühl für das Kleinkind zuerst beim Mittelstand artikulierte, der als letzte Gruppe vom kapitalistischen Arbeitsmarkt integriert wurde, können wir nicht dieselbe Beweiskette anwenden, die uns von der proletarischen Arbeit zum Wunsch, frei zu sein, führte. Tatsächlich gelang es dem alten Mittelstand, der von Ehepaaren getragen wurde, die als Ladenbesitzer, kleine Handwerker und Bauern arbeiteten, *anti*kapitalistische Werte zu verteidigen und sich länger an den traditionellen wirtschaftlichen Rahmen zu klammern als jede andere soziale Gruppe mit Ausnahme des Adels. Wie können wir also behaupten, daß der Kapitalismus mit der Liebe zu den Kleinkindern bei diesen Leuten überhaupt etwas zu tun hatte?

Die Logik unserer Behauptung beruht auf dem Lebensstandard. Das entscheidende Charakteristikum dieses «alten Mittelstandes» war seine wirtschaftliche Unabhängigkeit. Als Eigentümer der «Produktionsmittel», so jämmerlich klein auch der Anteil gewesen sein mag, produzierte der alte Mittelstand doch zunehmend für den allgemeinen Markt. Und da er über ein kleines Kapital verfügte, das er einsetzen konnte, profitierte er auf angenehmere Weise von dem mächtigen wirtschaftlichen Wachstum des neunzehnten Jahrhunderts als die Arbeiter, die nur den Schweiß ihrer Stirn als Einsatz hatten. Daher stieg der Lebensstandard des alten Mittelstandes schneller als der des neuen Proletariats, und die Mama-und-Papa-Ladenbesitzer wurden die ersten, die in die neuen sozialen Anschauungen hineinwuchsen, die der höhere Lebensstandard mit sich brachte. An der Spitze dieser neuen Werte stand die Mutterliebe.

Aber, mag vielleicht der Leser einwenden, die Teilnahme an der Marktwirtschaft ist für den Kapitalisten ungefähr dieselbe wie für den Arbeiter. Beide gehorchen denselben Prinzipien und müßten infolgedessen die gleiche Art von Egoismus entwickeln. Wie kann ich also den neuen kapitalistischen Kleinproduzenten Werte zuschreiben, die grundlegend von denen des jüngst entstandenen Proletariats verschieden sind?

Hier spielt die Familie herein. Die kleinbürgerlichen Kapitalisten – der kleine Bauer, der sich mit regionalen Getreidemärkten herumschlagen mußte, zum Beispiel, oder der sich abmühende Klempnermeister, dem es gelungen war, ein paar zusätzliche Gesellen einzustellen, um mit der Kochtopfbestellung aus Rennes fertig zu werden, die größer war, als es seine Kollegen je erlebt hatten – schätzten weiterhin Klugheit und Vorsicht, weil der Wunsch, ihren Besitz an die folgenden Generationen weiterzugeben, immer noch gleich stark war. Sie klammerten sich an das ganze Aufgebot von antierotischen, gemeinschaftsbezogenen persönlichen Werten der traditionellen Gesellschaft, weil ihr Bedürfnis, den Fortbestand des Geschlechts zu garantieren, das Experimentieren mit Lebensstilen und die Befolgung der Wünsche des Herzens, die die Suche nach Selbstverwirklichung mit sich brachte, ausschloß. Wenn sich auch vielleicht durch ihre Stellung in der Marktwirtschaft bei ihnen der Wunsch regte, frei zu sein, so übertönten familiäre Werte wirksam solche Sirenenklänge. Die traditionelle Familie forderte gleichzeitig Treue gegenüber den Vorfahren und den zukünftigen Erben. Und so lange Besitz vorhanden war, der weitervererbt werden konnte, mußte bei diesen Leuten jede Form der Selbstverwirklichung hintenan stehen.

Aber man muß im Auge behalten, daß die neuen Gewinnchancen auch den Lebensstandard dieser Großbauern und Klempnermeister erhöhten. Worin besteht also die Beziehung zwischen größerem materiellem Reichtum und verbesserter mütterlicher Fürsorge für das Kind? Der Leser wird sich erinnern, daß sich die Mutter in der traditionellen Gesellschaft gleichgültig und lieblos verhielt, aber nicht unbedingt, weil sie so sein wollte, sondern weil andere Anforderungen, die ihre Umwelt an sie stellte, so schwerwiegend waren, daß die Sorge um das Baby zurückstehen mußte. Die traditionelle Mutter war zunächst verpflichtet, beim Betrieb des Bauernhofs oder der Werkstatt mitzuhelfen, weil ohne ihre Hilfe alles zugrunde gegangen wäre. Diese absolut zwingende Notwendigkeit, ihre Zeit anderswo einzusetzen, hinderte sie an der Pflege des Kindes und drückte naturgemäß ihrem Verhalten den Stempel der Gleichgültigkeit auf. Die Mutter in der traditionellen Gesellschaft bestand den «Opfertest» nicht (indem sie nicht andere Zwecke dem Wohlergehen des Kindes opferte), weil der Einsatz zu hoch war, den man um das Leben eines einzigen Kindes willen riskierte; wenn man wollte, konnte man eine ganze Menge Kinder in die Welt setzen.

Das wirtschaftliche Wachstum befreite die Mütter von der drückenden Notwendigkeit, ihre Zeit anderweitig zu verwenden. Wenn der Handwerker mehr Gesellen einstellte, brauchte er die Hilfe seiner Frau nicht mehr so dringend; wenn der Bauer mehr Landarbeiter engagierte, konnte er leichter auf die Mithilfe seiner Frau verzichten. In dem Maße, wie diese traditionellen Verhältnisse vom Kapitalismus durchdrungen wurden, verfeinerte sich die Aufteilung der Arbeit auf die Geschlechter (obwohl die Geschlechter*rollen* jetzt weniger getrennt waren – weshalb ich in diesem Buch streng zwischen den beiden unterschieden habe), und die Frauen konnten sich nun mehr der Pflege des Kindes widmen als unmittelbar in der Produktion tätig zu sein. Natürlich wurden nicht alle Mama-und-Papa-Ladenbesitzer Kapitalisten, alle Bauern Handelsgärtner oder alle Handwerker kleine Unternehmer.

Viele gingen zugrunde. Aber dann folgten sie und ihre Kinder den Gesetzen des Proletariats.

Günstigere materielle Bedingungen ermöglichten also eine bessere Fürsorge der Mutter für ihr Kind. In dem Maß, wie das Einkommen der Familie wuchs, konnten die Frauen ihre Rolle als Arbeitskraft in der Produktion mit der Pflege des Kleinkindes vertauschen – die nicht weniger drückend und ermüdend war, denn Waschen, Schrubben und die Zubereitung der Kindernahrung war in den Tagen vor Nestlé anstrengende Plackerei. Aber es kam dem Leben ihrer Kinder zugute.

Der drastische Rückgang der Kindersterblichkeit am Ende des neunzehnten Jahrhunderts spiegelt natürlich nicht nur die neue Einstellung zur mütterlichen Fürsorge wider (dank dem besseren Wohlergehen), sondern auch den Kampf der Medizin gegen die oft tödlichen Infektionskrankheiten. Und das war gleichzeitig ebenso das Werk der Beamten des öffentlichen Gesundheitswesens und der Hygienespezialisten wie die Folge des in der Entstehung begriffenen Bewußtseins dieser Millionen anonymer Mütter, daß das regelmäßige Wickeln und Waschen des Babys und das Stillen an der Mutterbrust anstelle der Fütterung mit der Milch des Straßenhändlers es länger am Leben erhalten würde.

Es ist klar, daß nicht alle wichtigen Entwicklungen in der Geschichte der Kindheit auf den Kapitalismus zurückgeführt werden können. Was ich behaupte, ist, daß der Wandel bei der Pflege des Kindes *innerhalb der Familie* eine direkte Folge des wirtschaftlichen Wachstums war, das der Kapitalismus des neunzehnten Jahrhunderts hervorbrachte; und daß der Mittelstand früher als das Proletariat von dem höheren persönlichen Einkommen profitierte, das dieses Wachstum mit sich brachte, und also zuerst seine Methoden der Kinderpflege ändern konnte.

Der freie Markt war wie ein Säurebad für das traditionelle Dorf und die Kleinstadt. Im Namen des landwirtschaftlichen Individualismus wurde Gemeindeland verteilt, gemeinschaftlich bewirtschaftete Felder wurden in einzelne Parzellen aufgeteilt und im Gemeindebesitz befindliche Herden aufgelöst und in familiäre Viehbestände unterteilt. Im Namen des privaten Unternehmertums wurden die Zünfte zerschlagen, so daß die einzelnen Produzenten gegeneinander konkurrieren mußten, anstatt gemeinsam ihr Monopol zu verwalten. Den einzelnen Handwerksmeistern wurde es freigestellt, so viele Gesellen einzustellen, wie sie wollten, neue Maschinen, die ihnen nützlich erschienen, anzuschaffen und die Preise der Kollegen zu unterbieten, wenn es für ihren Gewinn erforderlich war. Die «korporative» Produktion wich dem freien Unternehmertum.

Wir gewinnen eine Vorstellung von dem Mißbehagen, das dieses Eindringen der freien Marktwirtschaft in die traditionelle Moral verursachte, durch eine Petition des Stadtrats von Bayreuth an die bayerische Regierung aus dem Jahr 1843. Der Wohlstand der Stadt sei stark zurückgegangen, erklärten die Verfasser der Petition, weil jetzt unter den örtlichen Handwerkern freier Wettbewerb bestehe. Der Markt reiche jetzt nicht mehr aus, um alle ausreichend zu ernähren, und weil Handel und Industrie sich allgemein erweitert hätten, seien sogar diejenigen Handwerksbetriebe, die nicht von örtlicher «Überfüllung» bedroht seien, durch die Konkurrenz fremder Importe in Gefahr. Der gleiche Geist habe auch die Moral der Einheimischen korrumpiert, «denn wie in anderen Städten, so überschreiten auch in Bayreuth die Bürger und Handwerker die Grenzen des Einfachen und der Bescheidenheit. Die Manie der Bürger und ihrer Frauen für Eitelkeit und Vergnügen steht in keinem Verhältnis mehr zu ihren Mitteln; die Kinder werden durch das Beispiel ihrer Eltern auf Abwege geführt, folgen ihren Fußstapfen und erhöhen die Ausgaben noch weiter.»[11]

Die Petition des Bayreuther Stadtrats legt den Finger auf eine Beziehung zwischen sozialem Wandel und kulturellen Werten, die das Hauptthema dieses Buches ist: Die Berührung mit der freien Marktwirtschaft vermittelte den einheimischen Menschen ein neues Gefühl individueller Befriedigung und eine entsprechende Abneigung, sich den traditionellen Werten des Verzichts und der Selbstverleugnung, die die Gemeinschaft hochhielt, anzupassen. Was der Stadtrat als Eitelkeit und Lust am Vergnügen ansah, trat umgefähr hundert Jahre später als der Wunsch, frei zu sein, auf. Noch weniger wollten die Kinder sich nach dem Beispiel der Stadtväter richten. Immer mehr bekundeten die Proletarier und «Fremden», die der soziale Wandel durch die Stadt schleuste, ihre Gleichgültigkeit gegenüber den guten alten Sitten, und Bayreuth trat seine lange Reise in die moderne Welt an.

Die Auflösung der kollektiven Lebensweise in Tausenden von Bayreuths in ganz Europa verschob das Gleichgewicht der Beziehungen zwischen Familie und Gemeinschaft, die Gemeinschaft als Ganzes verlor ihre Kontrollfunktionen und das Recht, sich unmittelbar in das Leben einzelner einzumischen, während die Familie das, was wir Intimität nennen, gewann. Der Rückzug der Kernfamilie auf den gemütlichen Kreis um den Herd erfolgte nicht nur, weil Egoismus und Individualismus der Selbstbefriedigung den Vorrang über die Treue zur Gemeinschaft gegeben hatten, sondern auch weil diese Gemeinschaften immer weniger fähig waren, die einzelnen dem Haushalt zu entziehen und sich ihre Treue zu bewahren. Es bestand eine reziproke Beziehung zwischen dem Kampf der Familie um ihre Privatsphäre und dem Beharren der Gemeinschaft auf Überwachung. Genauso wie der Kapitalismus den ersteren beschleunigte, indem er den Egoismus antrieb, verringerte er das letztere, indem er die Bande der Gemeinschaft zerriß.

Es waren auch noch weitere bedeutende Faktoren am Werk. Wenn ich auch nicht viel darüber zu sagen habe, möchte ich doch die umfangreiche Literatur erwähnen, die zum Beispiel die Entstehung des Staates mit einem Verfall der Autonomie der Gemeinschaft in Verbindung bringt oder höhere Zahlen der Abwanderung mit der Loslösung des einzelnen von der umgebenden Gemeinschaft.[12] Je mehr die zentralen staatlichen Forstbeamten und Steuerbehörden, Richter und Gesundheitsbeamten in lokale Fragen eingriffen, um so mehr gaben diese traditionellen Gemeinschaften ihre Autonomie auf – und damit ihr Solidaritätsgefühl. Je mehr widerspenstige Proletarier hereinströmten und je mehr die Wahrscheinlichkeit, am gleichen Ort geboren zu sein wie der Großvater, zurückging, um so weniger interessierte sich die Bevölkerung als ganze dafür, all die feststehenden Normen des kulturellen Verhaltens zu erlernen.

Das ist allgemein bekannt, aber es hat zwei abschließende Bedeutungen für die Geschichte der Familie. Erstens neigte sich zwar das Gleichgewicht zwischen Kontrollfunktionen und Einmischung der Gemeinschaft und Intimität der Familie ungefähr mit der gleichen Geschwindigkeit bei allen sozialen Schichten, aber der Mittelstand war doch der erste, der sich jenes privilegierte Gefühl für die Solidarität der Kernfamilie aneignete, das ich «Häuslichkeit» nannte. Und zwar deswegen, weil das emotionale Zentrum der Intimität das kleine Kind war. Der Mittelstand war der erste, der diese neue Haltung gegenüber Kindern einnahm.

Zweitens möchte ich behaupten, daß die sexuellen Revolutionen des späten achtzehnten und frühen neunzehnten Jahrhunderts nicht nur eine Angelegenheit der jungen Frauen waren, die zu der Auffassung gelangten, daß persönliche Autonomie sexuelle Autonomie bedeutete; sie bedeuteten auch größere allgemeine Freiheiten für die einzelnen. Bevor Frauen in größerer Zahl sexuelle Experimente unternehmen konnten, mußte der Rahmen der Kontrollen durch die Gemeinschaft, die sie bisher mit so strengen «Unzuchtstrafen» – Demütigungen für voreheliche Schwangerschaft, Spottpuppen am Namenstag des Schutzheiligen und so weiter – belegt hatte, geschwächt werden. Als die Zünfte an Einfluß verloren, büßten sie ihre Macht, Leute wegen vorehelichen Geschlechtsverkehrs zu bestrafen, ein. Mit der Expansion der zentralen Staatsgewalt und der Säkularisierung des Kirchenbesitzes ging eine Verminderung der moralischen Autorität des örtlichen Klerus einher. Abwanderungen größeren Maßstabes waren von einer Gleichgültigkeit darüber begleitet, was die eingesessenen Familien von Oberbubelsbach über das persönliche Leben, das man führte, dachten. Bei der Beschreibung der kollektiven Erfahrung der Gemeinschaften fühle ich mich mit der Metapher von Zusammenbruch und Zerfall etwas unbehaglich. Aber wie die neuen, sexuell permissiven Subkulturen über der repressiven traditionellen Kultur Gestalt annahmen – eine positive Entwicklung, die nach Organisation und Integration schmeckt –, endeten die alten Formen tatsächlich auf dem Trümmerhaufen. Es ist so, wie meine Mutter sagte: Nichts ist umsonst in dieser Welt.

8. Kapitel

Auf dem Weg
zur postmodernen
Familie

Als Captain Video Ranger befahl, Kurs auf das Herz der Sonne zu nehmen, glaubte er, eine Reise zu unternehmen, die niemand zuvor gemacht hatte. Die englische Rockgruppe Pink Floyd, die durch ihren psychedelischen Sound berühmt wurde, übertrug dieses bejahrte Fernsehstück in einem Schlager auf die heutige Zeit und machte damit ein wenig deutlich, auf welchem Weg sich die zeitgenössische Familie befindet: in das Unbekannte. Denn wenn die These dieses Buches stimmt, entwickeln sich drei verschiedene Aspekte des Familienlebens heute in Richtungen, für die es keine historischen Vorläufer gibt – oder wenigstens nicht in den drei vergangenen Jahrhunderten, mit denen wir uns hier beschäftigt haben.

Einer dieser Aspekte ist die definitive Trennung der Verbindungslinien, die von der jüngeren Generation zur älteren führen – eine Gleichgültigkeit der Jugendlichen gegenüber der Identität und Bedeutung der Familie, die sich in der Diskontinuität der Werte zwischen Eltern und Kindern zeigt. Ein zweiter Aspekt ist die neue Unbeständigkeit im Leben des Paares, die sich in den raketengleich ansteigenden Scheidungsziffern spiegelt. Eine dritte ist der systematische Abbau des «Nestbegriffs» des Kernfamilienlebens, den die neue Befreiung der Frauen bedeutet: Für den Großteil der weiblichen Bevölkerung der westlichen Welt hat es sich erwiesen, daß das «Nest» schließlich doch nicht das Beste ist. Wir wollen nacheinander kurz diese Entwicklungen betrachten.

Es ist ziemlich sicher, daß eine größere Veränderung in den Beziehungen zwischen den Generationen in den späten sechziger und den frühen siebziger Jahren des zwanzigsten Jahrhunderts stattgefunden hat. Die Wahrscheinlichkeit, daß heranwachsende Kinder die gleichen

Anschauungen über Liebe und Sexualität oder Politik und Wirtschaft haben wie ihre Eltern, ist erheblich geringer als früher. Die jungen Kinder lernen natürlich, daran hat sich nichts geändert, die grundlegenden Konturen ihrer Umwelt so kennen, wie sie sich im Kreis der Familie darstellen; die Methoden der Sozialisierung der Kinder haben sich verhältnismäßig wenig geändert. Das Neue ist, daß *heranwachsende* Kinder jetzt eine massive Interessenlosigkeit gegenüber den Werten ihrer Eltern und ihrer eigenen Identität als zukünftige Hüter des Familiengeschlechts an den Tag legen.[1]

Die Diskontinuität der Werte und Interessen ist *nicht* die vielbeschworene «Generationenkluft» die nur in den Köpfen von Zeitschriftenredakteuren und in den Soziologielehrgängen der Studenten in Berkeley existiert, von wo so viel gelehrte Hysterie über die neuen Formen der Jugend ausgegangen ist. Niemand Ernstzunehmendes, der repräsentative Versuchsgruppen normaler Jugend – im Gegensatz zu den politisch auffälligen Campusradikalen – befragt hat, konnte eine weitverbreitete Feindschaft von Jugendlichen gegen ihre Eltern entdecken. Die Generationen sind nicht «im Konflikt» miteinander, und es ist auch unwahrscheinlich, daß der typische junge Mensch vor Wut auf seine Eltern kocht. Alles, was wir darüber wissen, wie oft junge Paare weiterhin ihre Eltern besuchen, deutet darauf hin, wie lächerlich die Alarmstimmung über die Generationenkluft ist.

Die wirkliche Diskontinuität ist subtiler, was ihr nichts von ihrer Schärfe nimmt. Seit einem Jahrhundert in Europa und wahrscheinlich noch länger in Nordamerika umhegte die Kernfamilie ihre Kinder, bis sie das Nest verließen, wobei sie die Rolle der Gemeinschaft, sie auf das «Leben» vorzubereiten, übernahm, indem sie die Kinder auf Sonntagsspaziergänge, zu Abendessen im Familienkreis und zu Besuchen des Grabes der Oma mitnahm. Historisch gesehen, war das entscheidende Charakteristikum der Kernfamilie gerade diese privilegierte Beziehung zwischen den Eltern (besonders der Mutter) und den Kindern, eine Beziehung, die die ganze Jugend hindurch bis an die Schwelle der Ehe andauerte. Jetzt übernimmt die *peer group* wieder die Aufgabe der Sozialisation der Jugendlichen; und während diese die Pubertätszeit durchmachen, werden elterliche Vorstellungen über Gut und Böse, Recht und Unrecht und darüber, welcher Weg nach oben führt, immer wichtiger für sie.

Diese Auferstehung der *peer group* und das Erlahmen des Einflusses der Familie taucht in einer ganzen Anzahl von Studien über die Beziehungen zwischen Jugendlichen und Eltern auf. Leider hat uns, trotz einer Lawine von Untersuchungen (wie zum Beispiel die Befragung von 186 Studenten eines Lehrgangs über Familienbeziehungen, ob sie ihre Eltern gern hätten), die riesige Familiensoziologie-Industrie nur kümmerlich dafür ausgestattet, irgendwelche Fragen, die sich auf internationale Vergleiche beziehen, auf Veränderungen im Lauf der Zeit oder überhaupt auf jedes intellektuelle Problem, das jenseits des Sumpfes von Belanglosigkeiten liegt, zu beantworten. Und doch gibt es auch nützliche Funde. Gemäß den Daten, die für die Zeit nach 1965 vorhanden sind, fliehen Jugendliche mit zunehmender Häufigkeit in eine Subkultur, die nicht so sehr im Gegensatz zu der herrschenden Kultur steht, als vielmehr unabhängig von ihr ist. Und die typische Haltung junger Menschen gegenüber den Beziehungen zwischen den Generationen ist weniger Ablehnung als Gleichgültigkeit.

Eine Studie in der Region Paris aus der Mitte der sechziger Jahre über Jungen und Mädchen zwischen fünfzehn und zwanzig dokumentiert eine starke Bevorzugung der Gesellschaft von Freunden gegenüber der der Familie. Starke Minderheiten hatten das Gefühl, ihre Eltern würden ihnen zu wenig Freiheiten geben, was nicht überrascht. Aber von den Studenten über siebzehn (einschließlich Jugendlicher, die schon im Beruf standen) erklärte eine große Mehrheit, sie würden lieber nicht zu Hause wohnen, und das ist – für alle, die die Geschichte der französischen Familie kennen – ein großer Wandel. Interessanter noch waren die Gründe, die manche für den Wunsch nach größerer Freiheit angaben: eine prinzipielle Ablehnung der elterlichen Bevormundung. Ein siebzehnjähriger Schüler erklärte: «Ich bin alt genug, um zu wissen, was ich zu tun habe, und um Recht und Unrecht zu erkennen. Ich höre mir den Rat meiner Eltern an, aber ich befolge ihn nur insoweit, als es mir paßt.» Es handelte sich hier nicht um Liebe zu den Eltern, sondern um das Gefühl der Selbständigkeit und Unabhängigkeit, das aus dem Wunsch, frei zu sein, entstanden war. Die meisten dieser jungen Pariser hatten das Gefühl, ihre Welt sei im Fluß; und während Jugendliche als Menschen, die auf dem Wege von der Kindheit zum Erwachsensein sind, immer für solche Auffassungen empfänglich sind, ist das Neue der Wunsch der Unruhigsten, sich mit ihren engen Freunden zu identifizieren. «Ich glaube, daß der Mangel an Verständnis zwischen meinen Eltern und mir total ist», erklärte ein anderer Junge. «Außer über die Schulaufgaben denke ich über das Leben ganz anders als sie.» Und gerade diese Jugendlichen suchen Zuflucht nicht in irgendeiner romantischen Isolierung (das klassische historische Modell), sondern in der Gesellschaft der Jugendgruppe, wie ich gleich darlegen werde.[2]

Der Autor einer anderen Studie über die Pariser Jugend behauptet ausdrücklich, daß die Gleichgültigkeit junger Menschen gegenüber den Lehren, die ihre Eltern ihnen erteilen könnten, ein bedeutender historischer Wandel sei. Einer der Jungen, die er interviewte – fünfzehn Jahre alt –, machte es ganz klar:[3]

«Ich möchte meine Arbeitserlaubnis haben und nachts arbeiten, damit ich Taschengeld verdiene (und die Schule weiter besuchen). Mit dem Geld will ich ein Motorrad kaufen, um meine Freundin in der Vorstadt zu besuchen. Mit einem Kumpel möchte ich ein Zimmer mieten, am liebsten eine Mansarde, weil das poetischer ist. Das wäre die Verwirklichung meines größten Traums, Freiheit... Ich müßte nicht mehr stundenlang mit meiner Mutter verhandeln, um eine Stunde länger wegbleiben zu können. Niemand würde mehr zu mir sagen: ‹Weißt du, wie spät es ist?› oder ‹Das ist das letzte Mal, daß du ausgehst›. Ich werde ohne Sorge an die Wände malen können, im Bett oder anderswo. Ich will jedoch den Samstagabend bei meinen Eltern verbringen.» (!)

Nun ist Paris nicht unbedingt repräsentativ für ganz Frankreich, und junge Leute in der Provinz bummeln weit hinter dieser fortschrittlichen Gruppe aus einem Gymnasium von St. Germain her.[4] Aber seit der großen Revolte vom Mai 1968 hat sich offensichtlich überall die französische Jugend vom elterlichen «Nest» weg zur Subkultur gewandt. Die Beobachtung ist nicht systematisch dokumentiert, aber die meisten französischen Autoren meinen, daß sie richtig ist, und die Händler von Blue jeans und Motorrädern haben guten Grund, dasselbe zu glauben.

Über die deutsche Jugend weiß man fast nichts Systematisches. Heftige Reaktion gegen die Nazigreuel der Elterngeneration hat den Generationsbeziehungen in diesem Land einen besonderen Stempel aufgedrückt. So kann der Anschein einer gewaltigen Diskontinuität bei den politischen und sozialen Werten von den Alten zu den Jungen *sui generis* sein. Nur 12 Prozent der 1954 befragten Jungen hielten zum Beispiel ihre Eltern und erwachsenen Bekannten für würdig, sie sich zum Vorbild zu nehmen (gegenüber 41 Prozent um 1905).[5] Aber es handelte sich um mehr als eine Ablehnung des Dritten Reichs, denn eine Versuchsgruppe von Jungen, die in den späten fünfziger Jahren interviewt wurden, meinten, sie seien «oft unberechtigt gehemmt» durch elterliche Einschränkungen. Ein achtzehnjähriger Handelsschüler sagte:[6]

«Als ich meinen Beruf wählte, legten mir meine Eltern alle möglichen Hindernisse in den Weg. Ursprünglich wollte ich Autoschlosser werden, um an Auto- und Motorradrennen teilnehmen zu können. Kurz, ich wollte Rennfahrer werden. Aber meine Eltern erklärten mir, daß das kein rechter Beruf sei und daß ich da immer mit einem Bein im Grabe stehe. Sie machten mir auf verschiedene Weise klar, wie schön das Leben eines Beamten sei. Ich gab schließlich in diesem kalten Krieg nach. Ich habe allerdings einiges Interesse am Staatsdienst, aber ich halte ihn doch nur gerade für einen Job. Und wenn ich einundzwanzig bin, kaufe ich mir ein Rennrad und gehe auf die Rennstrecken.»

Wenn Dänemark für den gesamten Kontinent typisch ist, dann ist die Bewegung der Jugendlichen von den Eltern weg zur *peer group* in Europa viel weiter fortgeschritten als in den Vereinigten Staaten. In einer vergleichenden Studie über Amerika und Dänemark wurden Jugendliche zwischen vierzehn und achtzehn gefragt, auf wessen Meinung sie in verschiedenen Fragen hörten. In beiden Ländern war der Rat der Gleichaltrigen, was man lesen sollte, wichtiger als der der Eltern, woraus hervorgeht, wer der Sieger im Wettstreit um die geistige Führung ist. Und dänische Jugendliche holen sich im Bereich der Werte und der persönlichen Probleme viel mehr nützlichen Rat von den Altersgenossen als von den Eltern. Nach dieser Untersuchung erscheinen die amerikanischen Teenager wirklich etwas langweilig.[7]

Aber wie steht es um die Vereinigten Staaten? Haben sich die amerikanischen Jugendlichen immer noch relativ wenig von den Anschauungen ihrer Eltern gelöst? Die Wissenschaftler sind sehr geteilter Meinung darüber, ob amerikanische Jugendliche ihre grundlegenden Glaubens- und Moralanschauungen von den Eltern oder ihren Freunden lernen und ob diese Anschauungen, wie sie auch erlernt sein mögen, deutlich verschieden von den Meinungen und Werten der Eltern sind. Von einem Campus hören wir die tröstliche Versicherung, daß sich nichts geändert hat und daß die Kinder alles von ihren Eltern annehmen, mit Ausnahme der Methoden, wie man Geschlechtskrankheiten verhütet; auf einem anderen wird uns mit dramatischen Gebärden klargemacht, wie die suchende Jugend uns ins Verheißene Land führen will. Viel von diesen Forschungen ist kümmerlich geplant und auf kleine, unrepräsentative Versuchsgruppen begründet. Aber auch die verläßlichen Daten stehen direkt im Gegensatz zueinander.

Die Studien aus den fünfziger Jahren deuten auf eine erfreuliche Harmonie zwischen Eltern und Kindern: Niemand reizt zum Widerspruch oder lehnt etwas ab, und eine Versuchsgruppe von Oberschülern oder Studenten im ersten Semester nach der anderen erklärt, wie gern sie Mutter und Vater haben, wie sie mit ihrer Erziehung einverstanden sind, und so weiter.[8] Auch in den sechziger Jahren herrschte an vielen Orten noch Ruhe, wie in jenen Oberschulen von Chicago, wo nur «geistig gesunde... und gut in das Wertesystem ihrer Kultur integrierte Jugendliche» zu entdecken waren. «Sie waren Neutrale», erklärt der Autor. «Sie hatten früher Präsident Kennedy gern und heute Präsident Johnson. Wenn sie oder ihre Familien Republikaner waren, erwähnten sie den derzeitigen republikanischen Parteiführer. Die große Mehrzahl der Leute akzeptierten die Gemeinschaften, in denen sie leben, und war stolz auf sie. Sie waren mit ihren Eltern der Meinung, daß das weiträumige Leben in der Vorstadt gut sei, und bedauerten jeden, der in der Stadt leben mußte. Sie interessierten sich für das Familienleben, fanden es angenehm und erfreulich und wünschten sich, sobald sie erwachsen sein würden, eine ähnliche Familie wie die, in der sie aufwuchsen.»[9]

Aber auch Widerspruch ließ sich in den späten sechziger und siebziger Jahren vernehmen. In Philadelphia ermittelte eine Untersuchung über Jugendliche, zusammen mit ihren Eltern und Großeltern, daß der Bruch in den Anschauungen zwischen den Kindern und ihren Eltern erheblich größer war als zwischen den Eltern und den Großeltern. In der Politik hatte es eine langsame Liberalisierung bei allen drei Generationen gegeben; bei Fragen der Religion, Sexualität und der «Rolle der Frau» war ein dramatischer Ruck eingetreten. Unter den Generationen innerhalb einer Familie stellte sich eine größere Kontinuität heraus als zwischen den Generationen im ganzen; aber besonders in sexuellen Dingen war die dritte Generation anscheinend viel mehr durch die *peer group* sozialisiert, als es bei den älteren Generationen der Fall war.[10]

Ein anderer Autor, der vieles von dieser selbstzufriedenen Literatur über die politische Sozialisierung der Jugend noch einmal analysierte, fand eine ziemlich hohe «Gruppenübereinstimmung» (das heißt, daß eine Generation als ganze in den meisten Punkten mit der älteren Generation übereinstimmte), jedoch eine niedrige «Partnerübereinstimmung» (zwischen den einzelnen Kindern und ihren eigenen Eltern). Ja, «aus einem recht großen Beweismaterial geht hervor, daß Vorgänge innerhalb der Familie weitgehend bedeutungslos für die Bildung spezieller Meinungen waren. Es scheint, daß ältere und jüngere Generationen ihre Meinungen eher parallel als nacheinander durch ähnliche Erfahrungen in einem gemeinsamen Lebensstil entwickelt haben.»[11] Das ist genau das, worum es sich bei einer unabhängigen Jugendkultur handelt.

Aber wenn die Mechanismen der politischen Sozialisierung versagen, dann brechen auch andere Arten der Kontinuität zwischen den Generationen zusammen. Zum Beispiel die Art und Weise, wie die Leute sich kleiden und herrichten. Eine Untersuchung über Mädchen der siebten und achten Klasse aus katholischen Familien in Cincinnati – sicher nicht gerade eine extravagante Volksgruppe – stellte fest, daß die Vorstellungen von Eleganz viel mehr von anderen Mädchen, besonders älteren, stammten als von den Müttern. Die Mütter waren nur mit zwei von sechzehn Posten auf der Modeliste einverstanden: Maxiröcke und Kasackblusen. Strickjacken und Augen-Make-up wurden von der älteren Generation strikt abgelehnt; aber die Freundinnen der Mädchen trugen sie, und daher wollten sie es auch.[12] Wir haben keine historischen Vergleichsdaten, aber ich möchte wetten, daß in den Familien einer früheren Zeit in Cincinnati, die Frances Trollope in ihren *Domestic Manners of the Americans* beschreibt, die Mädchen der achten Klasse sich genauso kleideten, wie die Mutter es ihnen sagte.

Zwei wichtige Punkte müssen noch geklärt werden.

Erstens, wenn die Jugend von der elterlichen Führung auf die Bevormundung durch eine Subkultur der Jugendlichen umschaltet, was sind denn genau die Werte dieser Subkultur? Inwieweit divergieren sie von denen der herrschenden Erwachsenenkultur, die von den Eltern repräsentiert wird? Eine neuere Studie über die «Sprache der Jugendlichen» in den Vereinigten Staaten gibt einige Hinweise. Zwar stimmen die Teenager mit ihren Eltern darin überein, daß es wünschenswert ist, gebildet zu sein oder wenigstens, daß einem das bescheinigt wird – und schließlich eine Laufbahn einzuschlagen, die ein gewisses Maß von Sicherheit garantiert, aber auf dem entscheidenden Gebiet, wie man sich anderen gegenüber verhält, unterscheiden sich die Werte der Jugendlichen von denen der Eltern erheblich. Die besonderen Merkmale, die «die Männlichkeit oder Weiblichkeit einer Person beweisen sollen», sind der springende Punkt in der Subkultur der Teenager. «Für Jungen sind die äußeren Zeichen innerer Männlichkeit physische Kraft, turnerisches Können, Mut angesichts einer Aggression, Bereitschaft, seine Ehre um jeden Preis zu verteidigen, und Leistungsfähigkeit in der Sexualität und im Trinken. Entsprechend sind für Mädchen die bewundernswertesten weiblichen Züge physische Attraktivität, persönliche Munterkeit und die Fähigkeit, die verschiedenen Arten zwischenmenschlicher Beziehungen taktvoll zu handhaben.»[13] Hätte man ein ähnliches Porträt um 1900 für eine vergleichbare Bevölkerung zu entwerfen versucht – zum Beispiel für das Bürgertum von Dijon –, so bin ich sicher, daß andere Wesenszüge aufgetaucht wären: Ergebenheit der Kinder, Klugheit, Sparsamkeit und ästhetisches Gefühl, was alles die Kernfamilie mit so viel Mühe weiterzuvermitteln suchte.

Zweitens: Bedeutet die Subkultur der Jugendlichen in den sechziger und siebziger Jahren eine Rückkehr zu früheren Modellen, bei denen die traditionelle Gruppe der Dorfjugend die Leute dem Elternhaus entzog? Gibt es Zyklen in der Geschichte der Jugendlichen in dem Sinne, daß die *peer group* und die Familie im Konkurrenzkampf um die Gefolgschaft der Fünfzehn- bis Dreiundzwanzigjährigen abwechselnd die Oberhand gewinnen? Wahrscheinlich nicht. Das entscheidende Merkmal der traditionellen Jugendgruppe war ihre vollständige Integration in die umfassendere Struktur des Lebens der Gemeinschaft. Die Erwachsenen sanktionierten die *jeunesse,* weil sie gewisse wesentliche Funktionen erfüllte, besonders die Organisation der Paarbildung, der sexuellen Überwachung und der Bekämpfung antisozialen Verhaltens. Es bestand also eine grundlegende Harmonie zwischen der Jugend als Kollektiv (ich zögere, das eine Subkultur zu nennen) und der umgebenden Erwachsenenwelt. Der Gedanke ist verlockend, daß die Jugendlichen der sechziger und siebziger Jahre zu vergangenen Modellen zurückkehren, aber in Wirklichkeit ist die neue Subkultur der Teenager viel eher unabhängig von den Werten der Erwachsenen als eng in sie integriert. Die Subkultur ist nicht oppositionell, sondern distanziert. In einem «Gentleman's Agreement», wie es Kenneth Keniston nennt, mischt sich keine Generation in die Angelegenheiten der anderen ein.[14] Schwartz und Merten erklären, daß «die kulturellen Kategorien, die die Orientierung der Jugendlichen gegenüber ihrem sozialen Milieu leiten, weitgehend autonom sind, insoweit sie in einem System von Meinungen verkörpert sind, dessen Konsequenzen den Erwachsenen nicht unmittelbar einleuchten».[15] Die Erwachsenen, die ihre Nasen von außen ans Fenster drücken, begreifen nicht richtig, was sie sehen; und die Jugendlichen kümmert das nicht.

Welche tiefere Bedeutung können wir diesem Geplänkel der Generationen um Maxiröcke und Motorräder beimessen? Ich entnehme daraus einen fundamentalen Wandel in der Bereitschaft der Jugendlichen, von den Eltern zu lernen. In den sechziger Jahren begannen die Beziehungen zwischen den Generationen dieselbe Entwicklung durchzumachen wie vorher diejenigen zwischen Familie und Verwandtschaft: von der Funktion zur Freundschaft. In der Blütezeit der modernen Kernfamilie lag die Hauptlast der Weitergabe von Werten und Haltungen an die heranwachsenden Kinder bei den Eltern, und die Spielregeln wurden in der abgeschirmten Intimität zahlloser Abende rund um den Herd erlernt. Aber wie nun die nachmoderne Familie auf uns hereinstürzt, büßen die Eltern ihre Rolle als Erzieher ein. Diese Aufgabe geht jetzt an die Altersgenossen über, und mit diesem Übergang geht auch die Bedeutung der Familie als eine die Zeit überdauernde Einrichtung, als Bindeglied zwischen den Generationen, verloren. Die Eltern werden zu Freunden (eine affektive Beziehung), nicht mehr zu Vertretern des Familiengeschlechts (funktionelle Beziehung). Wenn das so ist, haben wir es mit einem bisher noch nicht dagewesenen Modell zu tun.

Ein zweiter Vorbote der nachmodernen Familie ist die wachsende Instabilität des Paares. Seit der Mitte der sechziger Jahre ist die Scheidungsquote in jedem Land der westlichen Gesellschaft drastisch angestiegen. Allerdings haben sich schon seit der Mitte des neunzehnten Jahrhunderts, als die Scheidung erleichtert wurde, die Zahlen langsam nach oben bewegt. Aber dieser lange, allmähliche Anstieg (in den fünfziger Jahren unterbrochen durch einen Stillstand an fast allen Orten) wich in den sechziger Jahren einer unvorhergesehenen Explosion.[16] Außer in Frankreich und Portugal stieg um die Mitte der sechziger Jahre die Scheidungsquote überall stark an.[17]

Freilich, Daten dieser Art können auf alle möglichen «technischen» Arten erklärt werden; wenn die Scheidungszahlen ansteigen, kann es zum Beispiel einfach daher kommen, daß die Leute früher heiraten und junge Ehen häufig relativ frühzeitig scheitern. Der beste Maßstab ist, Veränderungen bei der Zahl von Scheidungen unter verschiedenen Gruppen («Kohorten») von Menschen, wobei jede Gruppe sich aus Leuten zusammensetzt, die ungefähr zur gleichen Zeit geheiratet haben, zu vergleichen. Solche Gruppendaten spiegeln dieselbe rasche Beschleunigung bei der Scheidung in den sechziger Jahren wieder. In Großbritannien zum Beispiel wurden von denen, die 1960 geheiratet hatten, 14 pro Tausend innerhalb von drei Jahren geschieden, 17 pro Tausend der 1962 Verheirateten und 22 pro Tausend der 1965 Verheirateten. Ein englischer Forscher, der diesen Trend in die Zukunft projizierte, spekulierte, daß «ein Sechstel bis ein Viertel aller heutigen Ehen schließlich irgendeine Art von Scheitern erleben wird». 1969 hatte sich die Rate der gescheiterten Ehen in England im Lauf der vergangenen zehn Jahre fast verdoppelt.[18]

Derselbe Anstieg der Scheidungen zeigt sich in den Vereinigten Staaten bei Frauen der verschiedensten Altersgruppen. Von den verheirateten Frauen, die 1915–1919 geboren waren, wurden bis 1940, als sie Anfang Zwanzig waren, nur 2 Prozent geschieden. Aber von den 1945–1949 Geborenen waren 6 Prozent 1970 geschieden. Ein Forscher schließt auf Grund einer Studie von 1971 über eine Volkszählung, daß «ein Viertel bis ein Drittel der Frauen, die heute um dreißig Jahre alt sind, wahrscheinlich eine Scheidung in ihrem Leben erfahren werden», und 5 bis 10 Prozent werden wahrscheinlich zweimal geschieden.[19]

Ich glaube, daß hinter dieser trockenen Statistik eine bedeutende Umwälzung im Leben des Paares verborgen liegt. Das Scheitern der Ehe ist von der schimpflichen Beurteilung, die es im neunzehnten Jahrhundert erfahren hatte, in unserer Zeit langsam zu einer ernst zu nehmenden Möglichkeit aufgestiegen. Die Menschen müssen sich mit dem Gedanken vertraut machen, daß sie normalerweise nicht damit rechnen können, ihr ganzes Leben zusammen zu verbringen. Warum?

Die herkömmlichen Erklärungen der Zunahme der Scheidungen sind alle unzureichend. Der Anstieg ist einfach zu stark und universal, als daß man es als Folge liberalerer Scheidungsgesetze abtun könnte. So gab es zum Beispiel bis 1971 keine Änderung der englischen Scheidungsgesetzgebung in der Zeit der Zunahme nach dem Krieg. Und wenn auch die Beendigung des Vietnamkrieges in den Vereinigten Staaten einige eheliche Zerrüttung verursacht haben mag, so sind auch in dem zur Zeit nicht an einem Krieg beteiligten Europa die Scheidungsziffern in die Höhe gegangen.

Wir können auch die hysterische Meinung, daß «die Familie» zusammenbricht, ablehnen, denn es ist eine Tatsache, daß alle diese geschiedenen Menschen kehrtmachen und wieder heiraten. Die Zahlen der Wiederverheiratungen sind denen der Eheauflösungen dicht gefolgt; und auch wenn in den siebziger Jahren jüngere Frauen nicht ganz so häufig heiraten als früher, so hat doch die Zahl der sich *wieder*verheiratenden Frauen eine historische Höhe erreicht (sie hat sich seit den dreißiger Jahren fast verdreifacht).[20] Die gesetzliche Institution der Ehe ist also absolut nicht am Ende, sondern nur eben die Vorstellung, daß man das ganze Leben mit derselben Person zusammenbleiben müsse.

In den sechziger und siebziger Jahren haben zwei Entwicklungen die Kraft der dauernden Verbindung geschwächt – wenn die Gedanken, die in diesem Buch entwickelt wurden, stimmen. Erstens hat die Intensivierung des erotischen Lebens des Paares, die wir schon besprochen haben, für einen nicht zu unterschätzenden Zündstoff innerhalb seiner Beziehungen gesorgt. Weil sexuelle Zuneigung notorisch unbeständig ist, können Paare, deren Beziehung auf einer solchen Basis steht, leicht auseinandergesprengt werden. In dem Maß, wie erotische Befriedigung zu einem Hauptbestandteil der kollektiven Existenz des Paares wird, wächst das Risiko einer Auflösung der Ehe. Die Kernfamilie gründete sich auf die Liebe der Mutter zu ihren Kindern. Aber diese Grundlage wird jetzt in der nachmodernen Familie durch die Erotik ersetzt, und die Wahrscheinlichkeit, daß die Familie nicht zusammenbleibt, droht nun, besonders groß zu werden. Die Felsen, auf die diese Paare auflaufen, sind, wie Big Mama lautstark in der Verfilmung von Tennessee Williams' Theaterstück *Die Katze auf dem heißen Blechdach* verkündete, im Bett.

Zweitens werden die Frauen wirtschaftlich unabhängiger und können es sich leisten, sich aus unerwünschten Verbindungen zu lösen. Wir haben überall in diesem Buch die Bedeutung der Arbeit außerhalb des Hauses für die Kräftebeziehungen innerhalb der Familie festgestellt. Und berufstätige Frauen haben infolge der Möglichkeit, zum Unterhalt der Familie beizutragen, erheblich mehr Einfluß – und einen stärkeren Sinn für persönliche Selbständigkeit – als nichtberufstätige. In den sechziger Jahren nahm der Prozentsatz von verheirateten berufstätigen Frauen erheblich zu. Von den zwanzig- bis vierundzwanzigjährigen verheirateten Frauen hatten 1957 nur 31 Prozent eine Arbeit; 1968 waren 43 Prozent berufstätig.[21] Ähnliche Zunahmequoten finden sich in anderen Ländern und bei anderen Altersgruppen.[22] Mit der Fähigkeit, für sich selbst sorgen zu können, kam die Fähigkeit, frei zu sein. Wenn also Millionen von Frauen, denen neuerdings ihr Recht auf Befriedigung wichtig war, durch sexuelle Unzufriedenheit ihren Männern emotional entfremdet wurden, so gab ihnen ein einträglicher Beruf die Möglichkeit zur Flucht.

Die letzte Art und Weise, auf die die Kernfamilie der nachmodernen Familie wich, können wir die «Zerstörung des Nestes» nennen. Die

Kernfamilie war ein «Nest». Warm und bergend hielt es die Kinder fern von dem Druck der Erwachsenenwelt und bot den Männern eine abendliche Zuflucht vor dem eisigen Sturm des Konkurrenzkampfes. Und als die Kernfamilie im neunzehnten Jahrhundert entstand, begrüßten sie auch die Frauen, weil sie ihnen die Möglichkeit gab, sich von den zermürbenden Anstrengungen der Arbeit auf dem Bauernhof oder des Arbeitsplatzes in der Fabrik zurückzuziehen und sich der Pflege der Kinder zu widmen. So drängte sich also alles glücklich in diesen sicheren Wänden zusammen, frohgestimmt am Abendtisch und vereint zum Sonntagsspaziergang.

In den sechziger Jahren des zwanzigsten Jahrhunderts begannen sich ungünstige Verhältnisse für das «Nest» zu entwickeln, nicht nur in Nordamerika, sondern in der ganzen westlichen Kultur. Eine Subkultur der Jugendlichen zog die Kinder an sich – oder wurden sie etwa durch innere Veränderungen in der Familie weggetrieben? Jedenfalls begannen die Teenager, sich vom Kreis der Familie zurückzuziehen. Eine Generation von Männern, deren Evangelium über die Beziehungen zwischen den Geschlechtern das Magazin *Playboy* war, trug auch dazu bei, das Nest zu zerstören. Sie wollten ihre Ehefrauen sowohl als Sexhäschen wie auch als hehre Mutter sehen und riefen nur Abscheu und Angst hervor, als sie wieder und wieder mit dem Zauberstab klopften und die Muttergestalt nicht die geringsten Anstalten machte, sich in ein Sexhäschen zu verwandeln.

Aber am meisten haben die Frauen selbst das Nest erschüttert. Es ist wirklich etwas Undankbares um ein Leben, das nur der Fürsorge für die Kinder gewidmet ist und keine andere Form der persönlichen Erfüllung kennt. In den schlimmen alten Tagen bedeutete das Aufziehen von Kindern einen beinahe heroischen Kampf gegen Tod und Schmutz, und die Mutter, deren Söhne die Diphtherie überlebten, um eine Stelle im Postamt zu übernehmen, konnte befriedigt auf ihr Lebenswerk zurückschauen. Aber im zwanzigsten Jahrhundert hat das öffentliche Gesundheitswesen die Gefahr der Kindersterblichkeit auf einen so tiefen Stand hinuntergedrückt, daß es aus dem Bewußtsein der durchschnittlichen Mutter verdrängt wurde. Und die *peer group* macht ihr bald die Söhne und Töchter abspenstig für ein eigenes Leben in der privaten Welt der Jugendlichen. So bleibt nicht viel übrig.

Gegen Ende des achtzehnten Jahrhunderts fand ein Wandel im häuslichen Leben statt, der Übergang von der traditionellen zur Kernfamilie. Ich behauptete, daß der Kapitalismus die treibende Kraft hinter diesem Wandel war. Welche Leitvariable heute am Werk ist, weiß man noch nicht, wie ich gestehen muß.

Wir bezeichnen diesen Komplex der Veränderungen im erotischen Leben des Paares, in der Erfahrung der Jugendjahre und in der Wahrscheinlichkeit, daß Frauen berufstätig sind, als «Befreiung der Frauen». Aber ich glaube, die Dinge sind viel verwickelter, als daß der «Wunsch, frei zu sein», einfach aus heiterem Himmel im Bewußtsein der Abermillionen anonymer Frauen aufgetaucht wäre, von denen dieses Buch hauptsächlich handelt. In den sechziger und siebziger Jahren ist die ganze Struktur der Familie in Bewegung geraten. Die Kernfamilie zerfällt – um, wie ich glaube, durch das freischwebende Paar ersetzt zu werden, eine eheliche Dyade, die dramatischen Spaltungen und Fusionen ausgesetzt ist, und ohne die kreisenden Satelliten pubertärer Kinder, enger Freunde oder Nachbarn... nur eben die Verwandten, die sich unauffällig im Hintergrund halten, ein freundliches Lächeln im Gesicht.

Notiz
zur Textgestaltung der
deutschen Ausgabe

In Absprache mit dem Autor sowie mit dem Originalverlag Basic Books hat sich der Rowohlt Verlag zu folgenden Grundsätzen für die deutsche Buchausgabe entschlossen:

1. Der fortlaufende Text mit sämtlichen Tabellen wird ungekürzt und ohne Adaptationen abgedruckt.
2. Die hochgestellten «Indexziffern» verweisen auf die «Anmerkungen» im Anhang dieser Ausgabe.
3. Die «Anmerkungen» bestehen durchweg aus Quellenangaben und Literaturdiskussion. Sie sind für das Verständnis des fortlaufenden Textes nur dann unabdingbares Informationsmaterial, wenn der Leser spezielle fachwissenschaftliche Studien anstellen will. Da dieser Kreis wissenschaftlicher Benutzer gewohnt und in der Lage ist, seine Fachliteratur in der Originalsprache zu lesen, sind die «Notes» der amerikanischen Ausgabe vollständig fotomechanisch in der deutschen Ausgabe reproduziert worden.
4. Die «Suggestions for Further Reading» wurden ebenfalls fotomechanisch reproduziert.
5. Die Originalausgabe enthält einen fünfteiligen Anhang mit 32 Seiten Umfang. Für diese «Appendices» gilt grundsätzlich das unter Punkt 3 Aufgeführte. Allerdings sind die Anforderungen dieses Anhangs an die fachlichen Voraussetzungen des wissenschaftlichen Lesers so hoch, daß vermutlich nur eine kleine Anzahl von Interessenten dafür in Frage kommt. Aus diesem Grund und um den Ladenpreis des vorliegenden Bandes nicht höher ansetzen zu müssen, haben Autor und Verlag beschlossen, Appendix I bis V in die deutsche Buchausgabe nicht aufzunehmen, sondern separat

zu publizieren. Interessenten werden diese Texte selbstverständlich gern zugesandt nach Überweisung von DM 5,– (Selbstkostenpreis) auf das Konto 97/30250/10 der Rowohlt Verlag GmbH bei der Deutschen Bank, Reinbek (BLZ 20070000), unter dem Stichwort «Shorter, Anhang».

Appendix I: Fertility Rates for the Pre-1850 Period by Social Class

Appendix II: Problems and Statistical Sources in the Measurement of Illegitimacy and Premarital Pregnancy, Seventeenth to Twentieth Centuries

Appendix III: Age Differences between Spouses, Seventeenth to Twentieth Centuries

Appendix IV: Probable Month of Conception, Selected Places, Seventeenth to Twentieth Centuries

Appendix V: Infant Mortality Rates, Seventeenth to Twentieth Centuries

Rowohlt Verlag

Publishers' names have been omitted for books published before 1945.

Chapter 1

1. M. Sévegrand, "La Section de Popincourt pendant la Révolution française," in Commission d'histoire économique et sociale de la Révolution française, ed., *Contributions à l'histoire démographique de la Révolution française*, 3rd series: *Etudes sur la population parisienne* (Paris: Bibliothèque nationale, 1970), pp. 9–91, esp. p. 86, children 15 or under; Adeline Daumard, *La Bourgeoisie parisienne de 1815 à 1848* (Paris: SEVPEN, 1963), p. 337; Christiane Klapisch, "Household and Family in Tuscany in 1427," in Peter Laslett and Richard A. Wall, eds., *Household and Family in Past Time* (New York: Cambridge University Press, 1972), pp. 274, 277.

2. Suzanne Dreyer-Roos, *La Population strasbourgeoise sous l'Ancien Régime* (Strasbourg: Istra, 1969), p. 170; Inger Ernst Momsen, *Die Bevölkerung der Stadt Husum von 1769 bis 1860: Versuch einer historischen Sozialgeographie* (Kiel: Selbstverlag des Geographischen Instituts der Universität Kiel, 1969), pp. 160–171; Emil J. Walter, "Kritik einiger familiensoziologischer Begriffe im Lichte der politischen Arithmetik des 18. Jahrhunderts," *Schweizerische Zeitschrift für Volkswirtschaft und Statistik*, 97 (1961), 64–75, esp. pp. 72–73.

3. Bernard Farber, *Guardians of Virtue: Salem Families in 1800* (New York: Basic Books, 1972), pp. 46, 48.

4. Roger Smith, "Early Victorian Structure: A Case Study of Nottinghamshire," *International Review of Social History*, 15 (1970), 69–84, esp. pp. 73–74. (Propertied, 6.0; laborers, 4.5.)

5. Michael Anderson, *Family Structure in Nineteenth Lancashire* (New York: Cambridge University Press 1971), p. 51.

6. On the short duration of the average union see, for example, Gérard Bouchard, *Le Village immobile: Sennely-en-Sologne au XVIIIe siècle* (Paris: Plon, 1972), p. 232. The average marriage in the American colonies would, however, last considerably longer. John Demos, in a letter to me, puts it at 20–30 years.

7. Micheline Baulant estimates that during the early modern period in one part of the Paris region, a fifth of all households would contain children of different marriages. A third of all unions were remarriages for one of the partners. Baulant, "La famille en miettes: Sur un aspect de la démographie du XVIIe siècle," *Annales: Economies, Sociétés, Civilisations*, 27 (1972), 959–968. For an Austrian example of children from previous marriages in numerous households, see Michael Mitterauer, "Zur Familienstruktur in ländlichen Gebieten Österreichs im 17. Jahrhundert," in Heimold Helczmanovski, ed., *Beiträge zur Bevölkerungs- und Sozialgeschichte Österreichs* (Vienna: Verlag für Geschichte und Politik, 1973), pp. 168–222, esp. p. 175.

8. Western France: Bouchard, *Village immobile*, p. 231; Languedoc: Nicole Castan, "La Criminalité familiale dans le ressort du Parlement de Toulouse, 1690–1730," in A. Abbiateci et al., eds., *Crimes et criminalité en France sous l'Ancien Régime, 17e-18e siècles* (Paris: Colin, 1971), pp. 91–107, esp. p. 96; for an English example: Roger

Schofield, "Age-Specific Mobility Is an Eighteenth-Century Rural English Parish," in *Annales de démographie historique*, 1970, pp. 261–274.

9. C. Viry, *Mémoire statistique du département de la Lys* (Paris, 1812), p. 57. The author was prefect of the department. In two Salzburg County parishes the children's exodus would commence towards nine, accelerate sharply towards twelve, and climb thereafter; by age twenty, all those who were going to enter service had already done so. Boys left earlier than girls; the children of *Inwohner* remained servants longer than the children of the propertied peasantry. See Mitterauer, "Familienstruktur Österreichs," p. 205.

10. Schofield, "Age-specific mobility," *passim*.

11. Alan Macfarlane, *The Family Life of Ralph Josselin, A Seventeenth-Century Clergyman: An Essay in Historical Anthropology* (New York: Cambridge University Press, 1970), p. 93.

12. In the highlands around Zurich this custom was called *Rast geben*, and children would leave as early as six to earn their bread in the homes of cottage weavers. See Rudolf Braun, *Industrialisierung und Volksleben: Die Veränderungen der Lebensformen in einem ländlichen Industriegebiet vor 1800 (Zürcher Oberland)* (Erlenbach–Zurich: Eugen Rentsch, 1960), pp. 81–89.

13. Peter Laslett proposes a slightly different typology for classifying kin in households:
————The simple conjugal family (or CFU—conjugal family unit): the couple plus offspring.
————The "extended family household:" the conjugal family plus additional relatives, whose spouses and children (if any) do not cohabit. If a widowed parent happens to be present, Laslett calls the household "extended upwards," but in the context of early modern Europe, where the inheriting son brings his bride into the parents' living space, I prefer the phrase "stem family."
————The "multiple family household:" two or more conjugal family units connected by kinship or marriage. Cases where both members of the senior couple remain alive as the inheriting son arrives with his bride I should prefer to lump in the "stem family" box. Cases where the senior couple retains authority over several cohabiting junior couples, all related by kinship or marriage, are manifestly distinct from the "stem family" and deserve to be the core of this category "multiple family household." See Laslett and Wall, *Household and Family in Past Time*, pp. 28–31.

14. The writer I take so severely to task here is of course my good friend Peter Laslett, who states in the preface of his magisterial *Household and Family in Past Time*, "What I have called the null hypothesis in the history of the family, which is that the present state of evidence forces us to assume that its organization was always and invariably nuclear unless the contrary can be proven, is an outcome of [a special conference on the subject]," not all the papers of which prove congenial to Laslett's case (p. xi). Further down the page Laslett continues: "It is simply untrue as far as we can tell, that there was ever a time or place when the complex family was the universal background to the ordinary lives of ordinary people." Now, to scholars familiar with the social history of the Balkans, the Baltic countries, Alpine Europe, central Germany, and central and southern France (to take some documented regions), it is sooner Laslett's lack of balance that needs correction. For another instance of overbalancing the extended family fantasy, see Helmut Schwägler, *Soziologie der Familie: Ursprung und Entwicklung* (Tübingen: J.C.B. Mohr, 1970), pp. 141–145, who believes the "stem family" was little widespread in pre-industrial society.

15. David H. Flaherty, *Privacy in Colonial New England* (Charlottesville: University of Virginia Press, 1972), pp. 48–50, 60.

16. See in Laslett and Wall, *Household and Family in Past Time*, the quite convincing discussions on pp. 46–62 and pp. 125–203.

17. Anderson, *Family Structure in Lancashire*, pp. 56–62.

18. See, for example, Philip J. Greven, Jr., *Four Generations: Population, Land, and Family in Colonial Andover, Massachusetts* (Ithaca: Cornell University Press, 1970), pp. 139–141 and *passim*.

19. Netherlands: A. M. van der Woude, "Variations in the size and structure of the household in the United Provinces of the Netherlands in the Seventeenth and Eighteenth Centuries," in Laslett and Wall, *Household and Family in Past Time*, pp. 299–318, esp. the table on p. 309; Norway: Michael Drake, *Population and Society in Norway, 1735–1865* (New York: Cambridge University Press, 1969), p. 116; Austria: Mitterauer, "Familienstruktur Österreichs," pp. 198–202, 213; Isbergues: Christian Pouyez, *Une communauté rurale d'Artois: Isbergues, 1598–1826*, thèse de 3e cycle, Université de Lille III, 1972, p. 90; Périgord: Jean-Noël Biraben, "A Southern French Village: The Inhabitants of Montplaisant in 1644," in Laslett and Wall, *Household and Family in Past Time*, pp. 237–254, esp. p. 241.

20. Lutz Berkner, "The Stem Family and the Developmental Cycle of the Peasant Household: an Eighteenth-Century Austrian Example," *American Historical Review*, 77 (1972), 398–418.

21. Michael Z. Brooke, *Le Play: Engineer and Social Scientist: The Life and Work of Frédéric Le Play* (London: Longman, 1970), pp. 78–88, provides a convenient introduction; a basic Le Play text is *L'Organisation de la famille* (Paris, 1871).

22. Good descriptions of the extended family's operation are in Lutz Berkner and Franklin Mendels, "Inheritance Systems, Family Structure, and Demographic Patterns in Western Europe (1700–1900)," in Charles Tilly and E. A. Wrigley, *Population Growth and Early Industrialization* (Princeton: Princeton University Press, 1975); and John W. Cole, "Estate Inheritance in the Italian Alps," University of Massachusetts Department of Anthropology, *Research Reports*, No. 10 (1971).

23. Paul Ourliac, "La Famille pyrénéene au Moyen Age," in Paul Ourliac, ed., *Recueil d'études sociales à la memoire de Frédéric Le Play* (Paris: Picard, 1956), pp. 257–263, esp. p. 259.

24. Berkner, "The Stem Family and the Development Cycle of the Peasant Household," song from p. 403.

25. Abel Hugo, *La France pittoresque*, 3 vols. (Paris: 1835), I, p. 266.

26. Upper Provence: Alain Collomp, "Famille nucléaire et famille élargie en Haute Provence au XVIIIe siècle (1703–1734)," *Annales: ESC*, 27 (1972), 969–975; Aveyron: Raymond Noel, "L'Etat de la population de Mostuejouls (Aveyron) en 1690," in Société de démographie historique, *Sur la population française au XVIIIe et au XIXe siècles: Hommage à Marcel Reinhard* (Paris: SDH, 1973), pp. 505–522, esp. p. 512. A recent article by William Parish and Moshe Schwartz, admirable at least for its ingenuity if not for its persuasiveness, suggests that multiple family households were widespread in France's rural departments toward the mid-nineteenth century, "Household Complexity in Nineteenth Century France," *American Sociological Review*, 37 (1972), 154–173.

27. On the chances of parents surviving into grandparenthood, see Hervé Le Bras, "Parents, Grand-Parents, Bisaïeux," *Population*, 28 (1973), 9–38.

28. On the zadruga, see Joel Halpern, *A Serbian Village*, rev. ed., (New York: Columbia University Press, 1967), pp. 134–150; and, with Barbara Kerewsky Halpern, *A Serbian Village in Historical Perspective* (New York: Holt, Rinehart and Winston, 1972); see also E. A. Hammel, "The Zadruga as a Process," in Laslett and Wall, *Household and Family in Past Time*, pp. 335–373. Halpern also has a contri-

bution in that volume, on the census of 1863, pp 401–428. Also important is Joel M. Halpern and David Anderson, "The Zadruga, A Century of Change," *Anthropologia*, New Series, 12 (1970), 83–97.

29. Andrejs Plakans, "Peasant Farmsteads and Households in the Baltic Littoral, 1797," *Comparative Studies in Society and History*, 17 (1975), 2–35.

30. Plakans, "Peasant Farmsteads," table 6.

31. Mary Matossian writes of the Russian peasant family that "there must have been frequent tensions arising from the presence of an eighteen-year-old female and a forty-year-old male, no blood kin to each other, living in a tiny room together for many months," and ascribes to this the "notoriously hostile mother-in-law and daughter-in-law relationship." Matossian, "The Peasant Way of Life," in Wayne S. Vucinich, ed., *The Peasant in Nineteenth-Century Russia* (Stanford: Stanford University Press, 1968), pp. 1–40, esp. p. 18.

32. A nominal list of Neudroschenfeld's population in 1836 is in the Bavarian Hauptstaatsarchiv, Ministerium des Innern (MI) 53272. The mean age of both kinds of family fathers was close (45.2 years for the houseowners, 42.8 for the tenants), which means we're not rubbing against some variation in life style whereby young fathers whose families aren't yet completed are still tenants.

33. Drake, *Population and Society in Norway*, pp. 107–119; see also Erik Gronseth, "Notes on the Historical Development of the Relation between Nuclear Family, Kinship System and the Wider Social Structure in Norway," in Reuben Hill and René König, eds., *Families in East and West: Socialization Process and Kinship Ties* (The Hague: Mouton, 1970), pp. 225–247.

34. N. L. Tranter, "The Social Structure of a Bedfordshire Parish in the Mid-Nineteenth Century," *International Review of Social History*, 18 (1973) 90–106, esp. pp. 93–94.

35. Bouchard, *Village immobile*, p. 231.

36. Bayerisches Hauptstaatsarchiv, Neudroschenfeld nominal list, MI 53272. On Sarcelles, see John Ardagh's savage sketch, *The New French Revolution* (New York: Harper & Row, 1968), pp. 212–222.

37. Rudolf Virchow, *Die Noth im Spessart. Eine medizinisch-geographisch-historische Skizze*, first delivered as a lecture in 1852, reprinted by the Wissenschaftliche Buchgesellschaft (Darmstadt, 1968), p. 12. The Würzburg example is from Bayerisches Hauptstaatsarchiv, MI 46556, letter of 30 February 1839.

38. Cited by Lothar Schneider, *Der Arbeiterhaushalt im 18. und 19. Jahrhundert, dargestellt am Beispiel des Heim- und Fabrikarbeiters* (Berlin: Duncker & Humblot, 1967), pp. 68–69.

39. *Ibid.*, p. 135.

40. Antje Kraus, *Die Unterschichten Hamburgs in der ersten Hälfte des 19. Jahrhunderts* (Stuttgart: Fischer, 1965), p. 68; Helmut Möller, *Die kleinbürgerliche Familie im 18. Jahrhundert* (Berlin: de Gruyter, 1969), pp. 121–122.

41. On the custom of young girls spending at least the summer nights in stables and outbuildings, see, for Scandinavia: Drake, *Population and Society in Norway*, p. 144; Matti Sarmela, *Reciprocity Systems of the Rural Society in the Finnish–Karelian Area, with Special Reference to Social Intercourse of the Youth* (Helsinki: Suomalainen Tiedekatemia, 1969), p. 159; K. Rob. V. Wikman, *Die Einleitung der Ehe: Eine vergleichende ethno-soziologische Untersuchung über die Vorstufe der Ehe in den Sitten des Schwedischen Volkstums* (Abo: Abo Akademi, 1937), pp. 77–81.

42. On farm hands lodging in stables see, for example, Amans-Alexis Monteil, *Description du département de l'Aveiron* (Rodez, 1802), I, 121; A. Bernard-Langlois, *Etudes topographiques, historiques, hygiéniques, morales . . . sur le canton de Bourbon-*

Lancy (Moulins, 1865), p. 87. On western France, see François Lebrun, *Les Hommes et la mort en Anjou aux 17e et 18e siècles: Essai de démographie et psychologie historiques* (Paris: Mouton, 1971), p. 269, whose account is based on descriptions of 1803 and 1843. Dr. E. Bogros speaks of peasants sleeping "entassé par groupes de trois ou quatre dans le même lit." *A travers le Morvand* (Chateau-Chinon, 1873), p. 35.

43. Maurice Garden, *Lyon et les Lyonnais au XVIIIe siècle* (Paris: Les Belles-Lettres, 1970), pp. 159, 405; on Paris, see, for example, Jeffry Kaplow, *The Names of Kings: The Parisian Laboring Poor in the Eighteenth Century* (New York: Basic Books, 1972), pp. 68–69.

44. W. G. Hoskins, *Provincial England: Essays in Social and Economic History* (London: Macmillan, 1963), p. 144.

45. Alan Everitt, "Farm Labourers," in Joan Thirsk, ed., *The Agrarian History of England and Wales*, vol. IV: 1500–1640 (New York: Cambridge University Press, 1967), pp. 442–443; see also the floor plans of yeoman farmhouses in M. W. Barley's article in the same volume, pp. 736–738.

46. Flaherty, *Privacy in Colonial New England*, pp. 36–42.

47. *Ibid.*, p. 42.

48. Lewis Mumford, *The City in History* (New York: Harcourt Brace & World, 1961), pp. 286, 382–385.

49. Adeline Daumard, *Les Bourgeois de Paris au XIXe siècle* (Paris: Flammarion, 1970), p. 70.

50. On the hallway question, and on the general relationship between house form and upper-class family life, see Philippe Ariès, *Centuries of Childhood: A Social History of Family Life*, Eng. trans. by Robert Baldick (New York: Vintage, 1965), pp. 398–399 and *passim*.

51. On settlement, see C. T. Smith, *An Historical Geography of Western Europe before 1800* (London: Longmans, 1967), pp. 260–295; and J. M. Houston, *A Social Geography of Europe*, rev. ed. (London: Duckworth, 1963), p. 103 and *passim*.

52. On communal ties and settlement patterns see Jerome Blum, "The European Village as Community: Origins and Functions," *Agricultural History*, 45 (1971), 157–178.

53. Pierre Chaunu, *La Civilisation de l'Europe classique* (Paris: Arthaud, 1970), pp. 196–197.

54. According to the Bavarian government, charivaris had been almost entirely stamped out in the hamlets and farms of Oberbayern by 1850 (Bayerisches Hauptstaatsarchiv, MI 46557-46559, "Das sogenannte Haberfeld-Treiben"); similarly in the French Alps, where settlement is also dispersed, charivaris against the remarriage of widows were declining by 1807 (de Verneilh, *Statistique générale de la France . . . département du Mont-Blanc* (Paris, 1807), p. 295. In the Franche-Comté, however, a land of more nucleated settlement, the charivari was still going strong in the 1880s (see Charles Perron, *Les Franc-Comtois: leur caractère national, leurs moeurs, leurs usages* (Besançon, 1892), pp. 139–142; and in the villages of the Brabant the charivari was to revive after the Second World War, police repression having driven it underground in the interwar years. See A. Doppagne, "Enquête en Brabant Wallon: Fréquentation et fiançailles," Institut de sociologie de l'Université libre de Bruxelles, *Document de travail* No. III/1 (March 1970), 2–16.

55. See the map of "Régression des feux de Brandons et des feux de la St. Jean" at the end of André Varagnac, *Civilisation traditionnelle et genres de vie* (Paris: Albin Michel, 1948).

56. See Wikman's map of "Nachtfreierei" in *Die Einleitung der Ehe*, p. 264.

57. In the English village of Clayworth, for example, a good 40 per cent of the population present in 1676 were absent twelve years later, excluding those known to have died in the interim. See Peter Laslett and John Harrison, "Clayworth and Cogenhoe," in H. E. Bell and R. L. Ollard, eds., *Historical Essays, 1600–1750, presented to David Ogg* (London: Adam and Charles Black, 1963), pp. 157–184, esp. p. 184. See also E. A. Wrigley, "A Simple Model of London's Importance in Changing English Society and Economy, 1650–1750," *Past and Present*, 37 (July, 1967), 44–70.

58. The local studies on which this impression rests are too numerous to cite here. Pierre Goubert, who probably knows the hundreds of theses and microstudies better than anyone, concludes that the early modern French were "a rooted, sedentary, stable population." Goubert, *The Ancien Régime: French Society, 1600–1750*, trans. Steve Cox (London: Weidenfeld and Nicolson, 1973), p. 42 *et seq.* Mack Walker's important study of early modern Germany finds that "not only was it hard to get into a community, it was hard to get out," and that with such *Bürgerrecht* policies, migration approached zero. Walker, *German Home Towns: Community, State, and General Estate, 1648–1871* (Ithaca: Cornell University Press, 1971), pp. 140–141. Population turnover in traditional Swedish society was similarly low. Kurt Agren *et al., Aristocrats, Farmers, Proletarians: Essays in Swedish Demographic History* (Uppsala: Scandinavian University Books, 1973), p. 74.

59. See, for example, Michel Terrisse, " 'Prolétariat flottant' et 'migrations temporaires' à Marseille," *Dh: Bulletin d'information*, 4 (Oct. 1971), pp. 2–7; or de Verneilh, *Mont-Blanc*, p. 288.

60. It's from the wrong time and setting, but I was impressed anyway with Robert Roberts' testimony on what composed "respectability" in the eyes of the English working classes. Roberts, *The Classic Slum: Salford Life in the First Quarter of the Century* (Manchester: Manchester University Press, 1971), pp. 1–25.

61. Tina Jolas and Françoise Zonabend, "Gens du Finage, gens du bois," *Annales: ESC*, 28 (1973), 285–305, esp. p. 292.

62. Karl Sigismund Kramer, *Die Nachbarschaft als bäuerliche Gemeinschaft* (Munich–Pasing: Verlag Bayerische Heimatforschung, 1954), pp. 16–17.

63. Bayerisches Hauptstaatsarchiv, MI 52135. I came across this example, and much additional evidence, in the course of preparing my doctoral dissertation "Social Change and Social Policy in Bavaria, 1800–1860" (Harvard, 1967).

64. Joseph Hazzi, *Statistische Aufschlüsse über das Herzogthum Baiern . . .*, 11 vols. (Nürnberg, 1801–1808), III (2), p. 633. For a general review of "Fornikationsstrafen" see Wilhelm Wächtershauser *Das Verbrechen des Kindesmordes im Zeitalter der Aufklärung* (West Berlin: Schmidt, 1973), pp. 129–137, 159–160.

65. On the edict of 1556 see, recently, Marie-Claude Phan, "Introduction à l'étude des déclarations de grossesse et autres series documentaires concernant la sexualité illégitime dans la France des XVIe, XVIIe et XVIIIe siècles," Mémoire de maîtrise, Université Paris VIII, 1972.

66. On this arsenal in Bavaria see Shorter, "Social Change and Social Policy," pp. 518–519.

67. See Mack Walker's tale of the efforts of the tinsmith Flegel, whose prospective bride's *father* was illegitimatcly born, to marry and become a master craftsman against the wishes of the Hildesheim tinsmith's guild. *German Home Towns*, pp. 73–75.

68. Bayerisches Hauptstaatsarchiv, MI 54844, 1836.

69. *Verhandlungen der Kammer der Abgeordneten des Königreichs Bayern*, March 1840, Vol. IV, p. 428.

Chapter 2

1. Alexandre Bouët, *Breiz Izel, ou vie des Bretons dans l'Armorique*, 2nd ed. (Quimper, 1918; first ed. 1835), p. 278.

2. K. Rob, V. Wikman, *Die Einleitung der Ehe* (Abo: Abo Akademi, 1937), p. 348.

3. Brieude, *Topographie médicale de la Haute-Auvergne*, rev. ed. (Aurillac, 1821, first published 1782–1783), pp. 110–111.

4. Abel Hugo, *France pittoresque*, 2 vols. (Paris, 1835), II, p. 29, for the Finistère department.

5. A. Bernard-Langlois, *Etudes topographics . . . sur le canton de Bourbon-Lancy* (Moulins, 1865), p. 123.

6. Hughes Maret, *Mémoire dans lequel on cherche à déterminer quelle influence les moeurs des Francois ont sur leur santé* (Amiens, 1772), p. 149.

7. Micheline Baulant, "La famille en miettes," *Annales: ESC* (1972), 967.

8. Louis Texier-Olivier, *Statistique générale de la France, département de la Haute-Vienne* (Paris, 1808), p. 99.

9. Archives nationales, F20 172 ms. "Statistique de la Charente, an IX."

10. Adrien Berénguier, *Topographie physique, statistique et médicale du canton de Rabastens (Tarn)* (Toulouse, 1850), p. 101.

11. François Lebrun, *Les Hommes et la mort en Anjou aux 17e et 18e siècles* (Paris: Mouton, 1971), p. 428.

12. Martine Segalen, ed., *Mari et femme dans la France rurale traditionnelle* [catalogue of exposition at the Musée national des arts et traditions populaires, 22 September–19 November 1973] (Paris: Ministère des Affaires culturelles, 1973), p. 73.

13. Anon., La *Ciotat au XVIIIe siècle d'après un manuscrit de l'époque par Antisthène* (La Ciotat, 1877), p. 17.

14. C. Dupin, *Mémoire statisque du département des Deux-Sevres* (Paris, 1804), p. 210.

15. Bossi, *Statistique générale de la France: département de l'Ain* (Paris, 1808), p. 311.

16. D. Monnier, *Moeurs et usages singuliers du peuple dans le Jura* (Lons-le-Saunier, 1823), p. 49.

17. E.-J. Savigné, *Moeurs, coutumes habitudes (il y a plus d'un siècle) des habitants de Sainte-Colombe . . .* (Vienne, 1902), p. 11.

18. Hugo, *France pittoresque*, II, p. 203.

19. Brieude, *Haute-Auvergne*, 2nd ed., p. 75.

20. Maurice Garden, *Lyon et les Lyonnais au XVIIIe siècle* (Paris: Les Belles-Lettres, 1970), p. 436.

21. Louis-Sebastien Mercier, *Tableau de Paris*, rev. ed., 12 vols. (Amsterdam, 1782–1788), vol. I, p. 86.

22. Curt Gebauer, "Studien zur Geschichte der bürgerlichen Sitten reform des 18. Jahrhunderts," *Archiv für Kulturgeschichte*, 15 (1920), 100.

23. Helmut Möller, *Die kleinbürgerliche Familie im 18. Jahrhundert* (Berlin: de Gruyter, 1969 pp. 300–307.

24. Josef Brückl, *Zolling, aus Vergangenheit und Gegenwart*, vol. 2 (Zolling: Gemeinde Selbstverlag, 1968), pp. 320–336.

25. Peter Laslett, *The World We Have Lost*, rev. ed. (London: Methuen, 1971), p. 22.

26. Alan MacFarlane, *The Family Life of Ralph Josselin, A Seventeenth-Century Clergyman* (New York: Cambridge University Press, 1970), pp. 106–110.

27. Frank Huggett, A *Day in the Life of a Victorian Farm Worker* (London: Allen & Unwin, 1972), p. 64.

28. Roger Thompson remarks, "There seems little doubt from the available evidence that the portion or dowry was rather less crucial in the colonies than it was in England, in all classes." Thompson, *Women in Stuart England and America: A Comparative Study* (London: Routledge, 1974), pp. 122–123.

29. John Demos, *A Little Commonwealth: Family Life in Plymouth Colony* (New York: Oxford University Press, 1970), p. 99; Edmund Morgan, *The Puritan Family: Religion and Domestic Relations in Seventeenth-Century New England*, rev. ed. (New York: Harper & Row, 1966), pp. 46–64. In an analysis of the periodical fiction aimed at the upper-middle classes of the northeastern United States, Herman R. Lantz *et al.*, have found the literature of the late-eighteenth century abundant with references to romantic love, and especially to what they term "the glorification of emotions." Lantz, "The Preindustrial Family in America: A Further Examination of Early Magazines," *America Journal of Sociology*, 79 (1973), 566–588, esp. p. 577.

30. Edmund S. Morgan, *Virginians at Home: Family Life in the Eighteenth Century* (Charlottesville: University Press of Virginia, 1952), p. 50.

31. Charles Perron, *Les Franc-Comtois*, Besançon, 1892), p. 88.

32. Luc Thoré, "Langage et sexualité," in Centre d'études laènnec, ed., *Sexualité humaine* (Paris: Aubier-Montaigne, 1970), pp. 65–95, esp. p. 77.

33. How much "power" the conventional wisdom ascribes to "women" depends, of course, on the time and place being discussed. A common argument is that in traditional society women had high rates of labor force participation, doing important jobs within agriculture and industry such as the running of farms or tanning shops; it was in the course of modernization that they were forced out of the world of work and into the cloister of the household, to languish in dependency. For this viewpoint see Gerda Lerner, *The Woman in American History* (Menlo Park, California: Addison Wesley, 1971), pp. 16–19, and *passim*. Other writers see women as powerless in economic matters since, basically, the dawn of time.

34. Mme. Charles d'Abbadie d'Arrast, *Causeries sur le pays Basque: la femme et l'enfant* (Paris: 1909), pp. 53–56. I am uneasy about this source, partly because its author belongs to the upper-middle classes, whose testimony I customarily reject systematically, and partly because the Basque country was atypical for France as a whole.

35. Abbadie, *Pays Basque*, pp. 50–57; Paul Ourliac, "La famille pyrénéenne au Moyen Age," in Paul Ourliac, ed., *Recueil d'etudes sociales à la memoir de Frédéric Le Play* (Paris: Picard, 1956), "Famille pyrénnène," p. 261. In my three main series of evidence, there occasionally appear rather vague remarks about the peasant's wife living in subjection, being his first servant, and so on. I infer from these that in other regions of France husbands consulted little with their wives on strategic resource decisions, yet I have seen no hard information on this subject, a matter clearly of capital importance in assessing the "power" of peasant women in traditional times.

36. Henriette Dussourd, *Au même pot et au même feu: étude sur les communautés agricoles au Centre de la France* (Moulins: Pottier, 1962), p. 43.

37. On female participation in field work, by type of agricultural system, see the numerous observations of Henri Baudrillart, scattered throughout his three-volume survey of French rural life, *Les Populations agricoles de la France*, Vol. I: *Normandie et Bretagne* (Paris, 1885), Vol. II: *Maine, Anjou . . .* (1888), Vol. III: *Les Populations du Midi* (1893). For other observations see also Bossi, *Ain*, pp. 294; Beauvais de St.-Paul, *Essai historique et statistique sur le canton et la ville de Mondoubleau*

(Le Mans, 1837), p. 45; Guy Thuillier, "Pour une histoire des travaux ménagers en Nivernais au XIXe siècle," *Revue d'histoire économique et sociale*, 50 (1972), 238–264, esp. p. 239.

38. André Varagnac, *Civilisation traditionnelle et genres de vie* (Paris: Albin Michel, 1948), p. 188.

39. See the photographs in Segalen, *Mari et femme*, p. 61.

40. Observers thought fishing households different from peasant ones primarily because control over money was allocated differently. In Boulogne, fishermen turned over profits from the catch directly to their wives, keeping back only pocket money. P.-J.-B. Bertrand, *Précis de l'histoire . . . de la ville de Boulogne-sur-Mer* (Boulogne, 1829), p. 331. And in the Eure's Quilleboeuf, the authority of fishermen's wives extended even to the power to buy and sell property without their husband's consent, a custom which had originated with the perilousness of seafaring, but which with time had been adopted by the town's nonfishing population as well. Jean-Baptiste-Victoire Boismare, "Mémoire sur la topographie et les constitutions médicales de la ville de Quilleboeuf . . .," *Extrait des Actes de l'Academie des sciences de Rouen, pour l'anée 1811* (n.p., n.d.), p. 25.

41. Eugene Hammel, "The Jewish Mother in Serbia, or Les Structures alimentaires de la parenté," in *Kroeber Anthropological Society*, Special Publications No. 1 (1967), pp. 55–62, and esp. p. 57.

42. In parts of Normandy, according to J.-M. Gouesse, it was wives who had the principal responsibility for marketing and "taking care of exterior relations," yet I know of no similar cases elsewhere. Gouesse, "Parenté, famille et mariage en Normandie aux XVIIe et XVIIIe siècles: Présentation d'une source et d'une enquête," *Annales: ESC*, 27 (1972), 1139–1154, esp. p. 1148.

43. Yves Castan, "Mentalités rurale et urbaine à la fin de l'Ancien Régime dans le ressort du Parlement de Toulouse d'après les sacs à procès criminels, 1730–1790," in A. Abbiateci, *et al.*, eds., *Crimes et criminalité en France sous l'Ancien Régime, 17e-18e siècles* (Paris: Colin, 1971), pp. 109–186, esp. p. 141.

44. Segalen, *Mari et femme*, p. 72.

45. Hugo, *France pittoresque*, II, p. 234.

46. *Ibid.*, II, p. 234.

47. Segalen, *Mari et femme*, pp. 72–73.

48. Hugo, *France pittoresque*, II, p. 234. (Mayenne department.)

49. G. Maillet's article on "Fêtes de Dames," which appeared in *La Croix*, 24–25 October 1937, cited in Varagnac, *Civilisation traditionnelle*, p. 195.

50. Varagnac, *Civilisation traditionnelle*, p. 196.

51. Möller, *Kleinbürgerliche Familie*, pp. 305–311. While some of the evidence Möller offers on "domesticity" at the end of the eighteenth century seems to foreshadow the whole family's withdrawal from the community, perhaps contemporaries imagined this cozy retreat as an extension of behavior expected hitherto only of women.

52. Pierre Chaunu finds the territorial effect much stronger than the class effect in explaining fertility differences, from which might be inferred the operation of community norms in setting target family sizes. Chaunu, "Malthusianisme démographique et malthusianisme économique: Réflexions sur l'échec industriel de la Normandie à l'époque du démarrage," *Annales: ESC*, 27 (1972), 1–19, esp. pp. 15–16; see also his "Réflexions sur la démographie normande," in Société de démographie historique, ed., *Sur la population francaise au XVIIIe et au XIXe siècles: Hommage à Marcel Reinhard* (Paris: SDH, 1973), pp. 97–117, esp. pp. 108–110.

53. See the citations to Rétif in Etienne and Francine van de Walle, "Allaitement, stérilité et contraception: les opinions jusqu'au XIXe siècle," *Population*, 27 (1972), 685–701, esp. p. 693.

54. Balme, ". . . Quelques réflexions critiques sur la question, si la grossesse est une exclusion à l'alaitement," *Journal de médecine*, 47 (1777), 402–423, 494–507. ". . . le paysan, chez qui nous mettons le nourrisson, ne mene pas ordinairement une vie assez oiseuse ou assez délicieuse pour qu'elle puisse l'exciter à des caresses capables de lui nuire ainsi qu'à son épouse. Le mari revenant de son travail, harrassé de fatigue & de misere, porte tous ses desirs vers une nourriture necessaire, & le plus souvent peu abondante. Le repos, dont il a le plus grand besoin, le détourne ensuite des plaisirs, qui ne pourroient le délasser. La femme, de son côté, fatiguée des soins & des peines de de la journée, après un repas frugal, dont le nourrisson emporte tout le fruit, cherche le sommeil à côté de son mari plutôt que dans ses bras. Je le dis avec certitude, leurs caresses ne font que le pur effet de la nature, qui s'explique sur de vrais besoins, & plutôt au soulagement du corps qu'a son détriment." (p. 411)

55. Möller, *Kleinbürgerliche Familie*, p. 287.

56. "Bey dem Zanken der Eheleute machte oft die Frau dem Manne den Vorwurf, dass er ihr nicht ehelich beywohne und doch von ihr verlange, dass sie ihm ————." Respondent unnamed, cited in Christian Gotthilf Salzmann, *Ueber die heimlichen Sünden der Jugend*, 2nd ed. (Frankfurt, 1794), p. 54.

57. Louis Bandy de Nalèche, *Les Maçons de la Creuse* (Paris, 1859), p. 34.

58. Academie de Médecine, SRM 181, ms. "Topographie médicale de St. Malo," 1790.

59. Academie de Médecine, SRM 142, ms. of 12 July 1788.

60. Brieude, *Haute-Auvergne*, p. 305.

61. V. Stoeber and G. Tourdes, *Topographie et histoire médicale de Strasbourg* (Paris, 1864), p. 381.

Chapter 3

1. Peter Laslett has shown me much as yet unpublished English data in which this late sixteenth-century rise is unmistakable, and on the basis of which he argues that illegitimacy moves in long oscillations.

2. Preliminary documentation in Edward Shorter, "Illegitimacy, Sexual Revolution and Social Change in Modern Europe," *Journal of Interdisciplinary History*, 2 (1971), 237–272.

3. Illegitimate fertility series for major western nations after 1850 are presented in Edward Shorter, John Knodel and Etienne van de Walle, "The Decline of Non-Marital Fertility in Europe, 1880–1940," *Population Studies*, 25 (1971), 375–393, esp. 377. For a discussion of post-1850 premarital pregnancy series see appendix II.

4. Curves showing the parallelism in the decline are presented in *ibid.*, p. 378.

5. Among recent treatments of the antimasturbation and anti-intercourse literature of mid-nineteenth century America are Ben Barker-Benfield, "The Spermatic Economy: A Nineteenth-Century View of Sexuality," *Feminist Studies*, 1 (1972), 45–74; John S. Haller and Robin M. Haller, *The Physician and Sexuality in Victorian America* (Urbana: University of Illinois Press, 1973); Stephen Nissenbaum, "Careful Love: Sylvester Graham and the Emergence of Victorian Sexual Theory in the United States, 1830–1840" (Ph.D. dissertation, University of Wisconsin, 1968); Charles E. Rosen-

berg, "Sexuality, Class and Role in 19th-Century America," *American Quarterly*, 25 (1973), 131–153; and Daniel Scott Smith, "Family Limitation, Sexual Control, and Domestic Feminism in Victorian America," *Feminist Studies*, 2 (1973), 40–57. A selection of readings is Ronald Walters, ed., *Primer for Prudery: Sexual Advice to Victorian America* (Englewood Cliffs, N.J.: Prentice-Hall, 1974). On Canada see Michael Bliss, "Pure Books on Avoided Subjects: Pre-Freudian Sexual Ideas in Canada," *Canadian Historical Association, Historical Papers*, 1970 (Ottawa: CHA, 1970), pp. 89–108. These themes have been less pursued by students of Europe, but see Jean-Louis Flandrin's various works.

6. On increases in the fecundability of the unmarried see Phillips Cutright, "The Teenage Sexual Revolution and the Myth of an Abstinent Past," *Family Planning Perspectives*, 4 (1972), 24–31. For sources on postwar out-of-wedlock conceptions see chapter 3, note 81.

7. The sole merit of G. Rattray Taylor, *Sex in History*, rev. ed. (New York: Vanguard Press, 1970) is to state clearly the "pendulum" theory of sexuality: "In the past two thousand years the pendulum has swung twice from matrism to patrism and back, and it is now swinging towards matrism for the third time." (p. 285) The one-shot theory of sexual change has passed into the conventional wisdom on modernization, but most students of the question have gotten the story wrong, believing in a passage from free and easy traditional eroticism to cramped repression in modern times. Philip Slater's otherwise admirable book, for example, recapitulates the conventional left-psychoanalytic doctrine that links modern capitalism to repressiveness and associates whatever went before (unspecified, but vaguely alluded to as "primitive society") with sexual liberality. Slater, *The Pursuit of Loneliness: American Culture at the Breaking Point* (Boston: Beacon Press, 1970); see chapter 4, "Putting Pleasure to Work."

8. Beatrice Gottlieb's paper, "The Problem of Clandestine Marriage," delivered in 1972 to the American Historical Association's annual meeting in New Orleans, is most enlightening. On the Lutheran Church and "marriage" which begins with engagement see Matti Sarmela, *Reciprocity Systems of the Rural Society in the Finnish-Karelian Area* . . . (Helsinki: Suomalainen Tiedekatemia, 1969), p. 86. On the church's struggle against betrothal license and "informal" marriage in Denmark, see P. Hertoft, "Le Comportement sexuel des jeunes danois," in Maj-Briht Bergström-Walan *et al.*, eds., *L'éxperiénce scandinave: La sexualité, l'état et l'individu*, French trans. (Paris: Laffont, 1971), pp. 60–143, esp. pp. 65–72.

9. J. M. Tanner has recently reviewed the menarche (first menstruation) literature in *Growth at Adolescence*, 2nd ed. (Oxford: Blackwell, 1962), pp. 143–155. The most careful compilation of historical sources is Gaston Backman, "Die beschleunigte Entwicklung der Jugend: Verfrühte Menarche, verspätete Menopause, verlängerte Lebensdauer," *Acta Anatomica*, 4 (1948) 421–480. Although Backman puts the definitive decline of the age at puberty in France around 1890, my own investigations suggest the 1850s or 1860s would be more correct. I culled references to menarche from over a hundred "topographies médicales" and special surveys in the years after 1750. Most commonly before 1850 the doctors only bracket the modal ages, saying "puberty begins here between fifteen and seventeen," or some such formulation. I then added up the midpoints of all these brackets (or took more precise data, when given) and computed half-century averages. Preliminary results for the average age at which menstruation begins are:

	ALL OBSERVATIONS	IMPRESSIONISTIC OBSERVATIONS	CLINICAL SURVEYS
1750–1799	15.9	15.9	—
1800–1849	15.7	15.7	15.2
1850–1899	15.1	15.2	15.0
1900–1949	14.4	—	14.4
1950 and after*	13.5	—	13.5

* Mainly the Paris region.

10. There is little variation in the age of the mother at the birth of the first illegitimate child. Peter Laslett and Karla Oosterveen, "Bastardy in Colyton (Devon) and Hawkshead (Lancs): A Comparison," put it in the late twenties for the whole period 1540–1839, with little change over the years (table 7 of their 1974 circulated paper); for 18th-century Béziers and Annonay (Ardèche), the age was mid- to late-twenties, Alain Molinier, "Enfants trouvés, enfants abandonnés et enfants illégitimes en Languedoc aux XVIIe et XVIIIe siècles," in Société de démographie historique, ed., *Sur la population francaise au XVIIIe et au XIXe siècles: Hommage à Marcel Reinhard* (Paris: SDH, 1973), pp. 445–473, esp. p. 455; Alain Lottin suggests twenty-four to twenty-five for northern France in "Naissances illégitimes et filles-mères à Lille au XVIIIe siècle," *Revue d'histoire moderne et contemporaine*, 17 (1970), 278–322, esp. p. 306; and Jacques Depauw's frequency distributions for Nantes point to the mid- to late twenties, "Amour illégitime et société à Nantes au XVIIIe siècle," *Annales: ESC*, 27 (1972), 1155–1182, esp. table following p. 1166. Figures for late nineteenth- and early twentieth-century Germany indicate a slightly lower mean age. On the basis of Auguste Lange's data, I computed it at 23.6 for Baden in 1898—see Lange, *Die unehelichen Geburten in Baden: eine Untersuchung über ihre Bedingungen und ihre Entwicklung* (Karlsruhe, 1912), pp. 86*–87*; for Dresden in 1899–1910, the modal age group was twenty to twenty-four, a group having over half the cases—see Georg Prenger, *Die Unehelichkeit im Königreich Sachsen* (Leipzig, 1913), p. 72; for Zurich just before the Great War, T. R. Speich finds twenty to twenty-five the modal age group, with only 8 percent of all unwed mothers younger—see Speich, *Die unehelichen Geburten der Stadt Zürich* (Glarus, 1914), p. 33. A time series has been established for Sweden, where the mean age drops one year from 27.9 in 1868–70 to 26.8 in 1891–1900; see Gustav Sundbärg, *Bevölkerungsstatistik Schwedens, 1750–1900* (Stockholm: Statistika Centralbyran reprint, 1970; Urval nr. 3), p. 126.

11. Phillips Cutright, *Illegitimacy in the United States: 1920–1968* (Washington: Government Printing Office, 1972), pp. 18–19 and table 3.7. In a 1971 paper to the American Historical Association, Daniel Scott Smith and Michael S. Hindus expressed reservations about the possibility of charting historical trends in fecundity, "since infecundity is measured through observed infertility in the population, it cannot be empirically measured except in a non-contracepting population. In any case, the proportion of women sterile before age thirty is too low . . . for historical variations in biological potential at a given interval from menarche to have had much influence on variation in premarital pregnancy ratios." Smith and Hindus, "Premarital Pregnancy in America, 1640–1966" (p. 76). While it's true that variations in absolute sterility might not have amounted to much, they may, however, serve as an index to variations in sub-fecundity, and such *partial* impairments in the ability to conceive may have varied considerably.

12. See Emmanuel Le Roy Ladurie, "L'aménorrhée de famine (XVIIe–XXe siècles)," *Annales: ESC*, 24 (1969), 1589–1601.

13. This evidence is reviewed in Edward Shorter, "Female Emancipation, Birth Control, and Fertility in European History," *American Historical Review* 78 (1973) 629–630.

14. Balguerie, préfet, *Tableau statistique du département du Gers* (Paris, 1802), p. 48. On coitus interruptus among the Vendées youth, see Marcel Baudouin's classic *Le Maraichinage: Coutume du Pays de Monts (Vendée)*, 5th ed. (Paris, 1932; first ed., 1900), pp. 131–132; the practice is also mentioned in Dr. Boismoreau, *Coutumes médicales et superstitions populaires du Bocage vendéen* (Paris, 1911), pp. 45–46.

15. In a 1971 poll, John F. Kantner and Melvin Zelnik discovered that a half of unmarried adolescent Americans failed to use any contraceptive technique the last time they had intercourse, and that only 20 percent contracceived consistently. Kantner and Zelnik, "Contraception and Pregnancy: Experience of Young Unmarried Women in the United States," *Family Planning Perspectives* 5 (1973), pp. 21–35 esp. 21–22. Michael Schofield found similar results for British teenagers in the mid-1960s: only 20 per cent of the girls regularly took precautions; 60 per cent left contraception entirely to the boy, and only 43 per cent of the males "always" employed some technique, mostly the sheath. Schofield, *The Sexual Behaviour of Young People* (Harmondsworth: Pelican, 1968), pp. 88–89. Gunter Schmidt and Volkmar Sigusch, finally, were appalled that the "overwhelming majority" of the young unmarried workers they polled in Germany in 1968 "either used an inefficient contraceptive means or none at all." Schmidt and Sigusch, *Arbeiter-Sexualität: Eine empirische Untersuchung an jungen Industriearbeitern* (Neuwied: Luchterhand, 1971), p. 54. Only in Denmark and Sweden did a majority of teenagers practice contraception effectively, relying upon methods more sophisticated than withdrawal. P. Hertoft, "Le Comportement sexuel des jeunes danois," and Joachim Israel et al., "Formes de comportements sexuels chez la jeunesse suédoise des grandes villes," in Maj-Briht Bergström-Walan, *L'Expérience scandinave: La sexualité, l'état et l'individu*, pp. 101, 185.

16. Cutright, *Illegitimacy in the United States*, table 4.6; data for 1940.

17. David Glass, *Population Policies and Movements in Europe* (Oxford, 1940), p. 429.

18. Louis Lépecq de la Cloture, *Collection d'observations sur les maladies et constitutions épidémiques* (Rouen, 1778), p. 273.

19. Alain Molinier, *Une paroisse du bas Languedoc: Serignan, 1650–1792* (Montpellier: Imp. Déhan, 1968), pp. 199–202, attributes the higher marital fertility of the post-1750 period to a lower fetal-loss rate. Thomas McKeown et al., in a recent conspectus of the literature, explicitly reject the possibility that the big improvements in English diet which did take place during the eighteenth century could have caused a "spontaneous increase" in fertility. McKeown, "An Interpretation of the Modern Rise of Population in Europe," *Population Studies*, 26 (1972), 345–382, esp. p. 350.

20. See David Glass's discussion of abortion in the German fertility decline, for example. Glass, *Population Policies*, p. 61. Jean Sutter argues that French anti-abortion legislation at the end of the nineteenth century increased the number of women willing to undertake "autoavortement." Sutter, "Sur la diffusion des méthodes contraceptives," in Hélène Bergues, ed., *La Prévention des naissances dans la famille: ses origines dans les temps modernes* (Paris: INED, 1960), pp. 341–359, esp. p. 347.

21. Jean-Louis Flandrin, "L'attitude à l'égard du petit enfant et les conduites sexuelles dans la civilisation occidental: structures anciennes et évolution," *Annales de démographie historique*, (Paris: Morton: 1973), pp. 143–210.

22. Vienna's Dr. D. Z. Wertheim wrote in 1810, for example, that tougher laws had possibly reduced abortion, and that the abolition of the fornication penalties had probably lessened the incidence of infanticide as well. Wertheim, *Versuch einer medicinischen Topographie von Wien* (Vienna, 1810), pp. 87, 112.

23. Coutèle, *Observations sur la constitution médicale de l'année 1808 à Albi*, 2 vols. (Albi, 1809), II, pp. 60–61.

24. Adrien Bérenguier, *Topographie physique, statistique et médicale du canton de Rabastens (Tarn)* (Toulouse, 1850), p. 99.

25. Archives nationales, F¹⁵ 3897.

26. The Paris example from Roger-Henri Geurrand, *La Libre maternité, 1896–1969* (Paris: Casterman, 1971), p. 30; Berlin example from Max Nassauer, *Der moderne Kindermord und seine Bekämpfung durch Findelhäuser* (Leipzig, 1919), p. 16. On Belgium, see J. Stengers, "Les Pratiques anticonceptionnelles dans le mariage au XIXe et au XXe siècle: Problèmes humains et attitudes religieuses," *Revue belge de philologie et d'histoire*, 49 (1971), 403–481, 1119–1174, esp. pp. 1152–1153.

27. Andre Cachois, *Démographie de la Seine-Inférieure* (Rouen, 1929), pp. 273–274.

28. See, for example, the reference to the "alleged high frequency of abortion" and the opinions of J. J. Spengler in Norman E. Himes, *A Medical History of Contraception*, repr. (New York: Gamut Press, 1963; first ed., 1936), p. 374.

29. For local cases in which the illegitimacy and premarital pregnancy ratios rose simultaneously in the late eighteenth century, see the graphs for Sainghin, Meulan, Troarn, Durlach, "an Oldenburg town," Boitin, Volkshardinghausen, and Kreuth in the appendix of Shorter, "Illegitimacy, Sexual Revolution and Social Change . . ." pp. 266–269.

30. G. Cless, *Versuch einer medicinischen Topographie . . . Stuttgart* (Stuttgart, 1815), p. 54; Karl Kisskalt, "Die Sterblichkeit im 18. Jahrhundert," *Zeitschrift für Hygiene und Infektionskrankheiten*, 93 (1921), 429–511, esp. pp. 448–451; Otto Konrad Roller, *Die Einwohnerschaft der Stadt Durlach im 18. Jahrhundert* (Karlsruhe, 1907), p. 111.

31. Bernard-Benoît Remacle, *Rapport . . . concernant les infanticides et les mort-nés dans leur relation avec la question des enfants trouvés* (Paris, 1845), p. 21.

32. A generation of French historical demographers has by now submitted the eighteenth-century parish registers of that country to exacting tests. They find almost no change, until the Revolution, in the quality of the reporting or in the probable proportion of births slipping unnoticed through the official screen. English illegitimacy data for the early nineteenth century are suspicious because of incompleteness in the registration, as are those for the time of the Civil War in the seventeenth century. If the Germans err, it is in the direction of recording too much, sometimes noting as illegitimate the children conceived outside of wedlock but born *legitimately*. The transition of birth registration from clerical to civil changes on occasion the quality of the reporting; yet the illegitimacy explosion commenced everywhere considerably before this administrative innovation, and lasted for decades.

33. I discussed in detail such evidence for Bavaria in Edward Shorter, "Towards a History of *La Vie Intime*: The Evidence of Cultural Criticism in Nineteenth-Century Bavaria," in Michael R. Marrus, ed., *The Emergence of Leisure* (New York: Harper and Row, 1974), pp. 38–68.

34. See, for example, Bayerisches Hauptstaatsarchiv, MI 46556, 1837.

35. Joseph Hazzi, *Statistische Aufschlüsse über das Herzogthum Baiern*, 11 vols. (Nürnberg, 1801–1808), III, pp. 193, 657.

36. Bayerisches Hauptstaatsarchiv, MI 15396.

37. Bayerisches Hauptstaatsarchiv, MI 46556, 1839.

38. Bayerisches Hauptstaatsarchiv, MI 52137.

39. Howls about declining morality were, of course, heard elsewhere than just Germany and France. See, for example, Henry Fielding's diatribe against the corruption of the lower orders through voluptuousness and luxury, within the discussion "Of too frequent and expensive diversions among the lower kind of people." See also the subsequent section, "Of drunkenness, a second consequences of luxury among the vulgar," in "An Enquiry into the Causes of the Late Increase of Robbers . . .," *The Works of Henry Fielding*, 10 vols. (London, 1806), X, pp. 349–367 *et seq.* Edgar S. Furniss cites numerous eighteenth-century English opinions on rising debauchery, immorality, indolence, and intemperance; see pp. 99–109 and appendix II ("The Moral Life Conditions of the English Laborer, 1660–1775") of Furniss, *The Position of the Laborer in a System of Nationalism: A Study in the Labor Theories of the Later English Mercantilists*, repr. (New York: Augustus Kelley, 1965; first ed., 1918).

40. Lépecq de la Cloture, *Collection d'observations sur les maladies*, p. 189.

41. Gabriel-Antoine-Joseph Hécart, *Précis historique et statistique sur la ville de Valenciennes* . . . (Valenciennes, 1825), p. 91.

42. Louis-René Villermé, *Tableau de l'état physique et morale des ouvriers employés dans les manufactures de coton, de laine et de soie*, 2 vols. (Paris, 1840), I, pp. 291–292.

Though complaints of this order were common, they were not universal. In some countrysides purity seems to have prevailed. "*L'amour* in rural communes is generally confined to marriage. Here the heart is much less hasty. Work in the fields holds back the girls' imaginations and the dangers of seduction. Being freer than the married women, young girls are permitted to go out a bit [*la fréquentation des garçons*] with boys, yet this does not give rise to the commonplace regrets of those countries where the roll of illegitimacy is so long, even though rural parents here commit the imprudence of letting their daughters take the cows to water.

"Love talk [*le langage galant*] in the countryside is as chaste as the behavior, and you wouldn't be any more likely to crack dirty jokes with our girls than with the daughters of the bourgeois.

"As a consequence, for every thousand girls in a rural canton, there probably aren't ten who don't preserve their virginity up to the altar." Barthélemy Chaix, *Préoccupations statistiques, géographiques, pittoresques et synoptiques du département des Hautes-Alpes* (Grenoble, 1845), p. 269; the author was subprefect from 1800–1815, thereafter a member of the *conseil général* of the department.

43. Jean-Louis Flandrin, "Mariage tardif et vie sexuelle: discussions et hypothèses de recherche," *Annales: ESC*, 27 (1972), *passim*.

44. Both Flandrin and E. H. Hare argue for an increase in masturbation in the seventeenth and early eighteenth centuries owing to the Catholic Church's repression of premarital intercourse in France and to Puritanism's austere morality in England. Hare mentions as well possible anxiety over venereal disease. Hare, "Masturbatory Insanity: the History of an Idea," *Journal of Mental Science*, 108 (1962), 1–25, esp. p. 12.

45. Hughes Maret, *Mémoire dans lequel on cherche à déterminer quelle influence les moeurs des François ont sur leur santé* (Amiens, 1772), pp. 61, 87.

46. Joseph Daquin, *Topographie médicale de la ville de Chambéry* (Chambéry, 1787), p. 89.

47. For overviews of the antimasturbation literature see Hare, "Masturbatory Insanity," *op cit.*, and Robert H. MacDonald, "The Frightful Consequences of Onanism: Notes on the History of a Delusion," *Journal of the History of Ideas*, 28 (1967), 423–431.

48. The 2nd edition of Salzmann's book is dated 1794, but its preface, bearing the location Schnepfenthal, was written in 1787. Christian Gotthilf Salzmann, *Ueber die heimlichen Sünden der Jugend*, (Frankfurt, 1794), p. 54. On the purity of the countryside versus the masturbatory cities, see also Dr. Moulet's ms., "Mémoire sur la topographie médicale de Montauban," 1786, Académie de médecine, SRM 181, and Louis Caradec, *Topographie médico-hygiénique du département du Finistère* (Brest, 1860), pp. 84–85.

49. Dr. Grassl, "Bäuerliche Liebe," *Zeitschrift für Sexualwissenschaft*, 13 (1927), 369–380, esp. p. 372.

50. Salzmann, *Ueber die heimlichen Sünden*, pp. 11, 14, 24, 54, 101, 103, 105, 107, 122.

51. Guillaune Daignan, *Tableau des variétés de la vie humaine* (Paris, 1786), pp. 328–329.

52. Wertheim, *Wien*, pp. 105–106, 120–121.

53. This portrait of nightcourting combines the accounts of K. Rob. V. Wikman, *Die Einleitung der Ehe . . .* (Abo: Abo Akademi, 1937), *passim*, and Sarmela, *Reciprocity Systems of the Rural Society*, pp. 155–180.

54. We know that nightcourting meant betrothal license for many couples if only because, in traditional Sweden and Denmark, up to half of all first legitimate children were conceived before marriage. Hertoft, "Le Comportement sexuel des jeunes danois," p. 71, and Wikman, *Einleitung der Ehe*, p. 287. But Wikman points out that, whereas the daughters of poorer peasants would begin intercourse with engagement, those of wealthier peasants could lie chastely for years next to their fiancés (pp. 285–287).

55. Wikman discusses German and Slavic nightcourting practices, *ibid.*, pp. 216–257; in these regions "individual" nightcourting tended to predominate over the collective variety, however. For a summary of the system in Denmark see Hertoft, "Le Comportement sexuel des jeunes danois," pp. 66–67. Michael Drake reprints the ethnographer Eilert Sundt's account of individual nightcourting in Michael Drake, *Population and Society in Norway, 1735–1865* (New York: Cambridge University Press, 1969), pp. 138–145.

56. Wikman, *Einleitung der Ehe*, p. 284.

57. Sarmela, *Reciprocity Systems of the Rural Society*, p. 164.

58. *Ibid.*, pp. 135–144.

59. Hertoft, "Le Comportement sexuel des jeunes danois," p. 72.

60. Baudouin *Le Maraichinage*, pp. 105–121 and *passim*; see also Boismoreau, *Coutumes médicales du bocage vendéen*, pp. 45–46; and Henri Baudrillart, *Les Populations agricoles de la France: Maine, Anjou . . .* (Paris, 1888), p. 186.

61. I am indebted to Etienne van de Walle for these data on illegitimate fertility.

62. Leon Kaczmarek and Guy Savelon, "Problemes matrimoniaux dans le ressort de l'officialité de Cambrai, 1670–1762: Les séparations de corps et de biens," mémoire de maîtrise under the direction of P. Deyon (Univ. de Lille 1971), p. 141; available through Microeditions Hachette.

63. Elard Hugo Meyer, *Badisches Volksleben* (Strasbourg, 1900), p. 193.

64. C.-H. Machard, *Essai sur la topographie médicale de la ville de Dole* [Jura] (Dole, 1823), p. 58.

65. See, for example, Leon Bernard, *The Emerging City: Paris in the Age of Louis XIV* (Durham: Duke University Press, 1970), pp. 180–183; P. Martell, "Zur Geschichte der Prostitution der Stadt Berlin," *Zeitschrift für Sexualwissenschaft*, 16 (1929–30), 133–145; and Jacques Solé, "Passion charnelle et société urbaine d'Ancien Régime: Amour vénal, amour libre et amour fou à Grenoble au milieu du règne de

Louis XIV," in *Annales de la Faculté des lettres et sciences humaines de Nice*, Nos. 9–10 (1969), pp. 211–232.

66. Such as is presented in Shorter, Knodel, van de Walle, "Decline of Non-Marital Fertility," p. 387.

67. The most sophisticated debunker, Phillips Cutright, has forced me to reflect at length about the "second sexual revolution" idea. Yet in this case I think the demographer's professional reflex of seeking first the most *un*spectacular explanation is inappropriate. Cutright, "The Teenage Sexual Revolution and the Myth of an Abstinent Past," pp. 24–31.

Other pooh-poohers, however, have been caught more flat-footed by recent trends. Ira Reiss, for example, has consistently represented the viewpoint that sexual behavior has not been changing, only people's willingness to talk about it. Reiss, "The Sexual Renaissance: A Summary and Analysis," *Journal of Social Issues*, 22 (1966), 123–137, esp. 126. And Erwin O. Smigel and Rita Seiden could still write in 1968, ". . . we have not had a recent or current sexual revolution in terms of behavior." Smigel and Seiden, "The Decline and Fall of the Double Standard," *Annals of the American Academy of Political Science*, March 1968, pp. 6–17, quote from p. 17.

68. United States Public Health Service, *Trends in Illegitimacy: United States, 1940–1965*, National Center for Health Statistics, Series 21, No. 15 (Washington: GPO, 1968), p. 3. Data from Kinsey's Institute of Sex Research show a slightly more rapid increase in premarital conceptions.

*Females with conception experience
before marriage (before age 25)*

DECADE OF BIRTH	PER CENT
1890–1899	3.3
1900–1909	7.0
1910–1919	9.4
1920–1929	10.9

See Paul H. Gebhard *et al.*, *Pregnancy, Birth and Abortion* (New York: Wiley, 1966; first published 1958), p. 70.

69. Prebridal pregnancies, as well as the general risk of out-of-wedlock conception, dropped off during the Depression to around a fourth of all births, increasing again after the Second World War. Sydney H. Croog, "Premarital Pregnancies in Scandinavia and Finland," *American Journal of Sociology*, 57 (1952), 358–365, esp. p. 361; Phillips Cutright, "Illegitimacy: Myths, Causes and Cures," p. 40.

70. See the string of references in C. Rauhe, *Die unehelichen Geburten als Sozialphänomen: Ein Beitrag zur Bevölkerungsstatistik Preussens* (Munich, 1912), p. 19; on Dresden for 1890–1894, Dr. Schneider, "Ueber vorcheliche Schwängerung," *Jahrbücher für Nationalökonomie und Statistik*, 3rd ser., 10 (1895), 554–561, esp. p. 555, where 31 per cent of the wives of supervisors and small clerks were premaritally pregnant, 49 per cent of the wives of workers and apprentices. Thirty years later, among a roughly comparable population of Kiel shipyard workers, 44 per cent of the supervisors' wives were pregnant before marriage, 50 per cent of the skilled workers' wives, and 61 per cent of the unskilled workers' wives. Karl Heinz Koch, "Die Kinderzahlen der Arbeiter und Angestellten von Kieler Werften: Ein Beitrag zur Frage der unterschiedlichen Fortpflanzung," *Archiv für Rassen- und Gesellschaftsbiologie*, 31 (1937), 245–263, esp. p. 260. Within less "modern" settings, such as the village

of Remmesweiler, prebridal pregnancy advanced more rapidly, from 15 percent in 1900–1929 to 28 percent in 1930–1959. Jacques Houdaille, "La Population de Remmesweiler en Sarre aux XVIIIe et XIXe siècles," *Population*, 25 (1970), 1183–1191, esp. p. 1185.

71. Shorter, Knodel, van de Walle, "Decline of Non-Marital Fertility," p. 382.

72. Alfred C. Kinsey *et al.*, *Sexual Behavior in the Human Female* (New York: Bantam, 1965; first ed., 1953), pp. 298–301, esp. figure 50.

73. *Ibid.*, pp. 31–37.

74. This point is made in Daniel Scott Smith, "The Dating of the American Sexual Revolution: Evidence and Interpretation," reprinted in Michael Gordon, ed., *The American Family in Socio-Historical Perspective* (New York: St. Martin's Press, 1973), pp. 321–335.

75. Data collected in 1934 by Lewis Terman suggest that the swing towards non-virginity among both men and women had begun considerably sooner than the 1920s. Of the women who came of age towards 1900, 86 per cent said they had postponed sex until marriage; of those who matured towards 1910, 74 per cent, and so forth down the hill. Yet Terman's sample suffered the same middle-class–professional biases as Kinsey's. Terman, *Psychological Factors in Marital Happiness* (New York, 1939), p. 321.

76. The results of these surveys are conveniently drawn together in Gerald R. Leslie, *The Family in Social Context* (New York: Oxford University Press, 1967), pp. 388–389.

77. Virginity at marriage data from the French Institute of Public Opinion (L'Institut francais d'opinion publique–IFOP), *Patterns of Sex and Love: A Study of the French Woman and her Morals*, trans. Lowell Bair (New York: Crown, 1961), p. 109, "Simon" data from Pierre Simon *et al.*, *Rapport sur le comportement sexuel des francais* (Paris: Julliard-Charron, 1972), p. 224; survey conducted in 1970. Prebridal pregnancy data from J. Deville, *Structure des familles: enquête de 1962 série démographie et emploi*, nrs. 13–14 (Paris: INSEE, 1972), p. 91.

During the 1960s the mean age of first female intercourse in France fell from twenty-two, where it had stayed in the 1930s, 1940s and 1950s, to around twenty. Simon, *Rapport sur le comportement sexuel des francais*, p. 201. Among the cohort of twenty to twenty-nine year-olds interviewed, 19.1 was the mean age at first coitus for women. Yet 20 per cent of this cohort was still virginal at the time of the survey, so the cohort's true mean age will turn out to be somewhat higher.

78. Cross-national illegitimacy rates for the years 1950, 1960, and 1965 are given in Phillips Cutright, "Economic Events and Illegitimacy in Developed Countries," *Journal of Comparative Family Studies*, 2 (1971), 33–53, esp. pp. 51–53. The rate represents the number of illegitimate births per 1,000 unmarried women age 15 to 44. Annual French illegitimacy rates for 1962–1969 are presented in the *Annuaire statistique de la France*, 1972 (Paris: INSEE, 1973), p. 29. The increase in the total rate is almost entirely the result of a rise in teenage illegitimacy.

79. Cutright, "Teenage Sexual Revolution," *passim*. On the balance between intercourse and fecundability in Australia, see K. G. Basavarajappa, "Pre-marital Pregnancies and Ex-nuptial Births in Australia, 1911–66," *Australian and New Zealand Journal of Sociology*, 5 (1969), 126–145, esp. p. 135.

80. Annual illegitimate fertility rates to 1968 are available in the *Statistical Abstract of the United States*, 1972, p. 51. In 1968 women 15 to 19 produced 47 per cent of all illegitimate live births. Age-specific illegitimacy rates to 1967 have been graphed in Abbott L. Ferriss, *Indicators of Change in the American Family* (New York: Russell Sage Foundation, 1970), p. 57, figure 25.

81. The number of prebridal pregnancies per 100 marriages for 1955, 1960, 1965, and 1970 is given in France Prioux-Marchal, "Les Conceptions prenuptiales en Europe occidentale depuis 1955," *Population*, 29 (1974), 61–88, esp. table 1, p. 63, and observations about Swedish and Danish illegitimate fertility, p. 66. Daniel Scott Smith presents premarital pregnancy data from the 1965 Current Population Survey in "The Dating of the American Sexual Revolution," table 3, p. 326. Of the women polled, 9.3 per cent of the 1940–1944 marriage cohort were pregnant at the time of wedlock, 20.4 per cent of the 1960–1964 cohort.

82. The French "Rapport Simon" and H. L. Zetterberg's *Om sexuallivet i Sverige* (Stockholm: Nordiska Bokhandeln, 1969) are exceptional in asking different age groups of the population about their premarital sexual experiences.

83. Birgitta Linnér, *Sex and Society in Sweden* (New York: Harper & Row, 1972; first ed. 1967), p. 19. Zetterberg found that of the generation of women born in 1905–1935, 68 per cent were nonvirginal before marriage, of those born in 1935–1950 fully 86 per cent were nonvirginal, cited in Hertoft, "Le Comportement sexual des jeunes danois," p. 81. In an across-the-board survey of the Stockholm population done in 1966–1967, Maj-Briht Bergström-Walan and collaborators discovered a trend in the 1960s towards earlier ages at first coitus: whereas only 2 per cent of the twenty-five-year-olds had experienced intercourse at age fourteen, 7 per cent of the sixteen-year-olds had done so (but 11 per cent of the seventeen-year-olds). Almost 80 per cent of the less-educated women in the sample had been sexually active by age eighteen, about 55 per cent of the better-educated ones. Bergström-Walan, "Jeunesse suédoise des grandes villes," pp. 177–180.

84. Harold T. Christensen and Christina F. Gregg, "Changing Sex Norms in America and Scandinavia," *Journal of Marriage and the Family*, 32 (1970), 616–627, esp. p. 621.

85. John F. Kantner and Melvin Zelnik, "Sexual Experience of Young Unmarried Women in the United States," *Family Planning Perspectives*, Vol. 4, No. 4 (October, 1972), pp. 9–19, esp. p. 10, table 1; Kinsey, *Sexual Behavior in the Human Female*, p. 286.

86. Vance Packard, *The Sexual Wilderness: The Contemporary Upheaval in Male-Female Relationships* (New York: David McKay, 1968), pp. 160–162.

87. Cited in F. Ivan Nye and Felix M. Berardo, *The Family: Its Structure and Interaction* (New York: Macmillan, 1973), p. 196.

88. Robert R. Bell and Jay B. Chaskes, "Premarital Sexual Experience Among Coeds, 1958 and 1968," *Journal of Marriage and the Family*, 32 (1970), 81–88, esp. p. 83. A more recent study of attitudes shows continuing liberality, James W. Croake and Barbara James, "A Four Year Comparison of Premarital Sexual Attitudes," *Journal of Sex Research*, 9 (1973), 91–96.

89. Christensen-Gregg, "Changing Sex Norms," p. 621.

90. Reported in the *Hartford Courant*, 12 August 1973, p. 24; I am indebted to Daniel Scott Smith for this reference.

91. These data have been kindly supplied by F. M. Barrett, from his unpublished paper, "Sexual Experience, Birth Control Usage, and Sex Education: A Study of Students at the University of Toronto" (1974). Female non-virginity was almost identical 44 (per cent) in a comparable Scottish undergraduate population surveyed in 1971. C. McCance and D. J. Hall, "Sexual Behaviour and Contraceptive Practice of Unmarried Female Undergraduates at Aberdeen University," *British Medical Journal*, 17 June 1972, 694–700.

92. Worker story from Robert P. Neuman, "Industrialization and Sexual Behavior: Some Aspects of Working-Class Life in Imperial Germany," in Robert Bezucha, ed.,

Modern European Social History (Lexington, Mass.: D.C. Heath, 1972), pp. 270–298, esp. p. 280. Toilet walls and hands in pockets from A. Wolff, *Untersuchungen über die Kindersterblichkeit: medicinisch-statistischer Beitrag zur öffentlichen Gesundheitspflege unter Berücksichtigung der Verhältnisse in Erfurt* (Erfurt, 1874), pp. 63–64.

93. Schmidt and Sigusch, *Arbeiter-Sexualität*, pp. 80, 123; the authors interviewed some students as a control group.

94. Kinsey, *Sexual Behavior in the Human Female*, p. 180; *Sexual Behavior in the Human Male* (Philadelphia: Saunders, 1948), p. 96.

95. Kinnér, *Sex and Society in Sweden*, p. 24; in Denmark 93 per cent of all boys polled in a 1963–1964 survey said they masturbated, four fifths of them having begun before age sixteen. Hertoft, "Le Comportement sexuel des jeunes danois," p. 77. In postwar Finland, 90 per cent of "educated" youth masturbated; only 60 per cent, however, of those who had received only an elementary-school education. Yrjo Raivio, "Masturbation and Premarital Intercourse among Present-day Finnish Male Youths," *International Journal of Sexology*, 7 (1953), 73–74.

96. Simon, *Rapport sur le comportement sexual des français*, p. 262.

97. Kinsey, *Sexual Behavior in the Human Female*, p. 151; Simon, *ibid.*, p. 263.

98. The "little finger" reference is from Dr. E. Bogros, *A Travers le Morvan: moeurs, types, scènes et passages* (Château-Chinn, 1873), p. 43. Jean-Louis Flandrin brought this work to my attention.

99. Kinsey, *Sexual Behavior in the Human Male*, p. 370; *Sexual Behavior in the Human Female*, pp. 257–258.

100. Schmidt and Sigusch, *Arbeiter-Sexualität*, pp. 55, 127.

101. Schofield, *Sexual Behaviour of Young People*, pp. 45, 50.

102. Eleanore B. Luckey and Gilbert D. Nass, "A Comparison of Sexual Attitudes and Behavior in an International Sample," *Journal of Marriage and the Family*, 31 (1969), 364–379, esp. p. 374.

103. Christian Pouyez, *Une Communauté rurale d'Artois: Isbergues (1598–1826)*, Lille III thesis, 1972, p. 95.

104. Lottin, "Naissances illégitimes," p. 310.

105. K. F. H. Marx, *Göttingen in medicinischer . . . Hinsicht* (Göttingen, 1824), p. 173.

106. William Acton, "Observations on Illegitimacy in the London Parishes of St. Marylebone, St. Pancras, and St. George's, Southward, during the Year 1857," *Journal of the Statistical Society of London*, 22 (1859), 491–505, esp. p. 493, For eighty-nine women no occupation was stated, yet we have no cause to assume that such women clustered in the upper orders.

107. Marie-Hélène Jouan, "Les Originalités démographiques d'un bourg artisanal normand au XVIIIe siècle: Villedieu-les-Poëles (1711–1790)," *Annales de démographie historique*, 1969, 87–124, esp. p. 103; Molinier, "Enfants trouvés Languedoc," p. 457; Camille Bloch, *L'Assistance et l'état en France à la veille de la Révolution* (Paris, 1908), p. 104.

108. Dr. Schneider, "Ueber voreheliche Schwängerung," *Jahrbuch für Nationalökonomie und Statistik*, 3rd ser., 10 (1895), 554–561, esp. p. 555. Figures include both prebridal pregnancy and illegitimacy.

109. Lange, *Unehelichen Geburten in Baden*, pp. 95*–97*.

110. For example, Beth Berkov and Paul W. Shipley, *Illegitimate Births in California, 1966 and 1967* (State of California Department of Public Health pamphlet, 1971), p. 23; Daniel Scott Smith and Michael S. Hindus, "Premarital Pregnancy

338

in America, 1640–1971: An Overview and Interpretation," *Journal of Interdisciplinary History*, 5 (1975), 537–570, tables 2 and 3.

The number of premarital pregnancies per 100 marriages in France for all age groups of women combined ran as follows in a 1962 survey:

Peasants	11
Farm laborers	20
Shopowners and employers	11
Free professions and executives	8
Supervisers (cadres moyens)	11
Employees	14
Workers	20
Overall	15/100

Jean-Claude Deville, *Structure des familles: Enquête de 1962*, No. 66 des Collections de l'INSEE, série D (Paris: INSEE, 1972), table 36, pp. 92–93.

Chapter 4

1. For descriptions see Joseph Schaible, *Geschichte des badischen Hanauerlandes, nebst einer medizinisch-statistischen Topographie* (Karlsruhe, 1855), p. 200; Elard Hugo Meyer, *Badisches Volksleben* (Strasbourg, 1900), p. 164.

2. The account from Marcel Badouin, *Le Maraichinage* (Paris, 1932), pp. 51–52.

3. Xavier Thiriat, *La Vallée de Cleurie*, (Mirecourt, 1869), p. 309.

4. Matti Sarmela, *Reciprocity Systems of the Rural Society in the Finnish–Karelian Area* . . . (Helsinki: Suomalainin Tiedekatemia, 1969), pp. 114–127.

5. General observations about Europe based on K. Rob. V. Wikman, *Die Einleitung der Ehe* . . . (Abo: Abo Akademie, 1937), esp. the map on p. 264. For a French youth-group example see Arnold Van Gennep, *Manuel de folklore francais*, I(1) (Paris: A. Picard, 1937–58), pp. 199–200.

6. The veillée has, to my knowledge, never been studied systematically by historians, and the few folkloric studies that attempt general statements are inadequate. This account is based on numerous French and German local studies.

7. See for example, Van Gennep, *Manuel de folklore francais*, I(1), p. 252.

8. Sarmela, *Reciprocity Systems of the Rural Society*, pp. 64–70.

9. Émile Violet, *Les Veillées en commun et les réunions d'hiver* (Macon, 1942), pp. 7–8.

10. Cambry, *Description du département de l'Oise*, 2 vols. (Paris, 1803), I, p. 260; describes commune of Anseauvilliers.

11. de Verneilh, *Statistique générale de la France* . . . *département du Mont-Blanc* (Paris, 1807), p. 301.

12. C. Dupin, *Mémoire statistique du département des Deux-Sevres* (Paris, 1904), pp. 210–211.

13. For an example of veillées, the purpose of which seems more dancing than working, see "Statistique de la Charente, 1801," Archives nationales F20 172.

14. Varagnac states explicitly: "the principal attraction of the veillées was to stimulate or promote *relations courtoises* between young men and women." André Varagnac, *Civilisation traditionnelle et genres de vie* (Paris, Albin Michel, 1948), pp. 96–97.

15. On Russia and Finland, Sarmela, *Reciprocity Systems of the Rural Society*, pp. 114–121.

16. See Rudolf Braun, *Industrialisierung und Volksleben* . . . (Erlenbach–Zurich: Eugen Rentsch, 1960), for an account of "Lichtstubeten," pp. 120–122.

17. Marx, *Göttingen*, p. 174.

18. Violet, *Veillées en commun*, p. 13.

19. Abel Hugo, *La France pittoresque*, 3 vols. (Paris, 1835), I, p. 170.

20. Richard Weiss, *Volkskunde der Schweiz: Grundriss* (Erlenbach-Zurich: Eugen Rentsch, 1946), p. 216.

21. The old ways haven't disappeared entirely, for among peasant families of the Wallonian Brabant, girls aged fourteen to twenty are still today accompanied by a relative when they go out dancing. Yet such cases are rare enough to be curiosities. A. Doppagne, "Enquête en Brabant Wallon . . ." Institut de Sociologie de l'Université libre de Bruxelles, *Document de Travail* No. III/1 (March 1970), 8.

22. The following discussion owes much to Arnold Van Gennep's great compilation, *Manuel de folklore francais*. And though Van Gennep is at times distressingly ahistorical, his work is nonetheless indispensable for historical ethnography in France.

23. *Ibid.*, I(3), pp. 1105–1107.

24. *Ibid.*, I(3), p. 1070.

25. *Ibid.*, I(3), pp. 1113–1114.

26. Henri Lepage and Ch. Charton, *Le Département des Vosges: Statistique, historique et administrative* (Nancy, 1845), I, p. 713.

27. Van Gennep, *Manuel de folklore français*, I(4), p. 2035.

28. Varagnac, *Civilisation traditionnelle*, pp. 62–63, 74.

29. Sarmela, *Reciprocity Systems of the Rural Society*, table on p. 131; Anton Birlinger, *Aus Schwaben: Sagen, Legenden, Sitten*, Vol. II (Aalen: Scientia reprint, 1969; first ed. 1874), pp. 62–65.

30. Jacques-Antoine Delpon, *Statistique du département du Lot* (Paris, 1831), I, p. 208; See also Dieudonné, *Statistique du département du Nord* (Douai, 1804), I, p. 98.

31. Van Gennep, *Manuel de folklore français*, I(4), pp. 1564–1565.

32. *Ibid.*, pp. 1686–1687.

33. *Ibid.*, p. 1866.

34. *Ibid.*, p. 1907. The account is from 1909.

35. Alain Molinier, "Enfants trouvés, enfants abandonnés et enfants illégitimes en Languedoc aux XVIIe et XVIIIe siècles," in Société de démographie historique, ed., *Sur la population française au XVIIIe et au XIXe siècles: Hommage à Marcel Reinhard* (Paris: SDH, 1973), p. 464.

36. Meyer, *Badisches Volksleben*, p. 229.

37. Delpon, *Lot*, I, p. 206.

38. Auguste Grise, *Coutumes du Trièves au XIXe siècle: souvenirs de ma jeunesse* (Grenoble, 1939), p. 28; Account of the 1880s.

39. For examples see Edward Shorter, "Towards a History of *La Vie Intime*: The Evidence of Cultural Criticism in Nineteenth-Century Bavaria," in Michael R. Marrus, ed., *The Emergence of Leisure* (New York: Harper & Row, 1974), pp. 38–68.

40. Sarmela takes full note of the evolution in Finland, *Reciprocity Systems of the Rural Society*, pp. 33–44.

41. Sapin-Sylvoz, "Les Rapports sexuels illégitimes au XVIIIème siècle à Grenoble d'après les déclarations de grossesses," travail d'études under the direction of J. Solé, Université Grenoble," n.d., pp. 96–97; and Annie K. Thivollier and Pierre Laroque,

"Filles-mères à Lyon au XVIIIe siècle," mémoire de maîtrise, under the direction of Maurice Garden (Université Lyon, 1970–1971), p. 61.

42. Sapin-Sylvoz, "Rapports sexuels Grenoble," pp. 77, 82.

43. Dupont, *Arrondissement de Lille*, pp. 79–80.

44. Sapin-Sylvoz, "Rapports sexuels Grenoble," pp. 71–73.

45. Van Gennep doubts that arranged marriage ever occurred widely in France, which fits with his larger argument that romance is a traditional posture. He sees intimacy draining from nineteenth-century courtship with the diffusion of the dogma of Immaculate Conception. ". . . dans les moeurs françaises, même avant la période romantique, l'amour a toujours été regardé comme respectable. . . . Il faut admettre l'existence d'une atmosphère sentimental qui s'oppose à la prétendue domination absolue des parents, et plus spécialement du père." I(1), 236. Immaculate Conception argument I(1), 288.

46. Monnier, *Moeurs et usages singuliers du peuple dans le Jura* (Lons-le-Saunier, 1823), p. 10.

47. Louis Guibert, *La Famille limousine d'autre fois d'après les testaments et la coutume* (Limoges, 1883), p. 89.

48. Henriette Dussourd, *Au même pot et au même feu . . .* (Moulins: Pottier, 1962), p. 89.

49. Camille Ragut, *Statistique du département de Saône-et-Loire*, 5 vols. (Macon, 1838), I, p. 291.

50. Lascoulx-Germignai, "De la topographie médicale . . . du bas limousin," 1787, ms. in Académie de Médecine, SRM 181; see also Louis Texier-Olivier, *Statistique générale de la France, département de la Haute-Vienne*, (Paris, 1808), p. 88.

51. Yet in 1831 the Haute-Vienne department had one of the lowest mean female ages at marriage in France (21.7 years), so the custom clearly had some importance. I am obliged to Etienne van de Walle for this information.

52. Henri Pourrat, *Ceux d'Auvergne, types et coutumes* (Paris, 1928), p. 68. I owe this reference and an eloquent warning to watch out for my own cultural blinkers to Jean-Louis Flandrin.

53. For instances of go-betweens see Martine Segalen, *Nuptialité et alliance* (Paris: Maisonneuve, 1972), p. 114; Van Gennep, *Manuel de folklore français*, I(1) pp. 269–271; E. Bogros, *A travers le Morvand* (Château-Chinon, 1873), p. 44, on "croque-avoine."

54. Hugo, *France pittoresque*, II, 50.

55. "Statistique de la Charente," ms. of 1801, Archives nationales F20 172.

56. Bogros, *Morvand*, p. 45.

57. Van Gennep, *Manuel de folklore francais*, I(1) pp. 272–273.

58. de Caila, "Recherches sur les moeurs des habitans des Landes de Bordeaux . . . dans le Captalat de Buch," *Mémoires de l'académie celtique*, 4 (1809), 70–82, esp. 78. Jean-Louis Flandrin kindly supplied this reference.

59. Dupin, *Deux-Sevres*, p. 77.

60. Bogros, *Morvand*, p. 44.

61. The list from Van Gennep, *Manuel de folklore francais*, I(1), pp. 264–265.

62. I'm dubious that even this evidence represents a solidly "traditional" orientation, because it borrows so heavily from the nineteenth century. Before that time appropriate ethnographic descriptions are simply not available.

63. Déribier-du-Chatelet, *Dictionnaire statistique ou histoire Cantal, du département du Cantal*, 5 Vols. (Aurillac 1852–1857), II, pp. 134–135; for an account of the manure-pile inspection in Germany, called the "B'schau," see Meyer, *Badisches Volksleben*, p. 256.

64. Pourrat, *Auvergne*, p. 72.

65. See, for example, the story Susan Carol Rogers tells of Christine Motelet, a farmer's daughter in the eastern French village of "St. Martin of today." She decided to drop the young peasant who was courting her (of whom her father greatly approved) for a factory worker whom she liked but to whom her father was "violently opposed." Nor did the father want to pay for more than one wedding banquet. Aided by her mother, the daughter rode right over the father's opposition and ended up with the worker and two banquets to boot. Rogers, "Female Forms of Power and the Myth of Male Dominance: A Model of Female/Male Interaction," circulated paper, 1973, p. 31.

66. Meyer, *Badisches Volksleben*, p. 193.

67. Charles Perron, *Les Franc-Comtois* . . . (Besançon, 1892), p. 85.

68. Theodore Zeldin points out, on the basis of medical examinations for induction into military service, that around one-third of all marriageable men were in some way physically deformed, so the women had some eye-closing to do too. Zelden, *France*, 1848–1945, vol. 1: *Ambition, Love and Politics* (Oxford: Clarendon Press, 1973), p. 304.

69. Perron, *Franc-Comtois*, p. 84.

70. Hugo, *France pittoresque*, II, p. 82; Ille-et-Vilaine department.

71. Joseph Hazzi, *Statistische Aufschlüsse über das Herzogthum Baiern*, 11 vols. Nürnberg, 1801–1808), III(3), p. 1130.

72. Bayerische Staatsbibliothek, Handschrift. Cod. Germ. 6874(2), Beilage 2, 1859.

73. Sarmela, *Reciprocity Systems of the Rural Society*, pp. 188–190.

74. Boniface Breton, *Le village, histoire, morale, politique et pittoresque de Courrières* [Pas-de-Calais] (Arras, 1857), pp. 410–411.

75. Ange Guépin and Charles-Eugène Bonamy, *Nantes au XIXe siècle: Statistique, topographique, industrielle et morale* (Nantes, 1835), pp. 478–479.

76. Louis-Sebastien Mercier, *Tableau de Paris*, rev. ed., 12 vols. (Amsterdam, 1782–1788), I, pp. 80–82.

77. Sapin-Sylvoz, "Rapports sexuels Grenoble," p. 78.

	1677–1735 PER CENT	1735–1790 PER CENT
Friendship (*amitié*)	33	5
Tenderness (*tendresse*)	23	11
Inclination-*penchant*	23	20
Love (*amour*)	16	25
Passion	0	27
Affection	6	11
TOTAL	100	100
	(N = 31)	(N = 44)

78. Gérard Bouchard, *La Village immobile* . . . (Paris: Plon, 1972), p. 375. "Ma très cher ami je tens brass le tous mon quiar je ne saurez pas tou bliez tous les joure je pense a tois je souète que tus soit de mem poure moy Marque mois ta fason de panser Si tus me veux faire plaisire je suis ton bonamis jacques gepien."

79. Etienne-Michel Massé, *Mémoire historique et statistique sur le canton de la Ciotat, département des Bouches-du-Rhône* (Marseille, 1842), p. 240.

80. Emmanuel Labat, *En Gascogne: L'Abandon de la terre* (Extrait de la Revue des Deux-Mondes, 1er août 1910) (Agen, 1911), p. 27.

81. Charles Tilly, *The Vendée* (Cambridge: Harvard University Press, 1964), p. 94, table 10.

82. Nels W. Mogensen, "La Stratification sociale dans le pays d'Auge au XVIIIe siècle," *Annales de Normandie*, 23 (1973), pp. 211–249, esp. pp. 218–219.

83. See Hubert Charbonneau, *Tourouvre-au-Perche au XVIIe et XVIIIe siècles* (Paris: PUF, 1970), p. 88; Marcel Couturier, *Recherches sur les structures sociales de Châteaudun*, 1525–1789 (Paris: SEVPEN, 1969) pp. 138–139. Donald Macleod, in an unpublished University of Toronto seminar paper on the Baden village of Wollbach, finds a "clear propensity for farmers to marry farmers' daughters." Macleod, "A Report on the Wollbach Ortssippenbuch: The Farmer and Birth Control," (1972), p. 7. Within various Norwegian villages towards the mid-nineteenth century, propertied peasant bridegrooms took the daughters of other propertied farmers three fourths of the time; propertyless crofters ended up with propertyless brides four fifths of the time. Michael Drake, *Population and Society in Norway*, 1735–1865 (New York: Cambridge University Press, 1969), table 6.1, p. 135.

84. Segalen, *Nuptialité et alliance*, table 34, pp. 77–78.

85. Leslie, *The Family in Social Context* (New York: Oxford University Press, 1967), pp. 364–365 and 425–427, offers an excellent review of this literature.

86. Girard, *Le Choix du conjoint: Une enquête psycho-sociologique en France*, new edition (Paris: PUF, 1974), p. 79; Claude Henryon and Edmond Lambrechts, *Le Mariage en Belgique: Etude sociologique* (Brussels: Editions Vie duvrière, 1968), p. 57.

87. G. A. Harrison *et al.*, "Social Class and Marriage Patterns in Some Oxfordshire Populations," *Journal of Biosocial Science*, 3 (1971), 1–12, esp. p. 7.

88. Macleod, "Ortssippenbuch Wollbach," p. 6.

89. The numerous American local studies that might have contributed to this question persist in taking overly short time periods, thus making it impossible to separate the waves from the ripples. For example, see the contributions in Stephan Thernstrom and Richard Sennett, *Nineteenth-Century Cities: Essays in the New Urban History* (New Haven: Yale University Press, 1969).

90. R. F. Peel, "Local Intermarriage and the Stability of Rural Populations in the English Midlands," *Geography*, 27 (1942), 22–30, esp. p. 27, figure 2.

91. P. J. Perry, "Working-Class Isolation and Mobility in Rural Dorset, 1837–1936: A Study of Marriage Distances," Institute of British Geographers, *Transactions*, No. 46 (March, 1969), 121–141, esp. p. 124.

92. David Sabean, "Household Formation and Geographical Mobility: A Family Register Study for a Württemberg Village, 1760–1900," *Annales de démographie historique* (1970), 274–294, esp. p. 280, table 3.

93. Couturier, *Châteaudun*, pp. 132–136, for example; but in Lyon during the first half of the eighteenth century only a third of the men born in the parishes of Saint-Pierre and Saint-Saturnin seem to have married there, if I read correctly the figures Maurice Garden presents in *Lyon et les Lyonnais . . .* (Paris: Les Belles-Lettres, 1970), p. 89. As for the countryside. Fresel-Lozey reports of a Bearnais village that almost all local men married local women. Michel Fresel-cozey. *Histoire démographique d'un village en Bearn: Bilheres-d'Ossau, XVIIIe-XIXe siècles* (Bordeaux: Eds. Bière, 1969), p. 76; Pierre Valmary, *Familles paysannes au XVIIIe siècle en Bas-Quercy* (Paris: PUF, 1965), pp. 109–111. Valmary finds some outsiders marrying into villages in Bas-Quercy, but from nearby, *Familles paysannes*, pp. 109–111; yet Jean Ganiage reports of the Ile-de-France substantial numbers of women who didn't marry locally, *Trois villages de l'Ile-de-France au XVIIIe siècle* (Paris: PUF, 1973), p. 60.

94. Alain Gintrac, "Histoire démographique d'un village corrénzien:: Soudeilles (1610–1859)," [summary of thesis], *Dh: Bulletin d'information*, no. 6 (April, 1972), 9–11; Segalen, *Nuptialité et alliance: Vraiville*, p. 92.

Such statistics are not perfect. Because their compilers often neglect to tell us how the percentage of locally-born men (or women) marrying people who lived outside changed, we may be cutting into changes in migration, seasonal labor, or other circumstances that affect the sheer number of non-locally born available in a place for acquaintanceship. These proportions are also subject to the vagaries of changing age distributions among men and women, so that if at one time a number of men reach outwards for women, it may simply be because the scythe of mortality had spared too few potential brides. One would expect such shifts in the sex ratio to wash out over the very long haul, but the matter belongs to that long agenda still awaiting investigation.

95. Leslie, *Family in Social Context*, pp. 449–452.

96. Girard, *Choix du conjoint*, p. 64.

97. See the explanation offered by the Norwegian ethnologist Eilert Sundt, quoted in Drake, *Population and Society in Norway*, pp. 139–140.

98. Van Gennep cites Paul Sébillot's explanation of younger men marrying older women in Brittany: "Il n'est pas rare de voir de tout jeunes gens épouser des filles qui ont quinze ans de plus qu'eux. De cette façon, ils sont moins exposés à avoir beaucoup d'enfants." *Manuel de folklore francais*, I(1), p. 247.

99. "Il arrive aussi, qu'après vingt ans de service, une servante se trouve avoir quelques épargnes. Elle passe pour un bon parti; les beaux yeux de sa cassette donnent dans la visière d'un jeune artisan yvrogne, débauché, qui vient lui en conter. La vieille servante se met l'amour en téte, le jeune homme lui plait, le mariage est d'abord conclu." Then things fall to pieces. Jean-Louis Murat, *Mémoire sur l'état de la population dans le pays de Vaud* [canton of Berne] (Yverdon, 1766), p. 91.

100. A petition of the Nurnberg joiners, tinsmiths, and instrument-makers in 1848 complained that many journeymen were able to become master craftsmen only by marrying the aged widows of their colleagues. "There could be no talk of love, of mutual respect. Young journeymen perhaps twenty years of age married sixty-year-old widows, hoping to be rid of these creatures soon through death. And if their plans went awry, these unhappy marriages would be plagued by personal mistreatment and such." Bayerisches Hauptstaatsarchiv, MH 6133, 31 March.

101. For recent trends in France and Britain see P. R. Cox, "International Variation in the Relative Ages of Brides and Grooms," *Journal of Biosocial Science*, 2 (1970), 111–121.

102. Jacques Solé, "Passion charnelle . . . a Grenoble . . .," *Annales de la Faculté des lettres et sciences humaines de Nice*, Nos. 9–10 (1969), p. 226.

103. An abbreviated version of Jacques Depauw's "Amour illégitime et société à Nantes au XVIIIe siècle," appeared in *Annales: ESC*, 27 (1972), 1155–1182; the paper was made available in fuller form by Microéditions Hachette (Paris, 1973). Seducer data from Hachette edition, p. 191; "repeater" data from the article, p. 1175; "promises of marriage" data from article, p. 1166.

104. Several other studies present data on the social distance between the "illegitimate" couple, without however making time series available. See Alain Molinier, "Enfants trouvés . . . en Languedoc . . .," in Société de démographie historique, ed., *Sur la population française au XVIIIe et au XIXe siècles: Hommage à Marcel Reinhard* (Paris: SDH, 1973), p. 467, for eighteenth-century Annonay; Sapin-Sylvoz, "Rapports sexuels illégitimes au XVIII siècle à Grenoble," p. 59 of ms. And for Norwegian

data (1897–1898) see Theodor Geiger, "Zur Statistik der Unehelichen," *Allgemeines Statistisches Archiv*, 11 (1918–1919), pp. 212–220, esp. pp. 216–218.

105. Amic, *Considérations médico-topographiques sur la ville de Brignoles* (Brignoles, 1837), pp. 47–48.

106. Meyer, *Badisches Volksleben*, pp. 171–172.

107. Boismoreau, *Bocage vendée*, p. 46.

108. Grise, *Triéves*, pp. 26–29. Renate Reiter describes how the car has transformed courtship in southern France since World War II by creating a region-wide market. Reiter, "Modernization in the South of France: The Region and Beyond," *Anthropological Quarterly*, 45 (1972), 35–53, esp. p. 47.

109. Readers who wish to verify this proposition might look through three or four years of the family–sociology industry's house organ, *The Journal of Marriage and the Family*.

110. Birgitta Linnér, *Sex and Society in Sweden*, (New York: Harper & Row, 1972; first ed. 1967), p. 26; Girard, *Choix du conjoint*, pp. 98ff.: Robert C. Sorensen, *Adolescent Sexuality in Contemporary America* (New York: World, 1973), p. 53.

111. On the basis of research conducted early in the 1960s, Ira Reiss has described one widespread pattern of American premarital behavior as "permissiveness with affection," in which intercourse is accepted as long as romantic love is involved. We may infer from this account that women who change partners frequently are deemed to lack attachment to any given partner and are thus considered "promiscuous." Reiss presented this analysis in *Premarital Sexual Standards in America: A Sociological Investigation of the Relative Social and Cultural Integration of American Sexual Standards* (New York: Free Press, 1960), pp. 126–145, and supplied supporting data in *The Social Context of Premarital Sexual Permissiveness* (New York: Holt, Rinehart and Winston, 1967), pp. 25–26, 74–88. Eugene Kanin writes, in a 1960s study of university men, "The definition of a female as being sexually experienced is sufficient in some male groups—particularly where the double standard prevails—to render her a legitimate target for any type of sexual approach." Kanin, "Reference Groups and Sex Conduct Norm Violations," *Sociological Quarterly*, 8 (1967), 495–504, esp. p. 502.

112. P. Hertoft, "Le Comportement sexuel des jeunes danois," in Maj-Briht Bergström-Walan *et al.*, eds., *L'éxperience scandinave*, French trans. (Paris: Laffont, 1971), p. 100. Although it was probably true before that time, the proposition that young people bend easily to peer-group pressures in their sexual lives did not find strong support from survey data in the 1960s and 1970s. Michael Schofield did discover that sexually experienced English adolescents were more likely to subscribe to the "teenage mythology" and to go out in groups than the unexperienced (*The Sexual Behaviour of Young People*, [Harmondsworth: Pelican, 1968], pp. 80, 204), but other research failed to uncover a very cohesive subcultural matrix for teenage sexual adventure. Kanin found that sexually aggressive young men were more likely to report peer-group pressures than nonaggressive men, but the differences were slight, and the sample small (32 per cent of the nonaggressive experienced "little" pressure from their friends "for new sex experience," 33 percent of the aggressive did so; variation was noticeable only at the ends of the scale.) Peter Davis concluded, of a sample of patients in a V.D. clinic in Christchurch, New Zealand, that "individuals with unusually high levels of sexual activity are less likely to have been exposed to a sex-salient peer group environment," yet the peer group remained more important than the family in shaping the sexual attitudes of his respondents. Davis, "Contextual Sex-Saliency and Sexual Activity: The Relative Effects of Family and Peer Group in the Sexual Socialization Process," *Journal of Marriage and the Family*, 36 (1974), 196–202, quote from p. 196.

113. Daniel Scott Smith, "Parental Power and Marriage Patterns: An Analysis of Historical Trends in Hingham, Massachusetts," *Journal of Marriage and the Family*, 35 (1973), 419–428, esp. p. 425.

114. Marvin R. Koller, "Some Changes in Courtship Behavior in Three Generations of Ohio Women," *American Sociological Review*, 16 (1951), 366–370, esp. p. 367, table 1.

115. Sorensen, *Adolescent Sexuality in Contemporary America*, p. 388.

116. *Ibid.*, p. 69.

117. *Ibid.*, p. 76.

118. Alfred E. Kinsey et al., *Sexual Behavior in the Human Female*, (New York: Bantam, 1965; first ed., 1953), p. 336, table 78.

119. Sorensen, *Adolescent Sexuality in Contemporary America*, p. 433, table 343, p. 441, table 404.

120. *Ibid.*, p. 198 and p. 405, table 168.

121. Pierre Simon et al., *Rapport sur le comportement sexuel des francais* (Paris: Juillard-Charron, 1972), p. 224.

122. Gunter Schmidt and Volkman Sigusch, *Arbeiter-Sexualität* (Neuwied: Luchterhand, 1971), pp. 85, 99.

123. Harold T. Christensen and Christina F. Gregg, "Changing Sex Norms in America and Scandinavia," *Journal of Marriage and the Family* 32 (1970) p. 624; note that this survey found no change in the cumulative number of partners among undergraduates at a midwestern American university, but discovered a drift towards serial monogamy among the Mormons!

124. Schofield, *Sexual Behaviour of Young People*, pp. 79, 231, 259.

Chapter 5

1. See especially Philippe Ariès, *L'Enfant et la vie familiale sous l'ancien régime*, rev. ed. (Paris: Seuil, 1973), ch. 2; Jean-Louis Flandrin, "L'Attitude à l'égard du petit enfant et les conduites sexuelles dans la civilisation occidentale: Structures anciennes et évolution," *Annales de démographie historique*, 1973, pp. 143–210; and Lloyd deMause, "The Evolution of Childhood," *History of Childhood Quarterly*, 1 (1974), 503–575. DeMause and Ariès find themselves, however, in sharp disagreement on several points.

2. Ariès, *L'Enfant et la vie familiale*, the first edition of which was translated into English as *Centuries of Childhood: A Social History of Family Life* (London: Jonathan Cape, 1962).

3. See, for example, Wertheim, *Versuch einer medicinischen Topographi von Wien*, (Vienna, 1810), p. 103, and Jean-F. Deffis, *Hygiene de l'arrorndissement de Pau* (Pau, 1848), p. 102, for peasants.

4. Christian Pfeufer, "Ueber das Verhalten der Schwangeren, Gebährenden und Wöchnerinnen auf dem Lande, und ihre Behandlungsart der Neugeborenen und Kinder in den ersten Lebensjahren," *Jahrbuch der Staatsarzneikunde*, 3 (1810), 43–74, esp. p. 63.

5. Wertheim, *Wien*, p. 101.

6. G. Cless, *Versuch einer medicinischen Topographie . . . Stuttgart* (Stuttgart, 1815), p. 40, "heftiges Hin- und Herschaukeln."

7. Documented in Pfeufer, "Verhalten der Schwangeren," pp. 67–69, and in Emile Bancel, *Topographie médicale et hygiène de l'arrondissement de Toul* (Toul, 1866), p. 78.

8. Didelot, "Description topographique et médicale des montagnes de la Vôge," in Société royale de médicine, *Histoire [et Mémoires] de la S.R.M.*, 1777–1778 (Paris, 1780), pp. 107–138, esp. p. 138.

9. J. A. Mourgue, *Essai de statistique* [Montpellier] (Paris, 1801), p. 27, n. 2. "Le tems auquel on élève les vers à soie, est le tems auquel on peuple le plus le paradis."

10. Cambry, *Description du département de l'Oise*, 2 vols. (Paris, 1803), II, p. 142.

11. I. Schlesinger, *Medicinische topographie . . . Pesth-Ofen* (Pesth, 1840), p. 92.

12. J.-B.-Denis Bucquet, *Topographie médicale de la ville de Laval: Manuscrit inédit de 1808* (Angers, 1894), p. 43.

13. Nicole Castan, "La Criminalité familiale dans le ressort du Parlement de Toulouse, 1690–1730," in A. Abbiateci et al., eds., *Crimes et criminalité en France sous l'Ancien Régime, 17e–18e siècles* (Paris: Colin, 1971).

14. deMause, "Evolution of Childhood," p. 531.

15. Both examples from Ivy Pinchbeck and Margaret Hewitt, *Children in English Society*, vol. 1: *From Tudor Times to the Eighteenth Century* (London: Routledge, 1969), p. 301.

16. Nicole Castan, "Criminalité familiale," p. 97.

17. François Lebrun, *Les Hommes et la mort en Anjou aux 17e et 18e siècles* (Paris: Mouton, 1971), p. 424.

18. Micheline Baulant, "La famille en miettes," *Annales: ESC*, 27 (1972), 964.

19. Joseph Hazzi, *Statistische Aufschlüsse über das Herzogthum Baiern . . .*: 11 vols. (Nürnberg, 1801–1808), IV(2), p. 85. "Sie sind gut aufgehoben."

20. Lebrun, *Mort en Anjou*, p. 423.

21. Leon Kaczmaretk and Guy Savelon, *Problèmes matrimoniaux dans le ressort de l'officialité de Cambrai 1607–1762: Les séparations de corps et de biens* (Université de Lille, mémoire de maîtrise, 1971); directed by P. Deyon and A. Lottin, p. 116.

22. Dr. Meyer claimed that, for the women factory workers of Ober-Ehnheim at least, abandonment had replaced infanticide. *Ober-Ehnheim am Fusse der Vogesen in medizinisch-topographischer Rücksicht* (Strasbourg, 1841), p. 213. For the general argument that exposing infants amounted to infanticide, see William L. Langer's two articles "Checks on Population Growth, 1750–1850," *Scientific American*, 226 (February, 1972), 93–99, and "Infanticide: A Historical Survey," *History of Childhood Quarterly*, 1 (1974), 353–365.

Outright child murder probably played little role in overall infant mortality and is more interesting as an index of parental attitudes to children. Reliable time series on infanticide are rare, yet the few available indicate a decline during the eighteenth century. In Surrey, for example, about one case a year came up before 1720, but in the forty-two years studied by John Beattie between 1722 and 1802 only fifteen bills of indictment for infanticide were presented to grand juries. Beattie emphasizes "the decline from the earlier level . . . is made all the clearer when it is remembered that the population of the county more than doubled in the eighteenth century." Beattie, "The Pattern of Crime in England, 1660–1800," *Past and Present*, No. 62 (February, 1974), pp. 47–95, quote from p. 61.

23. Alain Molinier, "Enfants trouvés . . . en Languedoc . . .," in Société de démographie historique, ed., *Sur la population française au XVIIIe et au XIXe siècles: Hommage à Marcel Reinhard* (Paris: SDH, 1973), p. 446.

24. Jean-Claude Peyronnet, "Recherches sur les enfants trouvés de l'hôpital général de Limoges au XVIIIe siècle." Thèse de 3e cycle, Université de Poitiers, 1972, p. 186.

347

25. René Lafabrègue, "Des Enfants trouvés à Paris," *Annales de démographie internationale*, 2 (1878), 226–299, esp. 229. But N.B., data on the department of the Seine show the percentage fluctuating early in the nineteenth century beneath 10 percent of the total. Adolphe-Henri Gaillard, *Recherches . . . sur les enfants trouvés . . .* (Paris, 1837), p. 135. Gaillard showed that in nearby Poitiers the percent of legitimate foundlings ran from 1806 to 1836 between 6 and 30 percent of the total, 11 percent on the average (pp. 140–141).

26. Peyronnet, "Enfants trouvés Limoges," pp. 106–109, 177–187.

27. *Ibid.*, 144–149, 179–186, quote from p. 146. Around a seventh of all foundlings were taken back by their parents, and perhaps a tenth of those were legitimate, according to Watteville's estimate for France as a whole in 1838–1845. See his *Statistique des établissements et services de bienfaisance* (Paris, 1849), pp. 25–26. Yet another administrator thought that most children withdrawn from foundling homes were probably legitimate. See Archives nationales, F 15 3896, Saône-et-Loire to Paris, October 1838. Peyronnet puts at one-fourth the surviving children abandoned at the hospital of Limoges in 1739–1740 who were taken back by their parents, both legitimate and illegitimate (p. 149). In Lyon between 1830 and 1847, an estimated 460 of the 1,400 abandoned children returned to their parents were legitimate; to their number must be added a further 100 legitimated after birth. But compare this 1500 who returned to family life, an annual average of 170, to the total number of foundlings deposited at the Charité hospital in Lyon, an annual average of around 2,000. Jean-Francois Terme and J.-B. Monfalçon, *Nouvelles considérations sur les enfants trouvés* (Lyon, 1838), pp. xxix-xxxi.

28. Dieudonné, I, *Statistique du département du Nord* (Douai, 1804) 79.

29. Terme-Monfalcon, *Nouvelles considérations*, p. xxviii.

30. Alan Macfarlane, *The Family Life of Ralph Josselin, a Seventeenth-Century Clergyman* (New York: Cambridge University Press, 1970), p. 86, n. 1.

31. On class differences in wet-nursing in England see Ian G. Wickes, "A History of Infant Feeding," *Archives of Diseases in Childhood*, 28 (1953), pp. 151–502, esp. p. 239, and Pinchbeck and Hewitt, *Children in English Society*, II, pp. 519–526, 612–620. On the conditions in which foundlings were wet-nursed, see the two Langer articles cited above in n. 22.

32. Claire E. Fox, "Pregnancy, Childbirth and Early Infancy in Anglo-American Culture, 1675–1830" (University of Pennsylvania, unpublished American Civ. Diss., 1966), p. 224.

33. Johann Peter Süssmilch, *Die göttliche Ordnung in den Veränderungen des menschlichen Geschlechtes*, 2nd rev. ed., 2 vols. (Berlin, 1761–1765), I, pp. 103, 509–513.

34. See for example Schlesinger on Budapest, *Pesth-Ofen*, p. 75, "die Milch eines Miethlings."

35. Roger Mercier, *L'Enfant dans la société du XVIIIe siècle (Avant l'Emile)* (Paris: thèse complémentaire pour le doctorat, Université de Paris, 1961), p. 33.

36. Jean Ganiage has estimated that virtually every peasant household in the Beauvais region which did not send its children out to be nursed accepted other children from the outside, with the result that there were about as many little Parisians *en nourrice* in the region as there were native children. Ganiage, "Nourrissons parisiens en Beauvaisis" in Société de démographie historique, *Sur la population française au XVIIIe et au XIXe siècles: Hommàge à Marcel Reinhard* (Paris: SDH, 1973), pp. 271–287, esp. pp. 273, 287. On mercenary wet-nursing in Normandy see Pierre-Marie Bourdin, "La Plaine d'Alençon et ses bordures forestières: Essai d'histoire

348

démographique et médicale," in a volume which Bourdin edited together with Michel Bouvet, A travers la Normandie des XVIIe et XVIIIe siècles (Caen, 1968; Cahier des Annales de Normandie, nr. 6), pp. 253–254. If we assume that similar densities of mercenary wet-nursing existed elsewhere within a sixty-kilometer radius of Paris, we have already encompassed a substantial proportion of the rural population of northern France. (In fact the density of Petits-Paris, as the infants from Paris being wet-nursed in the provinces were called, was high in areas considerably beyond this 60 km. radius, such as the Nièvre department.) And if we further assume that other cities and towns saturated their surrounding rural areas with nourrissons as did the Parisians, we end by concluding that perhaps a majority of the peasant households of France in which a nursing mother lived accepted outside nurslings. The regional density of mercenary wet-nursing must have varied considerably, strongly implanted in some areas such as Lyon's Bugey, sparsely in others such as the Vendée. In the absence of local studies, these figures remain purely speculative. For our purposes it is important only to note that sending infants to mercenary nurses—and its counterpart, willingness to accept other people's children in one's own home—was a phenomenon of vast dimensions in eighteenth-century France, reaching surely into the daily life of the average person.

37. For example ". . . que des femmes mariées, spéculant sur leur fecondité et du consentement de leurs époux, apportaient aux hospices leurs nouveaux nés, afin de se faire ensuite un revenu du lait maternel qu'elles vendaient en donnant leur sein à des enfans étrangers." Report of prefect to Conseil Général of Gard, 1838. Archives nationales F 15 3898. Charles Monot describes the women of the Morvan who get pregnant in order to have milk, then go off to Paris to work as resident wetnurses, either leaving their infants behind, or shipping them home after arriving. Monot, De l'industrie des nourrices et de la mortalité des petits enfants (Paris, 1867), pp. 34–46. See also Karl Kisskalt, "Die Sterblichkeit im 18. Jahrhundert," Zeitschrift für Hygiene und Infektionskrankheiten, 93 (1921), 438–511, esp. p. 469, and Süssmilch, Göttliche Ordnung, I, 103–104: "Die Kinder der Ammen kommen mehrentheils um, wenn ihre Pflegekinder noch gerettet werden. Diese müssen um einen weit geringern Lohn, als die Amme selbst empfängt, augsethan werden. Die Erfahrung lehret es, dass die meisten Hurenkinder aus dieser Ursache verhungern, oder durch gleich liederliche Personen, denen sie gegeben werden, unverantwortlich verabsaumet werden."

38. Joseph Daquin, Topographie médicale de la ville de Chambéry, (Chambéry, 1787), p. 82. On Lyon, see Maurice Garden, Lyon et les Lyonnais, au XVIIIe siècle (Paris: Les Belles-Lettres, 1970), pp. 116–140; on Montpellier, Mourgue, Essai de statistique p. 26; on Puy, Ms. "Mémoire sur la topographie médicale du canton de Puy" [date illeg.], Dr. Arnaud, Paris, Academie de médecine, SRM 176. On the phenomenon among small merchants and artisans, Alain Bideau, "L'Envoi des jeunes enfants en nourrice: L'exemple d'une petite ville. Thoissey-en-Dombes, 1740–1840," in Société de démographie historique, Sur la population francaise, pp. 49–58, esp. 52.

39. Margaret Hewitt, "The Effect of Married Women's Employment in the Cotton Textile District on the Organization and Structure of the Home in Lancashire, 1840–1880" (University of London diss., 1953), p. 181.

40. Dumont, Essai sur la natalité dans le canton de Lillebonne (Seine-Inférieure) (Paris, 1892), p. 41; Karl Paul Brandlmeier, Medizinische Ortsbeschreibungen des 19. Jahrhunderts im deutschen Sprachgebiet (Berlin medical diss., 1942), p. 35.

41. On the "Direction municipale des nourrices," see André-Théodore Brochard, De la mortalité des nourrissons en France, specialement dans l'arrondissement de Nogent-le-Rotrou (Eure-et-Loir) (Paris, 1866), passim. Statistic from p. 94. Recently

there has been George D. Sussman's informative article, "Wet-Nursing Business in Paris," *Proceedings of the First Annual Meeting of the Western Society for French History, 1974* (University Park: New Mexico State University Press, 1974).

42. Brochard, *Mortalité des nourrissons*, p. 64.

43. F 15 3898, 1841, report of a commission on foundlings.

44. Charles Monot, *De la mortalité excessive des enfants pendant la première année de leur existence* (Paris, 1872), pp. 39–40.

45. F 15 3898, 1841, Eure-et-Loir.

46. Letter from Dr. Jousset, Bellème (Orne), reprinted in Brochard, *Mortalité des nourrissons*, pp. 51–52.

47. *Ibid.*, p. 57.

48. Monot, *Mortalité excessive des enfants*, p. 41.

49. On these narcotics in England see Hewitt, "Married women's employment," pp. 307–308, in France, Monot, *Industrie des nourrices*, p. 43.

50. See for example F 15, 3898, Eure-et-Loir, 1841.

51. Schlesinger, *Pesth-Ofen*, p. 106.

52. Ph. Heineken, *Die freie Hansestadt Bremen und ihr Gebiet in topographischer, medizinischer und naturhistorischer Hinsicht* (Bremen, 1836), I, p. 72. The reference is to illegitimate children.

53. Sir William Fordyce in 1773, cited in Wickes, "Infant Feeding," p. 238.

54. J.P. Bardet, "Enfants abandonnés et enfants assistés à Rouen dans la seconde moitié du XVIIIe siècle," in Société de démographie historique, *Sur la population française au XVIIIe siècle* (Paris: SDH, 1973), pp. 27–29. Data on legitimate children were available only for those whose boarding out was subsidized by the city. The mortality of those infants whose parents made private arrangements with the nurses is unknown.

55. Brochard, *Mortalité des nourrissons*, p. 112.

56. A. Wolff, *Untersuchungen über die Kindersterblichkeit* (Erfurt, 1874), p. 44. Some of the wet nurses were resident.

57. George D. Sussman, "Wet-Nursing Business in Paris," pp. 179–194, esp. table I, p. 193.

Etienne van de Walle and Samuel H. Preston infer from census and mortality data that the recourse by Parisians to rural and urban wet nurses increased in the years 1800–1850. Van de Walle and Preston, "Mortalité de l'enfance au XIXe siècle à Paris et dans le département de la Seine," *Population*, 29 (1974), 89–106, esp. pp. 96–97. Yet Sussman's direct data appear to me more convincing.

58. On the whole question of what people thought about breastfeeding see Roger Mercier's thorough study, *L'Enfant du XVIIIe siècle*, and recently Etienne and Francine van de Walle's "Allaitement, sterilité et contraception: Les opinions jusqu'au XIXe siècle," *Population*, 27 (1972), 685–701.

59. Manuscript, "Mémoire sur la topographie du pays d'Aulnis, envoyé à la correspondance des hopitaux militaires en 1766 par M. Destrapierre"; sent to Paris from La Rochelle 15 October 1777, in SRM 178.

60. Bideau, "L'Envoi des jeunes enfants," p. 54, n. 16.

61. Manuscript "Topographie médicale de St. Malo," 19 Jan. 1790, by M. Mallet de la Brossière, DM. SRM 181.

62. Menuret de Chambaud, *Essais sur l'histoire médico-topographique de Paris* (Paris, 1786), pp. 99–100.

63. Dr. Rose, "Description de l'épidémie qui a régné . . . 1783 . . . dans la ville de Cheroi, élection de Nemours, avec la topographie de ces deux villes," in *Description*

des épidémies qui ont régné en 1783 dans la généralité de Paris, vol. II (Paris, 1785), p. 34.

64. Marquis. *Mémoire statistique du département de la Meurthe* (Paris, 1805), p. 104.

65. de Verneilh, *Statistique générale de la France . . . département du Mont-Blanc* (Paris, 1807), pp. 277, 287. See also Graffenauer, *Topographie physique et médicale de la ville de Strasbourg* (Strasbourg, 1816), pp. 66–67.

66. Jolly. *Essai sur la statistique et la topographie médicale de la ville de Châlons-sur-Marne* (Châlons, 1820), p. 54.

67. Peyronnet, "L'hôpital général de Limoges au XVIIIe siècle," pp. 225, 229.

68. Masson-Saint-Amand, *Mémoire statistique du département de l'Eure* (Paris, 1805), p. 59.

69. F15 3896. Report from the Commission d'Instruction publique du Conseil Général de l'Aube to Conseil as a whole. Session 1836 pour 1839.

70. Brochard, *Mortalité des nourrissons,* p. 78.

71. Jean-Emmanuel Gilibert, *L'Anarchie médicinale, ou la médacine considérée comme nuisible à la société* (Neuchâtel, 1772), III, p. 292.

72. Léon Lallemand says the policy of *déplacement* was initiated with a ministerial circular of 27 July 1827. *Histoire des enfants abandonnés et délaissés* (Paris, 1885), p. 286. But the major effort centered in the mid-thirties, as may be seen from the correspondence in F 15 3896–3898. Watteville summarizes the results of the *déplacement* policy to 1845 in *Statistique des établissements et services de bienfaisance,* pp. 22–23 and table 27.

73. F15 3896. Communication of 17 August 1838 from Commission Administrative des hospices de Nantes to préfet de la Loire-Inférieure.

74. F15 3896. Communicaiton of 10 August 1838 from Commission Administrative de l'hospice civil et militaire to préfet des Deux-Sevres.

75. F15 3896. Extrait du rapport du préfet du département de l'Aveyron au Conseil Général dans la session de 1837.

76. Fernand Ledé, "La Protection des enfants du premier âge," *Journal de la société de statistique de Paris,* 63 (1922), 261–301, and 64 (1923), 59–68, esp. 265. Data are limited to those 43 departments having in 1913 more than a thousand nurslings.

The trend towards keeping infants at home did not begin in Paris until the eve of the First World War, and indeed Parisians slightly *increased* the dispatching of their babies to rural nurses in the years 1884–1909.

Percent of Paris-born infants sent
en nourrice, either within
the city or outside

1885–1889	29.9 percent
1890–1894	31.2
1895–1899	32.1
1900–1904	32.6
1905–1909	32.7
1910–1914	29.7

Figures computed from data presented in Etienne van de Walle and Samuel H. Preston, "Mortalité de l'enfance au XIXe siècle à Paris," p. 103.

77. Babies to one year old sent to mercenaries in 1897 amounted to 9 per cent of all live births in that year. Less than half were wet-nursed, which helps explain why the mortality of boarded-out infants continued to be much higher than that of infants kept by their mothers. In 1897, fully 45 per cent of all newborn in Lyon were boarded out and 32 per cent of those in Paris, in both cases almost all to homes outside the city. Only in Marseille were more infants put *en nourrice* within the city than without. Jacques Bertillon, "Du Degré d'efficacité de la loi du 24 décembre 1874 (Loi Théophile Roussel)," *Journal de la société de statistique de Paris*, 43 (1902), 289–342, esp. pp. 325–326.

78. Although the grim distance between the mortality of hand- and breastfed infants had narrowed over time, it had not disappeared. Mid-nineteenth century French data are reviewed in Paul Chaulet, *Etude démographique sur l'arrondissement d'Agen* (Agen, 1880), pp. 27–28, where in case after case thirty or forty percentage points separate the two. The same distance appears in the German statistics summarized by Wolff, *Kindersterblichkeit*, pp. 42–43. On closing the gap see H. Selter, "Die Ursachen der Säuglingsterblichkeit unter besonderer Berücksichtigung der Jahreszeit und der sozialen Lage," *Zeitschrift für Hygiene und Infektionskrankheiten*, 88 (1919), 234–250, following table from p. 237:

Deaths per 100 infants age 0–1 in Berlin

	BREASTFED	HANDFED (ANIMAL MILK)
1885–1886	8.4	54.1
1895–1896	6.0	35.8
1906	6.3	23.6

79. Victor-Eugène Ardouin-Dumazet, *Voyage en France*, 20 vols. (Paris, 1893–1899), I, p. 39.

80. Charles Monot, *De l'industrie des nourrices*, p. 87.

81. Ledé, "Protection des enfants du premier age," p. 296. The real percentage would be a little higher because only seventy-nine departments reported nursling data. Yet the others were likely to have had few cases, however, and the discrepancy is minor.

82. Robert Debré *et al.*, *La Mortalité infantile et la mortinalité: Résultats de l'enquête poursuivie en France et dans cinq pays d'Europe sous les auspices du comité d'hygiène de la Société des Nations* (Paris, 1933), pp. 252, 267–268.

83. *Ibid.*, pp. 225, 245.

84. *Ibid.*, pp. 294, 306.

85. John Knodel and Etienne van de Walle, "Breast Feeding, Fertility and Infant Mortality: An Analysis of some Early German Data," *Population Studies*, 21 (1967), 109–131, esp. p. 120 and map on 119.

86. Debré, *Mortalité infantile*, pp. 219, 222, 237.

87. *Ibid.*, pp. 58, 95.

88. *Ibid.*, pp. 306, 312.

89. *Ibid.*, pp. 229, 269.

90. J. J. Juge, *Changemens survenus dans les moeurs des habitans de Limoges depuis une cinquantaine d'années*, 2nd ed. (Limoges, 1817; first ed., 1808), pp. 34, 84.

91. Mentioned in Theodore Zeldin, *France, 1848–1945*, vol. I: *Ambition, Love and Politics* (Oxford: Clarendon Press, 1973), p. 328. The accumulation of infant-

care titles after 1815 may be seen from the Bibliothèque Nationale's collection of works on both children's hygiene and children's diseases. In each case there is an initial flurry of publication in the 1770s, and then a grand nineteenth-century wave beginning in the Napoleonic years. Bibliothèque Nationale, *Catalogue des sciences médicales*, I, pp. 488–494, for series Tc³¹ and pp. 637–641 for series Td³⁶.

92. I'm alluding to the eighteenth-century doctors' preoccupation with weather and climate. Early in the nineteenth century, clinical observation and systematic collection of medical data replace meterology almost entirely in the doctors' world-view.

93. Ariès, *Centuries of Childhood*, pp. 282–284.

94. Anon. [chef de division à la préfecture du Var], *Statistique du département du Var* (Draguignan, 1838), p. 178. The denominator of the percentage was computed by adding to the number of abandoned children on hand at the beginning of the year the number admitted during the year, then subtracting the number who left the welfare system upon attaining age twelve and the number who died. The numerator was simply the number of children withdrawn by their parents during the period in question.

Watteville's data on the percent withdrawn for France as a whole between 1838 and 1845 show no change whatsoever. *Statistique des établissements et services de bienfaisance*, p. 25. In Lyon some increase took place between 1830 and 1837 in the number of children withdrawn by their parents from the Hospice de la Charité, but the number of abandoned children was rising as well. On withdrawals, Terme-Monfalcon, *Nouvelles considérations*, p. xxxi. On expositions in Lyon, Watteville, p. 7.

95. Reports of departmental prefects, F 20 135².

96. All this from *ibid.*, correspondence of 1847.

97. Henry Roger, *Le Finistère: Ses habitants, leurs moeurs* . . . (Montpellier, 1919), pp. 48–49.

98. A. Drouineau, *Géographie médicale de l'Ile de Ré* (Paris, 1909), p. 72.

99. Edgar Morin writes of the commune of Plodémet, at the southwestern tip of Brittany: "La nouvelle mère qui accouche toujours en clinque désormais, consacre, à la manière urbaine, de multiples attentions d'hygiène, de diététique, de toilette à ses enfants. A l'âge scolaire, elle surveille leçons et devoirs, tire vanité des succès, jalouse de ceux du petit voisin, et va parfois jusqu'à récriminer auprès des maîtres." Morin, *Commune en France: La Métamorphose de Plodémet* (Paris: Fayard, 1967), p. 171.

100. Henri Baudrillart, *Les Populations agricoles de la France*, vol. I: *Maine, Anjou* . . . (Paris, 1885), quotation about Picardy, p. 385; see also his remarks on childrearing in Provence, vol. III: *Les Populations du Midi* (Paris, 1893), p. 113.

101. See Gilibert's vivid description, *Anarchie médicinale*, III, pp. 290–291.

102. *Ibid.*, pp. 304–305.

103. Among other testimony, see P.-S.-E. de Smyttère, *Topographie* . . . *de Cassel* (Paris, 1828), p. 101; Barthélemy Chaix, *Préoccupations statistiques* . . . *des Hautes-Alpes* (Grenoble, 1845), p. 232; and Bancel, *Toul*, p. 79.

104. Bertrand, *Mémoire sur la topographie médicale du département du Puy-de-Dôme* (Clermont, 1849), p. 84.

105. Alex Giraudet, *Topographie physique et médicale de Cusset* (Paris, 1827), p. 113.

106. Adrien Bérenguier, *Topographie* . . . *medicale du canton de Rabastens (Tarn)* (Toulouse, 1850), p. 129.

107. See Mercier, *L'enfant du XVIIIe*, pp. 110, 160–161.

108. Menuret de Chambaud, *Essai Médico-Topographique de Paris*, p. 100; Joseph-Marie Audin-Rouvière, *Essai sur la topographie physique et médicale de Paris*, (Paris, 1794), p. 77.

109. Daquin, *Chambéry*, p. 82.

110. Graffenauer, Strasbourg, p. 65; François-Alexandre Rouger, *Topographie statistique et médicale de la ville et canton du Vigan* (Montpellier, 1819), pp. 100, 106, 111.

111. Fox, "Pregnancy, Childbirth in Anglo-American Culture," p. 210.

112. John Demos, *A Little Commonwealth* (New York: Oxford University Press, 1970), p. 133, citing Alice M. Earle, *Child Life in Colonial Days* (New York, 1927), 21ff. and 34ff.

113. Helmut Möller, *Die kleinbürgerliche Familie im 18. Jahrhundert* (Berlin: de Gruyter, 1969), pp. 37–38.

114. Wertheim, *Wien*, p. 100; K. F. H. Marx, *Göttingen in medicinischer . . . Hinsicht* (Göttingen, 1824), p. 141; see also Schlesinger, *Pesth-Ofen*, p. 76.

115. Jean Jablonski, *Etude médicale sur l'arrondissement de Poitiers pendant l'année 1878–1879* (Poitiers, 1880), pp. 26–27.

116. Albert Köbele, ed., *Ortssippenbuch Altenheim, Gemeinde Neuried, Ortenaukreis/Baden* (Grafenhausen bei Lahr/privately published by author, 1973), p. 275, entry 1631.

117. René A. Spitz, "Hospitalism: An Inquiry into the Genesis of Psychiatric Conditions in Early Childhood," *Psychoanalytic Study of the Child*, I (1945), 53–74, esp. pp. 53–54, 59.

118. Few industrial cities do not evidence some increase in infant mortality at some time during the nineteenth century. See, for example, Pierre Pierrard, *La Vie ouvrière à Lille sous le Second Empire* (Paris: Bloud & Gay, 1965), p. 127, for a large increase in perinatal mortality, 1851–1870; or Aline Lesaege, "La Mortalité infantile dans le département du Nord de 1815 à 1914," *Revue du Nord*, 52 (1970), 238–243, esp. p. 240. For a comparable German example, Kisskalt, "Sterblichkeit," p. 465, gives infant mortality in Königsberg, 1781–1913 (an increase from 22 per 100 in 1781 to 1802 to 26 in 1894 to 1903). Yet in nonindustrial reaches of Central Europe, as well, the nineteenth century saw large increments in the infantile mortality rate; cf. the decennial series for Saxony, Bavaria, and Prussia that Gustav Sundbärg gives in *Aperçus statistiques internationaux* (Stockholm, 1908; Gordon and Breach reprint), p. 142.

119. Infant mortality increases from 11 to 16/100 in Andover, Mass., over 1670–1759, Philip J. Greven, Jr. *Four Generations* (Ithaca: Cornell University Press, 1970), p. 189, but declines in Salem, Mass., from 31 per cent in the "17th century" to 18 per cent in the "18th century." The latter are the findings of James K. Somerville, "A Demographic Profile of the Salem Family, 1660–1770," unpublished paper, cited in Maris Vinovskis, "Mortality Rates and Trends in Massachusetts Before 1860," *Journal of Economic History*, 32 (1972): 184–213, esp. p. 199.

120. To my knowledge, Jean-Louis Flandrin is the first to have argued the case, for early modern Europe, that parental insouciance was a main cause of high infant mortality, rather than the other way round. ". . . Pour des raisons culturelles et non pas seulement matérielles, les parents d'autrefois étaient moins soucieux de leurs enfants que ceux d'aujourd'hui." Flandrin, "L'attitude à l'égard de l'enfant," p. 176.

Chapter 6

1. This description of prerevolutionary youth organizations draws heavily upon Maurice Agulhon's two books, *Pénitents et Francs-Maçons* (Paris: Fayard, 1968), pp. 43–64, and *La Vie sociale en Provence intérieure au lendemain de la Révolution*

(Paris: Société des études robespierristes, 1970), pp. 222–223, and on Arnold Van Gennep, *Manuel de folklore français contemporain*, I(1) (Paris: A. Picard, 1943), pp. 201–206.

These *abbayes de la jeunesse* or *rois d'amour* may have been more widespread in southern France than northern. Natalie Davis has argued that they even served as springboards for popular political protest, but the evidence supporting such an interpretation seems thin to me. Davis, "The Reasons of Misrule: Youth Groups and Charivaris in Sixteenth-Century France," *Past and Present*, 50 (February, 1971), 41–75.

2. For later descriptions see Dieudonné, *Statistique du département du Nord* (Douai, 1864), I, 82–83; Xavier Thiriat, *La Valleé de Cleurie* (Mirecourt, 1869), pp. 333–334; Henri Pourrat, *Ceux d'Auvergne, types et coutumes* (Paris, 1928), p. 67.

3. L.-J.-B. Bérenger-Féraud, *Reminiscences populaires de la Provence* (Paris, 1885), pp. 81–83.

4. Maurice Garden, *Lyon et les Lyonnais au XVIIIe siècle* (Paris: Les Belles-Lettres, 1970), pp. 555–571.

5. Steven R. Smith, "The London Apprentices as Seventeenth-Century Adolescents," *Past and Present*, 61 (November, 1973), 194–161, esp. p. 157.

6. Matti Sarmela, *Reciprocity Systems of the Rural Society in the Finnish-Karelian Area* . . .(Helsinki: Suomalainen Tiedekatemia, 1969), p. 116.

7. For these French examples, Van Gennep, *Manuel de folklore français*, I(1), pp. 207–213, I(4) pp. 1589–1595.

8. Described, for example, in Laurence Wylie, *Village in the Vaucluse: An Account of Life in a French Village*, rev. ed. (Cambridge: Harvard University Press, 1964), chapter 11.

9. *Enquête sur l'habitation rurale en France*, 2 vols. (Paris, 1939), II, p. 187.

10. François-Alexandre Rouger, *Topographie statistique et médicale de la ville et canton du Vigan* (Montpellier, 1819), p. 103.

11. For a description of *chambrées* in Provence see Maurice Agulhon, *La République au village (Les populations du Var de la Révolution à la Seconde République)* (Paris: Plon, 1970), pp. 219–245. On the *chambrée's* persistence even into the contemporary world, see Lucienne A. Roubin's rich study, *Les Chambrettes des Provençaux: Une Maison des hommes en Méditerranée septentrionale* (Paris: Plon, 1970), *passim*.

12. Rouger, *Vigan*, p. 110.

13. See Maurice Agulhon, "Les Chambrées en Basse-Provence: histoire et ethnologie," *Revue historique*, 498 (1971), 337–368.

14. Garden, *Lyon*, p. 432.

15. Francois Mazuy, *Essai historique sur les moeurs et coutumes de Marseille au 19e siècle* (Marseille, 1853), p. 197; see also C. Viry, *Mémoire Statistique du département de la Lys* (Paris, 1812), for the early nineteenth century; rural-dwellers went less, yet whenever they had the chance.

16. Jean-Baptiste Dupont, *Topographie historique* . . . *de l'Arrondissement de Lille* (Paris, 1833), p. 75.

17. Henri Baudrillart, *Les Populations agricoles de la France*, vol. II: *Maine-Anjou* . . . (Paris, 1888), p. 287.

18. Mme Charles d'Abbadie d'Arrast, *Causeries sur le pays Basque* (Paris, 1909), pp. 109–110.

19. Emmanuel Labat, *En Gascogne* (Agen, 1911), p. 32.

20. Pierre Caspard distinguishes clearly between work-bee veillées in which two or three families—or just married women—would get together, and courtship veillées including just the young people. Caspard, "Conceptions prénuptiales et développement

du capitalisme dans la Principauté de Neuchâtel (1678–1820)," *Annales: ESC*, 29 (1974), 989–1008, esp. pp. 993–994.

21. A. Carlier, *Un village breton en 1895 (Saint-Pierre de Quiberon)* (Cannes: Imprimerie à l'école, 1949), p. 13.

22. Lepécq de la Cloture, *Collection d'observations sur les maladies et constitutions épidémiques de la Normandie* (Rouen, 1778), p. 126.

23. Roubin, *Chambrettes des Provençaux*, p. 164.

24. For a typical description see J. Chalette, *Précis de la statistique générale du département de la Marne* (Chalons, 1844), I, p. 115.

25. Van Gennep, *Manuel de folklore français*, I (1), pp. 139–140.

26. For the above see *ibid.*, I(2), pp. 689–699.

27. *Ibid.*, p. 689.

28. *Ibid.*, p. 699.

29. On wakes see *ibid.*, pp. 688–710, examples from pp. 704, 705.

30. Philippe Ariès surveys this larger transformation in *Western Attitudes Towards Death from the Middle Ages to the Present*, trans. Patricia M. Ranum (Baltimore: Johns Hopkins University Press, 1974).

31. Van Gennep, *Manuel de folklore français*, I(2), p. 783.

32. *Ibid.*, p. 431.

33. Grise, *Trièves*, pp. 19–20. See also Elard Hugo Meyer, *Badisches Volksleben* (Strasbourg, 1900), p. 251, Van Gennep, *Manuel de folklore français*, I(2), pp. 437–441.

34. On the best man's presence in the bedroom, see Jacques Chambry, *Voyage dans le Finistère* (Brest, 1836), p. 41; on the "brew" (*rotie*) and hide-and-seek traditions see Van Gennep, I(2), pp. 555–557; E. Deliège, *Pays d'Argonne* (Reims, 1907), p. 168; Marquis, *Mémoire statistique du département de la Meurthe* (Paris, 1805), p. 140; J.-B. Frion, *Description . . . de la ville de Chaumont-en-Vexin* (Beauvais, 1867), p. 128, where the *rotie* was said to be in decline; Xavier Thiriat, *La vallée de Cleurie* (Remiremont, 1869), p. 313; Charles Perron, *Les Franc-Comtois* (Besançon, 1892), p. 166, where the drink was called the "trempotte."

35. On wedding dancing, see Van Gennep, *Manuel de folklore français*, I(2), pp. 541–550.

36. Auguste Grise, *Coutumes du Trièves au XIXe siècle* (Grenoble, 1939), pp. 19–20.

37. Cambry, *Description du département de l'Oise*, 2 vols. (Paris, 1803), I, p. 257.

38. Both examples from Van Gennep, *Manuel de folklore français*, I(3), p. 1075.

39. *Ibid.*, p. 1074.

40. *Ibid.*, p. 1077.

41. H. Barre *et al.*, *Les Bouches-du-Rhône, Encyclopédie départementale*, vol. XIII: *La Population* (Marseille, 1921), p. 398.

42. For illustrations, Thiriat, *Cleurie*, p. 250; Van Gennep, *Manuel de folklore français*, I(2), p. 619.

43. J. L. M. Noguès, *Les Moeurs d'autrefois en Saintonge et en Aunis* (Saintes, 1891), p. 16.

44. For instance, J. Quenin, *Statistique de canton d'Orgon* (Arles, 1838), p. 76.

45. Grise, *Trièves*, pp. 20–21.

46. Sometimes, however, the charivari was intended actually to punish the remarriers. In Languedoc their door was broken in. Nicole Castan, "La Criminalité familiale dans le ressort du Parlement de Toulouse, 1690–1730," in A. Abbiatecci *et al.*, eds. *Crimes et criminalité en France sous l'Ancien Régime, 17e–18e siècles* (Paris: Colin, 1971), p. 106.

47. Van Gennep, *Manuel de folklore français*, I(2), p. 626.
48. Perron, *Franc-Comtois*, p. 142; Van Gennep, *ibid.*, I(2), pp. 572, 619.
49. Van Gennep, *ibid.*, I(2), p. 618.
50. Delpon, *Lot*, I, p. 207.
51. Alexandre Bouët, Breiz Izel, 2d ed. (Quimper, 1918; first ed., 1835), p. 278; on seizing the nearest neighbor see also J.C.F. Ladoucette, *Histoire . . . des Hautes-Alpes*, 3rd ed. (Paris, 1848), p. 578.
52. Ladoucette, *Hautes-Alpes*, commune of Saint-Julien-en-Champsaur, p. 578.
53. *Ibid.*, p. 578.
54. Van Gennep, *Manuel de folklore français*, I(4), p. 1702.
55. Perron, *Franc-Comtois*, pp. 139–143.
56. Jeffry Kaplow, *The Names of Kings* (New York: Basic Books, 1972), p. 109; Garden, *Lyon*, p. 441.
57. Van Gennep, *Manuel de folklore français*, I(3), pp. 1075–76.
58. Dieudonné, *Nord*, I, pp. 97–98.
59. For a recent review of the international literature see Roger Pinon, "Qu'est-ce q'un charivari? Essai en vue d'une définition opératoire," in *Kontakte und Grenzen. Probleme der Volks-, Kultur- und Sozialforschung. Festschrift G. Heilfurth* (Göttingen: Schwartz, 1969), pp. 393–405.
60. E. P. Thompson, "'Rough Music,' Le Charivari anglais," *Annales: ESC*, 27 (1972), 285–312, esp. p. 297.
61. *Ibid.*, p. 297. I have retranslated some quotes from the French text.
62. Bayerisches Hauptstaatsarchiv, MI 46557.
63. See the articles "Haberfeldtreiben" and "Katzenmusik," in E. Hoffmann-Krayer and Hanns Bächtold-Stäubli, eds., *Handwörterbuch des deutschen Aberglaubens* (Berlin, 1930–1932), III, p. 1291 and IV, pp. 1125–1132; Karl Meuli, "Charivari," in Horst Kusch, ed., *Festschrift Franz Dornseiff* (Leipzig: VEB Bibliographisches Institut, 1953), pp. 231–243; P. T. Meertens, "Die Katzenmusik in den Niederlanden," in *Die Nachbarn: Jahrbuch für vergleichende Volkskunde*, 3 (1962), 126–139, esp. pp. 130–132.
64. Lépecq de la Cloture, *Maladies de Normandie*, p. 205.
65. Menuret de Chambaud, *Essais sur l'histoire médico-topographie de Paris* (Paris, 1786), p. 112.
66. P. J. Lesauvage, *Essai topographique et médical sur Bayonne et ses environs* (Paris, 1825), pp. 115–116.
67. Dalphonse, *Mémoire statistique du département de l'Indre* (Paris, 1804), p. 111.
68. de Verneilh, *Statistique générale de la France . . . département du Mont-Blanc* (Paris, 1807), p. 287.
69. Christophe de Villeneuve, *Statistique du département des Bouches-du-Rhône*, 4 vols. (Marseille, 1821–1829), III, pp. 277–278; the author had been prefect. For a similar account see Rame, *Essai historique et médical sur Lodève* (Lodève, 1841), p. 41.
70. See at the end of André Varagnac, *Civilisation traditionnelle et genres de vie* (Paris: Albin Michel, 1948), "Carte de regression des feux de brandons et des feux de la St. Jean," for the period "pre-1880" to 1937.
71. Thiriat, *Cleurie*, pp. 330–331.
72. Richez-Adnet, *Recherches historiques sur Hans-le-Grand* (Châlons-sur-Marne, 1867), p. 79.
73. Baudrillart, *Populations agricoles de la France* (1888), p. 512.
74. Andrée Michel, for example, in a study of contemporary family planning attitudes, finds that "emotional" factors such as husband-wife interaction are more power-

ful predictors than socio-economic factors such as class, a hypothesis which a scholar who believed subcultural differences strong even today would not have expected. Michel, "Interaction and Family Planning in the French Urban Family," *Demography*, 4 (1967), 615–625. In Jean Labbens' account of proletarian family life, *Le Quart monde: La pauvreté dans la société industrielle: étude sur le sous-prolétariat francais dans la région parisienne* (Paris: Editions science et service, 1969), pp. 107–156, the reader has the impression of people whose values are fundamentally petty bourgeois. From the articles of Robert Boudet ("La Famille bourgeoise") and Jacques Doublet ("Parents et enfants dans la famille ouvrière"), written in the 1950s, a certain convergence in the family styles of the two classes may be inferred; both pieces appeared in M. Sorre, ed., *Sociologie comparée de la famille contemporaine* (Paris: CNRS, 1955), pp. 141–151 and 157–168. Finally Alain Girard, while discovering slight interclass differences in attitudes to premarital intercourse and significant differences towards contraception, concludes that on the whole, "Les normes à l'égard du marriage seraient très générales à l'intérieur de la culture francaise, et s'il y a des 'sous-cultures,' celles-ci participent au mouvement d'ensemble, mais à un rythme plus ou moins rapide, les milieux plus attardés n'étant pas loin cependant de rejoindre ceux qui sont en tête." *Le choix du conjoint*, new ed. (Paris: PUF, 1974), p. 179. The reader will conclude from both my desperate scramble for contemporary evidence, and from Andrée Michel's inclusion in her new reader of principally Anglo-Saxon material, what a disaster area the sociology of the current French family has become. See Michel, *La Sociologie de la famille: recueil de textes présentés et commentés*. (Paris: Mouton, 1970).

75. François Mazuy, *Marseille*, pp. 191–193.

76. Baudrillart, *Populations agricoles*, vol. II (1888), pp. 340–341.

77. Grise, *Trièves*, pp. 22–24.

78. K. F. H. Marx, *Göttingen*, p. 175; for similar testimony see Ph. Heineken, *Die freie Hansestadt Bremen* . . . (Bremen, 1836), I, p. 84.

79. Richard Sennett, *Families Against the City: Middle Class Homes of Industrial Chicago, 1872–1890* (Cambridge: Harvard University Press, 1970), p. 195.

80. Robert Roberts, *The Classic Slum* (Manchester: Manchester University Press, 1971), p. 35.

81. All this Languedoc material from Castan, "Criminalité familiale," pp. 98–104.

82. Jean Rémy, "Persistance de la famille étendue dans un milieu industriel et urbain," *Revue francaise de sociologie*, 8 (1967), 493–505, esp. pp. 498–500.

83. M. Jollivet and H. Mendras, eds., *Les Collectivités rurales francaises: Etude comparative de changement social* (Paris: Colin, 1971), I, p. 86; "Orchains en Beauce."

84. *Ibid.*, pp. 96–97; "Grand-Frault en Lorraine."

85. *Ibid.*, p. 113; "Beaufort en Marche."

86. *Ibid.*, p. 139; "Montbois en Armagnac."

87. See, for example, Tina Jolas and Françoise Zonabend on Minot (Cote d'Or), where present-day residents testify "chacun reste chez soi," "Gens du finage, gens du bois," *Annales: ESC*, 28 (1973), 285–305, esp. p. 286; Placide Rambaud and Monique Vincienne discuss "religion et désagrégation des communautés humaines" for a rural arrondissement in southeastern France, *Les Transformations d'une société rurale: La Maurienne (1561–1962)* (Paris: Colin, 1964), pp. 208–210; and Robert T. Anderson and Barbara Gallatin Anderson speak of "a revolutionary breakdown of communal solidarity" in Wissous (Essonne), *Bus Stop for Paris: The Transformation of a French Village* (Garden City, N.Y.: Doubleday, Anchor, 1966), p. 144.

88. Alan Macfarlane, *The Family Life of Ralph Josselin, A Seventeenth-Century Clergyman* (New York: Cambridge University Press, 1970), pp. 153–160. Michael Anderson provides no information on kin network obligations in his discussion of

village society in nineteenth-century Lancashire, aside from data on the co-residence of aging parents and married children, *Family Structure in Nineteenth Century Lancashire* (New York: Cambridge University Press, 1971), p. 84.

89. Raymond Firth, *Families and their Relatives: Kinship in a Middle-Class Sector of London* (London: Routledge, 1969), p. 166.

90. Colin Rosser and Christopher Harris, *The Family and Social Change: A Study of Family and Kinship in a South Wales Town* (London: Routledge, 1965), pp. 212–221.

91. Peter Willmott and Michael Young, *Family and Class in a London Suburb* (London: Routledge, 1960), p. 38.

92. Firth, *Families and Their Relatives*, p. 462.

93. John Mogey, *Family and Neighbourhood: Two Studies in Oxford* (London: Oxford University Press, 1956), pp. 83–88.

94. Michael Young and Peter Willmott, *Family and Kinship in East London* (London: Routledge, 1957), p. 142 of Pelican ed.

95. *Ibid.*, p. 149.

96. *Ibid.*, pp. 106–107.

97. *Ibid.*, p. 109.

98. As far as I know, nobody has ever estimated net "congealment rates." These are guesses on my part.

99. Young and Willmott, *Family and Kinship in East London*, p. 108.

100. Some of the literature is reviewed in Gerald R. Leslie, *The Family in Social Context* (New York: Oxford University Press, 1967), pp. 323–325; see also Ivan Nye and Felix Berardo, *The Family* (New York: Macmillan, 1973), pp. 412–413. Bernard Farber described Champaign-Urbana in *Kinship and Class: A Midwestern Study* (New York: Basic Books, 1971), p. 79. See also Robert P. Stuckert, "Occupational Mobility and Family Relationships" [Milwaukee], *Social Forces*, 41 (1962–63), 301–307; Scott Greer, "Urbanism Reconsidered: A Comparative Study of Local Areas in a Metropolis" [Los Angeles], *American Sociological Review*, 21 (1956), 19–25; and C. Edward Noll and Michael Gordon, "Urban Kinship Interaction: A Test of Two Hypotheses," paper presented at the annual meeting of the American Sociological Society, Denver, Colorado, August, 1971.

101. Farber, *Kinship and Class*, p. 112.

102. Once such clearly exceptional communities as Boston's downtown Italians are put to the side—Herbert Gans, *The Urban Villagers* (New York: Free Press, 1962)—Paul Craven's and Barry Wellman's assessment seems appropriate that "it is rare to find a neighborhood which constitutes the major setting of informal interaction for the majority of its residents." Craven and Wellman, "The Network City," *Sociological Inquiry*, 43 (1973), 57–88. Michael Zuckerman's book is entitled *Peaceable Kingdoms: New England Towns in the Eighteenth Century* (New York: Knopf, 1970), and Lewis Atherton's is *Main Street on the Middle Border* (Bloomington: Indiana University Press, 1954).

103. Pierre Feugeyrollas, "Prédominance du mari ou de la femme dans le ménage: Une enquête sur la vie familiale," *Population*, 6 (1951), 83–102, esp. pp. 92–93; Andrée Vieille's investigation of working-class families who were thrust into furnished hotel rooms after the Second World War found very high degrees of neighboring, not just boys-at-the-bar social contacts of the traditional sort. But I'm inclined to think these results are the product of exceptional circumstances. Vieille, "Relations parentales et relations de voisinage chez les ménages ouvriers de la Seine," *Cahiers internationaux de sociologie*, 17 (1954), 140–153.

104. Rémy, "Persistance de la famille étendue," p. 503.

105. Willmott and Young, *Family and Class in a London Suburb*, p. 109.

106. See, for example, Norman Denis *et al.*, *Coal is Our Life: An Analysis of a Yorkshire Mining Community* (London: Tavistock, 1956), pp. 142–156; Brian Jackson, *Working Class Community: Some General Notions Raised by a Series of Studies in Northern England* (London: Routledge, 1968), ch. 4, "At the Club," pp. 39–68.

107. Michael Young and Peter Willmott, *The Symmetrical Family: A Study of Work and Leisure in the London Region* (London: Routledge, 1973), pp. 229–230.

108. Arthur B. Shostak, *Blue-Collar Life* (New York: Random House, 1969), pp. 190–192.

109. From John Brooks, *The Great Leap*, cited in Shostak, *ibid.*, p. 120.

110. Natalie Davis assures me this opinion was common among sixteenth-century doctors.

111. The numerous French "family reconstitution" studies converge on the view that birth control was not practiced to any significant extent in marriage before the last quarter of the eighteenth century.

112. A study of marital separations in the diocese of Cambrai makes it evident that, however infrequent adultery may have been on the whole, it was more acceptable for men than for women. Some wives were prepared to suffer their husbands' misbehavior long in silence, whereas the husbands had no tolerance at all for their wives' adultery. Indeed, the husbands seem to have even thought it morally acceptable to bed their servants if their wives refused sex. Léon Kaczmarek and Guy Savelon, *Problèmes matrimoniaux dans le ressort de l'officialité de Cambrai, 1670–1762: Les séparations de corps et de biens* (Université de Lille, mémoire de maitrise, 1971; directed by P. Deyon and A. Lottin), pp. 94, 112.

113. Joseph Hazzi, *Statistische Aufschlüsse uber das Herzogthum Baiern* . . . 11 vols. (Nürnberg, 1801–1808), III(3), p. 1129; Jean-Emmanuel Gilibert, *L'Anarchie médicinale* . . . (Neuchâtel, 1772), III, p. 276.

114. Barthélemy Chaix, *Préoccupations statistiques, géographiques, pittoresques et synoptiques du département des Hautes-Alpes* (Grenoble, 1845) p. 275.

115. Balguerie, *Tableau statistique du département du Gers*, (Paris, 1802), p. 45.

116. See Jacques Depauw, "Amour illégitime et société à Nantes au XVIIIe siècle," *Annales: ESC*, 27 (1972), 1155–82.

117. Theodore Zeldin shows that the woman's right to orgasm had been generally accepted in French marriage manuals by the beginning of World War I. *France, 1848–1945: vol. I: Ambition, Love and Politics* (Oxford: Clarendon Press, 1973), pp. 295–297. On the growing acceptance of female orgasm in the United States see Michael Gordon, "From Procreation to Recreation: Changes in Sexual Ideology, 1830–1940," in James Henslin, ed., *The Sociology of Sex* (New York: Appleton-Century-Crofts, 1971), pp. 53–77.

On the basis of medical textbooks and marital manuals, John S. Haller and Robin M. Haller argue that American sexuality passed from a free-and-easy early modern phase to a prudish repressiveness in the nineteenth century. But I am fundamentally mistrustful of such general texts, not anchored liked the medical topographies in specific contexts of time and place, and accordingly I believe the question still to be open. Haller and Haller, *The Physician and Sexuality in Victorian America* (Urbana: University of Illinois Press, 1974), pp. 92–97 and *passim*.

118. François-Emmanuel Foderé, *Voyage aux Alpes Maritimes* (Paris, 1821), II, 207–208; Louis René Villermé, "De la distribution par mois des conceptions et des naissances de l'homme," *Annales d'hygiène publique*, 5 (1831), p. 29; Jean-César Vincens, *Topographie de la ville des Nismes* (Nimes, 1802; ms. finished in 1790), p. 127.

119. W. H. James, "Social Class and Season of Birth," *Journal of Biosocial Science,* 3 (1971), *passim.*

120. Morton Hunt reached this conclusion in his 1972 survey of American sexual practices, *Sexual Behavior in the 1970s* (New York: Playboy Press, 1974), p. 202 and *passim.* Although it pains me to cite this imprimatur, the study is not badly done.

121. Dr. Grassl, "Bäuerliche Liebe," *Zeitschrift für Sexualwissenschaft,* 13 (1927), p. 378.

122. Edmund Morgan, "The Puritans and Sex," *New England Quarterly,* 15 (1942), 591–607, esp. pp. 592–593.

123. Gordon, "Procreation to Recreation."

124. Alfred E. Kinsey, *Sexual Behavior in the Human Female* (New York: Bantam, 1965), pp. 356–358.

125. Hunt, *Sexual Behavior,* p. 32. All Kinsey data reported in this section are taken from Hunt.

126. Charles F. Westoff, "Coital Frequency and Contraception," *Family Planning Perspective,* 6 (1974), p. 141. The Kinsey–1972 comparative data from Hunt, *Sexual Behavior,* p. 191. The English median frequency was about twice weekly in the late 1960s. See Geoffrey Gorer, *Sex and Marriage in England Today: A Study of the Views and Experience of the Under-45s* (London: Nelson, 1971), p. 115.

127. Hunt, *Sexual Behavior,* p. 205.

128. *Ibid.,* p. 201.

129. *Ibid.,* p. 198.

130. *Ibid.,* p. 202.

131. *Ibid.,* p. 204.

132. Kinsey, *Female,* pp. 356–358. Hunt, *Sexual Behavior,* p. 212, where the 1907 New York Study is also cited.

133. Hunt, *Sexual Behavior,* p. 216, on wifely discontent. There is, according to Hunt's data, a strong correlation between sexual pleasure and affection in marriage, pp. 231–232.

134. See George L. Ginsberg et al., "The New Impotence," *Archives of General Psychiatry,* 26 (1972), 218–220; the authors write: "the male concern of the 1940s and 1950s was to satisfy the woman. In the late 1960s and early 1970s, it seems to be 'Will I have to maintain an erection to maintain a relationship?'" (p. 219).

135. Vance Packard, *The Sexual Wilderness* (New York: David McKay, 1968), p. 275.

136. Pierre Simon et al., *Rapport sur le comportement sexuel des français* (Paris: Julliard-Charron, 1972), p. 240.

137. *Ibid.,* pp. 246, 249–251.

Chapter 7

1. I have tried elsewhere to explain in greater detail how capitalism affected intimate life. Shorter, "Illegitimacy, Sexual Revolution and Social Change in Modern Europe," *Journal of Interdisciplinary History,* 2 (1971), 237–272; "Capitalism, Culture, and Sexuality: Some Competing Models," *Social Science Quarterly,* 53 (1972), 338–356; and "Female Emancipation, Birth Control, and Fertility in European History," *American Historical Review,* 78 (1973), 605–640.

2. The few data which permit a systematic comparison of cottage-industrial and nearby agricultural regions show dramatic differences in sexual behavior and courtship patterns. For example, in those parishes of the principality of Neuchâtel where

cottage weaving flourished, prebridal pregnancy increased threefold, from 21 per cent of all unions in 1745 to 1755 to 64 per cent in 1800 to 1810. In neighboring parishes where husbandry was practiced, however, the percentage of brides pregnant at marriage actually declined over that time (albeit only 1 point, from 40 to 39 per cent). Pierre Caspard, "Conceptions prénuptiales et développement du capitalisme dans la Principauté de Neuchâtel (1678–1820)," *Annales: ESC* 29 (1974), 999–1008, esp. table 1, p. 992.

3. Fred Weinstein and Gerald M. Platt, *The Wish to be Free: Society, Psyche, and Value Change* (Berkeley: University of California Press, 1969).

4. See for example Henri Baudrillart, *Populations rurales*, vol. II: *Maine, Anjou . . .* (Paris, 1888), p. 383.

5. Colchen, *Mémoire statistique . . . Moselle*, p. 52.

6. Alain Molinier, "Enfants trouvés . . .," in Société de démographie historique, ed., *Sur la population française au XVIIIe et au XIXe siècles* (Paris: SDM, 1973), pp. 465–467.

7. Bavaria. Kammer der Abgeordneten. *Verhandlungen*, 1831, appendix, vol. VII, pp. 197–202.

8. Baudrillart, *Populations rurales . . . Midi*, p. 426.

9. *Enquête sur l'habitation rurale en France*, II, p. 153 for Hautes-Alpes, p. 187 for Haute-Saône, p. 304 for Vosges, p. 429 for Indre-et-Loir.

10. J. A. Banks, "The Contagion of Numbers," in H. J. Dyos and Michael Wolff, eds., *The Victorian City*, 2 vols. (London: Routledge, 1973), I, pp. 105–122, esp. pp. 113–114; the "observer" was H. L. Smith.

11. Kreisarchiv Bamberg, K3 735. Letter sent to Kreisregiervng of Mittelfranken.

12. An important new addition to the literature on centralization is Benjamin R. Barber's *Death of Communal Liberty: A History of Freedom in a Swiss Mountain Canton* (Princeton: Princeton University Press, 1974), pp. 207–220 and 248–255. And Maurice Crubellier has recently recalled our attention to the impact of migration upon local culture. *Histoire culturelle de la France, XIXe–XXe siècle* (Paris: Colin, 1974), pp. 142–149.

Chapter 8

1. For one guide to the enormous "generation gap" literature, see Vern L. Bengston, "The Generation Gap: A Review and Typology of Social-Psychological Perspectives," *Youth and Society*, 2 (1971), 7–32. For a characteristic piece of academic overwroughtness, see Edgar Friedenberg, "Current Patterns of Generation Conflict," *Journal of Social Issues*, 25 (1969), 21–38.

2. Bianka Zazzo, *Psychologie différentielle de l'adolescence*, 2nd ed. (Paris: P.U.F., 1972), quotes from pp. 255, 259; see also pp. 261, 281–289.

3. Gérard Vincent, *Les Lycéens: Contribution à l'étude du milieu scolaire* (Paris: Colin, 1971; FNSP, cahier nr. 179), pp. 542, 558; quote from p. 561.

4. See, for example, Suzanne Frère, *La jeunesse bagnolaise: Enquête sociologique* (Paris: Pailhé, 1968), pp. 113–123.

5. Friedhelm Neidhart, *Die junge Generation* (Opladen: Leske, 1967), p. 61, citing a 1966 study by Uno Undeutsch.

6. Hermann Bertlein, *Das Selbstverständnis der Jugend Heute*, 2nd ed., (Hanover: Schroedel, n.d. [ca. 1965]), p. 228, quote from p. 249. On the basis of 1964 survey data, Viggo Graf Blücher rejects the view that tensions exist between the generations in Germany. Yet it seems likely that even at that time a major historical change had

already progressed, and that by the 1970s such findings are simply no longer applicable. Blücher, *Die Generation der Unbefangenen: Zur Soziologie der jungen Menschen Heute* (Düsseldorf: Diedrichs, 1966).

7. Denise B. Kandel and Gerald S. Lesser, *Youth in Two Worlds: United States and Denmark* (San Francisco: Jossey-Bass, 1972), p. 119, table 18 (2,300 American and 1,600 Danish youth were interviewed). The book as a whole rejects the view that young people are turning from parents to a peer subculture. Yet the data fall short of the authors' expectations, indicating only that participation in the peer group is largely independent of participation in family life.

	United States	Denmark
	Morals and values	
Parents	51%	34%
Friends	17	49
	Personal problems (not involving parents)	
Parents	42	33
Friends	33	49
	What books to read	
Parents	14	22
Friends	27	52

8. See, for example, the 1955 and 1956 national surveys of adolescents reported by Elizabeth Douvan and Joseph Adelson, in which only one-fourth of the 2,000 girls interviewed in grades 6 to 12 reported "*any* reservations, however mild, about their parents' rules, and only 5 per cent consider them to be unjust or severe." Douvan and Adelson, *The Adolescent Experience* (New York: Wiley, 1966), pp. 107–115.

9. Daniel Offer, *The Psychological World of the Teen-Ager: A Study of Normal Adolescent Boys* (New York: Basic Books, 1969), p. 200; quote from p. 206.

10. Bernard J. Gallagher, "An Empirical Analysis of Attitude Differences between Three Kin-Related Generations," *Youth and Society*, 5 (1974), 327–359, esp. 335–343.

11. R. W. Connell, "Political Socialization in the American Family: the Evidence Re-Examined," *Public Opinion Quarterly*, 36 (1972), 322–333, esp. p. 330.

12. Jerome B. Kernan, "Her Mother's Daughter? The Case of Clothing and Cosmetic Fashions," *Adolescence*, 8 (1973), 343–350.

13. Gary Schwartz and Don Merten, "The Language of Adolescence: An Anthropological Approach to the Youth Culture," *American Journal of Sociology*, 72 (1967), 453–468, quote from p. 460.

14. Kenneth Keniston, *The Uncommitted: Alienated Youth in American Society* (New York: Harcourt, Brace, 1960), p. 397.

15. Schwartz and Merten, "Language of Adolescence," p. 458.

16. For long series, see Griselda Rowntree and Norman H. Carrier, "The Resort to Divorce in England and Wales, 1858–1957," *Population Studies*, 11 (1958), 188–233; National Center for Health Statistics, U.S. DHEW, "100 Years of Marriage and Divorce Statistics, United States, 1867–1967," *Vital and Health Statistics*, series

21, nr. 24 (1973); Louis Roussel, "Les Divorces et les séparations de corps en France (1936–1967)," *Population*, 25 (1970) 275–302; graph on p. 279 has 1885–1939 data.

17. Data to 1970 are available in the *Statistisches Jahrbuch der Schweiz*, 1973, p. 590.

18. Robert Chester, "Contemporary Trends in the Stability of English Marriage," *Journal of Biosocial Science*, 3 (1971), 389–402, esp. table 2, p. 393, and table 3, p. 396.

19. Paul C. Glick and Arthur J. Norton, "Perspectives on the Recent Upturn in Divorce and Remarriage," *Demography*, 10 (1973), 301–314, esp. figure 3, p. 307.

20. *Ibid.*, pp. 302–303.

21. Abbott L. Ferriss, *Indicators of Change in the American Family* (New York: Russell Sage Foundation, 1970), p. 126, series nr. 210.

22. For 1940–1960 data, see Valerie Kincade Oppenheimer, *The Female Labor Force in the United States: Demographic and Economic Factors Governing Its Growth and Changing Composition* (Berkeley: University of California Population Monograph Series, No. 5, 1970), table 1.4, p. 11, which shows substantial increases among married women of all age brackets. For a tour of the international data see Evelyne Sullerot, *Histoire et sociologie du travail féminin: essai* (Paris: Gonthier, 1968), p. 201 *et seq.* For Canadian data, Canada, Department of Labour, *Women in the Labour Force, 1970: Facts and Figures* (Ottawa: Information Canada, 1971), table 10, p. 21; Ontario, Department of Labour, "Working Women in Ontario," p. 4 (multilithed pamphlet, n.p., n.d., available from Women's Bureau of the DL).

Namenregister

d'Abbadie d'Arrast, Mme. Charles 87
Amic, Dr. 187
Anderson, Michael 40
Ardouin-Dumazet, Victor-Eugène 217
Ariès, Philippe 197, 198, 200, 221
Atherton, Lewis 275
Audin-Rouvière, Dr. Joseph-Marie 228

Balme, Dr. 95
Balzac, Honoré de 22
Banks, J. A. 297
Bates, Joan 272
Baudouin, Dr. Marcel 109, 128, 129, 147, 148
Baudrillart, Henri 226, 263, 264
Bérenguier, Dr. Adrien 111, 226, 227
Berkner, Lutz 49
Bernard-Langlois, Dr. A. 75
Bertrand, Dr. 227
Bland, Theodorick, Patsy 84
Bogro, Dr. 168
Bouët, Alexandre 72
Brieude, Dr. 74, 79, 97
Brochard, Dr. André Théodore 215
Brossière, M. Mallet de la 96
Buffon, Georges Louis Leclerc de 205

Cambry 199
Captain 304
Caradec, Louis 87
Castan, Nicole 268
Chaix, Barthelemy 280
Colchen 295
Collins, Mary 272
Collomp, Alain 50
Coutèle, Dr. 111

Daignan, Dr. Guillaume 122
Demos, John 12, 83
Destrapierre, Dr. 211
Drake, Michael 53
Droz, Gustave 221
Dumont, Arsène 206
Dupont, Dr. 163
Dussourf, Henriette 87

Farber, Bernard 275
Fienburgh, Richard 272
Fink 202
Finlayson, Ann 11
Firth, Raymond 270, 271
Flaherty, David 45
Flandrin, Jean-Louis 110, 120, 138
Floyd, Pink 304
Ford, John 83
Fourree, Marie-Françoise 129
Fowler, Joseph 255
France, Emma 273

Frank, Johann Michael, Katharina, Johann Jacob, Johann Michael, Andreas, Katharina, Anna Maria 230
Frühaber, Georg 55

Gallup, G. 138
Gaillard, Adolphe-Henri 224
Garden, Maurice 205
van Gennep, Arnold 256
Gilibert. Dr. Jean-Emmanuel 215, 227, 280
Goram, Thomas 200
Gordon, Michael 284
Grassl, Dr. 122, 283
Grise, August 265
Guizot 216, 217

Händler 95
Hazzi, Joseph 116, 280
Hécart, Dr. Gabriel-Antoine-Joseph 118
Heinrich II. von Frankreich 68
Hermsdörfer, Georg 54
Hermsdörfer, Margarethe 55
Hewitt, Margaret 206
Hoskins, W. G. 58
Huggett, Frank 82
Hugo, Abel 50, 74
Hugo, Victor 50
Hunt, Morton 284–387

Jablonski, Dr. Jean 229
Jeffreys 274
Johnson, Lyndon B. 309
Joseph II. von Österreich 161
Josselin, Ralph 43, 82, 269
Juge, J. J. 220

Keniston, Kenneth 311
Kennedy, John F. 309
Kessler, Martin 12
Keyser 111

Kinsey, Alfred 132, 133, 137, 139, 140, 191, 192, 284–287
Knodel, J. 132
Krazer, Georg 80

Labat, Dr. Emmanuel 241
Landon 272, 273
Laslett, Peter 46, 82
Lauterbach, Muh 55
Lebrun, François 76, 201
Leonard, Ann, Henry 59
Lépecq de la Cloture, Dr. Louis 117, 259, 260
Le Play, Frédéric 47, 63
Lesauvage, P. J. 260
Locke, John 212

Macfarlane, Alan 82
Mann, Thomas 22
Maret, Dr. Hughes 75, 121
Marrus, Michael 13
Marx, Dr. K. F. H. 265
Mazuy, François 240, 263, 264
McGoogen, Robert 204
McQuaig, Linda 13
Menuret de Chambaud, Dr. 212, 260
Mercier, Louis-Sebastian 79, 174, 175
Merten, Don 311
Milliken, John, Rebecca 59
Möller, Helmut 80, 95
Monnier, Dr. D. 77
Morgan, Edmund 83, 283
Murat, Dr. Jean-Louis 182

Noel, Raymond 50

Packard, Vance 137, 287
Perron, Dr. Charles 84, 171
Pichler, Joseph, Anna Maria, Johann 49
Plakans, Andrejs 52

Platt, Gerald M. 294
Pluchart, Abraham, Marie 201

Rambach, Dr. 57
Remacle, Bernard-Benoît 113
Roberts, Robert 265
Rouger, Dr. 240
Rousseau, Jean-Jacques 211, 212
228

Salzmann, Christian 121, 122
Saufüßl, Veith 81
Schofield, Roger 42
Schwartz, Gary 311
Semichon, Ernst 225
Sennett, Richard 265
Sharp, Jane 204
Shorter, E. 132
Simmel, Georg 32
Simon 134
Smith, Daniel 190
Sorensen, Robert 192
Strudwick 82, 83
Süssmilch, Johann Peter 204
Sydney, Cecile 13

Tafelmaier, Leonhard 69
Thompson, E. P. 255
Thrale 200

Thuillier, Guy 87
Tilly, Chuck 11
Tissot, Simon-André 121
Trollop, Frances 310

Veichtner, Sebastian 81
Verneilh 260
Verney, Sir John 200
Villeneuve, Christophe de 261
Villermé, Louis-René 118

Walle, E. van de 132
Washington, George 84
Watter, August 66, 67
Watteville, Baron de 224
Weber, Max 296
Weinstein, Fred 294
Widenmayr, Maria 81
Williams, Tennessee 314
Willmott, Peter 274

Young, Arthur 265
Young, Michael 273

Zimmermann, Amalie 111
Zöll, Georg, Theresa 80, 81
Zöll, Katharina 81
Zuckermann, Michael 275

Der Einzelne und die Gesellschaft –
Konflikte und Konzepte

Carl Amery
Natur als Politik
Die ökologische Chance des Menschen
224 Seiten. Brosch.

Maureen Green
Die Vater-Rolle
Die Forderung nach einer neuen
Konzeption der Vaterrolle innerhalb
der modernen Familie
220 Seiten. Brosch.

Betty Friedan
Das hat mein Leben verändert
Beiträge und Reflexionen zur
Frauenbewegung
320 Seiten. Brosch.

Christopher Jencks
Chancengleichheit
400 Seiten. Brosch.

Stanley Milgram
Das Milgram-Experiment
Zur Aufdeckung der Gehorsams-
bereitschaft gegenüber Autorität
260 Seiten mit 25 Abb. im Text und
auf 4 Tafeln. Brosch.

Colin Murray Parkes
Vereinsamung
Die Lebenskrise bei Partnerverlust
Psychologisch-soziologische
Untersuchung
des Trauerverhaltens
256 Seiten. Geb.

Niels Pörksen
Kommunale Psychiatrie
Das Mannheimer Modell. Auf dem
Wege zur Überwindung des
Institutionalismus sozialer und
psychiatrischer Einrichtungen
230 Seiten. Brosch.

Prof. Dr. med. Dr. phil.
Horst-Eberhard Richter
Patient Familie
Entstehung, Struktur und Therapie
von Konflikten in Ehe und Familie
256 Seiten. Geb.

Lernziel Solidarität
320 Seiten. Brosch.

Flüchten oder Standhalten
320 Seiten. Geb.

Rowohlt

Der Einzelne und die Gesellschaft –
Konflikte und Konzepte

Prof. Dr. med. Dr. phil.
Horst-Eberhard Richter
Die Gruppe
Hoffnung auf einen neuen Weg,
sich selbst und andere zu befreien.
Psychoanalyse in Kooperation mit
Gruppeninitiativen
352 Seiten. Brosch.

Horst E. Richter / Hans Strotzka /
Jürg Willi (Hg.)
Familie und seelische Krankheit
Eine neue Perspektive der
Psychologischen Medizin und
der Sozialtherapie
380 Seiten. Kart.

Morton Schatzman
Die Angst vor dem Vater
Langzeitwirkung
einer Erziehungsmethode.
Eine Analyse am Fall Schreber
240 Seiten mit 8 Abb. im Text.
Brosch.

Eberhard Schorsch / Nikolaus Becker
Angst, Lust, Zerstörung
Sadismus als soziales und kriminelles

Handeln. Zur Psychodynamik
sexueller Tötungen
320 Seiten. Brosch.

Stefan Wieser
Isolation
Vom schwierigen Menschen zum
hoffnungslosen Fall. Die soziale
Karriere des psychisch Kranken
224 Seiten. Brosch.

Jürg Willi
Die Zweierbeziehung
Spannungsursachen/Störungsmuster/
Klärungsprozesse/Lösungsmodelle.
Analyse des unbewußten Zusammen-
spiels in Partnerwahl und Paar-
konflikt: Das Kollusions-Konzept
288 Seiten. Brosch.

Adrienne Windhoff-Héritier
Sind Frauen so, wie Freud sie sah?
Weiblichkeit und Wirklichkeit –
Bausteine zu einer neuen analytisch-
sozialpsychologischen Theorie der
weiblichen Psyche
230 Seiten. Brosch.

Rowohlt